古墳時代の王権と集団関係

和田晴吾

吉川弘文館

序

本書は『古墳時代の葬制と他界観』（吉川弘文館、二〇一四年）、ならびに『古墳時代の生産と流通』（吉川弘文館、二〇一五年）と合わせ、三冊で一組と考えている。

ここでは、編年観を明らかにしたうえで、古墳が、いつ、どこで（墓域）、どのような形と規模で造られたのかを基本に、古墳の築造状況を全国的視野から検討しようと試みた。前二著がおもに遺構論や遺物論を中心としたものであるのに対し、一種の遺跡論とも言えるものである。検討にあたっては、古墳の大小を問わず、可能な限り多くの古墳を対象とした。大小の古墳の変化は相互に深く係わりあっていたからである。

そして、その分析結果をもとに古墳時代の段階区分や時期区分を行い、一一小期（小様式）、五段階、三時期（前期・中期・後期）とした。さらに、同時期の古墳の墓域や地域での組合せ（これを「古墳の秩序」と呼ぶ場合が多い）を類型化するとともに、前後の時期の組合せとの差異を検討し、組合せのもつ意味や、それが変化することの意味を、特に段階や時期の画期を中心に追求した。これまで時期区分の主要な指標とされてきた遺構や遺物の変化ではなく、古墳の築造状況、言いかえれば、古墳の秩序の変化を主たる指標としたのは、後者の方が当時の政治や社会の動態をより的確に反映していると考えたからである。もちろん、遺構や遺物の変化も、若干の時間差をもって古墳の秩序の変化である時期区分に反映している。

西は鹿児島県から東は岩手県に及ぶ広い範囲で造られた一〇万基を大きく超える古墳であるから、すべてを一律に把握できるわけではない。各地で各時期を通じて濃淡のある地域色が認められる。しかし、それをさしおいても、ここで強く意図したのは、全国的な古墳の築造状況の最大公約数的な変化の大勢を知ることであった。そして、それが何よりも地域色を推しはかる基準となると考えたからである。

ヤマト王権は、三世紀中葉から六世紀後葉までの約三五〇年間を通じて、時間的にも地域的にも、たえず順調に発展しつづけたわけではない。王権の権勢が強い時期、あるいは強い地域では、王権の方針が色濃く反映したが、王権のそれが弱い時期や地域では、いずれも王権の枠内ではあったが、地域色が強くなった、言いかえれば、地域の権勢が強まったのである。そして、古墳の秩序のあり方には、それが敏感に反映した。基本的なあり方から、それがずれている場合には、地域色や地方色の強い遺構や遺物が顕在化した。特定の時期の九州や出雲や関東などがその好例である。

遺構や遺物の分析は、以上の検討によって得た結果の理解に役立ったし、逆にその理解は遺構や遺物の変化の解釈に役立った。

古墳時代全体の大まかな枠組みができたのは第二部第二章（原題「古墳築造の諸段階と政治的階層構成」一九九四年）で、都出比呂志氏のお勧めで古墳時代を素描したのが第二部第五章（原題「古墳時代は国家段階か」一九九八年）である。そして、都出氏の「初期国家論」を、それまでの作業の成果に合わせて自分なりに検討し（第二部第六章、二〇〇〇年）、書き改めたのが第二部第七章（原題「古墳文化論」二〇〇四年）であり、その時点での到達点と言える。

その後、「葬制と他界観」、および「生産と流通」をまとめ、「王権と集団関係」を編集するなかで、改めて、変化しつつも基本となる人間関係の上で、宗教（信仰）と経済と政治・社会は密接不可分な関係にあったという当然とも言えることを確認することができた。その点については終章において触れたい。

なお、本書の編集にあたっては、各章名の統一をはかるために、初出の論文名を一部変更した。初出の論文名については初出一覧（三七三〜四頁）をご覧いただきたい。各論文とも、できるだけ初出のままとし、用語の統一以外、加筆、修正は論旨を歪めない範囲で、最小限に止めた。新たな註釈事項がある場合については補註を付し、各章の註の後ろに追加した。また、シンポジウムの記録など「です・ます調」のものは、文意を変えない範囲で「である調」に書き改めた。挿図は重複をさけ、通し番号を付し、要所に明示した。参考文献は最後にまとめ、失礼ではあるが、各論文の謝辞は割愛した。

各章の論文をできるだけ初出のままとしたため、今回も一部に内容の重複が認められ、読者には煩わしい思いをさせることになるが、筆者の思考過程をたどるものとして、ご容赦いただきたい。

ご一読いただき、ご批判いただければ幸いである。

目次

第二部　古墳時代の諸段階と古墳の秩序

図表目次

第一部　古墳時代の枠組み

第一章　編年と時期区分について

はじめに

この報告では、十分煮つまった話ではないが、表題にそって少し考えを述べたい。

認識は定義に始まり、定義に終わるという。その意味では、時代区分論や時期区分論は歴史認識の究極の到達点といえる。しかし、今回の報告は、私にとっては、その出発点とも言うべきもので、古墳時代という多様で豊かな深海を探るために下ろした「物指」としての分銅の一つにすぎない。その分銅を吊す紐に、どのような目盛りを刻み、何をはかるかが問題だが、以下の議論はできるだけ具体的に、また考古学の方法に則ったかたちで話を進めていきたい。

一　編年と時期区分論

そこでまず、考古資料の編年と時期区分論との関係から述べる。

考古資料は「もの」とその「諸関係」としてあらわれ、かつ認識される。しかも、その「諸関係」のなかには、認識しうるあらゆる関係が内包されている。

したがって、時間を認識する場合も、考古学では「もの」の変化で時間の経過をはかろうとする。これが編年の第一歩である。形式概念に相当する個別の遺物や遺構の場合、それは型式の組列として捉えられる。

複数の遺物や遺構から構成される遺跡の場合には、各要素の型式の組列を、一括遺物の概念を中心に整合的に編成することによって、型式の組合せからなる様式の組列として、編年は把握される。これを遺跡様式とすると、それには埋葬遺跡様式、集落遺跡様式などがある。

そして、複数の時期からなるある時代の全考古資料の編年は、それぞれの時期を構成するすべての遺跡様式の組合せからなる時期様式の組列として捉えられ、複数の時期様式が一つの時代様式を形成するというかたちをとる。

これらの作業はそれぞれにある程度の抽象化を伴いつつ行われるが、後者はたえず前者を包括しているという意味で、後者のものほど、より上位の概念となる。

したがって、考古学の様式論では、時代区分、時期区分の諸画期は、本来的に編年上の、言いかえれば、様式区分上の画期の一つとして捉えられるということになる。編年もまた、それらとの係りなしには意味をもたない。そういう意味では、考古学的編年の歴史的理解が時代区分論、時期区分論であるということができる。

今回の話では、古墳時代の全考古資料を扱う余裕はない。ここでは、これまでに遺跡の様式的把握がもっとも進んでいる、古墳というこの時代に固有の埋葬遺跡の様式編年を中心に話をする。古墳が政治的・イデオロギー的産物として時代の到達的を端的に示すと同時に、生産諸力の発展段階や社会構造の変化をも鋭敏に映しだし、時期区分論を語るにもっとも有効な指標であると考えるからである。

二　古墳の小様式

ところで、古墳の編年は、陵墓比定古墳を中心とした文献重視の段階から、墳丘、外部施設、内部（埋葬）施設、副葬品等の型式学的研究の段階へと進んできた。型式学的研究の場合は、個別の遺物・遺構の分析から、型式の組合せによる様式的把握へと理解が進み、現在は、より細分化された型式の組合せが追求されつつある。しかも、本来的には編年の視野に入っているべき、遺物・遺構の分布論がさまざまなかたちで再評価を受け、古墳群論が当時の社会や政治の理解を深めているといった研究状況のもとで、古墳の編年的研究には、それらの成果をいかに活かしていくかが問われている。

したがって、ここでは、このような状況を踏まえつつ、畿内を中心とした古墳の編年案として、まず、小様式の設定とその内容の紹介を行いたい。

図1では、前方後円墳の成立から消滅までを一一の小様式の組列として捉えている。前方後円墳消滅以後は終末期様式として把握するが、細分に関しては触れない（補註1）。

ここでの様式概念は、先に述べた遺跡様式に相当するもので、細かなことは述べないが、各小様式は各種遺物・遺構の型式の組合せにより構成されている。遺物・遺構の型式学的分析といくつかの標式古墳の内容をもとに、ある程度の抽象化を行いつつ、小様式の内容を決定した。そのため、たとえば奈良県新山古墳の帯金具のように、多数例からは飛び離れた特殊な個体は省略している。

また、この小様式は時間概念でもあって、「小期」とすることができると考えている。時間の尺度として有効な円筒埴輪や須恵器との対応は図1のとおりである。円筒埴輪は川西宏幸の、須恵器は田辺昭三の成果を採用した〔川西一九七八、田辺一九六六・八一〕。ただ、円筒埴輪のそれぞれは型式、ないしは型式群として理解している。一古墳の円筒埴輪の様式的把握や各型式、ないしは型式群の広範囲での並行関係の設定については、これからさらに調整が必要だろう。

では、つぎに、各期の概要を箇条書きにする。

一期　前方後円墳の成立当初で、墳丘にはすでに段、葺石が備わり、特殊器台形埴輪・壺形埴輪が伴う。段は、この小期内で前方部二段・後円部三段が完成する（大王墳はより多重）。長大な割竹形木棺を竪穴式石槨に納めるかたちが整う。副葬品は三角縁神獣鏡を中心とする中国鏡、素環頭大刀を含む刀剣類・類銅鏃形鉄鏃・銅鏃・竪矧板革綴短甲・小札革綴冑といった武器・武具類、および直刃鎌、折りまげ鍬（鋤）先、袋状鉄斧・短冊形鉄斧等の農工具、漁具などで構成され、玉類には硬玉製勾玉、碧玉製管玉、青色系ガラス小玉類が推測される。標式古墳としては、奈良県箸墓古墳、京都府椿井大塚山古墳・元稲荷古墳、岡山県都月坂一号墳などがある。

二期　円筒埴輪、器財形埴輪が出現する。副葬品には、三角縁神獣鏡・方格規矩鏡・内行花文鏡などの大型仿製鏡、碧玉製腕飾類、方形板革綴短甲などが加わる。筒形銅器とともに、碧玉製の玉杖も成立しているが、一般に琴柱形石製品・筒形石製品と呼ばれている碧玉製品はつぎの三期以後にみられる。奈良県桜井茶臼山古墳、大阪府紫金山古墳・玉手山九号墳、京都府寺戸大塚古墳（後円部石槨）、滋賀県安土瓢箪山古墳（中央石槨）。

三期　粘土槨が出現し、竪穴式石槨にはU字形掘りこみ棺床・礫床がみられるようになる。また、この小期内には組合式（箱形）石棺、割竹形・舟形刳抜式石棺があらわれ、埋葬施設は多様化する。副葬品には碧玉製容器（合子・坩など）、碧玉製鏃、巴形銅器等が加わるが、すでに石製容器等の一部には滑石製品が認められる。硬玉製勾玉では片面

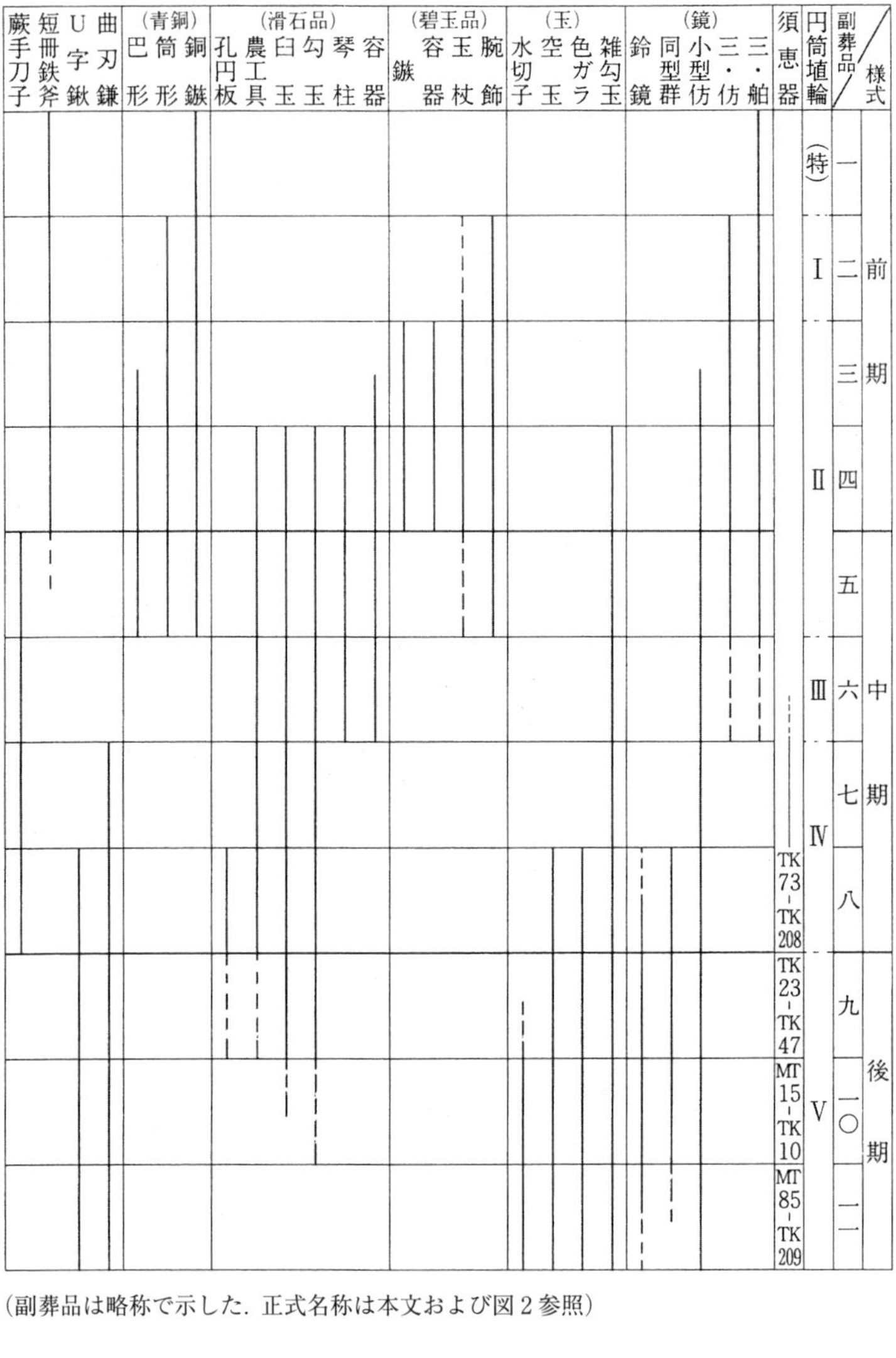

（副葬品は略称で示した．正式名称は本文および図２参照）

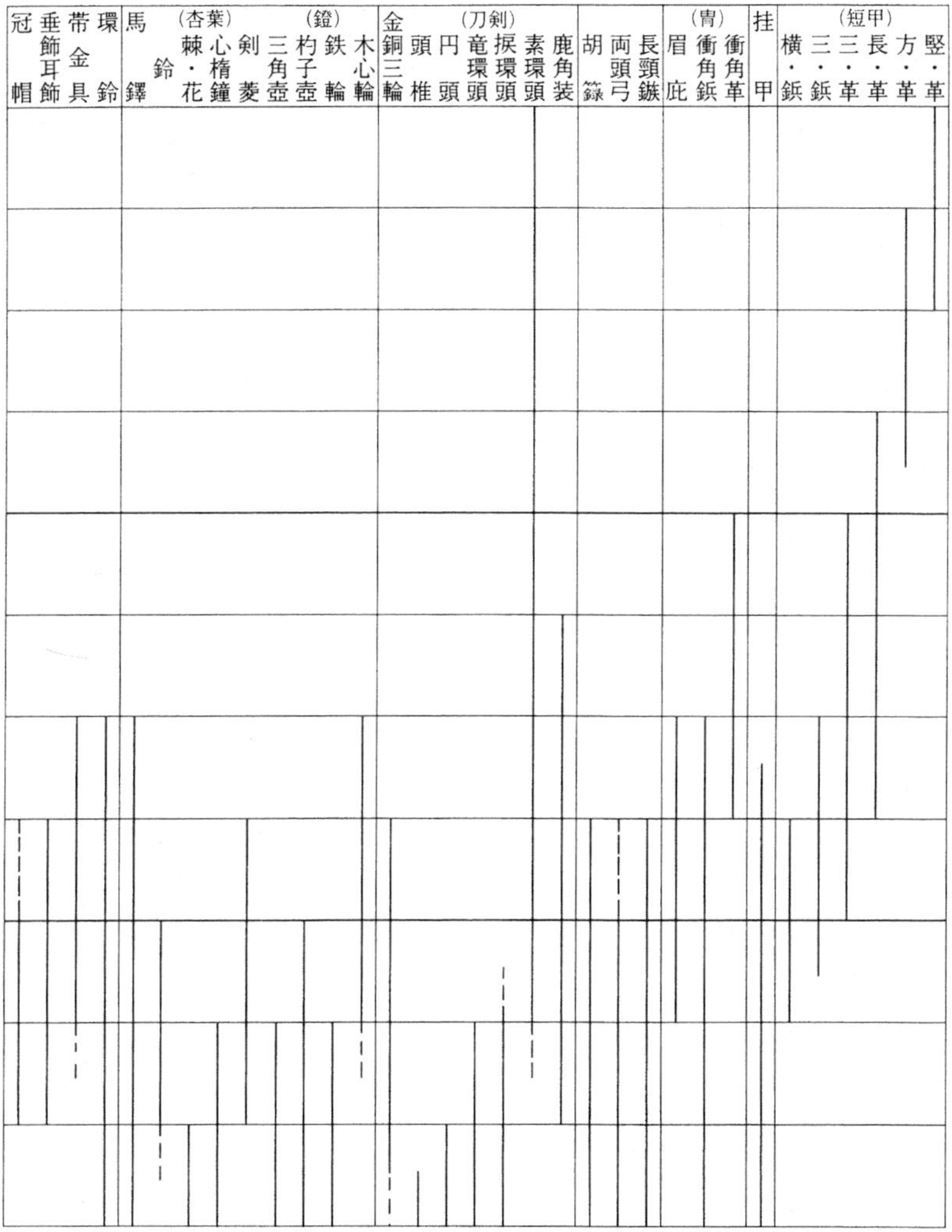
冠帽
垂飾耳飾
帯金具
環鈴
馬鐸
(杏葉)
鈴
棘・花
心楕鐘
剣菱
(鐙)
三角壺
杓子壺
鉄輪
木心輪
金銅三輪
(刀剣)
頭椎
円頭
竜環頭
捩環頭
素環頭
鹿角装
胡籙
両頭弓
長頸鏃
(冑)
眉庇
衝角鋲
衝角革
挂甲
(短甲)
横・鋲
三・鋲
三・革
長・革
方・革
竪・革

図１　古墳の様式区分案

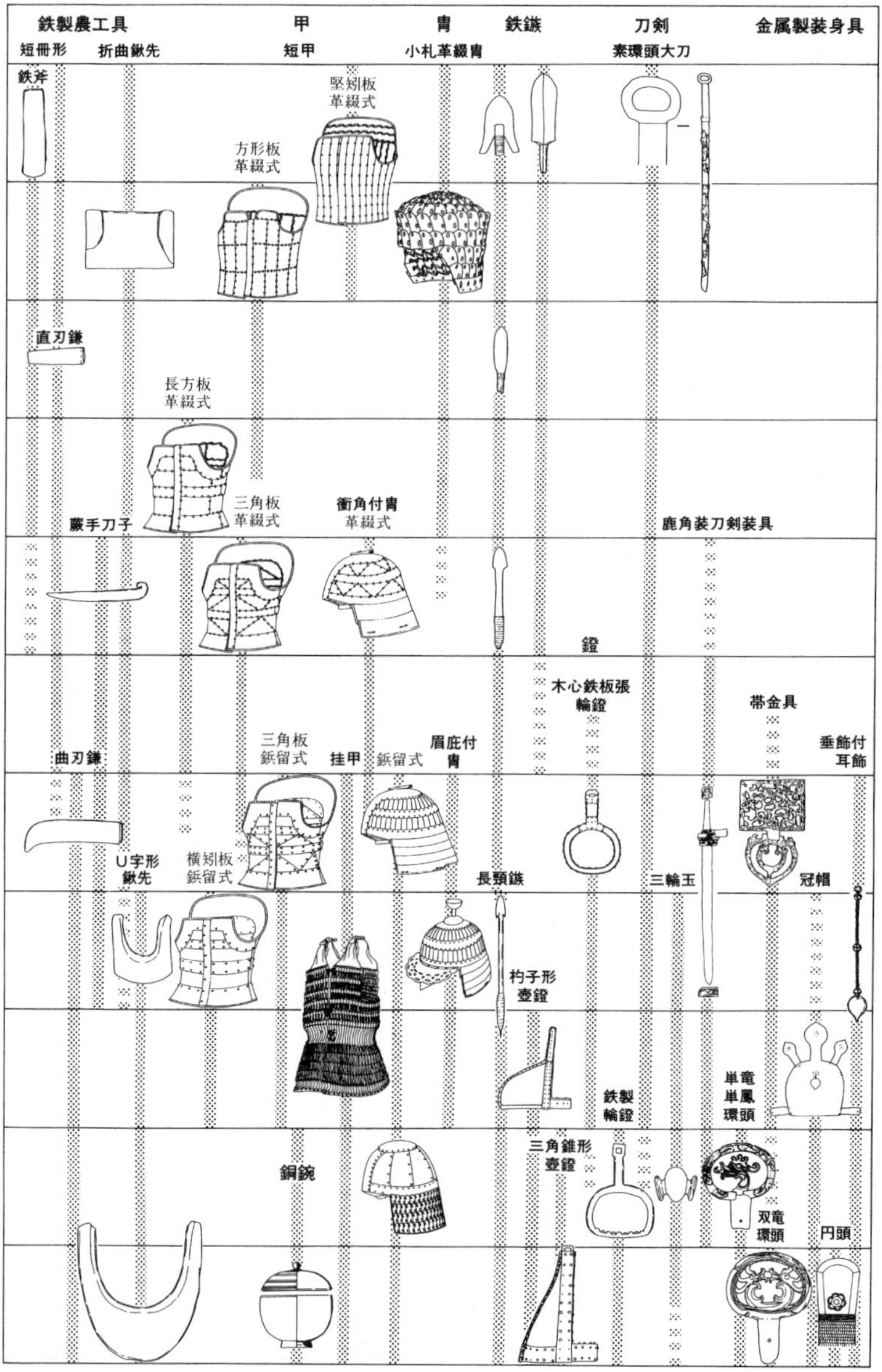
鉄製農工具
甲
冑
鉄鏃
刀剣
金属製装身具
短冊形
折曲鍬先
短甲
小札革綴冑
素環頭大刀
鉄斧
竪矧板
革綴式
方形板
革綴式
直刃鎌
長方板
革綴式
三角板
革綴式
衝角付冑
革綴式
蕨手刀子
鹿角装刀剣装具
鐙
木心鉄板張
輪鐙
帯金具
三角板
鋲留式
挂甲
鋲留式
眉庇付
冑
垂飾付
耳飾
曲刃鎌
U字形
鍬先
横矧板
鋲留式
長頸鏃
三輪玉
冠帽
杓子形
壺鐙
鉄製
輪鐙
単竜
単鳳
環頭
三角錐形
壺鐙
銅鋺
双竜
環頭
円頭

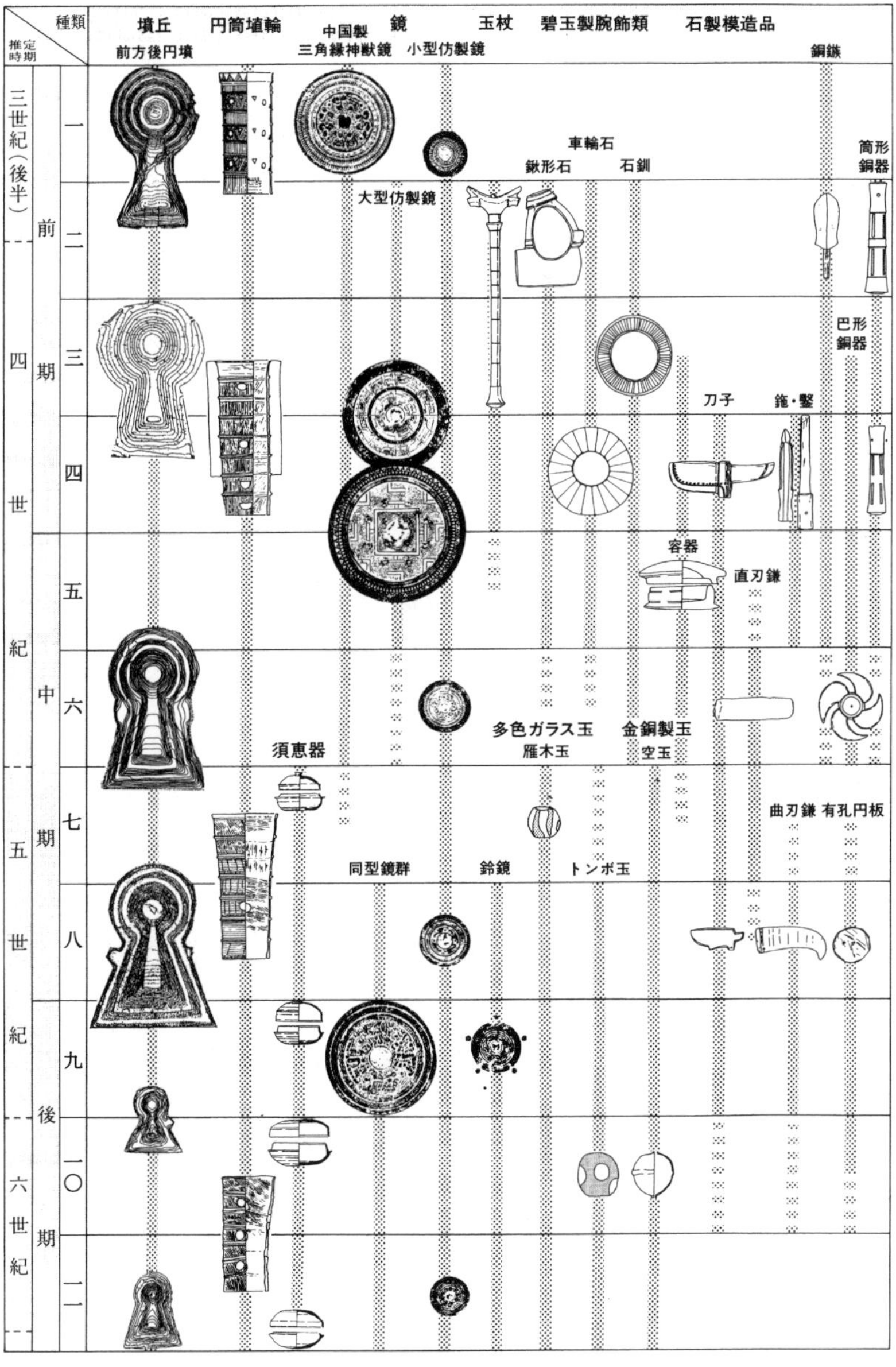
種類
推定時期
墳丘
前方後円墳
円筒埴輪
鏡
中国製
三角縁神獣鏡
小型仿製鏡
玉杖
碧玉製腕飾類
石製模造品
銅鏃
三世紀（後半）
四世紀
五世紀
六世紀
前期
中期
後期
一
二
三
四
五
六
七
八
九
一〇
一一
車輪石
鍬形石
石釧
筒形銅器
大型仿製鏡
巴形銅器
刀子
鉇・鑿
容器
直刃鎌
多色ガラス玉
金銅製玉
雁木玉
空玉
須恵器
曲刃鎌
有孔円板
同型鏡群
鈴鏡
トンボ玉
図２　古墳時代編年図

穿孔の例が増加する。奈良県メスリ山古墳・東大寺山古墳・マエ塚古墳、大阪府弁天山C一号墳（後円部石槨）・松岳山古墳、京都府長法寺南原古墳、熊本県向野田古墳。

四期　大型墳には前方部三段・後円部三段の墳丘が成立する。階段式周濠は三・四期に発達し、四期には鍵穴形周濠もあらわれる。埋葬施設は多彩で、竪穴式石槨の比率は下がる。副葬品では、三期には出現していた獣形鏡などの小型仿製鏡に、珠文鏡、乳文鏡、重圏文鏡など小型鏡独特の文様をもつものが加わる。玉類の素材は多様化し、勾玉にも瑪瑙、琥珀、水晶、ガラスなどの製品（図1の「雑勾玉」）があらわれ、筒形石製品にも水晶製品が認められる。滑石製品では勾玉・臼玉、琴柱形石製品、ならびに刀子・斧・鎌といった農工具類の模造品が出現する。鉄製農工具のミニチュア化もこれと軌を一にするものと考えられる。武具には長方板革綴短甲があらわれる。奈良県佐紀陵山古墳・佐味田宝塚古墳・富雄丸山古墳、大阪府和泉黄金塚古墳（中央槨）・北玉山古墳、岐阜県龍門寺古墳。

五期　大型古墳に造出、盾形周濠（二重濠も）が備わり、典型的な長持形石棺が出現する。武具には三角板革綴短甲、革綴衝角付冑があらわれる。蕨手刀子はこの小期から八期にかけて認められる。滑石製模造品は四期のものと比べて写実性を失うが、勾玉は丸味をもち、粗製化はさほど進んでいない。奈良県櫛山古墳・巣山古墳、大阪府津堂城山古墳・盾塚古墳、京都府鳥居前古墳、滋賀県安養寺古墳、岐阜県遊塚古墳。

六期　この小期には前期的要素はほとんどが姿を消す。滑石製模造品の粗製多量副葬がみられるようになる。滑石製合子・琴柱形石製品はこの小期で消える。鹿角装刀剣装具がすでに出現している。京都府久津川車塚古墳は六期の内容にふさわしいが、堅矧細板鋲留衝角付冑の存在から七期の初頭に位置づける。奈良県室宮山古墳、大阪府百舌鳥陵山（石津ヶ丘）古墳・豊中大塚古墳、京都府金比羅山古墳・産土山古墳・ニゴレ古墳。

七期　動物・人物形埴輪が出現する。武具には鋲留衝角付冑のほか、三角板鋲留短甲、眉庇付冑、挂甲が加わり、武器の装飾には碧玉製三輪玉があらわれる。馬具、環鈴、帯金具も新しく登場する。曲刃鎌が使われだすが、この小期では直刃鎌と共存する例が多い。須恵器は存在しても類例は少ない。奈良県五条猫塚古墳・塩塚古墳、大阪府誉田御廟山古墳・野中アリ山古墳・七観古墳、滋賀県新開古墳（南棺）。

八期　畿内の大型古墳では、一部に前方部二段・後円部二段の墳丘があらわれる。竪穴式石槨では、長さ三、四メートル、幅一メートル前後から二メートル弱程度で、塊石積み、礫床のものが、この小期から九期にかけて目立つ。九州産の屋根形棺蓋舟形石棺が畿内に持ちこまれ、古式の家形石棺が出現する（補註2）。長持形石棺はほぼこの小期で消滅すると推測する（補註3）。鏡では画文帯神獣鏡や画像鏡など同型鏡の多い一群の中国鏡（図1の「同型群」）、ならびに鈴鏡が、この小期からおもに一〇期にかけて存在する。垂飾付耳飾、金・銀空玉、赤・黄ガラス小玉、トンボ玉、雁木玉（後三者は図1の「色ガラ」）等の装身具類があらわれ、滑石製品には有孔円板が認められる。武具では九期にかけて横矧板鋲留短甲が著しく、武器では細身式長頸鏃（半長頸のものは除く）、胡籙、金銅製三輪玉が出現する。現状では九期以後に認められる両頭金具付飾り弓（図1の両頭弓）もこの小期まで遡る可能性がある。U字形鍬（鋤）先の出現もこの小期の顕著な特徴である。大阪府大山古墳（前方部石棺）・野中古墳・長持山古墳（一号棺）・黒姫山古墳・カトンボ山古墳、兵庫県宮山古墳・印南野二号墳、岡山県随庵古墳、福岡県月岡古墳。

九期　畿内における横穴式石室の採用はほぼこの小期に始まり（補註4）、すでに群集墳への採用例も認められる。須恵器の地方窯が各地に成立する。馬具ではそれまでの木心鉄板張輪鐙（七期―短柄式、八期以後―長柄式）に木心金属張杓子形壺鐙が加わり、杏葉では、八期以来の剣菱形杏葉のほかに、花弁形杏葉や鈴杏葉があらわれ、装飾性を増す。冠帽の出土もおもにこの小期以後に認められる。中期的要素の多くはこの時期でもってほぼ姿を消す。奈良県石光山八号墳、京都府殻塚古墳、和歌山県大谷古墳、福井県向出山一号墳、熊本県江田船山古墳、埼玉県埼玉稲荷山古墳（礫槨）。

一〇期　横穴式石室が普及し、家形石棺が畿内の各所で作りだされる。武器では捩環頭・竜鳳環頭大刀が出現し、馬具では鉄製輪鐙・木心金属張三角錐形壺鐙が加わり、杏葉には心葉形・楕円形・鐘形杏葉があらわれる。水晶製切子玉（図1の「水切子」）、琥珀製棗玉といった後期に特有の装身具の組合せはこの小期以後に普及する。一部に銅鋺が出現するのもこの小期である。奈良県市尾墓山古墳、大阪府今城塚古墳・芝山古墳、京都府物集女車塚古墳、兵庫県園田大塚山古墳、滋賀県鴨稲荷山古墳、福岡県桂川（寿命）王塚古墳。

一一期　前方後円墳のほとんどはこの小期でもって消滅する。前小期の多くの要素が一段と普及するが、垂飾付耳飾り、冠帽、鹿角装刀剣装具等はほとんどみられなくなる。馬具ではf字形鏡板、剣菱形杏葉、鈴杏葉などが衰退し、代わって棘葉形・花形杏葉などがあらわれる。小野山節の馬具編年〔小野山一九五九〕と比較すれば、馬具の第一期が七～九期、第二期が九・一〇期、第三期が一一期にほぼ相当する。武器では円頭・圭頭、そして頭椎大刀がこの小期内でほぼ出そろう。双竜環頭大刀もほとんどはこの小期以後である。奈良県見瀬丸山古墳・三里古墳・烏土塚古墳・二塚古墳、大阪府海北塚古墳、岡山県こうもり塚古墳・岩田一四号墳。

三　古墳の様式区分

古墳の編年において、細分された小様式（小期）をどのように様式として把握するかは古くて新しい課題である。その場合、終末期様式の設定が大方の承認を得ているとすれば、他の問題となるのは中期様式を設けるのかどうか、設けるとすればどのような内容でそれを捉えるのかという問題である。

結論的にいえば、私は中期を設ける立場で、先の小期の一期から四期までを前期、五期から八期までを中期、九期から一一期までを後期とし、古墳の様式区分、言いかえれば、古墳の時期区分にしようと考えている（終末期は飛鳥時代、補註1参照）。したがって、各時期を前葉・中葉・後葉に分け、前・中期では、その前に初頭を置くかたちになる。(補註5)そして、後述のように、古墳の時期区分と古墳時代の時期区分との間にはある程度の距離を置いて考えている。

ところで、先に述べた小様式（小期）の設定では、全体として、中期様式をより明確に捉えようと心がけた。そのため五期の前後が細分され、五期が固有の時期を示すかどうかはさらに検討が必要かと思われる。しかし、五期の設定は、前期様式から中期様式への展開をより明確に把握するために必要な処置であると考えている。

中期の内容は、中期に固有のもの（長持形石棺、三角板革綴短甲、革綴衝角付冑、蕨手刀子）、前期後葉（四期）に始まり中期に発達するもの（前後三段築成の墳丘、粗製の滑石製模造品）、中期に発達し後期前葉（九期）でほぼ消えるもの（造出、盾形周濠、鋲留短甲、眉庇付冑、鹿角装刀剣装具、木心鉄板張輪鐙、帯金具、有孔円板—これに同型鏡の一群を加えてもよいかもしれない）などで構成される。円筒埴輪はⅢ・Ⅳ型式のものが中心で、Ⅱ型式の一部を含むと考えている。須恵器は各地に地方窯が多く出現してくる前のTK二〇八型式までとする。

これまで前期後葉の技術革新とされていた諸要素は、三期から四期にかけて出現するが、その多くは一度質を変えて後、中期の要素となるため、この技術革新は中期様式を準備した先駆として捉えたい。先行する時期につぎの時期に普及する要素が出現するといった現象は他の時期にも認められる。

いずれにしても、中期を設定する最大の理由は、このように墳丘、外部施設、埴輪、内部（埋葬）施設、副葬品のすべてにわたって、中期に固有のもの、あるいは中期的なものが存在し、独自の様式を形作っているからにほかならない。

ところで、中期というと、この頃は大王墳が大阪平野の南部に築かれたことがよく知られているが、ここではそれを積極的に評価したいと思う。というのは、大王墳はすべての古墳の頂点として存在し、その規範であったと考えられるからである。大王墳は奈良盆地の南東部から北部、そして大阪平野南部へと墓域を移すたびにその型式を整えていく。たとえば、奈良盆地の南東部で前方部三、四段・後円部三〜五段であった墳丘（大王墳以外は前二・後三段あり）は、北部に移ると前方部三段・後円部三段を実現し、大阪平野南部に移るに及んで定型化し、さらに造出、盾形周濠（二・三重濠）を加えて、前方後円墳の最盛期の型式を完成させるという具合である。これは大王墳の外観から言えることにすぎないが、それは古墳の様式全体とも深く係わっているものと思われる。今回の編年との対応では、大王墳は一期から三期が奈良盆地南東部、四期が奈良盆地北部、五期から九期が大阪平野南部に占地し、少なくとも一〇期にはその地を離れたと推測される。すなわち、大王墳の墓域の移動は政治的にも、また、古墳の様式変化の上からも重要な画期をなしたと考えられるのである。

ところが、中期を別の角度から検討すると、前方後円墳は、多くの地域で、前期から中期にかけては一方的に巨大化・荘厳化が進行し、大王墳を除く他の前方後円墳が急激に衰退していく後期とは著しい対照をみせる。また、埋葬用具に長持形石棺のような中期に固有のものを生みだしたとしても、それは基本的には前期と同じ「据えつける棺」（墓坑内に据えつける棺で、遺体を入れて「持ちはこぶ棺」に対応する）と「槨」（竪穴系）との組合せで、「据えつける棺」のみの弥生時代、あるいは古墳時代後期の「室」、終末期の「持ちはこぶ棺」と「槨」（横穴系）との組合せとは葬制上、大きく区別される。

一方、図1でも明らかなごとく、古墳の副葬品の品目のもっとも大きな転換点は中期の真中に位置する六期と七期の境にある。しかも、実は大王墳が七期から八期にかけて最大規模に達する一方で、すでに地域によっては前方後円墳の縮小化、廃絶が始まっていると考えられる。

これらの点を考えあわせると、中期は前期の延長上にあって、前方後円墳を頂点とする古墳の様式を完成すると同時に、すでにその様式を突き崩す方向に転じはじめていた大きな過渡期であったともいうことができるのではないかと思われる。

これが、つぎに弥生時代以来の時期区分をする上で、古墳の前期と中期を同一時期として把握しようとする理由の一つである。一つの画期はそれを捉えようとする視野の広さに合わせて、その較差の大小がはかられるからにほかならない。

四　古墳時代の時期区分

古墳の様式区分はけっして古墳時代の様式区分ではない。それは古墳様式が一つの遺跡様式にすぎず、他の遺跡様式を包括したものでない点でも明らかである。ただ、古墳という、社会に特殊で重要な位置を占めた埋葬遺跡の様式であるために、それが時代の様式に大きな比重を占めていることは間違いない。

そこで、ここでは、古墳の様式区分を基礎に、少しでも古墳時代の時期区分に迫るため、前節の終わりに触れた点のほかに、さらに二つの方法を取りいれた。一つは、個別の遺物・遺構の型式の組列や組合せだけでは捉えにくい社会や政治の変化を推しはかるために、古墳群の動向（築造状況）を概括的にでも考察の視野に入れることである。そして、二つ目には、古墳時代を農耕社会の成立から律令国家形成に至るまでの一連の歴史的動向のなかで固有の位置を占める時代と捉え、その流れのなかで古墳時代の時期区分を考えるということである。

全体の動きを解釈する視点は、いずれも古墳様式の変化で捉えられる視野のなかのものであるが、以下の四点を中心とした。

1、この間の歴史的動向を、大和を中心とする畿内勢力の形成・拡大・発展の諸段階として捉える。

2、集団農耕祭祀や古墳祭祀（本書では「古墳の儀礼」とする）の消長を通じ、共同体構成員と首長、首長と大王との関係をみる。

3、前方後円墳を中心とした古墳の秩序を、共通の埋葬様式による首長霊祭祀（首長の葬送儀礼）の秩序と捉え、そこに血縁原理にもとづく祖霊世界の重層的編成を媒介とした、換言すれば、「擬制的同祖同族関係」の設定を媒介とした政治的秩序の形成をみるとともに、その崩壊の過程に、新たな制度的身分秩序の段階的発展を想定する。

4、生産力の発展を技術の革新にみる。

その結果、畿内を中心とした話ではあるが、水稲を中心とした農耕社会の始まりから律令国家の形成までを、つぎの七つの時期で捉えた。各時期の概要は以下のとおりである。古墳時代の時間の尺度は古墳の様式、古墳の時期で代用する。

第Ⅰ期（弥生時代前期初頭～前期後葉）　畿内における農耕社会の定着期。縄文時代晩期後半の突帯文土器の段階にすでに認められた水稲栽培を基本とする農耕は、遠賀川式土器の段階に定着する。

第Ⅱ期（弥生時代前期末葉～中期）　弥生農耕社会の発展期。拠点集落を中心とした広範な物資、労働力、情報等の流通網が形作られ、この流通網を基盤に銅鐸分布圏が形成される。銅鐸は共同体単位の集団農耕祭祀の祭器で、分布圏内では共通のカミ観念が保持されていたものと考えられるが、その祭祀の盛期は扁平鈕式銅鐸の段階（畿内第Ⅲ様式中心）に位置づけられる。この「まとまり」の中心はすでに畿内にあり、これを「畿内（弥生）連合」と呼ぶと、第Ⅱ期はその前半期にあたる。墓地は「家族」を単位とする方形周溝墓群、土坑墓群等よりなる共同墓地が基本である。

第Ⅲ期（弥生時代後期〜終末期）　弥生農耕社会の変質期。鉄器の普及による生産力の向上、共同体間の抗争・連合、首長層の台頭等により、弥生農耕社会が変質し、首長墓が出現するとともに銅鐸が形骸化し、やがては消滅する。銅鐸の形骸化は集団農耕祭祀の変質を示すが、それは祭祀の場における首長の役割の増大と共同体成員の疎外化を意味するものと理解される。銅鐸分布圏内における畿内勢力の優位が確定し、銅鐸の独占的な生産と配布が行われ、銅矛分布圏ほかの周辺勢力との拮抗から、畿内を中心とした勢力の優勢が確立する。この時期を「畿内（弥生）連合」の後半期とする（墳丘墓からみた弥生三時期区分は付論二参照）。

第Ⅳ期（古墳時代前期〜中期）　畿内を中心とした勢力の拡大・発展期、すなわち古墳秩序の形成・発展期で、この段階に出現する政権を「前期ヤマト王権」（初出では「ヤマト政権」）とする。この時期は三角縁神獣鏡の配布と、それに連動する古墳の儀礼の確立とによって、前時期とは画され、さらに、古墳の前期と中期とにより、前半期と後半期に分けられる。古墳は前時期の首長墓たる大型墳丘墓の地域色を払拭し、全国的規模で墳丘形式を中心に埋葬儀礼の画一化を実現する。各地域の首長はみずからの権益を保証されるかたちで王権下に服属し、共通の葬送儀礼様式を受けいれることで、「擬制的同祖同族関係」の設定を媒介とする血縁原理の政治的秩序に組みこまれる。

三角縁神獣鏡の分布は、点と線のかたちながら、銅鐸分布圏を大きく超え、前方後円墳を中心とする首長墳は三期から四期へと急増しつつ、四期には九州南部から東北南部にまで及ぶ。古墳の分布は一、二期にはすでに九州北部にまで届くが、東方へのそれは三期が一つの画期をなしたと推測される。

一期から六期にかけての古墳は順調な発展を示し、各地に地域連合の大首長墳と考えられる大型墳をも生みだす。この段階の政権は各地における首長、ないしは大首長による地域支配の上に、みずからの支配を拡大したが、その体制が一定の確立をみせるのはこの時期の後半、すなわち古墳中期のことである。

しかし、大王墳の規模が頂点に達する七・八期には、各地の首長墓・大首長墓の発達にかげりが見えはじめ、墳丘規模の縮小化、前方後円形式の廃絶といった現象が表面化しだす。それは、王権下における大王権が著しく卓越してくる一方で、首長・大首長による地域支配を弱体化させ、解体せしめる動きが、すでに王権内にあらわれてきたことを示すもので、この動向は後期に向かってさらに強化される。八期以後の甲冑や鈴鏡の分布に認められる著しい地域差、言いかえれば、王権による地域の位置づけ・性格づけは、単に外的要因のみならず、このような支配体制の変化と無関係ではない。そのことはそれらを出土する古墳の性格にもあらわれている。

このような政治的動向の中で、古墳の副葬品は大きく変質し、前期古墳に認められた呪術的・集団祭祀的性格は著しく後退していくが、七期以後にみられる新しい技術の受容は生産力の飛躍的発展をもたらし、有力家長層の広範な台頭を実現させる。そして、そのことが後期古墳の性格を決定づける要因の一つとなる。

第Ⅴ期（古墳時代後期）　古墳秩序の変質期で、この段階の政権を「後期ヤマト王権」とする。前方後円墳の衰退と群集墳の発達とがこの時期を画す主要な指標の一つである。古墳は大王墳を頂点とするピラミッド形の構成を示し、その序列は墳丘、埋葬施設、副葬品にいたるまで貫徹される。

大王権はいっそうの卓越化をみせ、それを支える政治機構が大幅に整備され、王権を分掌する中央・地方の中・小豪族層が台頭するとともに、王権によるより直接的な支配は、広範に成長してきた群集墳の被葬者たる有力家長層にまで及んだものと考えられる。

そうしたなかで、前期ヤマト王権による支配秩序を代表した前方後円墳は著しく衰退し、多くが一〇期までに消滅し、残るものも一一期には姿を消す。

同族的結合に基礎を置く、擬制的同族関係を媒介とした政治的秩序は大きく変質し、形骸化していくが、古墳にその表現を認めるかぎり、こうした秩序の残存は、なおつぎの時期にまで続く。一方、これに代わって、なお未熟なかたちではあれ、新しい制度的身分秩序や官僚制が取りいれられたと推測するが、この時期の古墳に著しい軍隊的編成の序列は、そうした動きの一つのあらわれであろう。七期以後、中国・朝鮮の文・武の官僚の服制を示す帯金具、垂飾付耳飾、冠帽などがわが国に持ちこまれていることより、新しい政治支配の理念がこの時期の政治体制に何らかの影響を及ぼしたものと考えられるが、服制の定着はつぎの段階に入ってからのことである。

第Ⅵ期（飛鳥時代）　古墳の終末期で、新しい制度的身分秩序、官僚制の生成・発展期。前方後円墳の消滅で画される。大王墳はおもに方墳、そして中葉には八角墳となり、古墳の築造には一段と強い規制が働く。畿内を中心とした地域では、主要な大型古墳に規格性の高い家形石棺が盛行し、群集墳に単葬墳があらわれるが、群集墳は前葉をもってほぼ消滅する。中葉から後葉には、主要な古墳に横口式石槨が採用される。

大陸の文化が積極的に取りいれられ、各分野に大きな影響を与えるが、古墳に代表される政治的秩序は崩壊に向かい、代わって制度的身分秩序が広がり、官僚層には冠位制が採用され、段階的に発展する。

新しいイデオロギーの象徴として寺院が建立され、多様な技術（工人）の渡来は、この時期の後半に向かって、文物の内容を一変させるが、それは工房における労働編成そのものにも大きな変化を与えた。

そして、この動向は、つぎの第Ⅶ期の律令国家の成立へと登りつめ、古墳は完全に消滅する。

おわりに

以上のごとく、水稲農耕社会の始まりから律令国家の成立までを捉えたが、その結果、古墳時代は前後二時期に区分し、古墳の終末期は、これを古墳時代からは切りはなすのが妥当かと考える。第Ⅳ期を古墳の前期と中期とによって二時期に分けることも十分考えられるが、今回は十分扱えなかった生産遺物・遺跡や集落遺跡などの変革をこの間に捉えることは現状では難しく、前期的基盤の上に立って中期が古墳の最盛期として成立したものと考え、これを一時期に捉えた。他の時期の画期に比べて、その較差は、政治的ではあっても、より小さいと考えたわけである。

ところで、古墳時代を通じ、中央から周辺へと、古墳の様式を規制し、統一しようという動きがたえずあった。しかし、古墳の様式は、最後まで厳密には斉一化されず、必ず地域色をもった古墳が九州や出雲や関東などで造られた。それは特に内部施設に顕著である。たとえば、中期の場合、畿内、および一部の地域の大型古墳の棺は長持形石棺で統一されたが、周辺各地では舟形石棺が多用された。しかも、そのまわりには石棺を採用しない地域、さらには古墳を造らない地域が広がっていたのである。したがって、古墳の様式的把握一つにしても、地域色の強い地域では、独自の様式論が検討され、それらの統合の上により完全な様式論が展開される必要がある。そして、それを背景とした地域論、時期区分論が論議されなければならない。

また、古墳時代、あるいはその前後の時代をも含めて、新しい様式が成立してくる背景には、必ずと言っていいほど中国、朝鮮からの強い影響をみてとることができるが、対外交渉についての議論も、時代や時期の認識に大きな影響を与えるものと思われる（補註6）（なお、古墳時代の時期区分と内容の理解の到達点については第二部第七章および終章を参照されたい）。

（補註1）　図1を修正・加工したものが図2である。なお、本書では、前方後円墳が造られた時代を古墳時代とし（近藤一九八三、和田二〇一四など）、以後、平城京遷都前までを飛鳥時代とする。したがって、終末期様式の古墳は飛鳥時代の古墳とする。

（補註2）　現在は、この時期の九州製刳抜式石棺は舟形石棺として扱っている。

（補註3）　長持形石棺のなかでは最も新しい型式の岡山県朱千駄古墳で、ＴＫ四七型式ごろの須恵器杯片が採集されているが、石棺との共伴関係は不明である〔岡山県一九八六〕。

（補註4）　大阪府藤の森古墳や塔塚古墳例など、ごく少数は八期に遡る。

（補註5）　本書の以下の文章では、特別な場合を除き、前期と中期の、初頭と前葉を「前葉」として、一括して扱っている。

（補註6）　なお、この論考で「主な参考文献」として掲示したのは、天野ほか一九八六、石野ほか一九八五、今井一九七八、大塚一九六六、小野山一九五九、川西一九七八、小林一九六一・一九七六、小林・近藤一九五九、近藤一九八三、白石一九八四、田辺一九六六・八一、都出一九七九b、である。

第二章　暦年代について

はじめに

日本の古墳時代研究では、古墳を中心とした遺物、遺構、遺跡の編年的研究が大きな位置を占めてきた。分析方法の中心は、①個々の遺物や遺構を、製作技術を踏まえつつ、型式学的に分析し、系譜関係を整理するとともに、型式の組列を作成する、②層位（「切りあい」を含む）や一括遺物を用いて、型式の新古を確認するとともに、同時期における（各形式の）型式の組合せ（様式・小様式）を明確化する、③この作業のなかで地域色を抽出する、といったものであった。

私も、上記の方法を基本に、それまでの研究成果を再整理し、例外的なものを除いて、「わかりやすく」をモットーに図1・2を作成した〔第一部第一章〕。そこでは、各遺物の時期的消長とその組合せがおもに表現されているが、個人的には、各遺物の型式の組列にもできるだけ配慮したつもりでいる。ただ、前期の鏡や腕輪形石製品（碧玉製腕飾類）などの各型式の詳細な組合せの検討は不十分であった。その後、資料が増加し、型式の組列のより詳細な検討が進みつつあるが、もっとも検討されている時期の一つはこの部分にあたる（なお、和田の三時期区分は、古墳群の消長や古墳の秩序の変化に基礎を置いたより政治史的な区分で、ここでは議論しない）。

製作技術を踏まえた型式学的研究に基礎を置く編年をより精緻でより良いものにしていく努力は、それが考古学的方法に基づく時代認識のすべての基礎であるだけに、不断に続けられなければならない。古墳時代の年代決定法の基礎もここにある。

では、相対的な時間の新古を示す型式の組列、および様式の組列にいかに暦年代（実年代）を与えるか。それがこの共同研究の課題であるが、ここでは特定の意見を述べるというよりも、関連資料を再確認し、年代決定法の原則を再確認しつつ、現状を整理したい。

一　考古学的方法

考古学的方法による年代決定法とは言っても、「純粋に考古学的な方法では暦年代を決定できない」〔横山一九八五〕。遺物や遺構に年代、あるいはそれと関連する文字がなければ暦年代には迫れない。

(1)　国内資料

①　遺物に紀年銘がある場合

そこで、日本国内で、現在わかっている関係資料を整理すると表1のとおりである。（補註1）

まずは、遺物に製作年代と考えられる紀年銘がある場合で、これには中国鏡と鉄製刀剣がある。

中国鏡は三角縁神獣鏡を中心とした魏鏡と呉鏡で、いずれも三世紀中葉の約一〇年間に収まる紀年をもつ。「景初三年」・「正始元年」（景初四年）銘をもつ三角縁神獣鏡の同笵（型）鏡群はこの型式の第一段階にあたる。紀年鏡は追

表1　古墳時代年代決定の関係資料

年代	資料	年代の根拠
184～189	奈良県東大寺山古墳「中平年」銘金象嵌鉄刀(古墳は4世紀)	紀年銘
235	大阪府安満宮山古墳・京都府大田南5号墳「青龍三年」銘方格規矩鏡(他1面)	紀年銘
238	山梨県鳥居原狐塚古墳「赤烏元年」銘対置式神獣鏡	紀年銘
239	島根県神原神社古墳「景初三年」銘三角縁神獣鏡・大阪府和泉黄金塚古墳「景初三年」銘画文帯神獣鏡	紀年銘
240	山口県竹島御家老屋敷古墳・兵庫県森尾古墳・群馬県柴崎蟹沢古墳「正始元年」銘三角縁神獣鏡／京都府広峯15号墳「景初四年」銘龍虎鏡(他1面)	紀年銘
244	兵庫県安倉古墳「赤烏七年」銘対置式神獣鏡	紀年銘
240～260	奈良県箸墓古墳前方部出土土器等(AMS＋日本年輪較正)	AMS法
(369)	奈良県石上神宮(「泰和四年」)銘金象嵌七支刀	紀年銘
389	京都府宇治市街遺跡(宇治妙楽55)ヒノキ製未製品(樹皮型)＊須恵器 TG232型式(他に多量の韓式系硬・軟質土器・土師器)	年輪年代法
412	奈良県佐紀遺跡(平城宮下層・自然流路 SD6030上層)ヒノキ製未製品(樹皮型)＊須恵器 TK73型式(他に多量の土師器・埴輪)	年輪年代法
449＋α (450年代か)	奈良県下田東2号墳(方形周溝墓)コウヤマキ製木棺底板(辺材型)＊須恵器 TK23 型式	年輪年代法
471	埼玉県稲荷山古墳「辛亥年」銘金象嵌鉄剣＊くびれ部須恵器 TK23-47型式 (熊本県江田船山古墳「獲□□□鹵大王」銘銀象嵌鉄刀＊造出周濠須恵器 TK23型式)	紀年銘
(503)	和歌山県隅田八幡宮「癸未年」銘人物画像鏡	紀年銘
525	韓国公州市武寧王陵・王「乙巳年」埋葬	紀年銘
529	韓国公州市武寧王陵・王妃「己酉年」埋葬	被葬者
(527)	福岡県岩戸山古墳－推定筑紫君磐井	被葬者
(531)	大阪府今城塚古墳－推定継体大王	被葬者
(588)	奈良県飛鳥寺(下層)＊須恵器 TK43型式	寺院
608	兵庫県箕谷2号墳「戊辰年」銘銅象嵌鉄刀＊須恵器 TK209型式	紀年銘
616	大阪府狭山池コウヤマキ製樋管(樹皮型)＊直前に須恵器 TK209型式の窯・後の堤の外側斜面に TK217型式の窯	年輪年代法

葬のない竪穴系の埋葬施設からの出土で、他の副葬品との一括性に優れているが、製作時期と埋納時期の差、いわゆる伝世期間の長短が問題となる。

五〇三年説が有力な「癸未年」銘のある和歌山県隅田八幡宮の人物画像鏡は、単独の遊離品で古墳や他の副葬品との関係がわからない。

刀剣では、「辛亥年」銘をもつ埼玉県稲荷山古墳出土の金象嵌鉄剣がある〔埼玉県一九八〇〕。銘文中の「獲加多支鹵大王」が雄略天皇（『古事記』「大長谷若建命」・『日本書紀』「大泊瀬幼武天皇」）にあたるとして、「辛亥年」＝四七一年説が有力視されている。他は、同じ「獲□□□鹵大王」の銘をもつ熊本県江田船山古墳出土の銀象嵌鉄刀である〔西田編二〇〇七〕。ともにくびれ部の造出周辺から須恵器が出土し、前者はＴＫ二三～四七型式、後者はＴＫ二三型式との見解が多い（図3～7）。

もう一例は、兵庫県箕谷二号墳の「戊辰年」銘をもつ銅象嵌鉄剣で〔谷本ほか一九八七〕、六〇八年説が有力である。ＴＫ二〇九型式とＴＫ二一七型式の須恵器が出土したが、前者が伴うという。

稲荷山古墳には複数の埋葬施設、船山古墳と箕谷二号墳には複数回の追葬が認められ、紀年銘のある刀剣と須恵器の共伴関係が不安定で、特に前二者では理解に差が生じている。

② 文献から古墳の被葬者が推定できる場合

この例としては、被葬者に継体大王が推定されている大阪府高槻市今城塚古墳〔森田二〇〇六〕がある。現在、継体陵は大阪府茨木市の太田茶臼山古墳に治定されているが、この古墳は中期中葉の前方後円墳で、所在地も旧摂津国嶋下郡にあたり、一〇世紀に編まれた『延喜式』の「三嶋藍野陵・摂津国嶋上郡」と異なる。嶋上郡にある唯一の後期の巨大前方後円墳である今城塚古墳の被葬者は継体大王である可能性が高い。ただ、『延喜式』記載の基礎となる陵

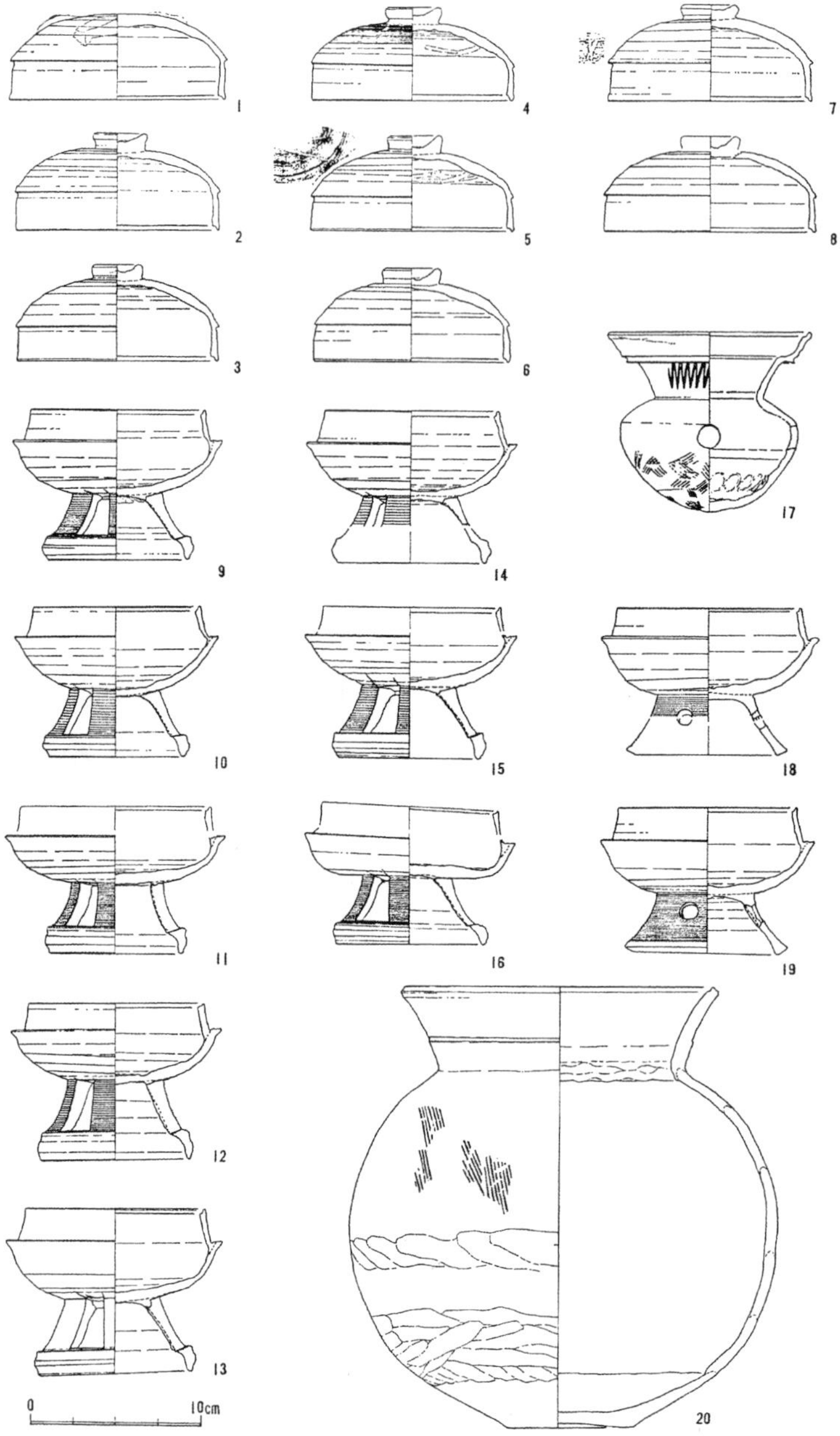

図3　埼玉県稲荷山古墳の須恵器・土師器（20のみ）

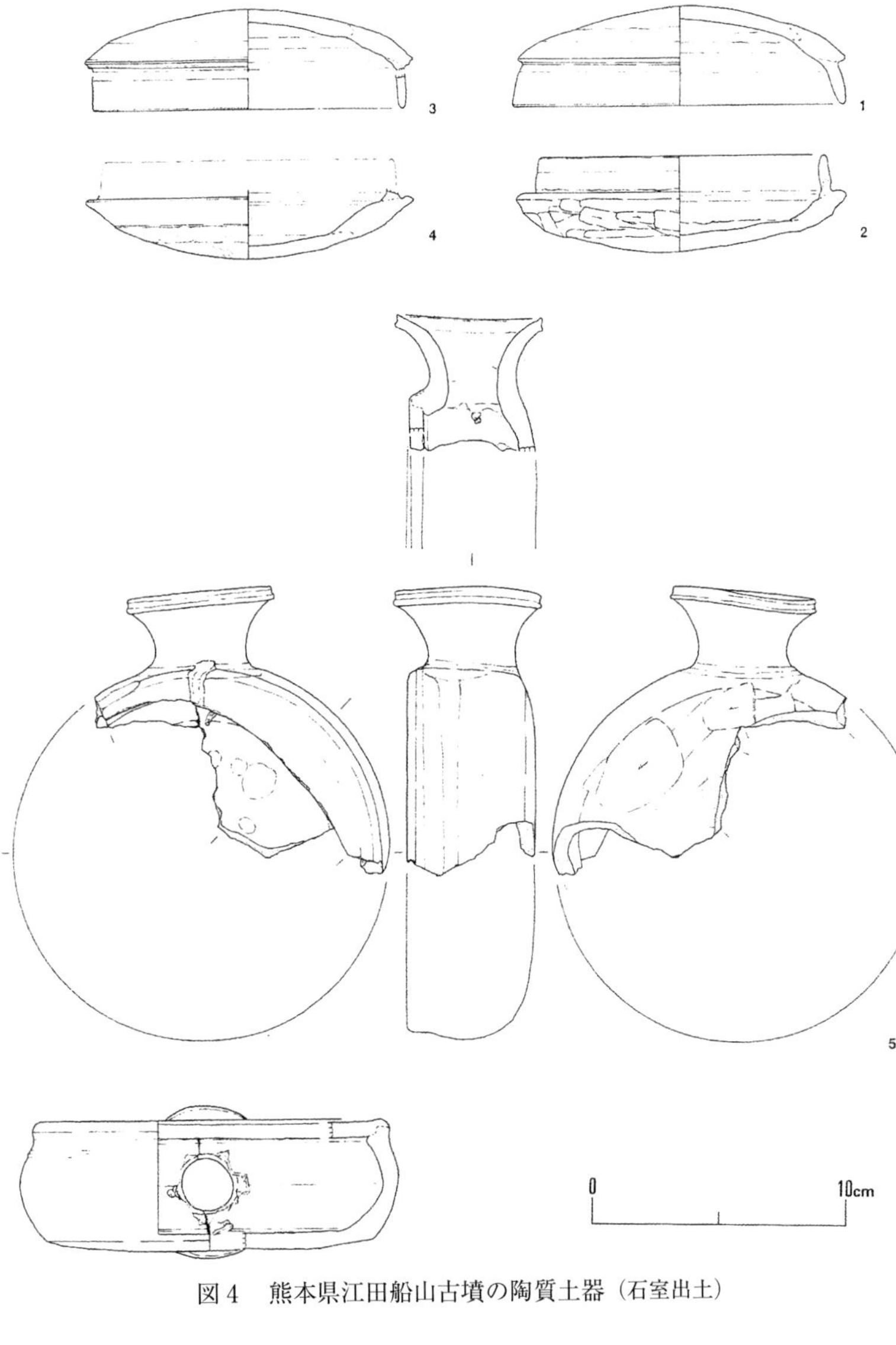

図4　熊本県江田船山古墳の陶質土器（石室出土）

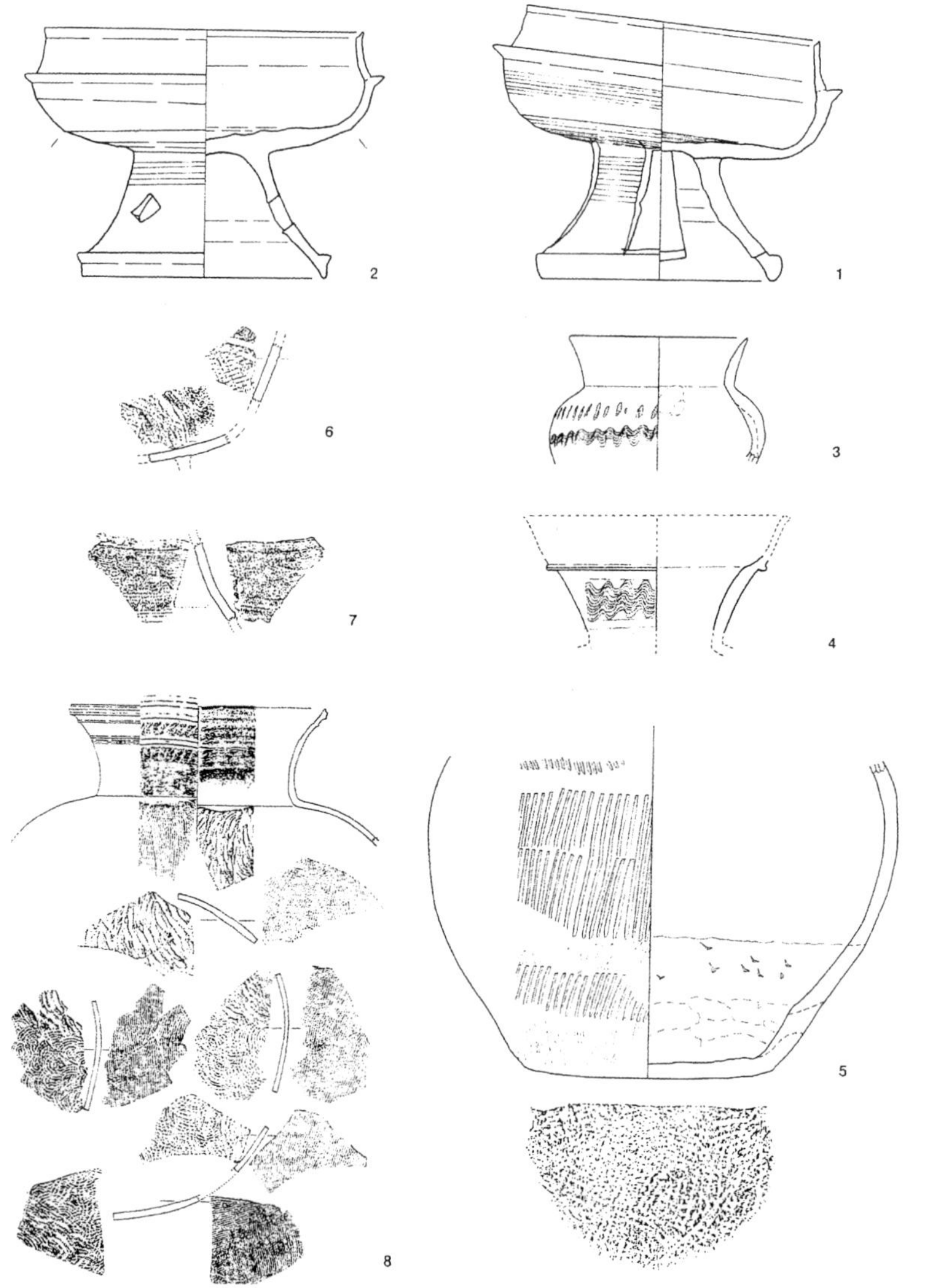

図５　熊本県江田船山古墳の須恵器１（造出周辺出土）

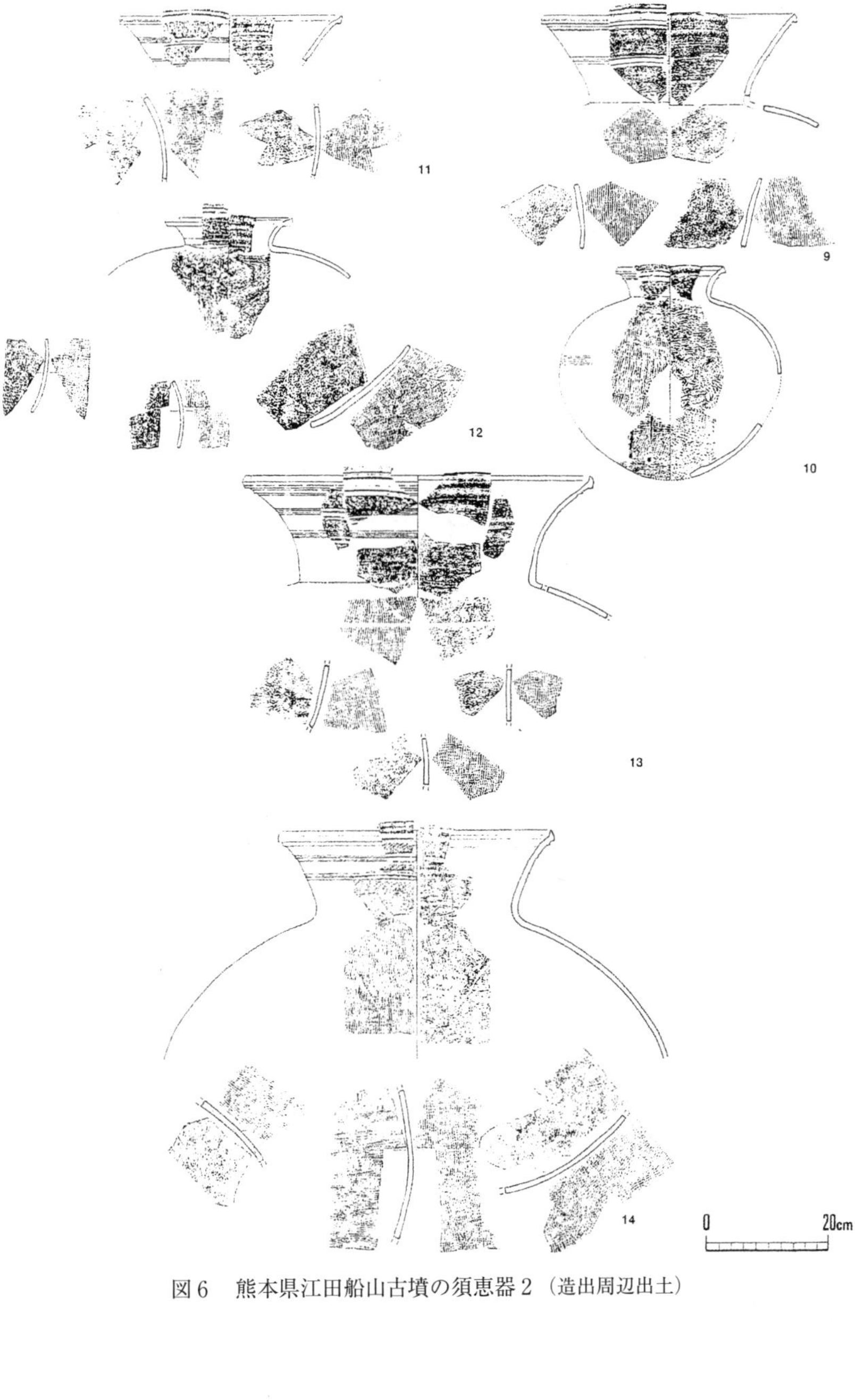

図6　熊本県江田船山古墳の須恵器2（造出周辺出土）

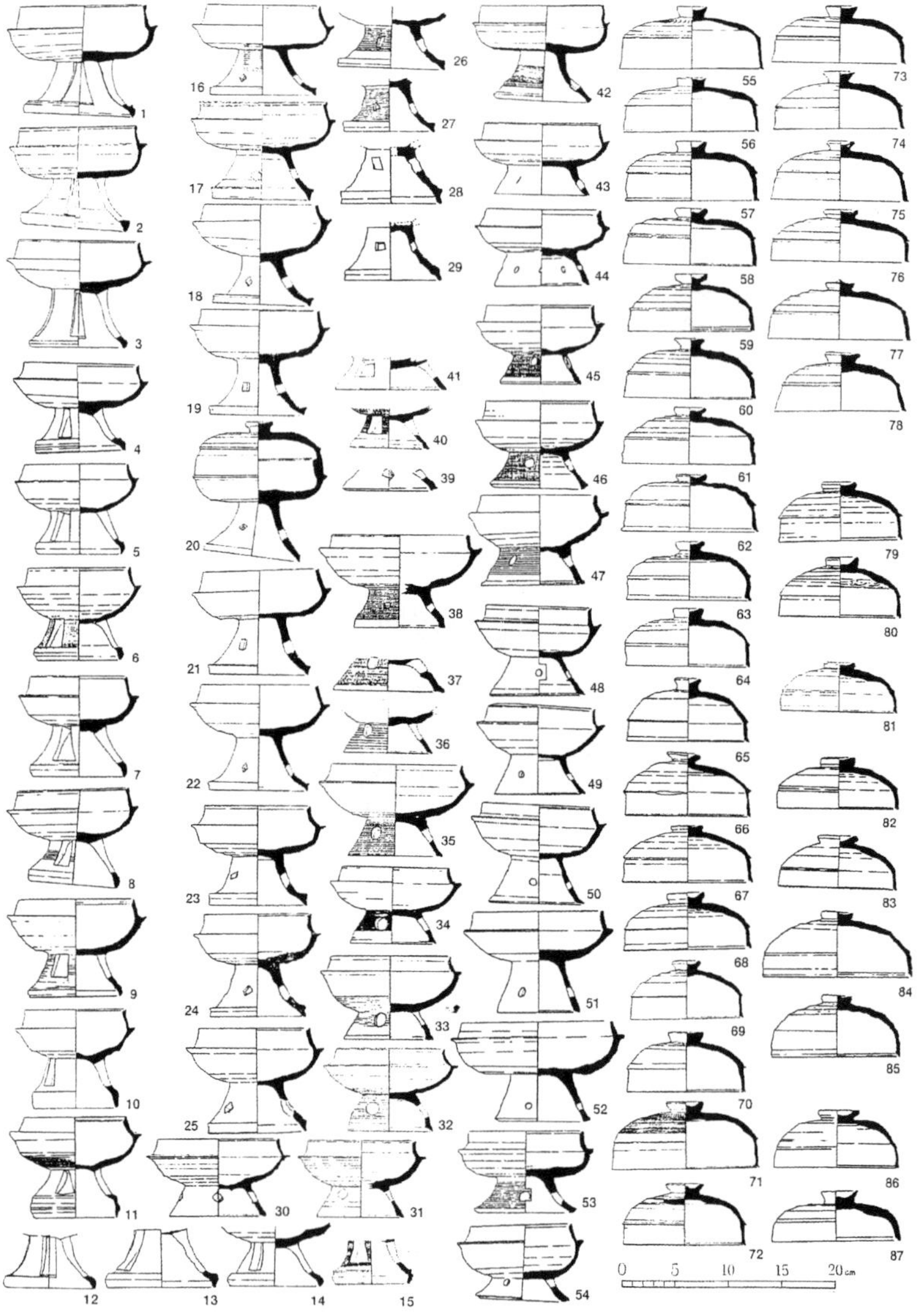

1・12・42・55・56：TK208　2・17：江田船山　3・16・21・22・77・78：信太山2　4・51・54・82・83：小阪　5・49・66：クエゾノ5　6・46・79・80：埼玉稲荷山　7・8・43・70・71：TK23　9・33・84・85：芝山3　10・36・69：MT200-1　11・45：谷　13・28・29・62：ON220　14・27・60：KM233　15・30〜32・40・41・81：泉　18〜20・73〜76：信太山4　23・24・57〜59：KM265　24・67・68：権現山 BSZ3　26・61：ON222　34・86：法華堂2　35：植 SH98　37・39：KM113　44：飛驒　47・63・64：TG207　48・50・65：西行3　38・52・87：碇岩朝地　53：日脚　72：TK47

図7　熊本県江田船山古墳関連須恵器（有蓋高坏）

墓制の成立は七世紀後葉頃と言われており、その前身も七世紀前葉頃までしか遡れない可能性があることも考慮に入れておく必要があるだろう。発掘されたが、横穴式石室と推定される埋葬施設は完全に破壊され、基礎しか存在しなかった。ただ、三基の石棺の破片が見つかっていて複数埋葬は確実であるから、墳丘部から出土する須恵器等の遺物との時間的関係を考える上では注意を要す。なお、継体の没年には諸説があり、『日本書紀』では『百済本記』により辛亥年＝継体二十五年（五三一）となっている（『古事記』は継体二十一年（五二七）。五三四年の伝承もある）。須恵器は一部が公表されているが（図8）、他に北造出を中心に各所から出土していて、MT一五～TK一〇型式を中心に、少数ながら、その前後の型式のものも含む（高槻市埋蔵文化財センターご教示）。

また、福岡県岩戸山古墳は磐井の墓である可能性が高いとされている〔森一九七〇〕。八世紀の『筑後国風土記』逸文に記載された「筑紫君磐井の墳墓」の記述がこの古墳の状況と合致するからである。磐井は乱のなかで継体二十二年（五二八）に斬られている（死亡か）。ただし、逸文では生前に墓（寿陵）を造ったという。江戸時代に矢野一貞が著した『筑後将士軍談』の絵図によると、後円部と前方部の二ヵ所に「石窟跡」の記述があり、二ヵ所に横穴式石室が築かれている可能性が高い。発掘されてはいないが、埴輪、須恵器等が採集されており、須恵器はMT一五型式、ないしはTK一〇型式にあてられている（図9）。

なお、この他に奈良県の見瀬丸山古墳（欽明大王か、五七一年没、TK四三型式、一部調査）〔徳田・福尾一九九四〕や藤ノ木古墳（穴穂部皇子・宅部皇子か、五八七年没、TK四三型式、発掘）・牧野古墳（押坂彦人大兄皇子成相墓、没年七世紀初頭か、TK二〇九型式、発掘）〔白石二〇〇六〕なども被葬者との関係で年代が議論されている。

ちなみに、後期古墳では家形石棺の型式変化も参考になる。棺蓋平坦面指数二〇が須恵器MT一五型式頃で、以後は指数＋五ごとに一型式ほど新しくなり、指数四〇がTK二〇九型式頃にあたる。見瀬丸山古墳の古い型式の石棺は指数が三五でTK四三型式と共伴する（一四三頁表8）。

③　文献から建物の創建年代がわかる場合

よく知られているのは奈良県の飛鳥寺〔奈良国立一九五八〕で、『日本書紀』によると、崇峻元年（五八八）に百済からもたらされた仏舎利をまつるために蘇我馬子によって建立された。その創建前の包含層の上層から土器が出土していて、須恵器はTK四三型式とされる。層位からいえば、この型式の土器は創建時と同じか、それ以前ということになるが、土器の量は少なく、良質な資料とは言いがたい。

日本国内の関係資料は以上の通りである。質の良し悪しを問わなければ、資料は一応、古墳時代の各時期に散在している。したがって、一定の議論は可能となっているが、その数は少なく、遺物の共伴関係も不安定なものが多くを占め、紀年銘をもたない大多数の遺物各型式やその組合せの時期を推定するのに決して十分なものとは言えない。

(2)　国外資料

そこで、これを補うものとして援用されているのは、中国、韓国等の関係資料である。

中国では、紀年銘のある遺物（墓誌等を含む）や文献などから被葬者の死亡や埋葬の年代がわかる墳墓が数多くあり、遺物の型式の組列や、墳墓の一括遺物に年代推定の根拠を与えることができる。したがって、遺物の場合、一部の鏡のように紀年銘をもたなくても、中国からの搬入品、あるいはその模倣品の場合でも、その型式の組列が正しく把握されていれば、ある程度時期を推定することができる。

そこで、搬入品では、その量がもっとも多い鏡が戦前から議論の対象になってきたが、奈良県新山古墳や兵庫県行者塚古墳出土の西晋式帯金具（西晋二六五〜三一六年）なども加えることができようになってきた。

一方、朝鮮半島からの搬入品やその模倣品はさらに多く、特に中期中葉以降は枚挙にいとまがない。列島からの搬入品が半島で検出される例も増えてきている。そうした状況のもと、今回の共同研究は正に時を得たものと言うことができるが、そこでは、土器（陶質土器・須恵器）、鉄製品（甲冑・馬具・鉄鏃・鋏）、金・銀・金銅製品（装身具）、青銅器（筒形銅器・巴形銅器・熨斗）などの形態的・技術的系譜の整理と型式の組列の作成、あるいは生産地（地域色）の推定と製品の地域間流通等を踏まえての、交差年代法的な年代論が議論された。

これまで北燕の馮素弗墓（四一五年没）等が馬具等の年代論に利用されてきたにすぎない三燕（四世紀〜五世紀前半）を中心とした中国東北地方の状況が徐々に明らかになってきたことも〔奈良飛鳥二〇〇九など〕、今後に期待を抱かせる。なお、一九七一年に発見された韓国の百済・武寧王陵の資料〔大韓民国一九七四〕は、被葬者と追葬者の名前、没年・埋葬年（王五二五年・王妃五二九年）等がわかる一括資料として、日韓を通じてもっとも優れたものである。副葬品に、もっとも普遍的な百済土器等が含まれていないのは惜しまれるが、いっそうの活用が望まれる。

二　自然科学的方法

日韓ともに年代資料が不足するなか、それを補うというよりも、今後はより重要な位置を占めてくると考えられるのは年輪年代法と放射性炭素一四年代測定法（ＡＭＳ法）である。古墳時代の年代論に関係する測定資料はいまだ少ないが、以下のものがある。

一つは、奈良県佐紀遺跡（平城宮第二次朝堂院東朝集殿下層）の、自然流路ＳＤ六〇三〇の上層に含まれる暗灰粘質土出土のヒノキの未製品である。樹皮直下の年輪まで完存している樹皮型のもので、伐採年は四一二年とされる。この資料は一九九六年の第二六七次調査の時のものであるが、下流で行った一九六八年の第四八次調査でも上層から「基本的に同様の土器群」が出ていて、その中に「ごくわずかではあるが……初源期の須恵器を含み」、その型式がＴＫ七三型式にあたるという〔光谷・次山一九九九〕。自然流路の少し離れた出土地点であることが気にかかるが、同一の層としても、「多量の土師器、埴輪と共伴している」という土師器の型式幅や、須恵器や木製品との関係を正確に検討したい。須恵器ＴＫ七三型式に伴う土師器からＯＮ四六型式に伴う土師器まであるとの指摘もある〔浜中・田中二〇〇六〕。

次に、京都府宇治市街遺跡の宇治妙楽五五番地の流路ＳＤ三〇二から出土したヒノキの未製品がある。やはり樹皮型で伐採年は三八九年とされる（残存年輪数が六九層と少なく、炭素一四ウイグルマッチ法で検証）〔光谷二〇〇七〕。共伴したとされる土器は、須恵器・陶質土器三〇点、軟質土器七三点、土師器一三八点で、須恵器・陶質土器はＴＧ二三二平行期のものと考えられている〔浜中・田中二〇〇六〕。しかし、これも前者同様、各土器型式の認定・型式幅、木製品との関係等がより厳密に検討されなければならないし、小型の木製品の場合は来歴が複雑でもある。

これらに対し、奈良県下田東一号墳の例はより単純である。方形周溝墓の周溝からコウヤマキ製木棺の底板が出土し、辺材型ながら伐採年は四四九年＋αで四五〇年代との結果が示されている（国立歴史民俗博物館による炭素一四ウイグルマッチ法による検証あり。光谷拓実氏ご教示）。底板の裏面に密着して完形の杯身二点、杯蓋四点が置かれていた〔奥田二〇〇九〕。現在展示中のものを見ると須恵器はＴＫ二三型式のものである。

また、大阪府狭山池東樋下層の樋管はコウヤマキ製の樹皮型で、伐採年は六一六年と報告されている〔狭山池一九九八〕。池岸に残された須恵器の二号窯がＴＫ二〇九型式、三号窯がＴＫ四三～ＴＫ二〇九型式、池の築造当初の堤の外側斜面に営まれた一号窯がＴＫ二一七型式（第一類）（飛鳥Ｉ）という。

このほか、辺材型は、樹種とその成長度により、辺材の年輪数がある程度推測可能なため有効性は高いし、心材型でもその年にはまだ樹木が伐採されていないという一定の押さえにはなる〔初出に情報をまとめている〕。

年輪年代法は非常に有効な手段であるが、木製品の伐採以来の経歴、遺構や遺物との共伴関係等が明らかでないと安易には使えないところがある。良質な条件をもつ資料の測定例を増やすことが何より求められている。

ただ、年輪年代法の進展により、微量の資料でも計測が可能となった放射性炭素一四年代測定法（ＡＭＳ法）も有効性を増しつつあり、上記のようにウイグルマッチ法で年輪年代との関係を検証し、列島独自の較正曲線が描けるようになってきている。二〇〇九年の春には、国立歴史民俗博物館から、奈良県箸墓古墳の築造直後の布留〇式土器の年代が二四〇〜二六〇年という結果が発表されている〔春成ほか二〇〇九〕。

三　二つの時期の検討

(1)　五〇〇年前後

以上が古墳時代の年代に関連する資料のほぼ全貌である。そこで、定点になるかと思われる資料が比較的そろう時期を対象に若干の検討を行い、その安定度をはかってみたい。

一つは、稲荷山古墳の「辛亥年」をめぐる時期である。代表的な見解として白石太一郎説〔白石一九八五ａ〕を取りあげ、論点を整理すると、①「辛亥」は、倭王武に比定されるワカタケル大王の想定在位期間〔四五六、または四六五〜四七九『日本書紀』、または四八九『古事記』〕との一致からも、四七一年説が有力。②くびれ部出土の須恵器はＴＫ四七型式でもやや古いもの。③鉄剣を出土した礫槨の三鈴付杏葉をメルクマールとする馬具を伴う遺物群はＭＴ一五型式のやや古い段階のものと並行。〔白石二〇〇六〕では、鈴杏葉は礫槨の副葬品のなかでももっとも新しいとする。④中心部からはずれた礫槨は追葬で、墳頂部中央に未発見の埋葬施設があり、くびれ部の須恵器に対応。⑤鉄剣との関係から五世紀末葉の暦年代が想定できるのはＭＴ一五型式の前半期、などである。

鋳造製の鈴杏葉では、ＴＫ二三型式と共伴する京都府穀塚古墳の五鈴のものが最古で、稲荷山古墳例は三鈴の最古型式にあたる〔斎藤一九八四〕。最古型式の時期を決めるのは難しいが、あえて発掘では見つからなかった中心の埋葬施設を想定し、ＭＴ一五型式段階まで引きさげる必要はないように思われる。京都府私市円山古墳〔造出付円墳・墳長約八一メートル〕のように、大型古墳でも墳頂部平坦面の中心に埋葬施設がない例もある。

また、副葬品をＭＴ一五段階と想定した場合も、その一括遺物に「辛亥年」を含むのであるから、その始まりを「五世紀末葉の四九〇年代」〔白石二〇〇六〕まで下げるのには無理がある。四七一年を含む前後の時期をあてるのが普通だろう。白石のＴＫ四七型式の編年観では鉄剣が共伴していても問題はない。「存続年代も比較的長かったと想定」するＭＴ一五型式の上限をより古くすることにその意図があったのかもしれない。それは今城塚古墳と岩戸山古墳の須恵器をＴＫ一〇型式と判断し、両古墳の年代からＴＫ一〇型式を「六世紀の第1四半期から第2四半期の境を中心とする時期」としたことによるように思われる。〔森田二〇〇六〕掲載の須恵器の図〔図8〕は比較的新しい型式のもので、その後に資料が増加している。「おおむねＭＴ一五型式〔新相〕からＴＫ一〇型式〔古相〕にかけてのもの」〔森田二〇〇六〕とするのが妥当である。田辺昭三は、岩戸山古墳の須恵器〔図9〕を「二型式以上の須恵器が認められ……最も古いタイプの一群は、陶器山一五型式から高蔵一〇型式への過渡期に並行する」とし、古墳の写真の横に、比較的新しい高杯形器台ではなく、筒形器台の図のみを載せている〔田辺一九八一〕。

したがって、現状では、同時性の時間幅を広めにとって、辛亥年＝四七一年＝礫槨遺物＝ＴＫ四七型式須恵器の共

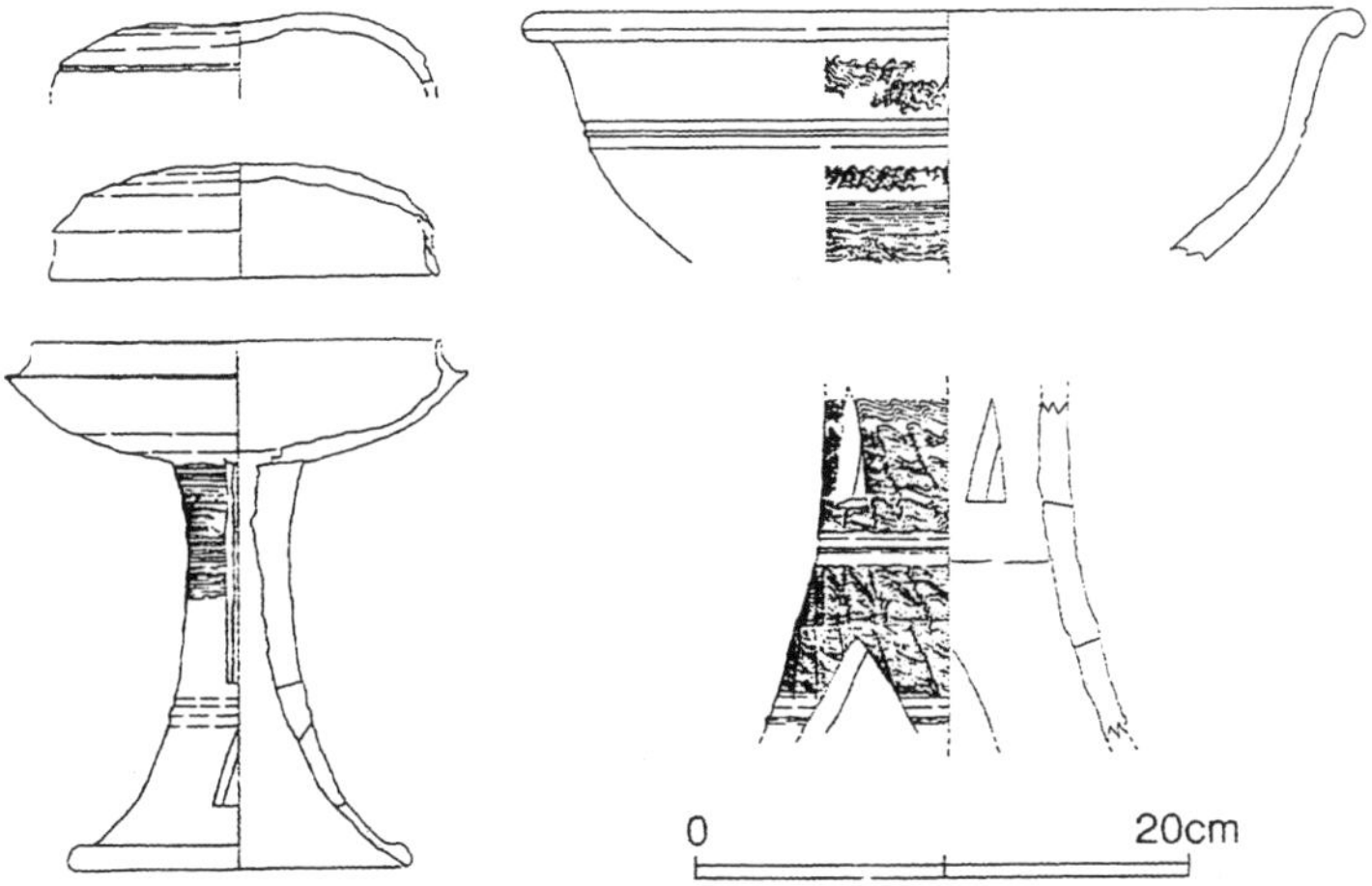

図８　大阪府今城塚古墳の須恵器

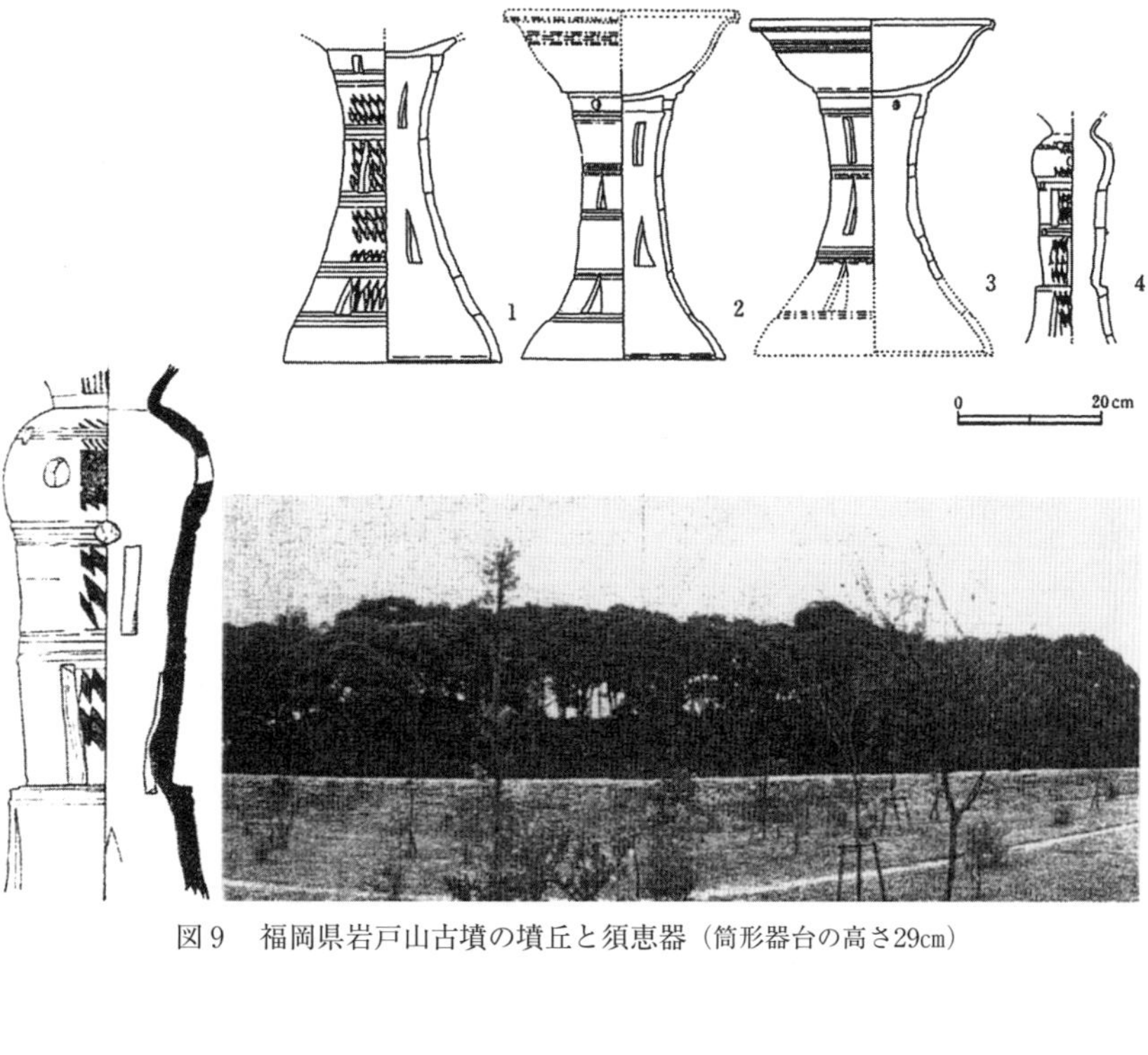

図９　福岡県岩戸山古墳の墳丘と須恵器（筒形器台の高さ29㎝）

		A案	B案
571	（見瀬丸山古墳）		
587・588	（藤ノ木古墳）・飛鳥寺	TK43型式	TK43型式
600		TK209型式	
	（牧野古墳）		
608	箕谷２号墳		TK209型式
616	狭山池樋管		
		TK217型式（古）（飛鳥Ⅰ）	TK217型式（古）（飛鳥Ⅰ）

図10　600年前後の年代観

伴を考えておくのがよいように思われる。私は暫定的にＴＫ二三型式～ＴＫ四七型式を五世紀後葉、ＭＴ一五型式を六世紀第１四半期とし、第１四半期と第２四半期との境をＭＴ一五型式とＴＫ一〇型式の過渡期としている（図２）。なお、辛亥年＝四七一年とするのは考古学的方法によるものではなく、銘文の解釈による。

また、白石は、船山古墳についても触れ、紀年銘のない銘文中の「獲□□□鹵大王の世」という表現は過去の君主の治世をさすとの東野治之の指摘〔東野一九九三〕や、鉄刀の関の方形抉りや型式から、これを追葬時（ＭＴ一五型式）のものとする〔白石二〇〇六〕。傾聴に値する指摘であり、安易にＴＫ二三型式をワカタケル大王と結びつけることを戒めているが、追葬時の須恵器の型式は限定しにくい。

（2）　六〇〇年前後

もう一つ、比較的年代資料が集まってきている時期が六〇〇年前後である。それをまとめると図10のようである。土器型式の認定と被葬者の推定を共通認識としたとしても、A案とB案のような差ができる（和田はA案、最近の傾向はB案）。畿内を中心とした

限られた範囲の資料でもこうであるから、議論を拡大したときの誤差の増幅はどれほどであろう。

おわりに

以上のような話をしたのは、自分の意見を強調するためではない。現在は、先人たちのように、けっして条件の良くない少数の資料から、何とか型式の組列に暦年代を与えようとしている段階にある。

今さらいうまでもないことだが、遺物や遺構の型式は、研究者が、連続する時間的変化のある特定の時間幅のものを任意に切りとり抽象化したものである。その場合、時間の流れをうまく説明できるもの、その段階をうまく説明できるものを中心に抽象化が行われる。須恵器を念頭に考えると、田辺昭三の陶邑編年はその代表であり、ある意味では非常に使いやすい。しかし、特定の段階の須恵器各器種の型式には古い要素も新しい要素も、また製作者の差も含まれているのであって〔山本二〇〇八〕図11、〔田辺一九六六〕表2〕、床面、灰原、窯のどの資料でも、できるだけ多くの資料の悉皆的検討に基づく様式的把握が求められる。各器種の型式の組合せだけではなく、同一器種の新古の型式の組合せ、あるいはその比率も求められるのである。田辺が「様式」とはせずに、「型式」と呼んだ理由はそこにあったのだろう。

その意味では、かつて奈良文化財研究所の平城宮の土器様式が、遺構の一括遺物を様式的に取りあつかい、古い要素と新しい要素の有意な差をもって様式差としたのが参考になる〔奈良国立一九六二〕。しかし、その場合は、個々の細分型式は複数の様式にまたがる場合が普通で、少数の資料では様式を限定できない場合が少なくない。多数の土器を対象とするため様式内容の抽象化はさけられないが、さまざまな意味で適度な案配が必要である。

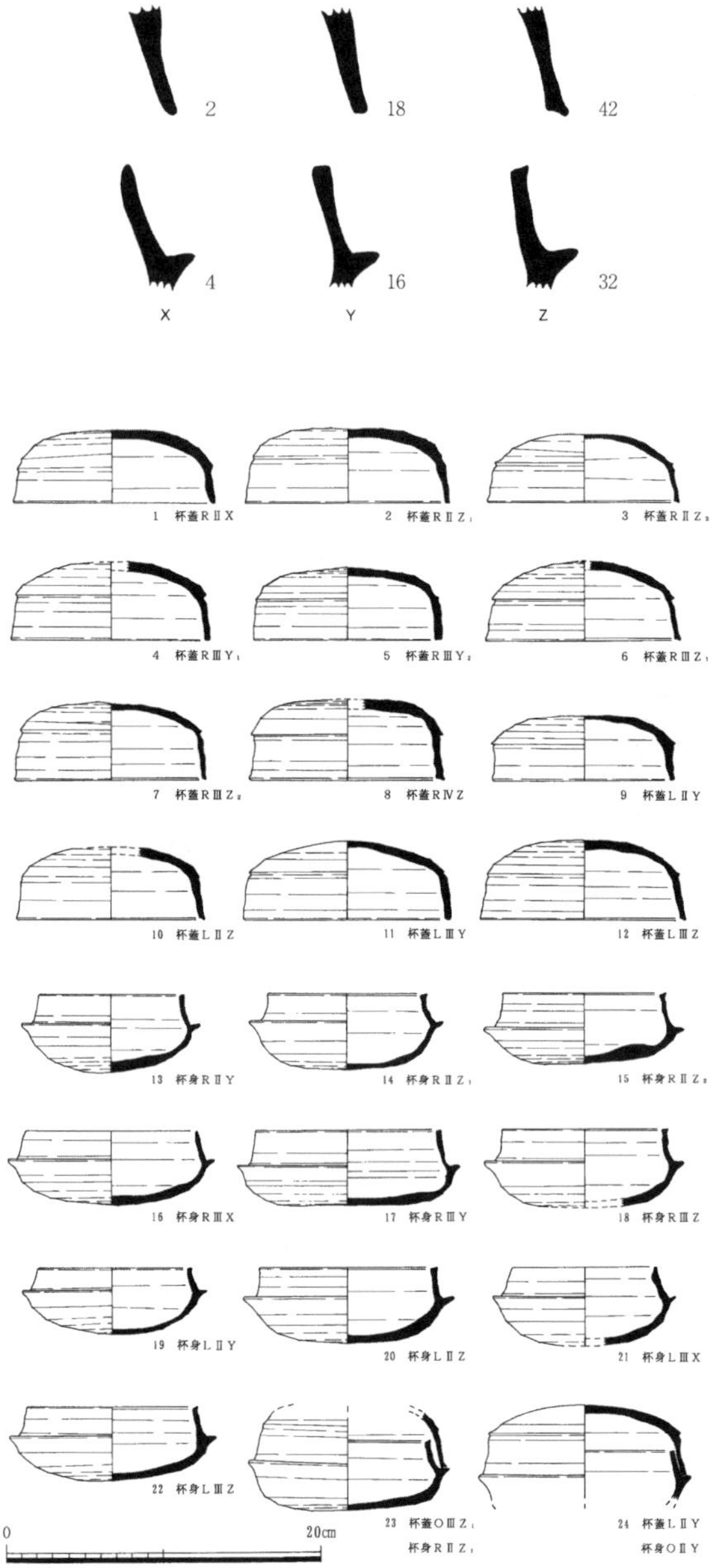

図11　大阪府陶邑窯跡群大野池46号窯の須恵器蓋杯の口縁端部形態と個体数（数字は個体数）

先には古墳出土の須恵器に一定の型式名を与えて議論したが、資料が少数の場合は要注意で、特定の型式名を与えてもその揺れは前後の型式にまたがる可能性も考慮しておく必要がある。型式は前後で途切れるのではなく、たえず前後と一定程度重なっていると考えるべきであろう。日韓の土器の交流を用いた交差年代を行う場合も同様である。

また、土器の場合は、どこで焼成されたかも問題で、須恵器の場合、地方窯では古い型式が次の型式にも残る場合も少なくない（図12は兵庫県鬼神谷窯跡の編年図であるが、Ｉ段階がＴＫ二三～ＴＫ四七平行期、Ⅱ段階は他との比較でＭＴ一五平行期

表２　大阪府陶邑窯跡群の須恵器蓋杯の口径（数字は％）

	TK 208		TK 23		TK 47		TK 15		TK 10		TK 43		TK 209	
	杯	蓋	杯	蓋	杯	蓋	杯	蓋	杯	蓋	杯	蓋	杯	蓋
9.0cm														
9.5	6		3		10	9								
10.0	3		3		20		8		2				3	
10.5	**21**		**46**		**30**	9	10		2		2	3		
11.0	18		**45**	11	10	9	3		7		2		14	
11.5	**25**	2		9	**30**	**22**	14		5		11	2	6	
12.0	18	**26**		**31**		**36**	14	4	21		15	6	18	5
12.5	9	20	3	**23**		5	**24**	3	9		7	2	12	2
13.0		**29**		11		5	8	6	**26**	2	15	17	**27**	18
13.5		14		6			15	13	5	2	11	5	3	11
14.0		9		6		5		**23**	11	11	15	20	12	**39**
14.5							1	**24**	3	2	2	12		14
15.0				3			1	16	3	**63**	18	**23**	5	11
15.5							2	1	2	2	2	3		
16.0								7	2	15		3		
16.5									2			2		
17.0								3		3		3		
17.5														
18.0												2		
計測個数	33	35	33	35	10	22	73	70	346	121	46	66	58	44

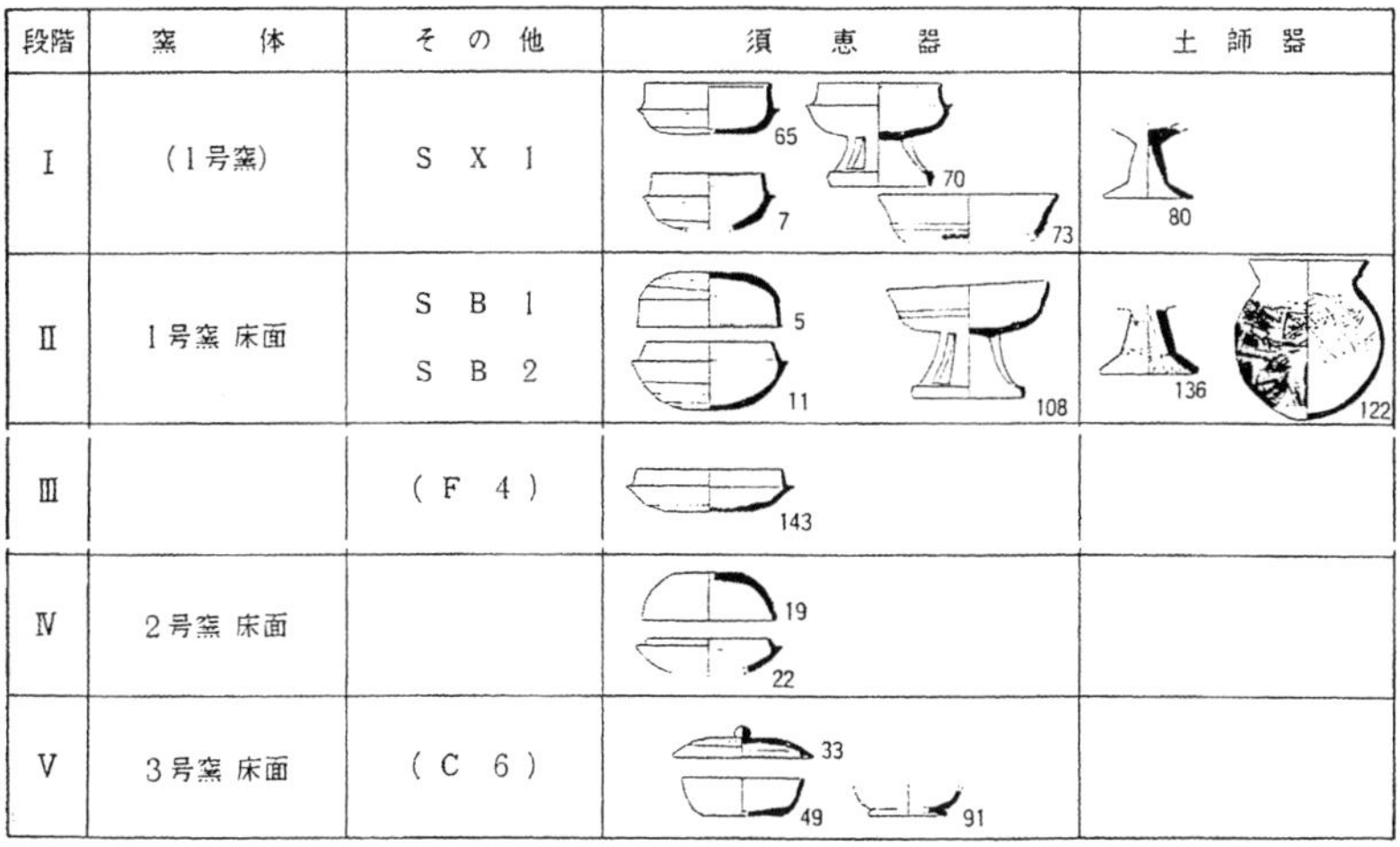

図12　兵庫県鬼神谷窯跡の須恵器・土師器の編年

という〔菱田編一九九〇〕。

また、紀年銘をもつものや、樹皮型で伐採年代がわかるものの取り扱いも決して容易ではなく、その遺物の来歴、共伴関係の検討には慎重でなければならない。また、上記したように定点の年代が共通認識になったとしても、なお、型式の前と後ろの設定には差が生まれるし、よく言われるように、型式ごとの時間の長短も問題である。

紙幅の関係で、ここに書いたことは一部の問題点であるが、それらの課題を克服するためには、地域ごとに一括遺物の悉皆的な検討を踏まえた様式的把握の深化が求められる。そして、それを基盤に、地域間の交差年代に有効な一括資料の数を増やすことで〔モンテリウスは共伴関係の確認は三〇回以上必要という〕交差編年をいっそう推しすすめ、東アジア的な広がりをもった相対的編年表に年代資料を配置できることが望まれる。年輪年代資料など新たな関係資料の増加が望まれることは言うまでもない。日韓の考古学にとっては喫緊の課題である。

〔補註1〕　その後、鏡では奈良県桜井茶臼山古墳で「正始元年」銘三角縁神獣鏡と同笵の破片が出土〔菅谷二〇一七〕。鉄刀では福岡県元岡G六号墳で「庚寅」銘金象嵌大刀が出土。「庚寅」は元嘉暦にしたがえば西暦五七〇年にあたり、共伴の須恵器から「大刀の副葬年代は」「七世紀の第二四半紀と考えられる」という〔大塚編二〇一三〕。

第三章　古墳と地域区分・集団区分

はじめに

ここでは、これまで行ってきた墳墓からみた各種のレベルの集団や地域などの捉え方を整理しておきたい。集団や地域の捉え方やその性格づけは、当時の政治社会の捉え方や評価と深く係わっているからである。本来ならば、直接、遺体を対象に形質人類学的な分析やＤＮＡ鑑定などを行い、その成果をもとに人々のまとまりの性格について議論すべきものであるが、それがかなわない状況のもとでは、まずは考古学的な情報から、さまざまなレベルの人々のまとまりを抽出し、自分なりに解釈を試みたい。

そこでまず、「古墳」という用語についての定義から始めると、墓には墳丘をもつ墓と、墳丘をもたない墓とがある。前者を「墳（ふん）」、後者を「墓（ぼ）」と呼んで区別し、両者を総称する場合には「墳墓」と呼ぶ。墳丘をもつ墓は「墳丘墓」とも呼ぶ[1]〔都出一九七九ｂ〕。

古墳は墳丘墓の一種で、日本では弥生時代にも墳丘墓が存在することが明らかになって以後、長い議論の結果、弥生時代の方形や円形の周溝墓や台状墓などの墳丘墓を「弥生墳丘墓」、古墳時代の墳丘墓を「古墳」と呼びわける場合が多くなり、私もその立場に立っている。そこでは、「古墳」には、それが良いか悪いかは別として[2]、古墳時代というヤマト王権形成過程の特定の時期に、王権との関係で造られた墳丘墓という解釈が多かれ少なかれ含まれている。したがって、ヤマト王権成立以前の弥生時代の墳丘墓は「弥生墳丘墓」と呼びわけることになる。また、古墳時代の墳丘墓でも、弥生時代以来の伝統を引くもので、いまだ王権との係わりをもたなかったと推測する古墳時代前・中期などの全長二〇メートル未満の小型の周溝墓や台状墓は、古墳とはいわず、遺構名そのままの名称で「周溝墓」や「台状墓」と呼んで後期の群集墳と区別している。

なお、古墳時代は、政治社会的意味からも宗教的意味（他界観）からも、前方後円墳が造られた時代と捉えることが有効である。そのため、前方後円墳が造られなくなった飛鳥時代の墳丘墓は厳密には古墳ではないことになるが、ここでは、これまでの習慣にしたがって「古墳」と呼んでおく。いずれも遺跡の区分と遺跡の解釈が重なり、わかりにくくなっている点は否めないが、学史を踏えた結果での産物である。

一　古墳と古墳群

古墳時代前・中期の古墳は基本的には墳長二〇メートル以上の首長墳である。「首長」という用語は「有力者」とも「エリート」とも言いかえられる場合があるが、ここでは特定の共同体を代表する者を「首長」と呼び、弥生墳丘墓の場合は「首長墓」、古墳の場合は「首長墳」と呼びわける。

首長は、より指導者的性格の強い段階から、より支配者的性格の強い段階へと推移したと考えられるが、後述のように墓制からみて、古墳時代前・中期には、首長と共同体の関係に弥生時代以来の首長制的な性格が色濃く残っていたと判断することも、「首長」の用語を用いる理由の一つである。

(1)　古墳と単位共同体

考古資料として、われわれが明確に把握できる一つの単位は一基の古墳そのものである。そして、それによって一人の首長の存在を認め、その背景には一人の首長を生みだした集団の存在を推測することができる。ここではその集団を「単位共同体」と呼ぶ。言いかえれば、一つの単位共同体は多数の共同体構成員と、彼らを代表する一人の首長とからなっていたと捉えるわけで、その地理的広がりを「単位地域」とする。

弥生時代の集団墓地のなかにひときわ大きな首長墓と推測される墳丘墓（一辺や直径が二〇メートル以上）が出現してくるのは、少なくとも弥生時代中期後葉のことで、弥生時代後期後半から終末期にかけて形や規模のうえで急速に格差が進行し、古墳時代には墳長二〇メートルから二〇〇メートルを超える古墳が出現する〔付論二〕。

したがって、一人の首長と多数の共同体構成員からなる単位共同体は、弥生時代中期後葉から古墳時代前・中期にかけての社会において普遍的な社会の基本的単位だったと考えることができる。また、この単位共同体は時間の推移とともに性格が変化し、規模を増し、複雑化し、古墳時代中期ごろには、大きな共同体は複数の単位共同体の重層的な結合体となったと推定されるが、ここではそれを「複合共同体」と呼ぶことにする。

私は当時の政治体制を首長連合体制と評価しているが、その体制を生みだした原因はこの単位共同体の普遍的な存在とその重層的な結合にあったと考えている。

人骨がほとんど残っていないために単位共同体の性格は不詳であるが、首長の葬送儀礼が社会のなかで突出して重要な意義をもつようになった弥生・古墳時代社会の性格を考えれば、これらの単位共同体は血縁関係を中心に結びついた同族的集団であった可能性が高い。

かつて都出比呂志は円錐クランを取りあげ、首長制社会に存在し、血縁原理（擬制を含む）を基礎としながら、平等原理に欠け、地位の優劣が顕著で、外婚制をもたず単系でもなく、出自が系統樹の原理で階層的に区別されていると説明しつつ、弥生時代社会にその存在を認めた〔都出一九九二〕。ここで、共同体を円錐クラン的な性格のものと理解するならば、墓制でみるかぎり、少なくとも古墳時代前・中期までは単位共同体の基本構造はさほど大きく変わっておらず、中期には、より複雑化し、擬制をも含む複合共同体の存在をも認めるべきであろう。それは後の『記紀』などに記載された「氏（うじ）」の原形であったと推測しうる。言いかえれば、「首長」とは血縁原理を中心に結びついた単位共同体ないしは複合共同体の「一族の長」であったと推測されるわけである。

そこで、単位共同体の規模を推測するため、それに相当する一古墳、あるいは「単一系列型の古墳群」（後述）と、近隣地域で発見されている同時代の集落遺跡の関係を検討すると、比較的資料に恵まれた京都府乙訓地方では、前期古墳四〜五群に対し、前期の集落遺跡は少なくとも二四遺跡が存在していることがわかっている〔柏田ほか二〇一六〕。遺跡の規模や内容が十分わかっているわけではないし、未発見の遺跡もないわけではないことから、ごく大雑把な話になるが、ここでは単位共同体は少なくとも六集落前後で構成されていたと推定しておこう。

(2)　古墳群の類型

古墳は単独で分布することもあるが、多くは複数基が群在している。そこでつぎに、古墳群の群構成を検討する。

古墳群とは、一般的には、おもに地理的景観や分布状況から同一と推定される墓域に築かれた古墳をさす。その一は、同一時期に一基の古墳が継起的に複数基造られたもの（一時期一基のみを含む）で、その二は、同一時期に格差のある複数基の古墳が造られ、それが継起的に繰り返されたもの（一時期のみを含む）である。そこで、その一を「単一系列型」とし、同一の墓域であることを重視し、同一の墓域に一代一基程度の割合で継起的に造られた一族の古墳という意味で用い、単一の古墳、ないしは単一系列型の古墳群の背景には単位共同体の存在を想定する。その二も同様であるが、格差のある複数の古墳であることから「複数系列階層構成型」とする〔広瀬一九八七・八八〕。時に、単一系列型の古墳群が複数近接して同一の墓域を形成していると考えられるような場合は「複数系列並列型」とする。そして、前期に複数系列並列型をとり、中期には近接して複数系列階層構成型となるような、時代をまたぐ大きな古墳群は「複合型」古墳群とする。(3)

いずれの古墳群にも、同一の墓域に、あるいは他の墓域に従属する小型の墳墓が存在していた。古墳時代後期〔須恵器TK二三・四七型式以後〕になると、そのうちの周溝墓や台状墓などが小型円墳となり群集墳として古墳の秩序のなかに取りこまれていく。したがって、後期の段階では、古墳群は、先述の首長墳の組合せと群集墳でもって構成されることになる。そして、この段階になって、首長と単位共同体の関係や、単位共同体内部の単位家族〔近藤一九五九〕の単位集団、古代的大家族を想定〕の関係も大きく変質していった。群集墳の被葬者はその単位家族の有力家長の墓ではないかと推測している。

(3) 墳墓からみた古墳時代の階層構成

古墳時代には人びとの社会的階層や政治的階層は墳墓によって表現された。

そこでまず、古墳時代前・中期の墳墓の格差を検討すると〔九七頁図21〕、墳墓は上から、大小の古墳―周溝墓・台状墓―棺直葬墓―土坑墓の順となる。したがって、当時の社会に首長と共同体構成員という二つの社会的身分があったと考える立場から、大小の古墳が首長の墓で、周溝墓・台状墓以下の墳墓が共同体構成員の墓と考える。さらに、共同体構成員の上層の墓を周溝墓や台状墓に、下層の墓を棺直葬墓に、最下層の墓を土坑墓に想定したい。

一方、首長の墓は前方後円墳・前方後方墳・円墳・方墳の基本四形式の形と規模（二〇メートルから二〇〇メートルを超える）によって格差づけられており、そこには王権内における首長の政治的身分が表現されていたと推測する。すなわち、当時の社会関係は、首長と共同体（共同体構成員）の関係と、大王を中心とする大小首長間の関係の二重構造からなりたっていたのである。そして、首長制的性格が色濃く残っていたと判断するのは共同体内部の諸関係においてであり、共同体内部の墓制にみる諸関係は弥生時代以来のそれと基本的に変わっていないと判断できるからである。そして、この二重構造が大きく解消されはじめるのは、王権が共同体の上層構成員（有力家長層）を直接的に掌握するようになる古墳時代後期以後のことである。この段階になって、弥生時代以来の墓制である周溝墓や台状墓が急速に円墳化し、群集墳として古墳の秩序に組みこまれていく現象がそれを示唆しているものと理解している。

なお、埋葬施設との関係でいえば、土坑墓以外は何らかの「棺」をもち、周溝墓・台状墓以上は何らかの「墳丘」をもち、「槨」をもつものはほとんどが古墳に限られることに注目したい(4)。

二　古墳群と古墳群の地域的まとまり

ところで、古墳も古墳群もけっして孤立的に存在していたわけではない。先には同一の墓域における古墳群の類型について述べたが、遺構や遺物を検討すると、墓域を異にしていても古墳・古墳群はさまざまに関連しあい一定のまとまりをみせる。それを政治社会的に意味あるまとまりと捉え、まとまりの範囲や階層を基準に政治地理的空間を区分する用語を整理・検討したい。この用語は、ある意味では集団を区分する用語ともなる。

これまで「古墳群」や「地域」といった用語については、個々の事例で数多くの検討がなされてきた。ここではそれらを参考に現在みずからが使っている「古墳群」、「地域」、「地方」、「中心域」、「中間域」、「外周域」などといった用語の内容を一定度整理しておこうというのである。

(1) 地　域——複数の古墳群の地域的まとまり

① 竪穴式石槨

一定の地域に存在する複数の古墳群に共有されている遺構が存在することを認識した最初は京都府乙訓地域においてである。この地域では前期に、基本的には単一系列型の、一本松・百々池・天皇ノ杜群、五塚原・元稲荷・寺戸大塚・妙見山群（向日丘陵古墳群）、長法寺南原群、境野東一号墳／鳥居前群（中期初頭）（同一系列か不詳）の四ないしは五群が存在する。そのうち埋葬施設が判明している元稲荷、寺戸大塚（後円部）、長法寺南原、鳥居前古墳の竪穴式石槨側壁の板石積みには近隣に産するチャートがおもに用いられており、石槨の下部構造にも共通性が認められた。また、その構造は妙見山古墳前方部の粘土槨にも採用されており、石槨の構築方法と利用石材との共通性から、この地域の古墳群間には、古墳造りにおいて密接な関係が存在したことが推定できた〔付論二〕。

畿内全域の竪穴式石槨の構造と側壁板石石材の関係を検討した〔奈良二〇一〇〕の成果では（表3・図13）、他に二上山火山岩を主体的に用いる奈良県オオヤマト古墳群（大規模な複数系列階層構成型）、大阪府玉手山古墳群（複数系列並列型）・隣接する松岳山古墳群（単一系列型）、あるいは池田市周辺に産する石英斑岩をおもに用いる万籟山、娯三堂、池田茶臼山古墳など猪名川上流の一群などの存在を指摘することができる。また、後に中期でもふれる大阪府三島地域の前期の各単一系列型の古墳群では、岡本山（前方部）・弁天山C一号、闘鶏山、紫金山、将軍山、垂水西原古墳などは、石英斑岩や二上山火山岩をも含む場合が多いとはいえ、四国の吉野川流域産かと考えられる結晶片岩が主体を占

表3　竪穴式石槨の型式と壁面板石石材の相関表

石材＼型式	a 1	a 2	b 1	b 2	c	d 1	d 2	e
石英斑岩	忍ヶ岡		池田茶臼山 娯三堂 Ⅳ型			平尾城山		
（石英斑岩／結晶片岩）			将軍山			弁天山C1号		
結晶片岩						[弁天山B2号]		紫金山 ‖
（結晶片岩／二上山火山岩）			茶臼塚					
二上山火山岩	小泉大塚 ‖ 中山大塚 {天神山} ‖ [真名井] Ⅰ-1型	黒塚 下池山 ‖ 玉手山9 玉手山5(中) 玉手山6(東) Ⅰ-2型	会下山二本松	{椿井大塚山} 駒ヶ谷宮山 [玉手山4] [玉手山5(西)] [駒ヶ谷宮山(前1)] 寺戸大塚(前) Ⅱ-1型	玉手山6号(中) 狐塚 [駒ヶ谷北] Ⅱ-2型		西求女塚	メスリ山(主) Ⅴ型
チャート類					元稲荷 寺戸大塚(後) 長法寺南原 鳥居前 [妙見山(前)] Ⅲ型			

凡例
[点線枠]は「型」
[　]は粘土槨
{　}は型式推定

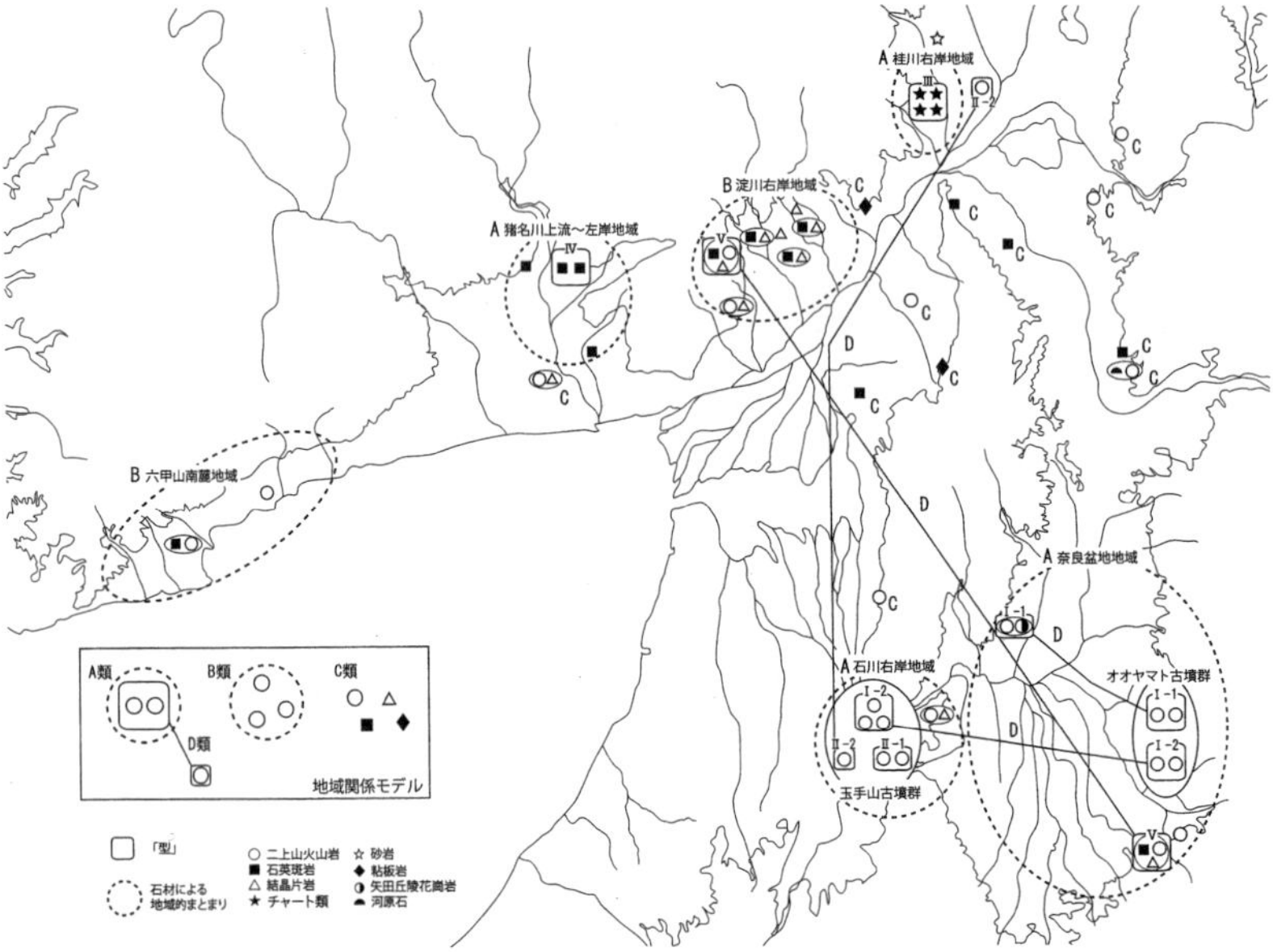

図13　竪穴式石槨からみた古墳時代前期の畿内の地域間関係

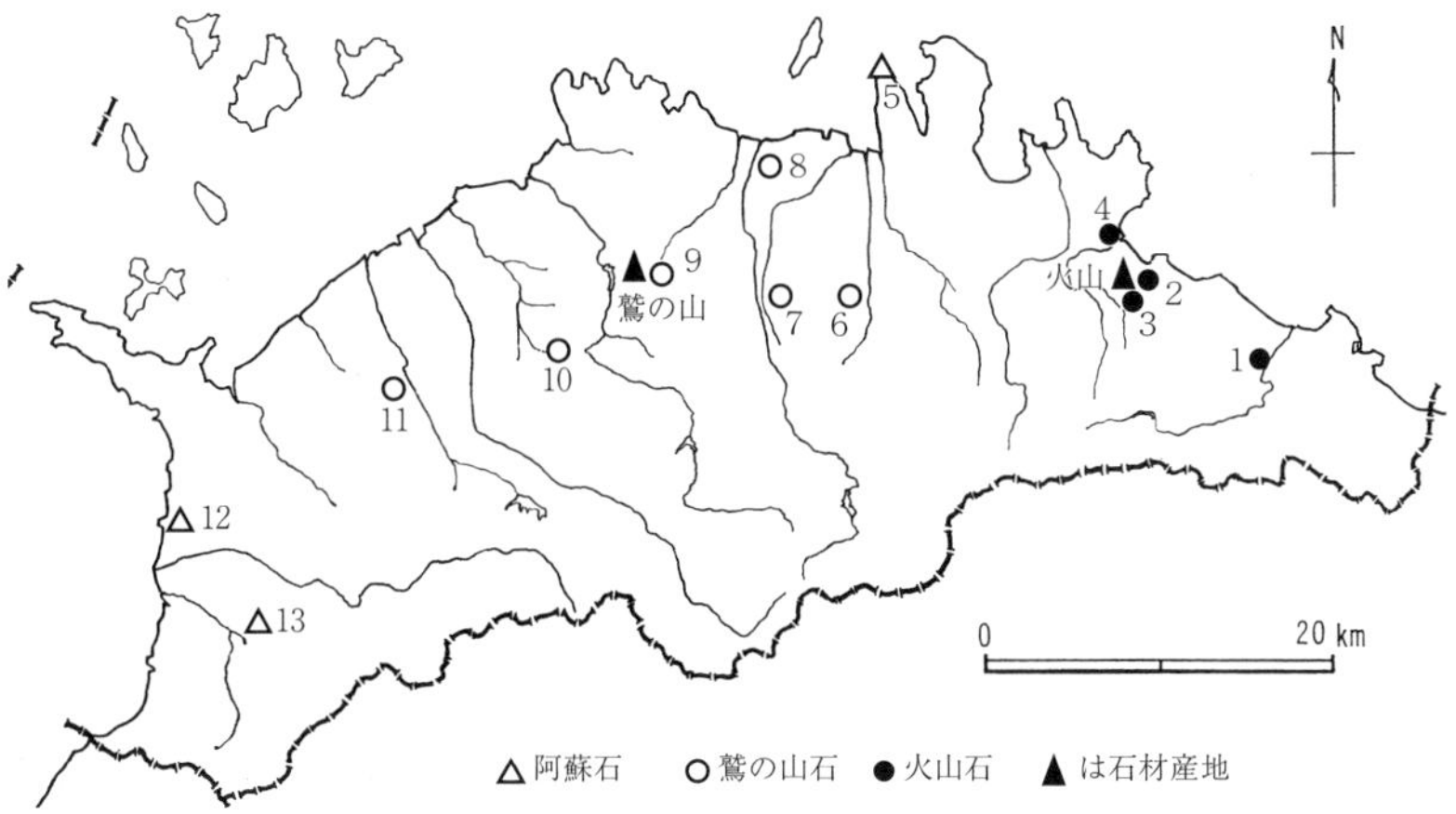

図14　香川県の割竹形・舟形石棺の分布とその石材産地
1大月山古墳　2けほ山古墳　3赤山古墳（3）　4岩崎山4号墳　5長崎鼻古墳　6三谷丸山古墳　7船岡山古墳　8石船塚古墳　9（石舟天神社）　10快天山古墳（3）　11磨臼山古墳　12観音寺丸山古墳　13青塚古墳（カッコ内石棺数、石材推定を含む）

める一群として捉えられる可能性が高い。

そこで、以上のような範囲での古墳群の地域的まとまりの範囲を「地域」と捉え、その首長層の政治的まとまりを想定したい。

そのなかでは、オオヤマト古墳群と玉手山・松岳山古墳群は大和川を媒介につながるきわめて重要な結びつきを有する古墳群と理解できる。加えるならば、地域を越えて点在する同じ二上山火山岩を主体的に用いる京都府椿井大塚山、乙訓の寺戸大塚前方部、妙見山後円部、奈良県桜井茶臼山・メスリ山、兵庫県西求女塚古墳なども、それらと特別な関係があったものと注目される。

② 割竹形・舟形石棺

埋葬施設を通しての同様な地域的まとまりは石棺においても認められる（図14）。

香川県では前期後半には、東部のさぬき市の火山に産する火山石を用いた割竹形石棺が津田湾沿岸に分布するのに対し、高松市鷲の山に産する鷲の山石製の割竹形石棺は中東部に独自の分布を示していて、両者の分布は重ならない。

しかも、香川県西部の観音寺市周辺には九州の阿蘇溶結凝灰岩（阿蘇灰石）製の舟形石棺が二例持ちこまれている〔藤田一九七六、高上二〇一〇〕。中西部の善通寺市周辺に持ちこまれた磨臼山（遠藤山）古墳の鷲の山石製石棺を中東部からの持ちこみと考えるならば、香川県は東部、中東部、中西部、西部に区分することができ（中東部と中西部の境は土器川あたりか）、東部と中東部では、地元の石材を用いて割竹形石棺を製作し、地域の有力首長間で用いる政治的まとまりがあったものと推測できる。そうした関係性のなかで火山石製石棺の一部は岡山、徳島、大阪に、鷲の山石製石棺や石材の一部は大阪に持ちはこばれていた。

以上、香川県（旧讃岐国）には、おもに四つの地域の存在を想定できる。東部と中東部の境界域の海側北端の岬に阿蘇石製の舟形石棺が持ちこまれているのも興味深い。

このような特定の石材を用いた特定の刳抜式石棺（型式化の度合いには差異がある）が特定の地域で集中的に用いられているという現象は、九州の熊本県中・北部から福岡県南部・佐賀県南部（阿蘇灰石、複数地域）、佐賀県北部（松浦砂岩）、宮崎県北部（阿蘇灰石）、大分県中南部（阿蘇灰石）〔高木一九九四〕、福井県中部（笏谷石）〔田邊二〇一〇〕など舟形石棺が分布する各地に認められ、その範囲はほぼ香川県の四地域のそれぞれと類似する。時期は前期後半から中期が中心で一部は後期に存続する。

③　埴　輪

埋葬施設や石棺のまとまった資料がない地域では、円筒埴輪の分析から古墳群のまとまりや、複数の古墳群を含む地域的まとまりを捉えようとする試みがある。

大阪府の三島地域では中期中葉に新池窯跡群で生産された円筒埴輪が、複数系列階層構成型古墳群の中心墳である太田茶臼山古墳（前方後円墳・約二二六メートル）や従属墳の土保山古墳（円墳か、約三〇メートル）はもちろん、周辺の総持寺遺跡やツゲノ遺跡の方形周溝墓群にまでもたらされていることが明らかとなった（補註一）〔田中二〇〇五〕（図15・16）。同一古墳群内の首長墳間の関係はあまり明らかではないが、首長が用いる埴輪が共同体構成員上層の方形周溝墓にまで及んでいたことで、埴輪供給の主体がどこにあったかを暗示するとともに、埴輪研究が、中心的首長の地元における政治的影響力が及ぶ範囲を捉えうる可能性を示した点で評価することができる。現状で新池製品が確認されているのは、西は安威川から東は芥川支流の女瀬川までの範囲であるが、この時期、三島地域の平坦地には他に顕著な古墳群がほとんど存在しないことを考えれば〔和田二〇〇四ａ〕、その範囲は三島の広い範囲に広がり、先の竪穴式石槨側壁板石で想定した広がり（地域）に近づく。

同様に、円筒埴輪の分析に基づく製品の共有関係から古墳や古墳群の関係性を追求したものには、畿内やその周辺では、前期後葉の兵庫県五色塚古墳（前方後円墳・約一九四メートル）と小壺古墳（円墳、約六七メートル）、歌敷山東・西墳（ともに円墳・約三〇メートル）、舞子浜埴輪棺群、および五色塚古墳からは東西一〇キロ以上離れた念仏山古墳（大型前方後円墳か）や幣塚古墳（円墳、約三五メートル）の例〔広瀬二〇〇六・一七〕がある。海岸線に沿って点在する古墳間のまとまりを示すものとして興味深い。

また、中期中葉～後葉の久津川車塚古墳（前方後円墳、約一九〇メートル）と芭蕉塚古墳（前方後円墳・約一一四メートル）を中心に複数系列階層構成型を示す「久津川古墳群平川支群」の二基の前方後円墳と一基の帆立貝形古墳、一基の円墳、三基の方墳の二時期にわたる円筒埴輪の系譜関係と共有関係を明らかにした例〔原田二〇一五〕も古墳群としての一体性を証明するとともに、近隣の他の単一系列型古墳群（芝ヶ原九号墳・円墳・約二五メートル）をも巻きこみ、地域設定の中心的古墳群と周辺古墳群の埴輪共有のあり方を示す例として注目される。

なお、「久津川古墳群」では、まとまった地域に、前期から後期にかけて数多くの古墳群が分布している。前期に

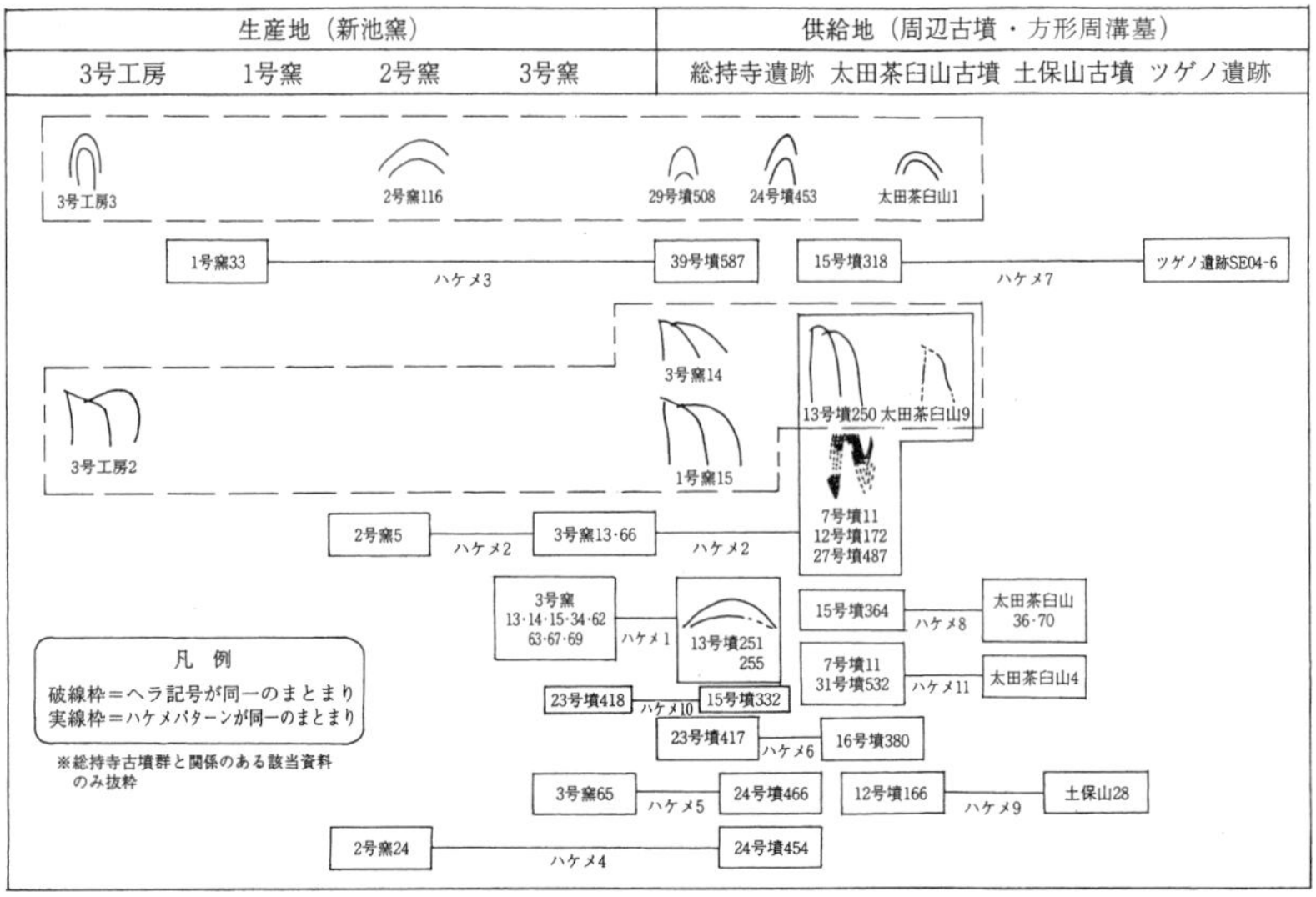

図15　埴輪の生産地と供給地のハケメパターンとヘラ記号の相関図

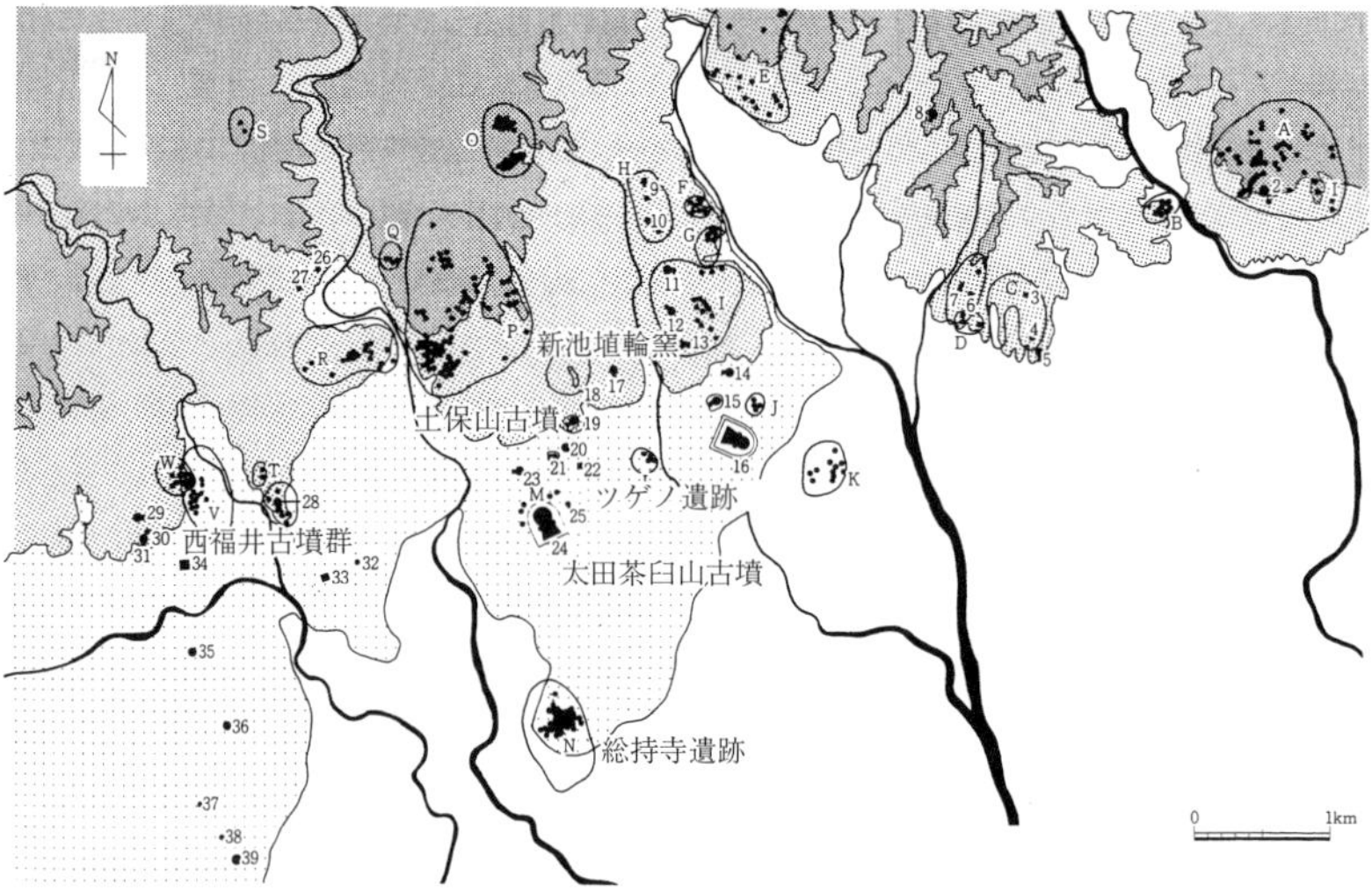

図16　大阪府三島地域の古墳群

は基本的に単一系列型の四〜五群が丘陵上に、中期には平坦地に複数系列階層構成型の「平川支群」と丘陵上の単一系列型二群が、後期には丘陵上に単一系列型二〜三群が築かれている。ここでは、このような同じ歴史的脈絡のなかで捉えられそうな古墳群を複合的古墳群と呼んでいるが、各古墳群（支群）が相互に有機的に結びついた古墳群であると証明することも今後の課題の一つであり、その手がかりが得られたとも評価できる。

以上を踏まえ、ここで設定しようとしている「地域」とは「基本的に、旧律令国の四分の一から三分の一程度のものと推測されるが、それは弥生時代に（土器から）想定されている通婚圏〔都出一九八六a〕にほぼ等しい」〔和田一九九四〕とまとめたい。また、地域内では首長層は、型式化の度合いに差があるとはいえ、同一型式・同一石材の石棺を用いていることからすれば、この地域的まとまりの背景には首長層の血縁関係や婚姻関係といった同族的結合があったものと想定される。

私は、首長と共同体という基本単位の上に形成された首長層の政治的連合を「首長連合体制」と呼んでいるが、それは首長層の重層的結合の所産にほかならない。そのなかで、この「地域」レベルの政治的まとまりを「地域首長連合」と呼んで、古墳時代の地域社会を検討するきわめて重要な概念と考えている。しかし実状は、この地域的まとまりが比較的明瞭に形成されている地域もあれば、それが十分形成されていない地域もある。なお、複合共同体は複数系列階層構成型古墳群や、時には地域的まとまりを示す古墳群に対応する可能性が高い。

(2) 地　方——複数の地域のまとまり

ここで「地方」とするのは、上述の「地域」をいくつか内包する範囲を意味する。

具体的には、古墳時代中期の竜山石製長持形石棺が分布する畿内「地方」（生産地の播磨は除く）をさす。長持形石棺の被葬者は当時の大王を頂点とする王権の最高権力者層で、その背景には畿内のいくつもの「地域」を構成する多くの首長層の政治的まとまりが包摂されている。ただ、これに相当する中期の地方レベルの政治的まとまりは他にあまりなく、九州の石人・石馬や東海の尾張型円筒埴輪の背景に一定の広がりをもつ政治的まとまりを想定することができる程度である。

ところで、第二部第五章では、この長持形石棺と割竹形・舟形石棺の顕著な分布差から「畿内（中心域）」と、割竹形・舟形石棺が分布する「外周域」、および、その間の石棺の分布しない「中間域」を区別し、「外周域」については、畿内の王権中枢からは政治的にもっとも遠い地域と評価した。割竹形・舟形石棺には時期差があり、より細かな検討が必要であるが、九州から、主に日本海沿岸、そして関東にいたる舟形石棺相互に型式的類似性が指摘できる例（福岡県石神山古墳大棺と福岡県西谷山二号墳一号棺・二本松山二号棺〈和田一九九八〉など）もあり、外周域での相互交流も考えられる。認識が深まれば一つの大きな「地方」としての評価がでてくるかもしれない。

なお、畿内の王権から配布された可能性の高い三角縁神獣鏡は、少し時期的ずれがあるかもしれないが、長持形石棺関係の石棺では佐賀県谷口古墳一・二号棺（組合式）、大阪府松岳山古墳（組合式）、奈良県室宮山古墳（長持形石棺）、京都府久津川車塚古墳（長持形石棺）で出土しているのに対し、舟形石棺での確実な出土例は、特殊な舟形石棺である岡山県鶴山丸山古墳があるのみである（〔下垣二〇一〇〕を参考）。

おわりに

以上、古墳時代前・中期における墳墓からみた地域や集団に関連する用語の整理を行った。なかでも「地域」とい

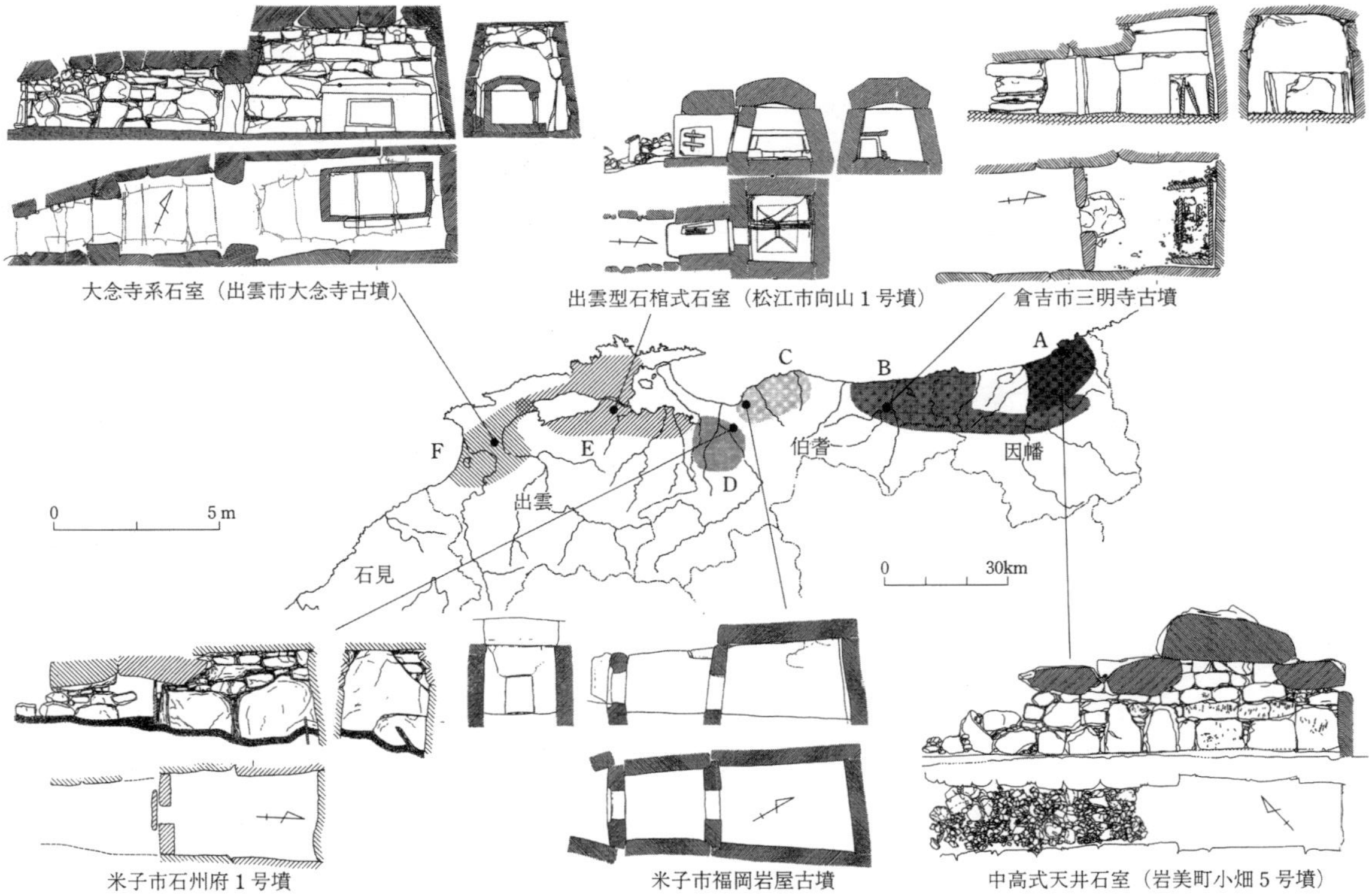

図17　山陰の地域型石室とその分布

うまとまりは、大王から共同体構成員の上層までが横穴式石室を採用する古墳時代後期の方がより具体的な検討ができる段階にある。各地で横穴式石室の集成がほぼ出そろい、分析は深化をとげている〔最近のものでは〔大谷二〇一一〈図17〉、太田二〇一六〕など〕。可能であれば地域ごとに弥生時代から古墳時代後期までの「地域」の推移を丹念に分析し、全国的に比較検討することが望ましいが、ここでは、各時期のそれが相互に密接に関連しているであろうことを推測するにとどめたい。地域区分は集団区分であるとしてその重要性を認め、編年・時期区分に劣らず議論が活発になることを期待したい。

註

（1）「墳墓」、「墳丘墓」、「古墳」などの定義の研究史は〔付論二〕で概説している。

（2）「古墳」という用語には、本文に記したような解釈も含まれているため、韓国や中国の墳丘墓をどう呼ぶかが問題となる。筆者は「加耶の墳丘墓」という呼称を使ったことがあるが、韓国ではヤマト王権とは無縁なかたちで「古墳」という用語が使われる場合が多くなってきている。今後、日中韓をはじめ、世界的に考古学の用語を共通化する場合は、世界的な共通語と、各国・各地域特有の用語の使いわけが必要になってくるものと思われる。

（3）複合型の古墳群を構成する単位となる各古墳群を「支群」と呼ぶ場合もある。なお、「古墳群」と呼ばれているもののなかには、文化財行政上の理由から便宜的につけられたものも少なくないので注意が必要である。

（4）台状墓などにみられる「竪穴小石槨」は、箱式石棺を石積みで造ったようなもので、内部に棺がない。本来的意味では「据えつける棺」であって、「槨」ではない。

（補註1）他に西福井古墳群や太田茶臼山C号陪冢にも供給されていた可能性が高いという〔奥編二〇〇五〕。

第二部　古墳時代の諸段階と古墳の秩序

第一章　南山城地域からの問題提起

はじめに

本章の目的は、三世紀中葉から六世紀後葉にかけての南山城地域に築造された古墳を、その築造時期、墓域、墳形と規模を中心に分析・整理し、この地域における古墳の築造状況とその画期を明らかにすることにある。（補註1）

一　地域区分と時期区分

ここでいう南山城とは歴史的に培われた概念で、律令制以前には「ヤマシロ」と呼ばれていた地域にほぼ相当する〔井上ほか一九八七〕。地理的な範囲は、山城盆地のうちの、宇治川から旧巨椋池を経て、淀川に至る流れの南側、おおむね今日の木津川流域にあたる。そこは、地形的にも、木津川によって生みだされた南北に細長い河谷平野を中心に、東・南・西の三方を取りかこむ丘陵や山地、および両者の間に形成された狭い帯状の段丘などによって構成される一つの小世界である。中でも、段丘面の先端は、顕著な湧水線のみられるところで、現在もそれに沿って式内社をもつ歴史の古い集落が分布し、それを縫うように、街道が走っている。

今回の話では、このような自然地形とともに、古墳の分布や律令制下の郡域などを考慮して、南山城の地域をつぎのように五つに区分している（図18）[1]。すなわち、木津川左岸は煤谷川のやや北側、綴喜郡田辺町（現在の京田辺市）と相楽郡精華町の境界付近で二分して、北より綴喜西部地区、相楽西部地区とし、木津川右岸は渋谷川と、長谷川のやや北側とで三分して、南より相楽東部地区、綴喜東部地区、久世地区とする。今日の行政区画では、綴喜西部地区は八幡市と綴喜郡田辺町、相楽西部地区は相楽郡精華町と同木津町（木津川市木津町）にほぼ相当し、相楽東部地区は相楽郡山城町（木津川市山城町）、綴喜東部地区は綴喜郡井手町と城陽市南端部、久世地区は城陽市の大部分と宇治市南半に当たる。

古墳の時期（様式）区分は前期・中期・後期・終末期の四時期区分とし、前期から後期までの古墳を古墳時代、終末期の古墳を飛鳥時代のものとする。古墳時代の時期区分は古墳のそれを敷衍して用いるが、後期古墳までの副葬品による区分の内容は別に報告した通りである（第一部第一章）。ただ、図19の南山城主要古墳変遷図では、中期初頭の五期の古墳は副葬品の内容が豊富でないと認定が難しいため、より小様式の性格が近い六期とともに扱っている。各時期の暦年代は、前期は三世紀中葉頃には始まり、後期は六世紀後葉（ないしは七世紀初頭）には終わると推定する。そして、後期の始まりは六世紀の始まりより一時期（一小様式）分ほど古くなるものと考える。

なお、今回用いる古墳の大きさの区分は、墳丘規模が二〇メートル未満のものを小型、二〇メートル以上・七〇メートル未満のものを中型、七〇メートル以上・一二〇メートル未満のものを大型、一二〇メートル以上のものを超大型とする。帆立貝形墳はいずれも中型墳で、方・円墳の首長墳とみなしうるものも、ほとんどすべてが中型墳である。前方後方墳、前方後円墳はいずれも中型墳以上で、前方後円墳にのみ超大型墳が存在する。

南山城の主要古墳

（番号は図18・19の番号に対応。カッコ内の数値は規模をメートルで示す）

1石不動古墳（75）　2八幡茶臼山古墳（50）　3八幡西車塚古墳（115）　4八幡東車塚古墳（94）　5ヒル塚古墳（40）　6西二子塚古墳　7狐谷横穴群（11基・方形周溝墓1基）　8美濃山王塚古墳（60）　9美濃山横穴群（4基）　10女谷横穴群（5基）　11荒坂横穴群（10基）　12松井横穴群（19基）　13大住南塚古墳（71）　14大住車塚古墳（66）　15郷土塚古墳群（8基・2号墳（30））　16畑山古墳群（3基）　17堀切横穴群（10基）　18堀切古墳群（10基・7号墳（15））　19興戸古墳群（4基・1号墳（19）・2号墳（27））　20下司古墳群（8基）　21飯岡車塚古墳（81）　22ゴロゴロ山古墳（60）　23東原古墳　24トヅカ古墳（20）　25飯岡横穴群（2基）　26平谷古墳　27鞍岡山古墳（40）　28畑ノ前古墳群（7基）　29吐師七ッ塚古墳群（5基・2号墳（26＋）・3号墳（31）・4号墳（35）・5号墳（28））　30白山古墳（16）　31石のカラト古墳（14）　32音乗山古墳　33上人ヶ平古墳群（4基・他に方形周溝墓8基・1号墳（18）・5号墳（24））　34瓦谷古墳（付近に方形周溝墓ほか）　35内山田古墳群（方形周溝墓3基）　36千両古墳群（6基）　37松尾古墳群（2基）　38宮城谷古墳群（13基）　39椿井大塚山古墳（170）　40北谷横穴群（2基）　41平尾稲荷山古墳（33）　42平尾城山古墳（110）　43萩谷古墳群（4基）　44笛吹古墳群（2基）　45山際古墳群（3基）　46車谷古墳群（9基）　47弥勒古墳群（5基）　48高月古墳群（5基）　49北大塚古墳　50小玉岩古墳群（3基）　51上堂古墳群（6基）　52天王山古墳群（9基）　53青谷丸山古墳群（4基・1号墳（30））　54石神古墳群（6基・1号墳（40））　55天満宮古墳群（7基）　56黒土古墳群（9基）　57長谷山古墳群（3基以上）　58冑山古墳群（2基以上・1号墳（30））　59長池古墳（50）　60梅ノ子塚古墳群（2基・1号墳（87）・2号墳（42））　61芝山古墳群（6基・他に方形周溝墓4基）　62宮ノ平古墳群（3基・1号墳（27）・2号墳（39）・3号墳（38）・付近に方形周溝墓2基）　63尼塚古墳（40）　64尼塚古墳群（7基・2号墳（16）・3号墳（18）・4号墳（35））　65芝ヶ原古墳群（12基・付近に方形周溝墓5基・5号墳（34）・6号墳（45）・9号墳（25）・10号墳（42）・11号墳（67））　66恵美塚古墳（16）　67赤塚古墳（27）　68箱塚古墳（約100）　69東垣内古墳　70久津川車塚古墳（180）　71山道古墳（35＋）　72丸塚古墳（80）　73梶塚古墳（50）　74芭蕉塚古墳（110）　75青塚古墳（49）　76大竹古墳（70か）　77西山古墳群（8基・1号墳（80）・2号墳（27）・4号墳（35）・7号墳（60））　78上大谷古墳群（19基・1号墳（30）・8号墳（33））　79下大谷古墳群（2基・1号墳（18）・2号墳（17））　80金比羅山古墳（40）　81坊主山古墳群（3基・1号墳（45）・2号墳（25））　82庵寺山古墳（56）　83一里山古墳　84宇治一本松古墳（28）　85宇治丸山古墳（37）

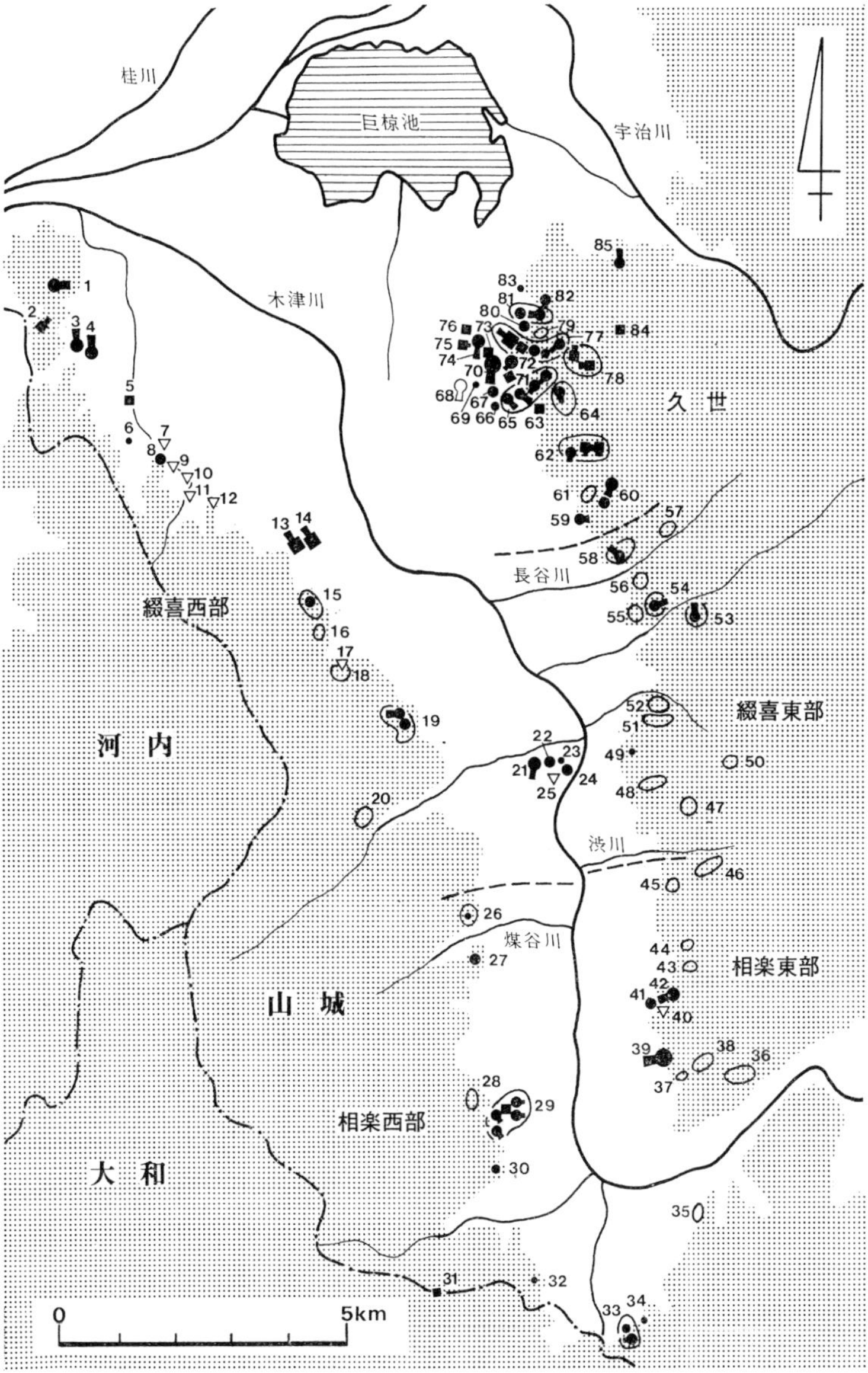

図18　南山城主要古墳分布図（▽は横穴群）

二　古墳の動向

現在、南山城地域には、前方後方墳六基、前方後円墳二〇基を中心に約五〇〇基の古墳が知られている。図19はそれらの変遷図であるが、ここではできるだけ多くの古墳を時期区分の枠組みの中に配置するよう心がけた(2)。古墳は、墳丘の大小を問わず、それぞれに歴史的価値があることを示すことが、本章の目的の一つだからである。また、特定地域の古墳の考察では、記録もなく消滅したものや未発見のものにも十分な配慮が必要であるが、その問題を克服するためには、古墳全体の動向を少しでも明確にしておく必要があるからでもある。

その結果、南山城地域の古墳の動向は古墳時代前期前半、前期後半、中期、後期前半、後期後半以後の五つの段階として把握するのがもっとも適切であると考えられる。以下、この順に従い、各段階の古墳の性格、画期の意義等について概説していきたい。

(1)　古墳時代前期前半（一・二期）

この時期は、西日本各地の弥生時代社会が生みだした地域色豊かな墳丘墓を止揚するかたちで、定型化した首長墳としての前方後円墳が出現してくる段階である〔近藤一九八三〕(3)。言いかえれば、それは、社会的にも政治的にも成熟をとげた畿内社会が畿外に向かって積極的に政治的活動を展開しはじめた、ヤマト王権の生成期である。

南山城では、早くも相楽東部地区に椿井古墳群が形成されだすが、この時期の古墳は全国的にみても数少なく、山城盆地では、他に桂川右岸の向日丘陵古墳群が認められるにすぎない。

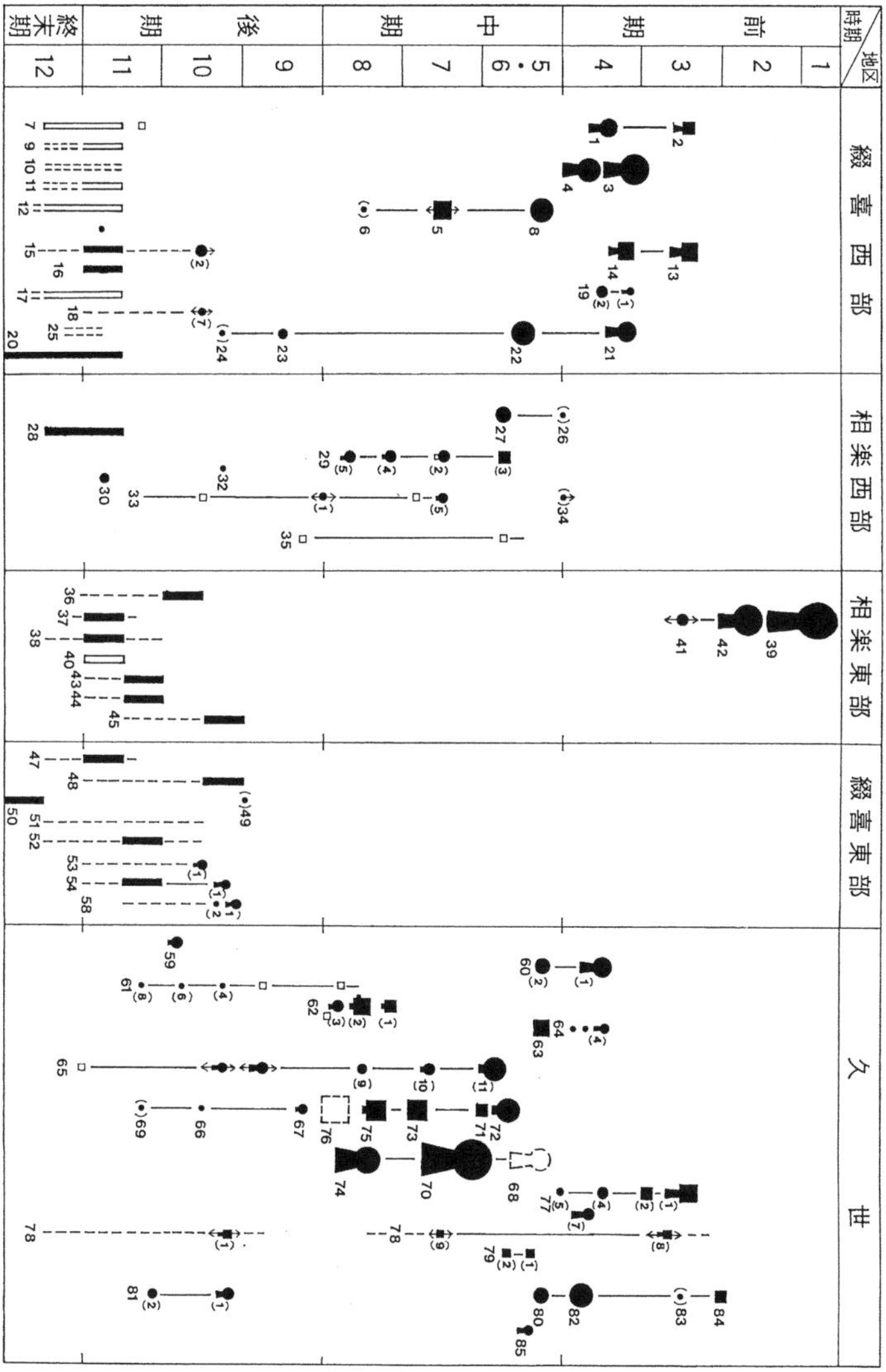

図19　南山城主要古墳変遷図

太い棒線は横穴式石室をもつ小古墳，白抜きの棒線は横穴，小さな白抜きの正方形は方形周溝墓．古墳の右横の数字は古墳番号で図18に同じ．縦カッコ内の数字は古墳群内における古墳番号．横カッコの古墳は墳形・規模不明

山城盆地における古墳の嚆矢をなす椿井大塚山古墳は墳長約一七〇メートル。長大な竪穴式石槨に刀剣、甲冑、農具、木工具、漁具などとともに、三六面以上の中国製の鏡を納めていた(4)〔梅原一九六四、近藤編一九八六〕。しかも、その鏡の三二面以上は三角縁神獣鏡類であり、この鏡式に特徴的な同笵鏡（同じ鋳型で作られた鏡）は全国各地の古墳と分有されているのである〔小林一九八一〕。三角縁神獣鏡類の同笵鏡の配布と分有が示す行為は、全国各地に古墳が出現してくる一つの重要な政治的背景をなしたと考えられるが、大塚山古墳の被葬者はその活動の中心的存在として、古墳出現期におけるヤマト王権内にきわめて重要な地位を占めていたものと評価される〔小林一九六一〕。ただ、この地区は可耕地に乏しく、椿井古墳群も、大塚山古墳に続く平尾城山古墳で前方後円墳の築造を終え、まもなく古墳群自体も消滅していく。そして、それ以降は、相楽東部地区には明確な首長墳は認められなくなるのである。したがって、大塚山古墳の出現は、在地勢力の自立的発展としては考えがたく、ヤマト王権中枢からの政治的進出を考えるのが妥当であろう(5)。大和から佐保・佐紀の丘陵を越え、東国、西国へと通じる交通の要衝に立地することも、それゆえのことである。その点では、在地への定着性の強い向日丘陵古墳群とは性格上区別されるべきものと考えられる。

(2)　古墳時代前期後半（三・四期）

この時期に入ると、古墳は全国的に急増する。南山城地域でも古墳が盛んに造られるようになるが、それは二つの地区に集中する。一つは男山・志水・ヒル塚・大住・興戸・飯岡の五～六群が築かれた綴喜西部地区であり、他は梅ノ子塚・尼塚・西山・上大谷・広野の五群が築かれた久世地区である(6)。前者の古墳群が散在的であるのに対し、後者のそれは近接して営まれている。そのうち、前方後方墳や方墳で始まる群が前者で二群、後者で三群あり、前方後円墳で始まる群よりも比較的早く築造を開始し、大住古墳群や上大谷古墳群は前方後方墳、ないしは方墳のみで群を構成する。

墳丘規模は、同一地区内の古墳群間に大小の差があるだけでなく、地区間にも差異が認められ、大型前方後方墳・前方後円墳は綴喜西部地区により多く分布する。この傾向は埋葬施設のあり方にも反映し、綴喜西部地区では竪穴式石槨が八幡茶臼山（内部に阿蘇溶結凝灰岩製割竹形石棺）・八幡西車塚・大住南塚・飯岡車塚古墳などに採用されているのに対し、久世地区では、宇治一本松古墳のそれが竪穴式石槨である以外は、すべてより簡略な粘土槨か木棺直葬、あるいはそのいずれかと推定されるのである。副葬品の多寡もこれにほぼ比例し、綴喜西部地区の方が豊富であると言うことができる。

したがって、この時期の古墳群の墳形、墳丘規模、埋葬施設、副葬品等に古墳群差や地区ごとの差異を指摘し、それが首長の系譜や権勢の差、あるいはヤマト王権による各首長の評価の差であると推測することはできる。(7)

しかし、つぎの中期段階のあり方と比較すれば、この段階の古墳は、その築造に関して、ある程度の優劣差や序列性を内包しつつも、南山城全域を一元的に統制する強い規制が認められない点に最大の特徴があるのであり、個々の古墳群は、それぞれ特定の小地域社会の基盤の上に、相対的な独自性を保持しつつ営まれていたと考えられるのである。地区ごとにある程度のまとまりが想定できる場合も、それは強い政治的規制力とはならなかったようである。換言すれば、古墳時代前期の南山城地域の首長たちは、同笵鏡の濃密な分有関係にみられるような共通の政治体制下に共同の政治的行為をとりつつも、首長相互は比較的緩やかな上下関係を保ちつつ、ヤマト王権のもとに連なっていたものと推測されるのである。

なお、この時期、一古墳群を生みだす集団、ないしはその地理的範囲は、一集落遺跡を越える形でわれわれが把握しうる最小の「単位共同体」、ないしは「単位地域」である。中期の相楽西部の鞍岡山、吐師、上人ヶ平等の古墳群もこのような単位共同体を背景に成立しているものと考えられる。一方、南山城全域を覆う「地域」の概念は、後述のごとく、古墳時代中期において平川古墳群の大首長を中心に実現される政治的まとまりの範囲であり、そのなかには、少なくとも、前期では十個以上、中期では十数個以上の、大小・強弱のある「単位地区」が包括されていたものと考えられる。今回、綴喜西部や久世などと呼びわけている「地区」は、両者の中間に位置するレベルの地域的広りで、律令制下の郡、ないしはその半分程度の範囲に当たるが、それらは数個の「単位地域」よりなっている。そして、各「地区」は、図19に明確なごとく、古墳時代前期後半に首長墳が顕在化してくる綴喜西部・久世地区、中期にそれがあらわれる相楽西部地区、後期にあらわれる綴喜東部地区、前期前半のものを除けばついに首長墳が明確に出現しなかった相楽東部地区と、南山城地域内の不均等な地域開発や政治的成熟の度合いをみごとに反映している。しかし、前期後半の南山城地域の中心をなした綴喜西部や久世の「地区」を構成する古墳群のまとまりにどのような社会的、政治的意味合いがあったかは十分明らかではない。桂川右岸の乙訓では前期の樫原・向日・長法寺の三古墳群、すなわち三「単位地域」（中期初頭の鳥居前古墳を入れると四「単位地域」）よりなっているが、内容の判明している竪穴式石槨や粘土槨の石材や下部構造に、この地に共通した要素が認められる。同様の現象が綴喜西部地区や久世地区の古墳群間にも指摘できるかどうかが一つの鍵であろう(8)。

(3)　古墳時代中期（五～八期）

中期に入ると、古墳の築造には大きな変化が認められる。

まず、久世地区では、前期の五群はいずれも丘陵上に営まれているが、中期に入るとそこでは前方後方墳や前方後円墳は造られなくなり、まもなく梅ノ子塚・西山・広野といった前期の久世地区では有力だった三群は古墳の築造を停止する。代わって、その前面にあたる低位段丘上の平坦面では、久津川車塚古墳や芭蕉塚古墳といった、盾形周濠をもつ超大型、ないしは大型の前方後円墳を中核とする平川古墳群の形成が始まる。また、前期に五～六の古墳群を営んでいた綴喜西部地区でも、前方後方墳や前方後円墳は築造されなくなり、わずかに男山古墳群と大住古墳群の中間地の一群と飯岡古墳群の、二群のみで中型の方墳や円墳が造りつづけられる程度となる。そして他方では、相楽西部地区のごとく、これまで首長墳を生みださなかった地区に、新たな中型古墳よりなる古墳群の築造が始まる。

すなわち、中期に入ると古墳の築造に関しては強い規制が働き、南山城地域ではただ一群のみが他より傑出した規模と内容を誇る前方後円墳の築造を行うが、他の古墳群では古墳の築造を停止するか、継続したとしても前方後円墳を営むことはできず、中型の帆立貝形墳や方墳、円墳を築くことになり、逆に、それまで古墳のみられなかった地域に新たな古墳群の築造が始まるのである。(9)

ところで、中期におけるこのような現象は、南山城に限られたものではなく、同じ山城盆地の乙訓地域〔都出一九八三a〕や摂津の三島地域〔森田一九八五〕、播磨中部〔山本一九八三〕などでも認められ、これと密接に関連する現象は全国的な広がりをもつものと考えられる。言いかえるならば、このような現象は、南山城における首長間の政治的関係から必然的に生じたものというよりも、むしろ、当時のヤマト王権中枢における政治的変化、地方支配の再編、および葬制の改革とより深く関わっていたものと考えられる。

そこで、簡単に大王墳の動向を概観しておくと、大王墳の墓域は古墳時代前期前半には奈良盆地南東部に設定されていたが、前期後半〔四期〕には奈良盆地北部に移り、中期初頭〔五期〕には河内南部の古市・百舌鳥の地に設けられた。そして、墓域の移動のたびに大王墳の型式は巨大化・隔絶化・象徴化・荘厳化の方向に飛躍的に整備され、中期の河内への進出の折に、初めて、古墳の外部施設は、葺石・円筒埴輪列を配した前後三段築成の前方後円形墳丘に、造出、盾形周濠を備えたものとしてもっとも完成された姿をみせたのである。そして、内部の埋葬施設としては、前期に多用された刳抜式の割竹形木棺に代わって、組合式の長持形石棺が採用された(10)。したがって、この内外の施設は古墳時代中期の最高位の古墳型式ということができるのであるが、この型式の外部施設、ないしは長持形石棺は、畿内を中心に、各地のごく限られた大型・超大型前方後円墳、ないしはそれらと密接な関係を有する古墳にのみ採用されたのである。しかも、畿内から吉備にかけての長持形石棺は、いずれも播磨の加古川下流域に産する竜山石製のものが一元的に持ちはこばれたのである〔間壁一九七五〕。

弥生時代以来、埋葬用の棺の型式は、習慣的に特定の血縁集団を中心にそれぞれ固有のものがあり(11)、それは古墳時代中期を中心とする時期の各地の舟形石棺や後期の家形石棺に特に顕著に認められる〔和田一九七六〕。その意味でいえば、前期から中期にかけての墓域の移動や墳丘外部施設の改革をも伴う棺型式の大きな変化は、大王権の巨大化の一方で、王権中枢において重大な政治的変化があったことを暗示しているものと理解できる。

南山城地域の前期から中期にかけての古墳に認められた変化は、まさにヤマト王権中枢におけるこのような変化とも密接に対応していたのである。

平川古墳群の中核的存在である久津川車塚古墳は、三段築成の前方後円墳で、全長約一八〇メートル。墳丘には円筒埴輪列とともに家形や蓋形の形象埴輪が配置され、四周には盾形の周濠と外堤がめぐらされている。内部施設は竜山石製長持形石棺の直葬で、前後の短辺には板石積みの副室が付設する。副葬品としては、鏡七面、硬玉製勾玉二個、碧玉製管玉二〇個以上、ガラス小玉、各種滑石製品（勾玉五〇〇〇個以上、臼玉数十個、刀子四四個以上、合子一個、石皿一個）、三角板革綴短甲五領、衝角付冑五領（三角板革綴式二、竪矧細板鋲留式一、小札鋲留式二）、直刀五〇本以上、鉄剣、鉄槍、鉄鏃などが知られている〔梅原一九二〇d、近藤ほか一九八七、古谷一九八八〕(12)。まさに、河内に所在する中期の大王墳に直

結する大首長墳の内容である。(13)

平川古墳群の大首長墳の被葬者が、前期の久世地域に存在した五つの古墳群のいずれかの系譜を引くものであるかどうかは直ちに決めがたいところであるが、中期に入って古墳の築造を停止する三群のいずれかの首長が王権中枢との政治的結合を強めた可能性は十分ある。(14) ただ、それが久津川車塚古墳の段階であったかどうかは明確でない。周濠をもっていたと伝える前方後円墳で、わずかに残存していた前方部の粘土層から三角縁神獣鏡と画文帯対置式四獣鏡が出土した箱塚古墳〔龍谷一九七二〕の実態が十分明らかでないためである。しかし、平川古墳群の形成が久津川車塚古墳の築造に先行する可能性があることや、(15) 箱塚古墳に用いられていたと伝えられる板状石材が竜山石製であることを考えあわせれば、箱塚古墳が久津川車塚古墳に先行する大首長墳であった可能性は十分ある。(補註2) また、この古墳群を構成する他の五基以上の中型の帆立貝形墳や方墳は、その墳形や規模でいえば、当時の南山城の他地域の首長墳のそれに相当する。したがって、それらの性格は大首長と密接な関係にあり、これを補佐する首長クラスのものと考えたい。すなわち、平川古墳群は大首長墳の出現を契機に築造が始まり、箱塚・車塚・芭蕉塚古墳と三代続いた大首長墳と、その周辺に営まれた一族ないしは補佐的首長の古墳で構成されているといえるのであり、その系譜は前期の梅ノ子塚・西山・広野の三古墳群にたどることができるかと考えられるのである。

結論的にいえば、古墳時代中期に入ると、ヤマト王権は新たな地方政策の一環として、久世地区の特定の首長に強力なテコ入れを行い、その下に南山城各地の首長を編成することによって、この地域の支配を強化した。そこで誕生した平川古墳群の大首長は、同群を構成する首長クラスの補佐を受けつつ(同族的関係ありか)、ほぼ南山城全域に政治的影響力を強めたが、前期以来の各地の首長はこの動向のなかで整理され、一部にはこの体制を支える新興の首長も顕在化してきたと推察することができるのである。換言すれば、この段階におけるヤマト王権は各地域における大首長の地域支配の上に成立していたのであり、大首長による地域支配は、その過程で各首長の興亡に若干の変化があったとはいえ、基本的には首長の在地支配を温存するかたちで進行したものと考えられるのである。その意味では古墳時代中期の政治体制は、巨大な古墳とは裏腹に、けっして強固なものではなかったのである。平川古墳群の成立に内在的契機を軽視するわけではないが、これをあまり重くみることはできない。なぜなら、その背景をなしたと指摘される生産諸力の発展とそれに伴う社会構成上の変化は平川古墳群成立以降の古墳時代中期中・後葉以後に顕著になるものであり、その結果は地域大首長権の解体や群集墳の出現などに対応するものと考えられるからである[16]。

古墳祭祀は首長霊、ひいては祖霊を祭る儀礼的行為であり、同時にそれは共同体成員と首長、首長とヤマト王権の諸関係を確認し、再生産するものとして機能し、だからこそ首長権継承儀礼の場ともなりえたと考えられる[補註3]。そして、古墳祭祀（現在は古墳の儀礼）がそのような役割を果たしえた背景には、血縁原理に基づく同祖同族関係を結合の紐帯とした社会の存在が推測されるのである。しかし、古墳時代中期に至り、超大型前方後円墳を頂点とした古墳秩序が完成してくる段階では、前期に確立したこの古墳祭祀も、政治的に拡大再生産され、本来の姿からは徐々に変容しつつあったのである。前期から中期にかけての副葬品の変化はまさにそのことを端的に物語っているといえよう。

なお、相楽西部地区の上人ヶ原遺跡・内山田遺跡、久世地域の芝山遺跡・正道遺跡・芝ヶ原遺跡などでは、低墳丘で、一辺一〇《メートル》前後の規模をもつ中期の「小型低方墳」の発見があいついでいる。ここではそれは弥生時代以来の方形周溝墓や方形台状墓の伝統を引く有力な共同体成員とその家族のものと捉え、後期の群集墳とは一線を画しておきたい。

(4)　古墳時代後期前半（九・一〇期）

後期に入ると、南山城地域の古墳のあり方は一変する。

まず、中期に強勢を誇った平川古墳群は解体し、後期の中型墳としては赤塚古墳が認められるのみとなる。久世地区の前期以来の丘陵上の墓域では、尼塚古墳群に続く芝ヶ原古墳群が築造を継続するほか、広野古墳群の地に坊主山古墳群が、梅ノ子塚古墳群の地に長池古墳が、それぞれ前期の系譜を引くかのように復活する。また、南山城の他の地区でも、中期の古墳群の多くは消滅し、中期と同じ墓域内の中型墳としてはわずかに飯岡古墳群のトヅカ古墳がみられる程度で、外には丘陵上に比較的小規模な首長墳かと考えられる例が二、三分布するにすぎなくなる。これに対し、まったく新しく設定された墓域には、綴喜東部地区の丸山一号墳、石神一号墳、冑山一号墳などの首長墳が築かれるとともに、小型の円墳よりなる群集墳が出現し、新しい階層の台頭を示すようになる。[17]

墳形では、中期には強い規制のもとに大首長墳にのみ限って用いられていた前方後円墳が、ふたたび各地の首長墳にも採用されるようになるが、墳丘規模は著しく縮小し、いずれも三〇～四〇《メートル》台の中型墳となる。しかし、それもほとんどが一代のみで築造を終えるのである。

また、埋葬施設では、新しく横穴式石室が採用されだす。畿内では、横穴式石室は、古墳時代中期後葉～後期前葉頃、九州や朝鮮半島南部の影響下に築造が開始されだすが、南山城では、少し遅れて後期中葉に至って、各地でその採用が始まる。[補註4] しかも、坊主山古墳群や長池古墳など、前期以来の古墳群の系譜を引く古墳では伝統的な木棺直葬が行われているのに対して、横穴式石室は新興の古墳群に積極的に採用されるのである。

すなわち、古墳時代後期に入ると、南山城地域のそれが端的に示すごとく、全国各地の超大型前方後円墳を中心とした古墳の編成秩序は崩壊し、新しい、より制度的な身分秩序が展開しはじめるのである。そして、その過程で葬制

そのものも大きく変化していったのである。(18)

言いかえれば、古墳時代中期中葉以降の対外交渉の進展により、中期後葉には生産諸力が著しい発達をみせるとともに、有力な共同体成員の広汎な台頭に示されるような社会構成上の大きな変化が現出する。その結果、首長層の在地支配は動揺し、政権の安定をも脅かされるようになるが、それに対し、後期のヤマト王権は各地の大首長を通じての地域支配から、より直接的なかたちの地域支配へと転じ、その過程で大首長の地域支配体制を解体し、かつ各首長の在地支配を弱体化するとともに、他方では新興の小首長や新しく台頭してきた有力な共体成員層を地方支配の末端に取りこんでいったものと考えられる。

ここにおいて、前方後円墳を中核とする首長墳としての古墳は、本質的な変化をとげ、急速に衰退していくのであるが、前方後円墳は、一部の地方や地域をのぞけば、(19)多くは、南山城地域と同様、この段階で姿を消していく。そして、他方では横穴式石室を埋葬施設とする群集墳の築造が急増していくのである。

(5)　古墳時代後期後半以後（一一・一二期）

後期後半に入ると、南山城では、すでに前方後円墳は築造されなくなり、首長墳と呼びうるような古墳も明確には認められなくなる。そして、この現象と対応するように、各所で群集墳の造営が急増する。南山城地域の群集墳の最大の特徴は大きな群を形成しない点にあるが、河谷平野から入りこんだ小さな谷間の奥や小丘陵上には二、三基から十数基よりなる小さな群が数多く認められ、あたかも段丘上を中心に点在する集落ごとに墓域が設定されていたかのごとき観を呈す。しかし、群集墳は偏在性が強く、木津川左岸では綴喜西部地区南半、木津川右岸では相楽東部・綴喜東部地区に濃密に分布するのに対し、前代に数多くの古墳が築かれた久世地区や綴喜西部北半には希薄で、久世地区では確実な例としては上大谷古墳群が知られているにすぎない(20)。

後期後半以降、ヤマト王権は一段と強固なものとなり、それを維持・拡大していくための諸機構が王権の内部においても整備・増強されていくが、地域ではそれは前方後円墳の消滅、群集墳の激増となってあらわれ、そこにヤマト王権によるより直接的な地域支配が共同体成員層の一部にまで貫徹していく姿をみてとることができる。

その場合、畿内を中心とした多くの地域においては、群集墳の多くは横穴式石室を埋葬施設とする円墳という形式をとるのであるが、綴喜西部地区では少なくとも七群の横穴が知られ、山城盆地の他地域とは異なる状況を呈している。この横穴の存在をもって南山城への隼人の移住を推定する説には根強いものがあるが、横穴は九州から東北地方にいたる広範な地域で群集墳の中心をなし、その平面規格が周辺の横穴式石室のそれに規定されていることもしばしば指摘されている現状では、これを特定の集団と安易に結びつけることは避けるべきであろう。

南山城地域の群集墳はほぼ七世紀前半（一二期、須恵器・隼上りⅡ・Ⅲ段階）〔菱田一九八六〕でもって衰退し、七世紀後半にはほぼ完全に消滅する。古墳時代前・中期のヤマト王権の生成・発展の過程において、王権と首長を、首長と共同体成員を結びつけたイデオロギーの産物としての古墳は、後期前半以降、急速に変質し、衰退、消滅していった。その過程は、血縁原理に基づく社会的・政治的集団関係を背景に成立したヤマト王権が、律令によって支配される古代国家へと段階的に発展していく過程であったと考えられる。七世紀、律令国家の形成にもっとも重要な位置を占めるこの時期には、南山城地域でも寺院の造営が始まり、新しい時代の到来が人々の目に印象づけられることとなる。

おわりに

一つの地域の歴史は全体の歴史を反映しているとの立場から、以上の南山城地域の古墳の築造状況を一つの指標としつつ、以下、大王墳をはじめとする各地域の古墳の築造状況と比較検討し、古墳やその社会を理解する基準を設定したいと考える。

註

（1）旧郡の境などは〔谷岡一九六四〕を参照した。ただ、平谷古墳群は相楽西部地区の鞍岡山古墳群と同一系列と考えるため、また、青山古墳群は綴喜東部の古墳群と性格が近いため、それぞれ境界を少しずらした。

（2）南山城地域の古墳の編年はこれまで以下の文献に発表されている。全域では〔龍谷一九七二、平良一九八五・八六〕、地区ごとでは、綴喜西部では〔田辺郷土史一九五九〕、相楽東部では〔川西一九八七〕、綴喜東部では〔山田一九七三〕、久世では〔文化財一九六八、山田一九六九〕などがある。なお、考古学の成果を援用した文献史学の論考としては〔吉田一九七六〕が注目される。

（3）南山城地域の弥生時代墳丘墓としては、最近、田辺町田辺遺跡（方形墳丘墓）・興戸墳丘墓（五号墳・方形）、加茂町（木津川市加茂町）砂原山墳丘墓（円形）、城陽市芝ヶ原墳丘墓（一二号墳・前方後方形）・上大谷墳丘墓（六号墳・方形）など、後期から終末期（庄内式期）にかけてのものが発見されている。特に、芝ヶ原墳丘墓の副葬品は鏡や玉の製作に関するこれまでの見解に大きな問題を投げかけた。

（4）なお、〔川西一九八七〕では上記の報告以外の出土品（三角縁神獣鏡片二、銅鏃二、鉄剣または鉄槍片一、朱塊）の紹介があり、鏡片の一つは復原されている既知のもののなかには該当するものがないという。

（5）〔龍谷一九七二〕でも同様の見解をとっている。

（6）男山古墳群とは八幡茶臼山・石不動古墳をさし、志水古墳群とは東・西車塚古墳をさすが、両者で一つの古墳群と理解することも可能である。また、広野古墳群とは宇治一本松・一里山・庵寺山・金比羅山古墳をさす。

（7）他に、綴喜西部地区の古墳群が、現状では、比較的大型の古墳のみから構成されているのに対し、久世地区の尼塚・西山・上大谷古墳群では小型の方・円墳もが含まれている点が注目される。〔龍谷一九七二〕では、南山城地域の他ではみられない、久世地区の前期古墳群における多様性のなかに「首長層の一定のヒエラルキーの形成と秩序化」を想定しているが、ここでは反対に、この地区の前期古墳群の密度は非常に高いものの、墳丘規模が小さく、埋葬施設に粘土槨・木棺直葬が多く、また広野古墳群を除き埴輪・葺石が用いられていないなどの点から、久世地区の前期古墳は、他と比較して、相対的に首長権が弱く、王権の位置づけが低かったものと考えている。小型の方・円墳もこの視点から考えるべきであろう。

（8）桂川右岸は一「地区」で一「地域」に相当するかと考えられる。〔都出一九八六ａ〕では、ここでいう「地域」が通婚圏の核心部を示し、それが古墳時代中期の政治的まとまりの単位にもなったとする。ただ、綴喜西部地区や久世地区の前期古墳群がそれぞれ桂川右岸のそれに相当するならば、古墳時代前期の南山城地域は少なくとも二つの社会的まとまりとして理解すべきであろう。

（9）同様のことは、〔龍谷大学一九七二〕や〔平良一九八六〕でも述べられている。

（10）ただ、大王墳への組合式石棺の採用は四期に遡る可能性がある。

（11）〔福永一九八五〕では、木棺型式は一つの集団のなかでは習慣的に決められていたとし、集団とは同一の墓地を共同で使用する集団のこととして、集団にある程度の幅をもたせている。

（12）〔古谷一九八八〕では他に挂甲の出土が報告されている。

（13）〔平良一九八六〕では久津川車塚古墳の墳形が誉田御廟山古墳のそれに酷似するとの指摘がある。また、外堤の外側の溝を周濠と認めるならば、この古墳の周濠は二重濠となり、大王墳の格に一段と近づく。

（14）〔文化財一九六八〕や〔龍谷一九七二〕では、西山古墳群が統合の中心をなしたと考えている。

（15）〔近藤ほか一九八六〕では丸塚古墳や山道古墳の埴輪が車塚古墳のそれより先行する可能性が指摘されている。（補註5）

（16）〔吉田一九七六〕では、平川古墳群の成立の背景として、「栗隈溝」の掘開を始めとする地域開発、生産諸力の発展とそれにともなう社会構成の発展を重視している。

（17）後期前半の南山城の古墳を考える場合、宇治川北岸に出現する宇治二子塚古墳（墳長一一〇メートル、盾形周濠）の存在を考慮に入れておく必要がある。この古墳の築造が平川古墳群衰退の一要因となった可能性も十分考えられるところである。

(18)　葬制上の後期的要素は、たとえば横穴式石室や家形石棺のごとく、一〇期以後に急速に普及する。南山城地域の後期前方後円墳のほとんどがこの一〇期のものであることや、大王墳が古市・百舌鳥古墳群を離れるのもこの時期であることを考えあわせれば、後期を一〇期からとすることも可能である。しかし、ここでは過渡的性格の強い九期における超大型古墳群の衰退・消滅や横穴式石室・群集墳といった後期的要素の先駆的出現を重視し、九期以後を後期としている。

(19)　同じ山城盆地でも北山城の嵯峨野古墳群は一一期にいたるまで前方後円墳を築く畿内では数少ない古墳群である。

(20)　ただ、平川古墳群周辺で破壊されたとの伝聞がいくつかあるので、現状どおりではない。

(補註1)　本書収録にあたり、初出にあった「Ⅲ古墳の現状」は割愛した。

(補註2)　箱塚古墳の墳丘規模については、航空写真より墳長約五〇メートルとの指摘もある〔樋口・小泉一九九九〕。

(補註3)　古墳の儀礼の評価は、現在は、亡き首長の魂の冥福を祈る葬送儀礼と理解している〔和田二〇一四〕。

(補註4)　その後、相楽東部地区で後期前葉（九期）に遡る横穴式石室が発見された（上狛天竺堂一号墳、帆立貝形墳、約二七メートル〔京都府研究会編二〇〇〇〕）。

(補註5)　〔原田二〇一五〕では、丸塚古墳や山道古墳の円筒埴輪は車塚古墳のそれと同時期の同工品であるという。

第二章　古墳築造の諸段階と中期古墳の秩序

はじめに

ここでは、古墳からみた首長層の政治的交流について検討する。分析のおもな対象は個別の遺物や遺構ではない。各地の古墳がいつ、どこで、どのような形や大きさで造られたのかといった、古墳築造の動向そのものを比較する方法や基準を検討し、古墳時代の政治や社会を考える基礎を作ろうというのである。遺物や遺構を取りあげた方が首長間の交流をより直接的に指摘できる場合が多いが、ここでは、そのような交流を成りたたせている首長間の政治的秩序やその変化を捉えることが目的である。遺物や遺構にみられる交流の意味も、この作業の上に重ねることによって、より多くの成果を生むものと考える。

古墳群論とでも言えるこの分野の研究は、先駆的なものを除けば[1]、一九六〇年代に始まるが[2]、一九七〇年代以降は急速な広がりをみせ[3]、古墳の編年的研究の深化とともに[4]、大王墳を含む大型古墳群の分析や地域ごとの古墳の研究に多くの成果を蓄積してきた。しかし、個別の地域を越えて、広範囲の古墳の動向を総合的に比較する方法やその基準の検討はいまだ不十分で、そのことが個別研究のさらなる発展の足枷ともなっている。三世紀中葉から六世紀後葉にかけての三〇〇年余りの間に営まれた十数万基とも言われる古墳の実態は九州から東北南部まできわめて多様であり、古墳を通じてみたヤマト王権と地域社会との関係も時期により、地域により、階層により実にさまざまであったと推測される。しかし、それらはけっして無秩序なものではなかったのであって、多様性を多様なままに捉えるためにも、分析の方法やその基準の確立が急がれるのである。

したがって、ここでは、古墳の動向を比較するもっとも基本的な基準である時期区分・地域区分・階層区分を畿内を中心とした地域で検討し、その見通しを述べたい。そして、その過程で、古墳に認められる首長制的体制についても言及したいと考える。(5)

一　古墳築造の諸段階

1　南山城の場合

そこで、まず、いくつかの課題を試験的に検討するモデル地域として、南山城地域を取りあげる。そこは、地形的には、山城盆地南部の、木津川によって形成された南北に細長い河谷平野を中心としたまとまりある地域で、律令制以前には「ヤマシロ」と呼ばれた歴史的小世界である。また、資料的にも、大正時代の大規模な盗掘や近年の急速な開発にともなう緊急調査の結果として、他地域に比べて、個々の古墳の埋葬施設や副葬品や埴輪などに関する情報がきわめて豊富な地域でもある。

現在、この地域には前方後円墳一九基と前方後方墳六基を中心に約五〇〇基の古墳が知られている。ここでは、その大小を問わず、できるだけ多くの古墳を検討の対象に取りあげる。分析の中心は各古墳の時期と墓域と墳形とその規模であるが、それぞれの整理の基準はつぎのごとくである(6)。

時間軸は、古墳時代を前・中・後期に三期区分し、それをさらに一一小期に細分する（第一部第一章）。暦年代としては、前期が三世紀中葉から四世紀中葉、中期が四世紀後葉から五世紀中葉、後期が五世紀後葉から六世紀後葉（ないしは七世紀初頭）と推測する。

地域は、自然地形とともに古墳の分布状況や律令制下の郡域などを考慮して、大きく五つに区分するが、個々の古墳は地域区分の最小単位である特定の墓域に営まれた古墳群ごとに取りあつかう。

古墳の規模は、墳丘長が二〇《メートル》未満のものを小型、二〇《メートル》以上で八〇《メートル》未満のものを中型、八〇《メートル》以上で一二〇《メートル》未満のものを大型、一二〇《メートル》以上のものを超大型とする。原則的には、帆立貝形墳や方墳・円墳は中型以下で、前方後円墳や前方後方墳は中型以上、前方後円墳にのみ超大型がある。これらの基準は他地域においても用いる。なお、首長墳という場合は基本的には中型以上のものであり、小型墳はおもに有力家長層の古墳と推定する。

さて、以上の基準に合わせて、南山城の古墳を時間と空間のなかに位置づけたものが図20である(補註1)。つぎに、この図から読みとれる関連事項を列挙する。

(1) 古墳群と首長系列

特定の墓域に営まれた一つの古墳群には、首長墳のみのもの、首長墳と小型墳からなるもの、小型墳のみのものの三者がある。これは古墳時代を通じて変わらない。

首長墳を含む古墳群には、時間を追って継続的に築造された一系列の首長墳を中心に構成されると考えられるものと、久世地区の城陽市久津川古墳群平川支群のように、同一の墓域に超大型や大型の前方後円墳からなる首長墳の系列とともに、複数の帆立貝形墳や方墳・円墳からなる首長墳が含まれ、大小複数の首長墳系列から構成されると考えられるものとがある。前者が、広瀬和雄の言う単一系列型古墳群、後者が複数系列型古墳群、なかでもその階層構成型古墳群〔広瀬一九八七・八八〕にあたる。南山城では前者が一般的で、後者は特異な位置を占める。

(2)　古墳群の消長

各古墳群の消長は非常に激しく、前・中・後期の境を越えて首長墳が順調に造りつづけられた古墳群は、一、二、三の中小首長墳のそれを除けば、ほとんどない。この現象は地区単位でみてもきわめて顕著で、南山城各地区の古墳築造状況に際立った特徴を与えている。しかも、各古墳群の出現や衰退・消滅、あるいは墓域の移動の時期は無原則にあるのではなく、後述のごとく特定の時期に集中する。(7)

なお、先の例外的なものを除けば、一古墳群を構成する首長墳の数は一、二基から多くて三、四基程度である。他地域の例からみて、三期区分の一時期を通じて首長墳が順調に営まれた場合、その数は五、六基程度と推定される。首長権の継承がどのようなかたちで行われたにせよ、首長墳の築造間隔は二〇年程度が一般的であったと推定される。

(3)　墳形と規模の変化

古墳の形や規模も古墳群の消長と対応して変化する。首長墳としては、前期前半に超大型の前方後円墳が出現する。前期後半には各地区で前方後円墳をはじめ、前方後方墳・円墳・方墳など各種のものがみられるが、超大型墳はない。中期には、前方後円墳は平川支群の超大型や大型のもののみとなり、他の首長墳はことごとく中型の帆立貝形墳や円墳・方墳となる。そして、後期には中型でも小さめの前方後円墳がいくつかの地区で出現するが、後期後葉には円墳

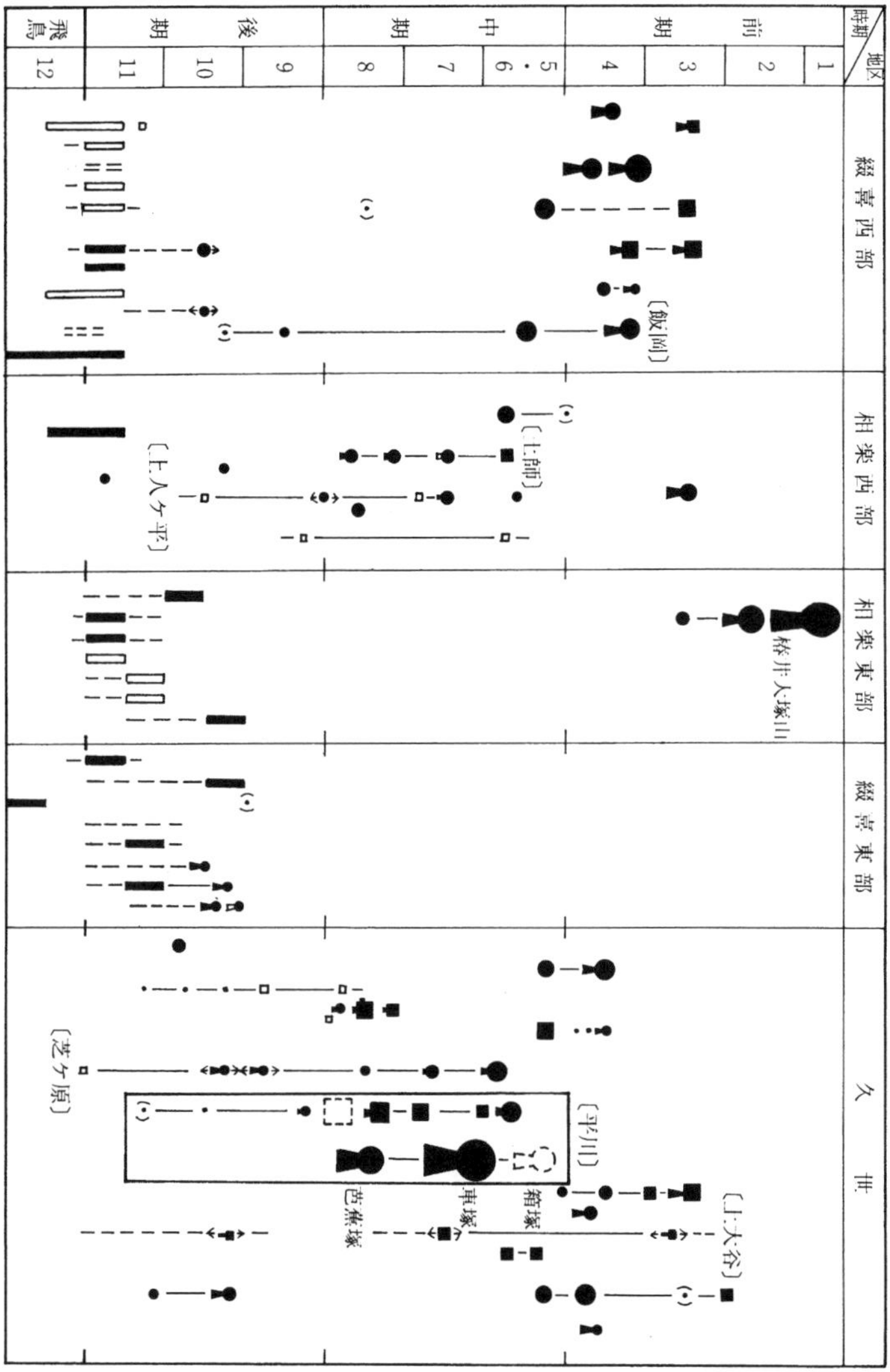

図20　南山城の主要古墳編年図

太い棒線は群集墳で太い黒線は横穴式石室墳を，白抜きの線は横穴を示す．小さな白抜きの正方形は方形周溝墓．（●）の古墳は墳形・規模不明．〔　〕は古墳群名化する。原則として、前方後方墳は前期で、方墳は中期で、前方後円墳は後期中葉で姿を消す。また、小型墳では、前・中期には弥生時代の伝統をひく方形の周溝墓や台状墓〔初出では「小型低方墳」としていた〕が造られていたが、後期には円墳化し、群集墳となる。

古墳の形と規模はヤマト王権下における首長層の政治的身分をもっとも端的に表していると考えられるが〔西嶋一九六一、都出一九八九a〕、その変化は墓域の変化と密接に関わりつつ進行したのである。

(4)　南山城における古墳築造の諸段階

以上の点を考慮して、南山城の古墳の動向をまとめると、それは表4のごとく、五つの段階と六つの画期〔古墳時代の初めと終わりを加える〕として整理することができる。

まず、第一段階は、古墳時代前期前半の南山城における古墳の出現期である。その嚆矢をなすのは三角縁神獣鏡の分有関係の要をなす古墳として著名な木津川市椿井大塚山古墳で〔小林一九五五〕、超大型の前方後円墳として築かれた。しかし、この古墳群は第一段階のものとしては南山城唯一のもので、その系譜も、たとえ平尾城山古墳がその後を継いだとしても、短期間で終わり、以後、相楽東部では、ついに有力な首長墳が営まれることはなかった。

第二段階の前期後半に入ると、首長墳の築造は急速に南山城の各地区に広がった。この段階に首長墳を営んだ古墳群は、少なくとも、綴喜西部で五～六群、相楽西部で二群、久世で六群の合わせて一三、四群を数える。いずれも単一系列型古墳群で、墳形や規模は多様であったが、超大型墳はなく、それぞれの差は相対的なものであった。しかし、大半の古墳群は首長墳を二、三代営んだだけで群の形成を終え、中期には墓域が衰退・消滅するか、移動するものが多かった。

表4　古墳時代の5つの段階・6つの画期

時代	時期	小期	段階	画期	主要な古墳の動向
弥生時代				第1	前方後円(方)墳の出現
古墳時代	前期	1・2	第1	第2	前方後円(方)墳の急増
		3・4	第2	第3	前方後円墳の築造規制開始・前方後方墳の消滅
	中期	5〜8	第3	第4	大型古墳群の衰退・中小前方後円墳の増加・方墳の消滅・古式群集墳の出現
	後期	9・10	第4	第5	前方後円墳の段階的消滅開始・新式群集墳の激増
		11	第5		
飛鳥時代				第6	前方後円墳の消滅・新式群集墳の衰退・終末式群集墳の出現

第三段階の中期には、久世の久津川古墳群平川支群が他を圧して発達し、一つの墓域に超大型や大型の前方後円墳からなる一系列の大首長墳を中心に複数系列階層構成型の古墳群を形成した。他方、南山城の他の古墳群では、新たな墓域や前期以来の墓域に単一系列型の中小首長墳が築かれたが、その数は第二段階に比して少なく、墳形も、平川支群の中小首長墳に準じるように、いずれも帆立貝形墳や円墳・方墳の形をとった。すなわち、この段階には、前段階に急増した首長墳の再編が行われ、首長墳は地域を代表する特定の大首長墳とその他の中小首長墳とに明確に区分され、前者のもとに後者が編成されたと考えられるのである。しかし、隆盛を誇った平川支群やそれに連なった古墳群もこの段階の終わりには急速に衰退した。

第四段階の後期前・中葉にはいると、南山城では大型以上の首長墳は築かれなくなった。現状では、後期前葉の例はほとんどなく、後期中葉にいたって中型の前方後円墳が数ヵ所の新たな墓域に営まれた程度である。しかし、それらもほとんどが一基のみで築造を終え、第五段階の後期後葉には中小首長墳は円墳化した。他方、小型墳では、前・中期の方形の周溝墓や台状墓が第四段階には円墳化し、木棺直葬など多様な埋葬方法をとる古式群集墳、そして規格的な畿内型横穴式石室を採用する新式群集墳へと変化する(8)。ただ、現状では南山城では古式群集墳の発見例はほとんどなく、新式群集墳が第四段階後半には出現し、第五段階に発達した。しかし、いずれの古墳群も第六の画期には衰退し、飛鳥時代の七世紀前半には、小型の方墳からなる終末式群集墳がわずかに営まれた程度であった。

古墳時代の農耕社会は、牧歌的で安定的な変化の少ない社会であったと考えられがちであるが、古墳の築造状況からみたそれは、五〇年から一〇〇年ほどの幅でもって激しく変化する政治的社会だったのである。

2　五つの段階・六つの画期

では、南山城における古墳の動向は、他地域のそれと比較して、どのように評価できるのだろう。段階と画期を中心に若干の比較をしてみよう。

(1)　画期と大王墳の動向

ここでは、畿内を中心に日本列島の広範囲に広がった最初の政治勢力をヤマト王権と呼び、その最高権力者を大王、その古墳を大王墳と呼んでいる。同一時期で最大の古墳であることや、古墳の様式変化のなかで革新的な位置を占めることなどが、大王墳を抽出する場合の基準である[9]〔天野一九九三〕。結果として、古墳時代では、ほとんどが全長二〇〇メートルを超える巨大前方後円墳ということになるが、時期によっては、それ以下のものでも大王墳であった可能性も推測される。どの古墳を大王墳と認定するかについては研究者間に多少の差があるが、大勢は変わらない。つぎに、その候補も含め、大王墳と推定する古墳を列挙する[10]（数字は墳長をメートル表示）。

一期　奈良盆地東部　纒向古墳群　奈良県桜井市　箸墓古墳（伝倭迹迹日百襲姫命陵、約二八〇）

一～二期　〃　大和古墳群　〃　天理市　西殿塚古墳（伝手白香皇女陵、約二一九）

三期	〃	柳本古墳群	〃　〃	行燈山古墳（伝崇神天皇陵、約二四二）
三期	〃	〃	〃　〃	渋谷向山古墳（伝景行天皇陵、約三〇〇）
三期	奈良盆地北部	佐紀古墳群	奈良県奈良市	五社神古墳（伝神功皇后陵、約二六七）
四期	〃	〃	〃　〃	佐紀陵山古墳（伝日葉酢媛命陵、約二〇七）
四～五期	〃	（佐紀の南）	〃　〃	宝来山古墳（伝垂仁天皇陵、約二二七）
五期か	〃	佐紀古墳群	〃　〃	佐紀石塚山古墳（伝成務天皇陵、約二一八）
五期	大阪平野南部	古市古墳群	大阪府藤井寺市	津堂城山古墳（陵墓参考地、約二〇八）
六期	〃	〃	〃　〃	仲津山古墳（伝仲姫皇后陵、約二九〇）
六期	〃	百舌鳥古墳群	〃　堺市	百舌鳥陵山古墳（伝履中天皇陵、約三六〇）
七期	〃	古市古墳群	〃　羽曳野市	誉田御廟山古墳（伝応神天皇陵、約四二五）
八期	〃	百舌鳥古墳群	〃　堺市	大山古墳（伝仁徳天皇陵、約四八六）
八期	〃	〃	〃　〃	土師ニサンザイ古墳（陵墓参考地、約二九〇）
九期	〃	古市古墳群	〃　藤井寺市	岡ミサンザイ古墳（伝仲哀天皇陵、約二四二）
九期	奈良盆地南部		奈良県橿原市	鳥屋ミサンザイ古墳（伝宣化天皇陵、約一三八）
一〇期	大阪平野北部		大阪府高槻市	今城塚古墳（約一九〇）
一〇期	大阪平野南部	（古市の西）	〃　羽曳野・松原市	河内大塚古墳（陵墓参考地、約三三五）
一一期	奈良盆地南部		奈良県橿原市	見瀬丸山古墳（陵墓参考地、約三一〇）
一一期か	〃		〃　明日香村	平田梅山古墳（伝欽明天皇陵、約一四〇）

このほかでは、奈良盆地東部の桜井市茶臼山古墳〔二期、二〇七〕や同市メスリ山古墳〔三期、二五〇〕なども候補として掲げることができる。(11) ほとんどが陵墓、ないしは陵墓参考地であるため、時期決定が困難なものも少なくない。しかし、大王墳の候補とその築造時期にある程度の幅をもたせたとしても、先の六つの画期と比較した場合、つぎのような対応を指摘することはできるだろう。

すなわち、古墳時代の最初を画す第一の画期に奈良盆地南東部に箸墓古墳が築造され〔近藤一九八三〕、以降しばらくはその近隣の天理市大和古墳群や天理・桜井市柳本古墳群に大王墳が築かれた。つぎに、第二の画期にやや遅れて、大王墳の墓域は奈良墓地北部の奈良市佐紀古墳群に移り、第三の画期には大阪平野南部の藤井寺市・羽曳野市古市古墳群へと変わった。そして、第三段階にあたる中期の間、大王墳は古市古墳群と堺市百舌鳥古墳群の間を行ききしていたが、中期と後期を画す第四の画期の後に大王墳はこの地を離れ、奈良盆地南部や大阪平野の北部や南部を転々とした。そして、大王墳が前方後円墳ではなく、おもに方墳として築かれるようになる第六の画期前後からは、多くが大阪平野南東部の太子町磯長古墳群に集中するようになった。

以上のように、南山城の古墳の動向に見られた諸画期は、大王墳の墓域が移動する時期とほぼ対応するのである。考古学的な分析のなかでは画期を直線的に引かざるをえないが、画期に幅をもたせて考えれば、両者の関係はさらに密接なものと推察される。

(2)　画期と各地の古墳の動向

この古墳の動向の五つの段階・六つの画期は畿内を中心とした広い範囲においてあてはまる。なかには、①第一段階の前期前半に始まり第二の画期を越えて前期いっぱい続く古墳群〔京都府向日市向日丘陵古墳群・兵庫県加古川市日岡古墳群）、②第二段階の前期後半に始まり第三の画期を越えて中期まで続く古墳群（奈良市佐紀古墳群・大阪府岸和田市久米田古墳群）、③第三段階の中期に始まり第四の画期を越えて第四段階の一〇期まで続く古墳群（兵庫県尼崎市猪名野古墳群）、あるいは④前期前半から第二・三・四の画期を経て九期まで続く古墳群（大分県宇佐市川部・高森古墳群）や⑤前期後半から第三・四の画期を経て九期まで続く古墳群（福井県松岡町松岡古墳群）なども存在するが、②以外はきわめて少なく、②も中期初頭、前葉で終わる場合が多い。

この結果は、京都盆地北西部の乙訓地域の古墳群を中心に都出比呂志が行った成果ともほぼ一致する〔都出一九八八〕。ただ、分析の主たる対象地域が異なるうえに、都出の画期の設定法が古墳群を考慮しながらも盟主的古墳を出すグループの移動の時期に注目するものであったため、ここで用いた、盟主墳に注目しつつも大小の古墳群全体の消長から画期を設定する方法とは若干異なる結果となっている。

その関係を整理しておくと、古墳時代の最初と最後を画す第一と第六の画期は別として、都出は五世紀前葉、五世紀後葉、六世紀前葉に画期を設定する。和田の第二と第五の画期については触れていない。このうち、五世紀前葉は和田編年の六期に、五世紀後葉は九期に相当する。四期から六期にかけての古墳の年代観の差を除けば、これらは同じ画期をさすもので、前者は第三の画期の結果、後者は第四の画期の結果として新しく出現した古墳の時期でもって画期が表されている。また、都出の六世紀前葉の画期は、和田では第四の画期の延長上で捉えており、この頃では前方後円墳が段階的に消滅しはじめる六世紀中葉をより重視し、第五の画期を設定している。

(3)　画期と古墳構成諸要素の変化

①　墳丘と外部施設

では、このような古墳の動向の画期は、墳形や規模以外の、他の古墳を構成する諸要素の変化とどのように対応しているのであろうか。ここではその概略をつかんでおこう。

まず、大王墳を中心に墳丘の変化を検討すると、第一の画期において奈良盆地南東部に段築と葺石を備えた巨大な前方後円形の墳丘が成立する。しかし、墳丘の型式化は第二の画期以降のものと比べて弱く、段築も最初の大王墳である箸墓古墳（一期）で後円部五段・前方部四段、この地域最後の大王墳である渋谷向山古墳（三期）でも後円部四段・前方部三段と多様である。しかし、この地域の大王墳には、後円部最上段がいずれも円丘状を呈し方形の斜面（「後円部前面斜道」としている〔和田二〇一四〕）でもって前方部頂部平坦面とつながるという形態的特徴があり、これは以降の大王墳の段築型式とは大きく異なっている。第二の画期の後、大王墳が奈良盆地北部の佐紀古墳群に営まれるようになると、段築は後円部三段・前方部三段、すなわち、最上段も前方後円形をとる型式へと変化し、以後の大王墳に継承される(12)〔白石一九八五b、和田一九八九a〕。

周濠では、第三の画期の直後、大阪平野南部の古市古墳群で最初に築かれた津堂城山古墳（五期）が画期的で、同一面盾形二重周濠が成立し、以後の大王墳の基本となる。その先駆的形態を示す、盾形の周濠は佐紀陵山古墳（四期、階段式）に、同一面の周濠は宝来山古墳（四～五期、鍵穴形）にすでにみられるが、佐紀古墳群西群の段階では完成した型式とはならなかった。なお、階段式の周濠と各部分を区画する渡土堤は奈良盆地南東部の行燈山古墳や渋谷向山古墳に系譜を引くが、原則として佐紀古墳群で終わる。ただ、鍵穴形周濠も両古墳に系譜を引くと考えられてきたが、両古墳の周濠、ないしは空濠の平面形は盾形であったと想定され、宝来山古墳にみられるような鍵穴形周濠は巨大前方後円墳では佐紀古墳群にのみ採用された可能性が高い。また、渡土堤の消滅と関連すると考えられる、前方後円墳のくびれ部の造出も津堂城山古墳に始まるものと考えられる。

したがって、大王墳の外部施設、特に中期以前のそれは、前代の型式を踏まえつつも、墓域の移動とともにたえず革新され、それが他の首長墳の規範となったのである。

② 画期と埋葬施設・棺

埋葬施設や棺との関係では、第一の画期で竪穴式石槨に長大な割竹形木棺の型式が成立するが、第二の画期以降、首長墳の急増にともない埋葬施設や棺が多様化し、粘土槨や石棺が出現する。第三の画期以後の中期には、大王墳を始めとする畿内の主要な大型古墳では竜山石製の長持形石棺が盛んに用いられたが、第四の画期には消滅する。これに代わって、九期には横穴式石室が採用されはじめ、一〇期には設計尺に高麗尺を用いた規格性の高い畿内型横穴式石室が創出され、第五の画期以降に激増する新式群集墳をはじめ、多くの古墳の埋葬施設として盛行した。後期の首長墳に特有の畿内型横穴式石室に畿内的家形石棺を納める型式は一〇期には成立した。そして、第六の画期以後には横口式石槨が漆棺などの新しい用法の棺（前代の「据えつける棺」に対する「持ちはこぶ棺」〔和田二〇一四〕）とともに登場し、横穴式石室の石槨化など、横穴式石室のあり方にも影響を与えた。

以上のように埋葬施設や棺の変化も画期と対応する。

ところで、古墳時代は、血縁関係や婚姻関係といった同族的関係が人々の社会的結合の原理をなした社会であると考えられる。古墳の築造もそのような社会であったからこそ政治的・宗教的意味をもちえたのである。そのようななかで、古墳に納められた棺は、弥生時代以来、特定の同族、ないしは特定の同族を中心とする地域集団にそれぞれに固有のものがあり、その素材や型式は習慣的に定まっていた可能性が高く、その性格は、首長に専用の棺が作りだされてもなお強く保持され、かえって首長層の政治的結合の場で積極的に活用されたと推測される〔和田一九九四〕。埋葬施設についても、棺ほどではないにしても、同様な性格を指摘することができる。

特定の墓域における首長墳の断絶は、とりもなおさずその首長系列の政治的断絶を意味するが、画期における棺や埋葬施設の変化はそのことを端的に表しているのである。したがって、棺や埋葬施設が大きく変化する第二・三・四の画期には、その内容に差異があったとしても、大王を含め、各地の首長層の系譜的連続性が問われるような大きな政治的変動があったものと推察される。

③　画期と副葬品の変化

副葬品は外的・内的要因によって変化する（七〜九頁図1・2、第一部第一章）。両者が関係している場合もあるが、多くの場合はどちらか一方が主たる要因となる。第二段階の副葬品の組合せは基本的に第一段階のそれを踏襲するものであるが、この時期の仿製鏡・碧玉製品・滑石製模造品、あるいは筒形や巴形などの特殊な青銅製品の発達や玉類の材質の多様化などは、おもには内的要因によるもので、渡来品の国産化、材質転換、多量生産と粗製化、あるいは約束の緩和などの理由によるものと考えられる。しかも、それらの多くは祭器・宝器といった威信財であることに特徴があり、この組合せは第三の画期を経て第三段階前葉まで続く。

古墳時代における副葬品の最大の変革期は第三段階の後半（七・八期）に訪れる。それは主として外的要因によるもので、この時期における東アジア諸国との頻繁な交流の結果として多くの人・もの・情報が朝鮮や中国からもたらされたことにより、武器・武具から農工具、衣食住にいたるまで、ほとんどのものに変化が及んだ。そして、第三段階後葉の副葬品の組合せが基本的に第四の画期を経て、後期へと継続する。第五の画期においても副葬品の変化は顕著ではないが、後期を通じては、馬具や須恵器などが示すように、いくつかの新しい器種や型式が現れた程度で、この時期の変化はおもに内的要因に関係して、多量化・粗製化にあったものと考えられる。

副葬品の変化は、古墳の動向との比較でいえば、内的要因の強いものほど、しかも政治的性格をおびたものほど、第二の画期のように古墳の画期と副葬品の変化とが対応する。個別的には、第四の画期後の九期で消える眉庇付冑や鋲留短甲、あるいは第五の画期後に盛行する装飾大刀などもある程度画期と対応しているといえるだろう。しかし、外的要因の強い第三段階での変化のようなものは古墳の動向の画期と直接的には対応はしない。ただ、この大きな変化も古墳の変化と無関係ではないのであって、それはすぐ後の第四の画期という古墳時代を二分するような大きな変革と関連しているのである。

(4) 画期の意味

以上により、ここで設定した五つの段階と六つの画期は、畿内が中心であるとはいえ、一定の広がりと深さをもつもので、将来的にも古墳時代の時期区分の基準になるものと推測する。改めて、各段階ごとに、その変遷をまとめるとつぎのようである。

第一段階は、畿内を中心に誕生したヤマト王権が日本列島の広い範囲を統治する一定のシステムと共有すべき宗教的理念をもった政治体制として成立した時期である。奈良盆地南東部の一角で、巨大な前方後円形の大王墳がそれを象徴する政治的・宗教的記念物として営まれはじめ、それとの関係で西日本の限られた地点で首長墳の築造が始まる。

第二段階では、各地で首長墳の築造が急増する。墳形は多様で、埋葬施設や棺も多様になり、副葬品も国産化・材質転換・量産化・規制緩和などにより前段階のあり方が崩れはじめる。そして、これに合わせるかのように大王墳は奈良盆地南東部から北部へと墓域を移すが、この段階には大王墳に匹敵するような大型前方後円墳が畿内周辺でも点々と造られ、大王権の相対的低下が推測される。

第三段階に入ると、大王墳は大阪平野南部の古市・百舌鳥古墳群に移動し、いっそう巨大化し型式化する。ただ、この段階で前方後円墳を築いた首長は、ほとんどが大王をはじめとする限られた数の大首長のみとなり、各地の数多くの中小首長は帆立貝形墳や円墳・方墳を営むようになる。そして、畿内から岡山にかけての地域では、大王や大首長に特有の棺として長持形石棺が発達する。この体制は他の段階より長く一〇〇年ほどは安定して継続し、その後半には朝鮮・中国との頻繁な交流の結果、多くの人・もの・情報が渡来し列島の中心部は文明開化的状況を現出する。

しかし、第四段階に入ると、第三段階の中期型の古墳の体制は解体し、大王墳はほどなく古市・百舌鳥古墳群を離れる。他方、新たな墓域には中型前方後円墳の築造がみられ、第三段階までの方形を中心とした周溝墓や台状墓は円墳化し古式群集墳へと変化する。そして、この段階の後半には、前半に伝わった横穴式石室が畿内型横穴式石室として完成し、それを採用する新式群集墳が出現する。畿内的家形石棺の製作がはじまるのもこの時期である。

第五段階に入ると、前方後円墳は段階的に消滅し、首長墳は円墳化する。これに代わって新式群集墳が激増する。首長墳には畿内型横穴式石室に畿内的家形石棺の埋葬型式が普及し、飛鳥時代前半まで続く。

そして、第六の画期にいたり、畿内周辺では、前方後円墳は完全に消滅し、新式群集墳も衰退する。大王墳もこの頃には大阪府南東部の磯長古墳群に集中するようになるが、そこでは方墳が卓越する。この時期には仏教文化を中心とした新しい大陸の文化が伝来し、定着しはじめるが、葬制の面でも横口式石槨や持ちはこぶ棺に代表される新しい墓制が出現する（第二部第三章）。

これら五つの段階とそれを区切る六つの画期は、それぞれが固有の歴史的意義をもっている。ここではその一つ一つについて評価を行う余裕はないが、評価の粗い枠組みはつぎのように考えている。

古墳時代は大きく前後二つに区分できる。前半期は古墳時代前・中期にあたる第一段階から第三段階までである。後述のごとく、この時期にヤマト王権との関係で古墳を営んだのは首長のみと推測される。広汎な共同体の有力家長層が王権と直接的な関係をもって群集墳を造るようになるのは後半期の古墳時代後期、第四・五段階のことである。したがって、この間に王権による支配体制の大きな転換が推測されるのであり、古墳時代では第四の画期の変化がもっとも大きいと考えられる。(13)

前半期の首長層を秩序づける体制は第一の画期に出現するが、第二の画期以降、首長墳が急増し、首長層の相対的な自立性が高まったものと推測される。この各地に輩出した首長層を一定の秩序でもって強力に再編しなおした段階が中期にあたる第三段階で、首長層は大型前方後円墳を造る大王や大首長と帆立貝形墳や円墳・方墳を造る中小首長とに明確に区分され序列化された。前半期では第三の画期における変化が大きい。

後半期の体制は中期体制の解体をまって始まる。前半期のヤマト王権の支配体制が首長を通じて共同体を間接的に支配するものであったのに対し、後半期のそれは、首長層を通じながらも、より直接的に個々の有力家長層までをも支配の枠組みに取りこもうとしたものと評価される。この体制の実現は、第四段階の間はそれほど強力には進行しないが、第五の画期以降は急展開し、第六の画期では、この方向の延長上で古墳そのものが衰退する。古墳の消滅は、古墳時代後半期から始まったと推定する、同族原理が律する政治社会から法制原理が律する、より中央集権的な政治社会への移行の一つの大きな転換点となったと推察される。

古墳の動向からみて王権の動揺が顕著にあらわれるのは、おもに第四の画期とそれに続く第四段階、続いて第三の画期、第二の画期である。第二と第三の画期の間の第二段階も比較的不安定であったものと推測する。動揺が前半期に集中するのは、ヤマト王権が首長層を通じて共同体を支配していた体制が不安定であったためであろう。大王墳の墓域の移動が各地の首長墳の消長と対応し、その間に埋葬施設や棺の変化が認められることからすれば、大王位の継承に関連するかと思われる大王家内部の動揺がそのまま各地の首長の動揺につながったものと推察される。しかも、それは多くの首長系譜の断絶をいつも伴っていたのであり、第四の画期や第三の画期では大王系譜の連続性も問われるような状況にあった。そこには、ヤマト王権と首長の関係が、大王一代ごと、首長一代ごとに更新されるような人格的服属関係が制度的関係を上回った状況がよくあらわれていると考えられる。

二　中期古墳の政治的階層構成

では、つぎに、各段階におけるヤマト王権の政治体制を明らかにし、それぞれの画期の理解を深めるために、各段階の古墳の政治的階層構成を検討しよう。ただ、ここでは、各段階を取りあつかう余裕はないので、第三段階にあたる古墳時代中期のそれを取りあげる。前半期の体制がどのようなかたちに完成し、後半期にはどう変わるかを捉えるには、この段階の体制を明確にすることが最適であるし、この段階は、古墳の政治的階層構成が広範囲においてもっとも整備された姿をみせるからである。

(1)　南山城における墳墓の階層構成

ここでも、まず最初は、南山城から始める。階層構成を捉える時期は平川古墳群に久津川車塚古墳が築かれた七期とする。同一時期の古墳と、同一時期に古墳はなくとも前後の時期に古墳が築かれ、首長系列が連続していると考えられる古墳群を階層構成のなかに組みいれる（図21）。

すると、まず、唯一の前方後円墳である車塚古墳（墳長約一八〇メートル）が大首長墳として最高位に位置づけられる。同一の墓域には少なくとも二系列の首長墳が帆立貝形墳や円墳や方墳として築かれ、ここでは複数系列階層構成型の古墳群が構成される。他の首長墳は、やはり帆立貝形墳や円墳・方墳の形をとりながら、独自の墓域に単一系列型古墳群として築かれる。中小首長墳の間にも墳形や規模で階層差は存在する。南山城では京田辺市飯岡古墳群、木津川市土師七ツ塚古墳群、同市上人ヶ平古墳群、城陽市芝ヶ原古墳群、同市上大谷古墳群などがこれにあたる。有力家長層のものと考える周溝墓や台状墓との関係では、首長墳の墓域にそれらを含まないもの、あるいは未発見のものと、近接したものをも加えて、それらを含むものとがあり、それらのみで群を営むものもある。共同体の一般成員のものと考える墳丘をもたないものでは、密集型の土坑墓群（福永一九八九a）の存在が推測されるが、現状では南山城での発見例はない。ただ、少数ではあるが他に木棺直葬や埴輪棺が存在し、首長墳や周溝墓の周囲で検出される場合が多い。一般成員のなかでも差があり、墳丘をもつ周溝墓類はより上位に位置するものと思われる。

以上を基本に少し模式化したものが図21である。南山城の中期

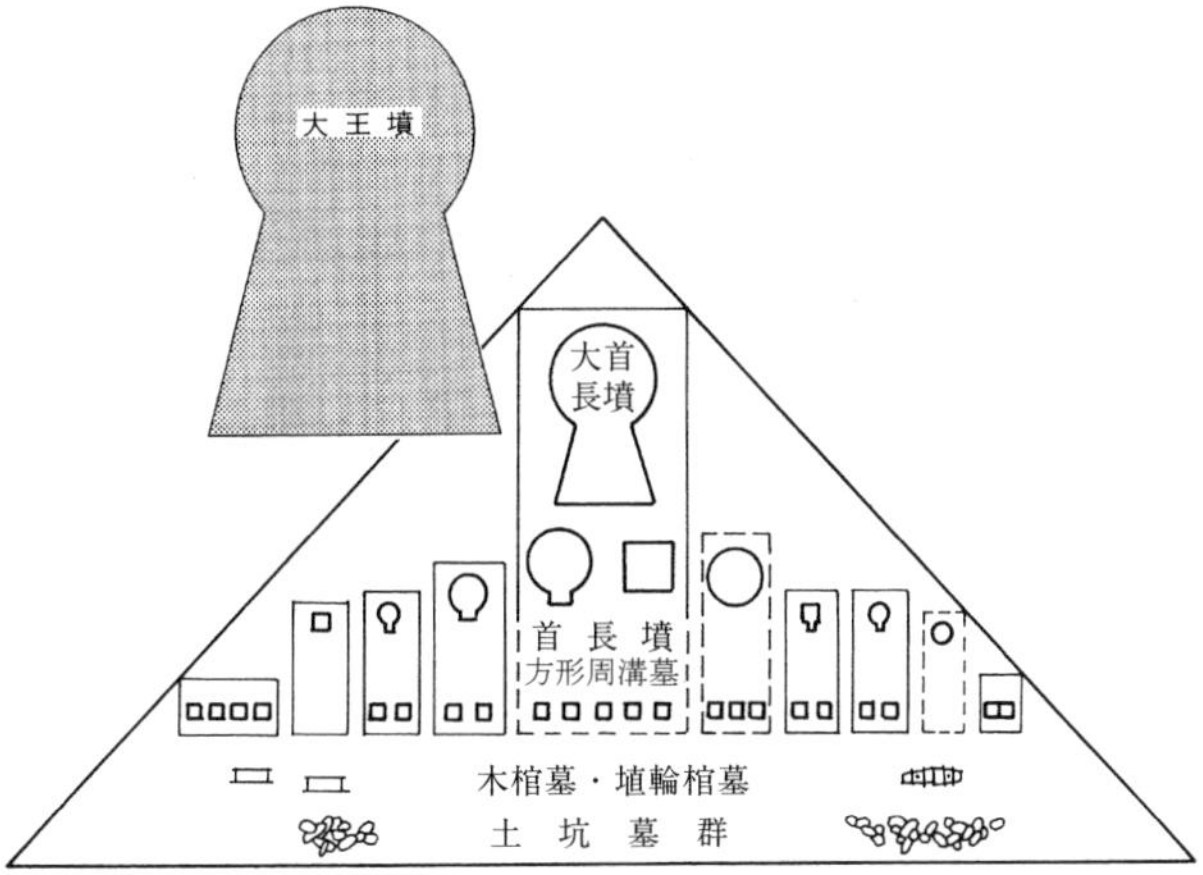

図21　南山城地域における中期の墳墓の階層構成
（長方形の枠は墓域を示す）

の古墳は、一基の大首長墳を頂点に、中小首長墳―有力家長墳―一般成員墓とみごとなピラミッド型の階層構成をとって造られていたのである（後には、有力家長層と一般成員をまとめて共同体構成員とし、上層、下層、最下層と区分している）。

(2)　古市古墳群との比較

では、南山城の古墳にみられる政治的階層構成は、他地域の古墳と比較した場合、どのような位置を占めるのであろう。まず、大王墳を含む古市古墳群のそれと比較してみよう。古市古墳群の分析は多くを天野末喜の成果によった〔天野一九九〇、天野ほか一九九三〕。

まず、久津川車塚古墳と同時期の大王墳は、墳長約四二五メートルを測る巨大な前方後円墳の誉田御廟山古墳である。現在、この古墳と同時期の古墳として知られているのは、墳長一〇〇メートル余りの前方後円墳が一基、七〇メートル台の帆立貝形墳が一基、直径七〇から四〇メートル台の円墳が三基、一辺七〇から二〇メートル台の方墳が六基、一辺一〇メートル台の方形周溝墓が一基である。したがって、七期の古市古墳群の階層構成は、大王墳一基、大首長墳一基と一〇基ほどの中小首長墳、それに、現状では実態は十分明らかではないが、いくつかの周溝墓から構成されているということができる。

このような構成は中期の古市古墳群では一貫して継続し、大首長墳としての前方後円墳が二基になったり、その規模が時には二〇〇メートルを超えるといった差異がある程度である。ただ、墳丘が削平され地表では確認できない埋没墳が少なくないため、中小首長墳や周溝墓の数はさらに増加するものと推測されるし、中小首長墳としたものの中には、藤井寺市盾塚古墳・鞍塚古墳などを含む支群や同市青山支群のように首長系列を形成する古墳以外に、同市西墓山古墳のような副葬品専用の古墳も含まれていることも注意しておくべきであろう。なお、古市古墳群と対をなす百舌鳥古墳群の構成も古市古墳群のそれに相い似たものと推測される。

ところで、古市・百舌鳥古墳群の群構成をこのように把握すると、それは南山城全域の古墳の構成と非常に類似していることが了解される。すなわち、南山城全域の古墳の構成に中小墳を少し加えて、その上に大王墳を配したものがほぼ古市古墳群の構成であるといえるのである。(14) 両者の差は、副葬品専用の古墳があるかどうかといった点もあるが、基本的には、それが一つの墓域で実現されているか、一つの地域で実現されているかの違いのみなのである。この差はそれ自体大きなものであるにちがいないが、注目すべきは、両者が質的にきわめて似かよっている点にある。

(3) 他地域の古墳群との比較

つぎに、畿内周辺の他の地域の古墳群はどうであろうか。まず、注目されるのは、第三段階の中期に有力な前方後円墳がない地域である。たとえば、京都府の丹後では、前期の第二段階には京丹後市網野銚子山古墳〔墳長約一九八メートル。以下同様〕・神明山古墳〔約一九〇〕・与謝野町蛭子山古墳〔約一四五〕といった巨大な前方後円墳を中心に、中小の前方後円墳や円墳が築かれていたが、前方後円墳の築造は五期、ないしは六期の京丹後市黒部銚子山古墳〔約一〇〇〕でとまり、以後の首長墳はほとんどが円墳や方墳となる。丘陵部に位置する全長三〇メートル前後の前方後円墳のなかに中期のものも存在する可能性は残るが、丹後は中期前葉のある段階からおもだった前方後円墳が築かれなかった地域と理解できる〔同志社一九七三、加悦町一九九三〕。

同様の地域は滋賀県・近江にも広がり、各地で帆立貝形墳や円墳や方墳が造られたが、琵琶湖東岸では中期の確実な前方後円墳は甲賀市泉塚之越古墳〔七期・約六六〕や長浜市茶臼山古墳〔八期・約九二〕などがあるにすぎない。近江がいくつの地域に分かれるかが問題であるが、両古墳が築かれた野洲川上流域や姉川流域を除いた地域では、前期、時には中期前葉まで主要な前方後円墳の築造は停止すると考えられる〔田中一九九〇、要田・細川一九九二〕。

他方、兵庫県の播磨でも中期の前方後円墳はきわめて限られる。明石川下流に明石市吉田王塚古墳（七期・約七〇）、加古川下流に加古川市行者塚古墳（六期・約一〇〇、厳密にはここでの定義では帆立貝形墳に入る）、市川下流に姫路市壇場山古墳（七期・約一四〇）、内陸部の加西市に玉丘古墳（六期・約一〇九）・小山古墳（七期・約七九）などが知られているにすぎない。いずれも中期に新たな墓域を形成する古墳群であるが、吉田王塚古墳は現状では単独のもので、行者塚古墳は二基の帆立貝形墳が、壇場山古墳は二基の方墳が並存、ないしは後続する。後二者の中型墳が大首長墳の系列で後続するものか、別系列で一時的に複数系列の階層構成をとっているのかは現状では明らかではない。しかし、いずれにしても、播磨の海岸部の三地域では、一時的に大首長墳が出現するものの、後には前方後円墳の築かれない地域になったものと推察される〔和田一九九二d〕。

ただ、玉丘古墳群だけは、玉丘古墳―小山古墳・マンジュウ古墳（七期・帆立貝形墳・約四六）―笹塚古墳（八期・円墳・約三五）―ジヤマ古墳（九期・円墳・約五三）と首長系列を後期初頭までたどることができ、しかも、同一の墓域に小首長墳や方形周溝墓を含む複数系列階層構成型の古墳群を構成している〔立花一九九〇、立花編一九九三、立花・十河一九九二〕。大首長系列の古墳の墳形が途中で帆立貝形墳や円墳に変わるとはいえ、内陸部の加西市周辺地域の古墳構成は南山城に類似した類型のものと考えられる。

(4)　政治的階層構成の類型化

以上のような分析をもとにこれらを類型化するとつぎのように整理できる（補註2）（図22）。

A　型　大王墳を含む墓域の古墳構成

類A型　畿内中枢大首長墳を含む墓域の古墳構成

B　型　大首長墳をもつ地域の古墳構成

C　型　中小首長墳のみの地域の古墳構成

A型は古市古墳群でみた古墳の階層構成である。B型は南山城の古墳構成、基本的にはA型より大王墳を引いた型である。C型は、丹後や近江の大半の地域のように、中期におもだった前方後円墳が営まれない地域で、B型から大首長墳を引いた型である。播磨の海岸部の三つの地域のように、大首長墳が一代のみ築かれつぎには前方後円墳がなくなる地域は、B型からC型に変わった地域としてBC型と表現する。逆にCB型となる地域も存在する可能性はある。なお、奈良県の馬見古墳群や佐紀古墳群の東群では、中期の間、全長二〇〇メートル前後の前方後円墳とともに大型・中型の前方後円墳や帆立貝形墳や円墳・方墳が営まれ、なかには奈良市大和六号墳のように副葬品専用の古墳も含まれている。その古墳構成は大王墳の墓域のそれに類似し、その規模の少し縮小したものと理解できる。そこで、これらを類A型とする。

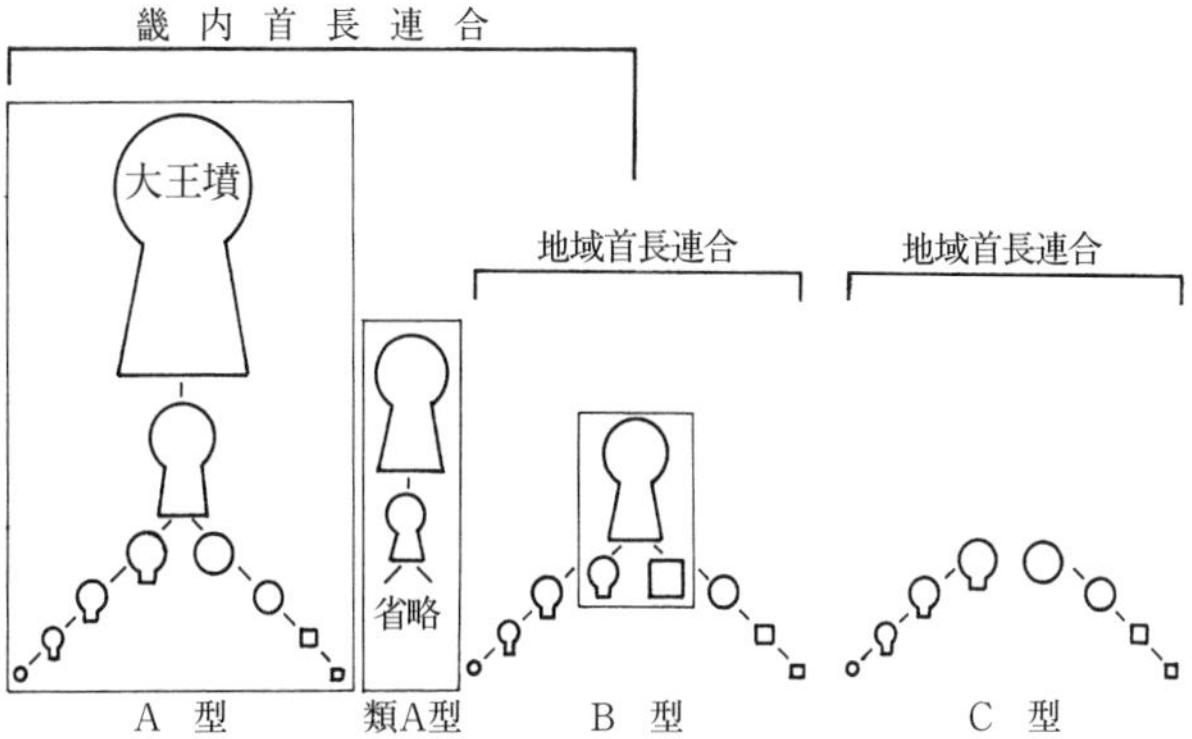

図22　中期古墳の階層構成の諸類型（長方形の枠は墓域を示す）

大王墳を含む古墳群が、複数系列階層構成型の群を形成するのは前期以来のことであるが、A型の古墳構成は、首長層が大首長と中小首長に明確に区分される中期にいたって初めて成立した。中期では、A型は古市古墳群と百舌鳥古墳群、類A型も馬見古墳群と佐紀古墳群に限られる（大阪府太田茶臼山古墳を中心とした群も一時期（中期中葉）のみ類A型の構成をとる）。墳全長約三五〇メートルを測る巨大な前方後円墳である岡山市造山古墳の古墳群は一時期B型の構成をとるにすぎない。他方、B型の古墳構成は各地に広がるが、その数はけっして多くはない。畿内やその周辺では、南山城地域や加西市周辺地域のほか、紀ノ川流域と関連づけて理解した場合の大阪府岬町淡輪古墳群とその後背地域、三重県名張市の美旗古墳群を中心とした地域、あるいは岐阜県大野町の野古墳群を中心とした地域などである。

これらに対し、古墳の地域的な階層構成として、もっとも広範囲に広がっているのはBC型、さらにはC型の古墳構成である。

BC型のものは、一基の超大型や大型の前方後円墳が新たな墓域に突然出現し、単独で、あるいは若干の帆立貝形墳や円墳や方墳と群を形成したのち急速に消滅するといった動向をしめす古墳群を中心とした地域である。先の播磨の海岸部の三地域のほかでは、兵庫県篠山市雲部車塚古墳（八期・一四〇）、広島県東広島市三ツ城古墳（七期・九二）、あるいは香川県さぬき市富田茶臼山古墳（六期・一三九）を中心とした地域などを指摘することができる。

また、C型の古墳構成を示す地域は、先の丹後や近江の大半の各地域のほかでは、三重県の伊勢や石川県の能登、富山県の越中などの各地域がこれにあたるものと考えられる。さらに、西では、福岡県の、宗像の海岸部をのぞく、筑前の多くの地域がC型であり、東では、神奈川県の相模から南武蔵にかけての各地域をはじめ、関東平野にも及んでいる。多くの地方ではBC型とC型の古墳構成をとる地域がほとんどを占めるものと推測される(15)。

(5)　政治的階層構成の意味

以上のように、古墳時代中期には、前記のような古墳の政治的階層構成の諸類型が列島の広い範囲を覆った。しかも、その構成はきわめて明瞭で、一つの類型を基本とした。すなわち、それは大王墳の墓域における古墳構成のA型にほかならない。他の類型は、A型の縮小型としての類A型、A型から大王墳を引いたB型、B型から大首長墳を引いたC型、およびB型から短期間でC型に転じたBC型と、いずれもA型から派生するものなのである。言いかえれば、中期古墳の秩序はきわめて均質的で、大王家内部の秩序がそのまま広範囲に適用された結果と推測することができる。

ところで、古墳時代中期において前方後円墳の築造に規制が認められ、帆立貝形墳や円墳・方墳が増えることを最初に指摘したのは小野山節である〔小野山一九七〇〕。そして、小野山はそれを大王権力による直接的な規制と理解した。都出比呂志はこれを批判し、首長墳が大王権力の直接的規制の結果として一律に前方後円墳を築けなかったのではなく、大王権力が地域を統轄するにあたり、特定の盟主的首長を介して、その配下の数個の首長系譜を支配下においた結果、地域における首長間の序列に変化がおこり、前方後円墳を築けない首長が現れたと解釈した〔都出一九八八〕。しかし、前記のような分析を行った結果から判断すれば、前方後円墳をも含め、中期の古墳の築造にはきわめて統一的な規制が働いている。以下に記す通り、大王権力の地域支配は特定の盟主的首長（＝ここでいう地域大首長）を介してその配下の複数の首長を支配するものであったとする都出の見解は了承できるが、王権が律する古墳の秩序は大首長の地域支配の内部にまで一律に貫徹されていたのである。

では、このような古墳の政治的階層構成はどのように評価できるだろう。結論的にいえば、古墳時代中期には、首長層は大首長と中小首長とに明確に階層分化し、大王家を頂点とする畿内中枢大首長や地域大首長といった限られた数の大首長が、列島各地の数多い中小首長を政治的に序列化し、編成していたということができるであろう。もっとも数多い、地域に大首長がいないC型の古墳構成をとる地域にも中心的な首長はいたと考えられるが、かれらも直接大王に、あるいは畿内中枢大首長や他地域の大首長を通じて大王に従属していたものと考えられる（一九四頁図42参照）。

そこで、ここでは、このような体制を「首長連合体制」と呼ぶことにする。

古墳の築造状況よりみるかぎり、この体制を律した秩序は、先にみたように、きわめて一律的で均質的なものであった。それは、大王家内部の秩序がそのまま九州から関東、あるいは東北南部にまで拡大されたものといえるようなもので、全国を統治する制度としては斉一的だが未熟なものであったと推測される。そして、そこでは、大王は、突出した力をもった大首長とは言えても、けっして隔絶的で専制的な存在ではなかったのである。

この体制のもとで、各地の首長層は重層的な結合をみせた。その結合の基本になる単位が、これまで述べてきた「地域」なのである。[16] それは南山城に代表されるような範囲で、多くの場合、旧国の二分の一から四分の一程度の広がりをもっていたものと考えられる〔第一部第三章〕。各地の首長はこの地域のなかで政治的にまとまり、B型やC型の政治的階層構成をとっていたのである。この、地域における首長層の結合を「地域首長連合」と呼ぶことにするが、いくつかの地域において、有力な首長墳に共通の石材と型式をもつ舟形石棺が用いられていることなどから判断すれば、在地首長の同族的な結合が地域首長連合の中心をなしていたものと推測される。また、畿内から吉備にかけての範囲では、大王墳をはじめ、畿内中枢大首長墳や地域大首長墳を中心に竜山石製の長持形石棺が共通の棺として用いられていることから判断して、この範囲、特に畿内では、いくつもの地域首長連合を包括するかたちの「地方」レベルで、大王や大首長を中心とした「畿内首長連合」が存在したものと推測される。そこでは、同族的結合を基礎としつつも、一部に擬制的同族関係や君臣関係をも含んだより政治的な結合がみられたものと思われる。ヤマト王権の中枢はこの畿内首長連合にほかならない〔和田一九九四〕。

この体制は、秩序づけられた首長を通じて共同体を全体として掌握しようとするものであった。そのもとでは、各地の首長の在地支配はそのまま温存され、この体制はその上に成りたっていた。首長が代表する共同体は首長―有力家長―一般成員（首長―共同体構成員上層・下層・最下層）という構成をとりつつ、弥生時代以来の伝統的な政治社会的関係のなかにあったものと推察される。したがって、この段階で王権と直接関係をもったのは首長のみであり、有力家長層以下は王権とは直接的な関係を結ぶことはなかったのである。

首長連合体制は古墳時代中期に始まったものではない。畿内を中心としたそれは、弥生時代後期から出発し、終末期には広範囲に及んだものと推測される。古墳時代は、この体制が全国を統治するシステムと、共有すべき宗教的理念をもったものとして一定の成熟をみせた段階に始まり、第二・第三の画期を経て、中期に至って一つの到達点に達したのではないかと考えられる。この中期の体制は強力な武力のもとに維持され、比較的安定したものとして一〇〇年ほど続いた。この間に王権は朝鮮・中国と積極的な交流を行ったが、それに応じて多くの人・もの・情報が伝わり、中期後半には文明開化的状況を呈したものと推察される。そうしたなかで、渡来人をも含め、新興の中小首長層や広汎な有力家長層（共同体構成員上層）が力をもちはじめる一方、高句麗の南下や新羅の膨張による朝鮮半島の緊張した状況は、王権により中央集権的な体制を要求したものと思われる。その結果が、第四の画期における大首長とそれに連なる中小首長層が支配した中期体制の解体であり、台頭してくる新興中小首長層や有力家長層の王権への積極的な取りこみであっただろうと考えられる（第二部第三章）。弥生時代後期以来、発展をとげてきた首長連合体制は第四の画期でもって終焉したのである。

おわりに

以上、古墳時代の時期区分と階層区分を中心に、地域区分にも触れながら、いくつかの検討を行い、そのなかで古墳時代中期の階層性の顕著な首長制的体制についても若干の考察を行った。この三つの区分の問題は、古墳時代の社会を考える場合たえず検討を重ねるべき課題であるが、ある程度の見解は示せたものと考える。また、中期古墳の体制については、これに続いて、前期や後期の体制との比較とともに、これまでに提唱されている部族連合論〔近藤一九八三〕や初期国家論〔都出一九九一〕との関係を検討すべきであるが、ここでは以上のような分析結果とそこから導きだされた見解を述べるにとどめ、それを基礎に改めて論じることにしたいと考える。

註

（1）後藤・相川一九三六、藤森一九三九など〔和田二〇一一〕。
（2）一九六〇年代中頃までの成果は、地方ごとのものをも含めて、〔近藤・藤沢一九六六〕で総括されている。
（3）畿内を中心とした地域では、〔白石一九六九、野上一九七〇、小野山一九七〇、辰巳一九七二〕などがこの段階の比較的初期のものである。
（4）古墳群論との関係でいえば、〔川西一九七八〕をはじめとする埴輪の編年的研究の進歩がこれを加速した。
（5）本章の概要は日本考古学協会一九九二年度大会で発表している〔和田一九九二b〕。なお、地域区分については〔和田一九九四〕で扱ったため、ここではそれを前提に議論し、文中では最後に触れる程度にとどめる。
（6）南山城の古墳に関しては、本書第二部第一章および〔和田一九九二c〕を参照されたい。
（7）特定の墓域での首長墳の築造が終わり、新たな墓域でそれが始まる場合、両者の首長墳に系譜的連続性を認めない場合は墓域の衰退・消滅・断絶などの用語を用い、連続性を認める場合は墓域の移動という用語を原則として用いる。大王墳の場合は基本的には移動とするが、系譜的連続性が特に問われるような場合は衰退・消滅を用いる。
（8）方形周溝墓や群集墳の概念については、第二部第三章を参照されたい。
（9）大王墳は、前・中期では複数系列階層構成型の古墳群を形成する場合がほとんどである。
（10）大王墳については、〔広瀬一九八七・八八、白石一九八九、天野一九九三〕等を参照。時期決定の資料になる埴輪の編年では、

〔川西一九七八、一瀬一九八八〕等も参照した。なお、纒向、大和、柳本古墳群をオオヤマト古墳群と総称する場合がある。

(11) ただ、茶臼山古墳もメスリ山古墳も単独で、複数系列階層構成型の古墳群を形成しないため、大王墳の候補からはずした。なお、墳丘規模はあまり大きくないにしても、古市古墳群に営まれた一〇期の藤井寺市野中ボケ山古墳（伝仁賢天皇陵、一二二メートル）や羽曳野市高屋築山古墳（伝安閑天皇陵、一二二メートル）などは、権力が衰退し不安定な時期の大王墳である可能性が高い。また、五社神から石塚山の四基の古墳はすべてが大王墳というわけではないし、それぞれの編年的位置も三～五期の間で再検討が必要になってきている。

(12) なお、後円部三段・前方部二段で最上段が円丘の段築型式は中小前方後円墳では一期から存在する。大王墳に関連するような大型古墳では桜井茶臼山古墳（二期）やメスリ山古墳（三期）が早い時期のものと推定される。

(13) このような見解からすれば、〔近藤一九六六〕等で主張されている、群集墳の出現前と出現後でもって古墳時代を二分する意見に従うべきであるが、それを踏まえつつも、後述のごとく、弥生時代後期には遡るかと推定される畿内を中心とした首長連合体制が一定の到達点を示すとともに、後期への転換の原動力を育んだ期間をも重視して、中期という時期設定を行っている。なお、古墳時代を二分する場合は前・中期を前半期、後期を後半期と記述する場合がある。

(14) 大王墳の墓域という意味では、古市・百舌鳥古墳群のどちらかに大王墳が築かれる場合は、もう一方の古墳群のものをも加える必要があるかもしれない。ただ、中期の大王墳の墓域が二つにわかれる意味についてはよくわかっていない。

(15) この節の考察には、〔石野ほか編一九九〇、近藤編一九九一～九四〕等を参照した。

(16) 地域の概念は、都出比呂志が弥生土器の分析や前・中期の古墳の分布から導き出した通婚圏やそれと重なる政治的地域圏とほぼ等しい〔都出一九八六ａ〕。地域的まとまりが、比較的強固な地域もあれば、そうでない地域もある（第一部第三章参照）。

(補註1) 図20では、六三頁図18―34の瓦谷古墳が約五一メートルの前方後円墳（一号墳・三期）であることが判明し、修正している。周辺からは方形周溝墓八基、円形周溝墓一基、埴輪棺多数も検出されている（図23）〔石井・有井編一九九七〕。なお、その後、図18―27の鞍岡山古墳（三号墳、約四〇メートル、粘土槨二基、四期）〔大坪二〇一一〕や10・11の女谷・荒坂横穴群〔岩松二〇〇四〕、相楽東部の木津川市山城町の上狛天竺堂一号墳（帆立形墳、約二七メートル、横穴式石室、九期）〔京都府研究会編二〇〇〇〕など、いくつかの古墳、横穴が発掘調査されているが、他は必要に応じてのみ触れる。

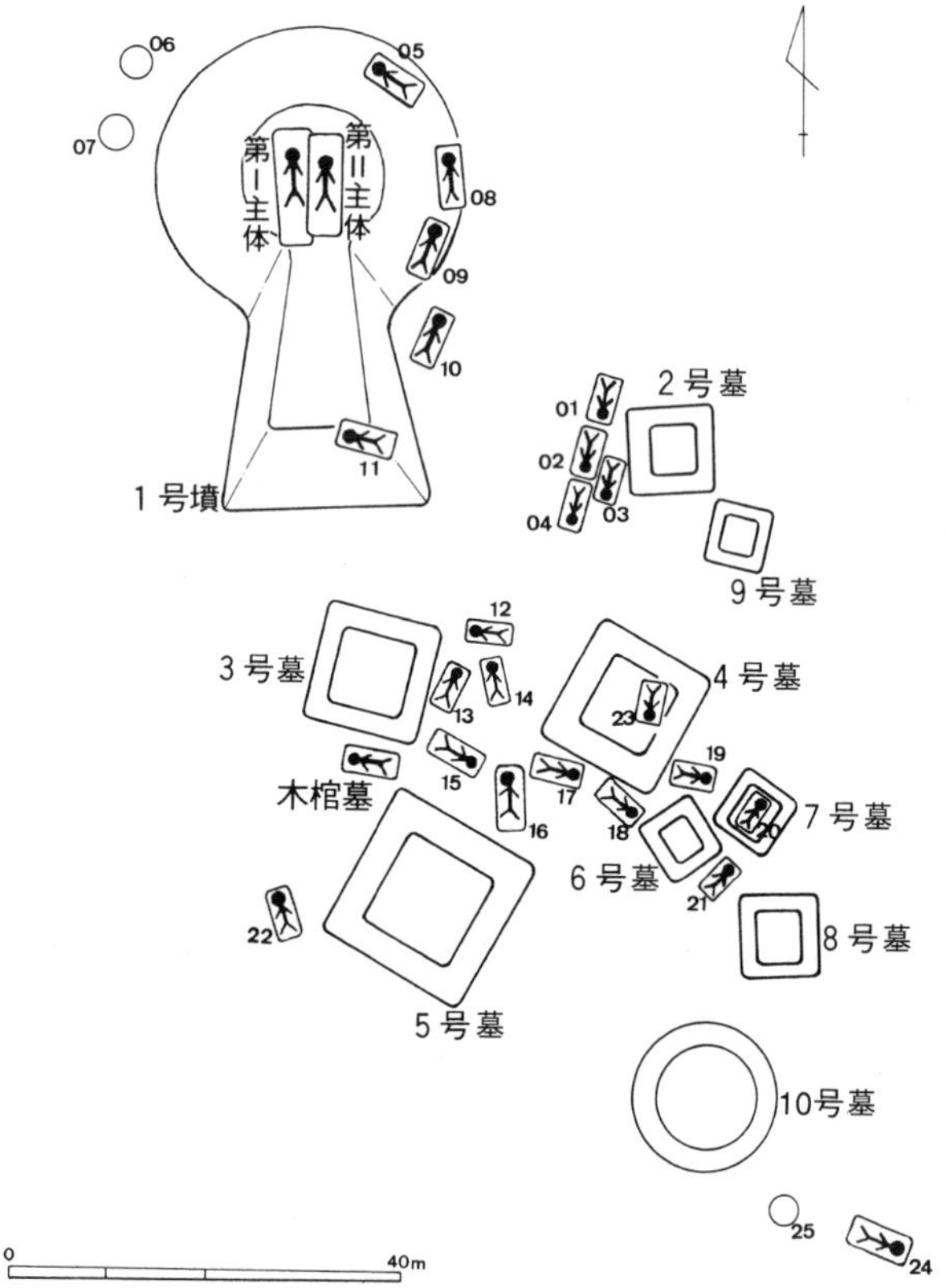

図23　京都府瓦谷古墳群模式図（第Ⅰ・Ⅱ主体と木棺墓１基以外は埴輪棺）

（補註2）　ＢＣ型やＣＢ型は概念に時期的変化を含むため、同一時期の組合せの基本類型からははずした。なお、後に、Ｂ型、Ｃ型は以下のように細分している（一九三頁図41）。

Ｂ１型　中心となる前方後円墳が複数系列階層構成型の古墳群をなすもの。

Ｂ２型　中心となる前方後円墳が単一系列型の古墳群をなすもの。

Ｃ１型　前方後円墳はなくとも、地域全体で複数系列階層構成型をなすもの。

Ｃ２型　地域に相当する範囲で帆立貝形墳や円墳や方墳が単独のもの。

第三章　中期から後期へ

——群集墳の出現と展開——

はじめに

本章では古墳時代後期（五世紀後葉から六世紀後葉ないしは七世紀初頭。須恵器ＴＫ二三型式からＴＫ二〇九型式まで）から飛鳥時代にかけての古墳の動向を概観し、その歴史的意義について若干の考察を加える。ただ、そのためには、話を古墳時代中期（四世紀後葉から五世紀中葉）から始めるのが都合がよい。なぜなら、前の時期からどのように変わったかを知ることが、つぎの時期の性格を考えるもっとも大きな指標の一つとなるからである。

一　巨大古墳の時代

(1)　中期古墳の構成

古墳時代中期は古墳の築造が一つのピークを迎えた時期である。大阪府南部の古市・百舌鳥古墳群に築かれた巨大な前方後円墳である大王墳を頂点として、各地の首長墳が一定の秩序のもとに編成されていった。（補註1）いま、その代表的な例として京都府南部の南山城を取りあげると、中期中葉頃（五世紀前葉）の墳墓の構成は図21（九七頁）のように模式化することができる（第二部第一・二章）。

まず、階層的には大きく、首長墳、周溝墓・台状墓（初出では「小型低方墳」）、棺直葬墓、土坑墓の四つに分けられる。首長墳では、全長一〇〇メートルを超す大型前方後円墳である大首長墳が質・量ともに突出し、その下に全長二〇メートル以上の中・小の首長墳が帆立貝・円・方の形をとりつつ、一定の序列のもとに連なっている。後者の一部は大型前方後円墳と共通の墓域に、その他は前期以来の墓域や新しく設けられた墓域に築かれている。ここで周溝墓・台状墓と呼ぶものは、一辺が数メートルから二〇メートル未満の方形（一部、円形）の小型墳丘墓で、首長の下に位置する共同体構成員上層（有力家長層と推定）のものと考えられるが、その数はかなり多く、首長墳の墓域に接して群在する場合が少なくない（一〇八頁図23、図24）。そして、つぎに位置するのが墳丘をもたない共同体構成員の下層、最下層のもので、前者は木棺や埴輪棺の直葬墓、後者は、棺ももたない土坑墓である。

南山城の中期古墳の構成を以上のように捉えると、そこからつぎのようなことを指摘することができる。

まず第一は、南山城の中期古墳が全体としてピラミッド形の階層構成をとる一つの政治的なまとまりを示す点である。そこでは、各首長の政治的位置は古墳の形と規模に端的にあらわされるが、それは首長層の序列化が強力に進行し、古墳の築造に関して強い規制がはたらいたことを推測させる。このことは同地域の前期古墳のあり方と比較するとより理解しやすいが、前期の南山城では、ある種の秩序を保ちながらも相対的な自立性をもって、多くの前方後円墳や前方後方墳が各地で築かれていたのである。しかし、中期に入ると、大首長とそのもとに組みこまれる中・小首長という関係を軸に首長層の序列化がよりいっそう進行し、それが前方後円墳採用の可否を中心とした首長墳築造に関する強い規制となってあらわれたと推測される。そして、このような現象は、畿内を中心に各地でも認められる（若干内容は異なるが、前方後円墳の築造規制は〔小野山一九七〇〕で初めて提起された）。

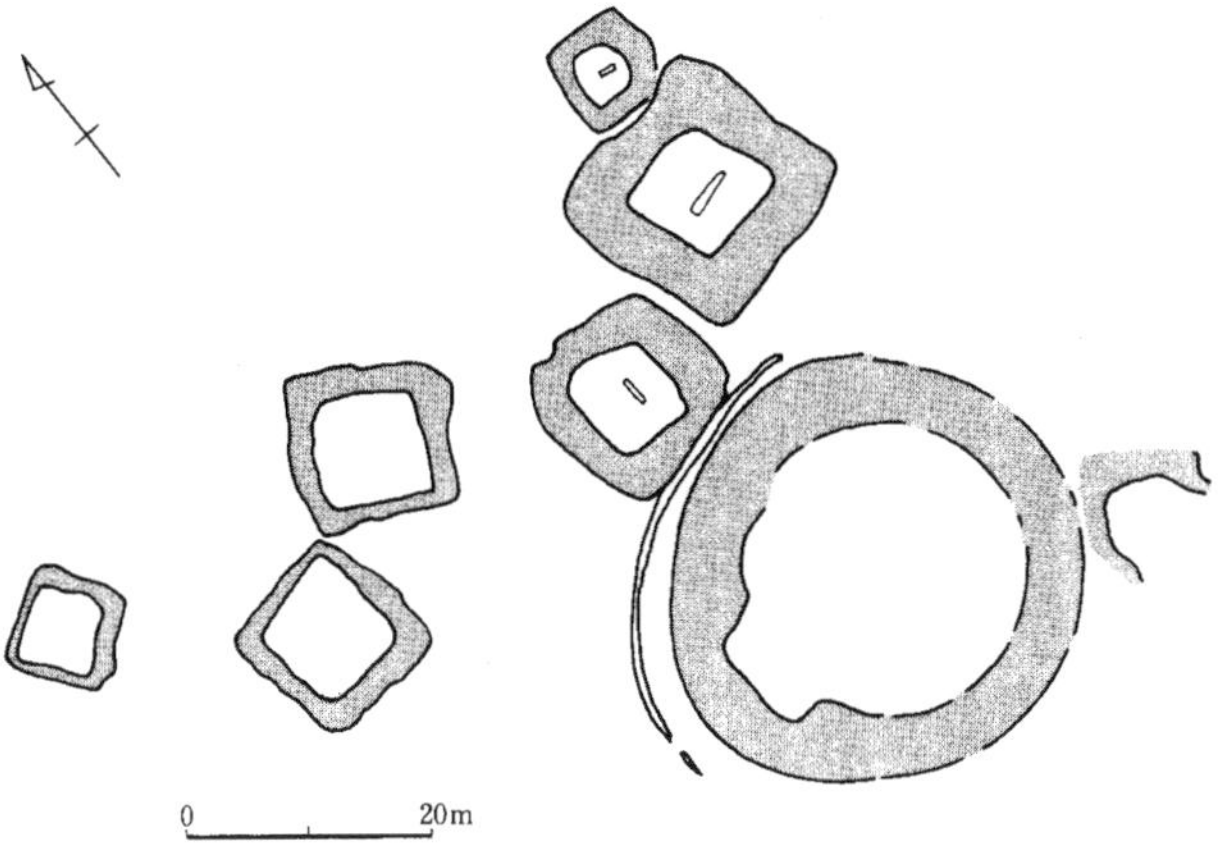

図24　小首長墳と方形周溝墓（京都府上人ヶ平古墳群）

当時のヤマト王権の地方支配は、共同体を代表する首長層の在地支配を温存しつつ、彼らを王権下に組みこみ、政治的により強固に組織化・序列化する方向に進行したが、その典型的なかたちの一つが王権と結んだ大首長の地域支配にのり、それを後押しするかたちをとったものと考えられる。京都府の丹後や滋賀県の大半のように、中期に主要な前方後円墳がなく、帆立貝形墳や円墳が首長墳として築かれた地域では、この支配のかたちはより直接的に及んだものと思われる。ただ、北陸の越前のごとく、前方後円墳の築造規制をあまり強く受けなかったと考えられる地域が存在することも注目される。

第二は、このような構成をとる古墳の墓制についてである。古墳は墳丘、葺石、埴輪、埋葬施設、副葬品などといったさまざまな要素から構成されているが、それらの諸要素はその系譜関係から、大王墳が代表するヤマト王権的要素と伝統的な在地的要素、およびその他の地域から伝わった要素に区分できる。そこで、この視点から先の古墳の構成を検討してみると、大首長墳の内容が大王墳のそれに酷似しているのに対し、周溝墓・台状墓はあくまで在地的なものといえ、その間の首長墳は両要素の複合するものと捉えることができる（一般的に外部施設に王権的要素が、内部施設や棺に在地色が強い）。言いかえれば、首長墳は他の首長との関係もさることながら、ヤマト王権との政治的関係と、同族関係に原理をおく伝統的な在地の政治社会的関係の、二つの重層的な関係を基本に営まれていたのである。王権による地方支配が首長層の序列化にとどまり、各首長の在地支配にはほとんど手が加えられなかったことが、このような墓制のあり方を現出したものと思われる。古墳時代前・中期にヤマト王権との関係で古墳を築いたのは首長層であり、共同体構成員にまではまだ直接的な王権の影響は及んでいない。このことは後で群集墳の成立過程を検討する場合の基本的な視点となる。

第三は、同じ中期の大王墳を含む巨大古墳群との比較からいえる点である。いま、南山城の古墳の構成を大阪府古市古墳群のそれと比べてみると、両者は非常に類似していることが判明する。天野末喜によれば、たとえば誉田御廟山古墳（伝応神天皇陵、中期中葉）とほぼ同時期の古墳の構成は大王墳一基、大型前方後円墳一基、帆立貝形墳一基、円墳三基、方墳六基等からなる〔天野一九九〇〕。その中には副葬品専用の陪冢なども含まれる可能性があるとはいえ、その構成は南山城全域の古墳の構成をやや大きくした程度のものの上に大王墳を置いたかたちにほぼ等しい。したがって、一つの墓域にこれだけの古墳を結集している点を評価すれば、また、百舌鳥古墳群のものをも考慮すれば、たしかに大王権はそれを直接的に支える勢力の規模や結束力などにおいては他の大首長のそれを凌駕していると言える。しかし、それ以外の点では両者はきわめて等質的で、王権独自の政治機構の形成はさほど強固ではなく、その内と外での支配方式の質的差異もあまり大きくはなかったものと推測されるのである。巨大な前方後円墳から連想される大王権の巨大さはあくまで相対的なものであり、王権を支える他の畿内有力首長層も奈良盆地の西・北部など別の地に独自に同質の古墳群を形成していたのである。

これらの点を考えあわせると、古墳時代中期のヤマト王権は、大王という他よりは傑出した大首長を中心に各地の首長層が多様なかたちで重層的に結集した「首長連合」とでもいうべき体制をとっていたものと考えられる〔都出一九九二〕にも「首長連合」の提唱がある）。そして、絶対多数を占める共同体構成員層は、弥生時代以来の同族関係を基本とした共同体（集団）を形成しつつ、共同体を代表する首長のもとに上層・下層・最下層という階層構成をとって、基本的にはヤマト王権とは直接的な政治的関係をもたずに存在していたものと推測されるのである。

中期古墳にあらわされた政治・社会体制は、約一〇〇年の間、比較的安定したものであったと考えられる。しかし、その体制を突き崩す動きが同時に進行していた。

(2) 古墳時代の国際化

それは、この古墳時代中期中葉から後葉（五世紀前・中葉）にかけての時期が、いわゆる「倭の五王の時代」の前半期にあたり、中国・朝鮮を中心とする東アジア世界との頻繁な交流の結果、多くの人・物・情報が伝来し、一種の文明開化的な状況を呈していたことにほかならない。

鉄生産の画期をなしたかとも推定される鍛鉄技術の革新と乗馬の開始は、新種の武器・武具の伝来と相まって武装形態や戦闘形態を大きく変え、農・土木具の改良に代表される新しい農法と畜力の利用は、耕地・用水の整備・拡張へと向かわせた。金、銀、金銅、多色ガラス製装身具の出現、須恵器の登場、煮炊き用の甑、竈、住居としての掘立柱建物の普及等は、このときの変化がたんなる技術の革新ではなく、衣・食・住の全体にわたる生活様式そのものの変革であったことを示すとともに、位階に応じた服制を示す帯金具や冠の伝来は、新しい政治方式の知識や思想の浸透をも暗示しているのである。言いかえれば、このときに伝わったものは個別の物や知識ではなく、一つの新しい文化の総体に近いものだったのであり、だからこそ列島の社会全体に大きな影響を与えたのである。

その後の経緯から判断すれば、この文化的・社会的開明とそれによってもたらされた生産諸力の発展は、多くの渡来人をも含む新興中・小首長層や有力家長層の政治的台頭を促したものと推測される。そして、各地におけるこの新興勢力と伝統的な在地支配を続ける大首長層、およびその上に立つ王権との関係が中期末から後期前葉にかけての大きな社会的・政治的変動を用意したものと考えられる。

二　古墳の変質

(1)　大型前方後円墳の消滅と墓域の変動

中期末から後期前葉（五世紀後葉）にかけて、古墳は大きく変質する。

まず、この時期には中期体制の要をなした大首長の古墳と目される大型前方後円墳の築造がいっせいに停止し、その墓域は急速に衰退・消滅していく。大阪府岬町淡輪古墳群、奈良県奈良市佐紀盾列古墳群、奈良県北葛城郡河合町・広陵町・香芝市と大和高田市にまたがる馬見古墳群、三重県名張市美旗古墳群、そして、先のモデルであった京都府城陽市久津川古墳群平川支群などがその顕著な例である。同様の現象は中・小首長墳の墓域でもみられ、近畿では中期から後期へと同一の墓域で順調に造墓活動を継続する主要な古墳群がほとんど認められないといった状況を呈すのである。

これに対し、後期前葉から中葉にかけては、あらたな墓域で群の形成を開始する中・小の前方後円墳が顕著になる。奈良県平群町平群古墳群、天理市杣之内古墳群、大阪府八尾市郡川古墳群、京都府京都市嵯峨野古墳群・城陽市冑山古墳群などがそれで、単独のものをも含め、これらが後期前半の首長層の主体を構成する。

この現象は、一面では前方後円墳の縮小化という古墳のもつ祭祀的意味の変質とも受けとめられるが、政治的には、大首長墳の没落と新興中・小首長層の台頭が、墓域の断絶と新設という首長層の系譜的連続性を問うようなかたちで進行したものと評価される。大首長による地域支配の解体は中期的体制の崩壊にほかならないが、それを突きうごかす原動力となったのが、中期の文化的・社会的開明のなかで台頭してきた新興首長層や有力家長層だったのである。ただ、この現象が古墳の築造状況として発現し、それが広範囲において急速に進行したことを考えれば、それは、たんにこの時期に政治的・社会的変動があったということだけではなく、新興勢力と伝統的勢力との葛藤を背景に、ヤマト王権が断行した積極的な政策の結果であったと推測される。ヤマト王権は体制の動揺にすみやかに対応し、渡来集団をも含む新興諸勢力と結んで、大首長による地域支配を解体し、あらたな、より直接的な支配に乗りだしたのである。王権中枢を構成する首長層の序列化の顔ぶれはこの時点で大きく変わったものと推測されるが、以後、首長層の地位は段階的に低下していったものと思われる。

ところで、このような社会的・政治的状況は大王家の内部にまで動揺を与えた。古墳時代中期の間、安定して大王墳が営まれてきた古市・百舌鳥古墳群が衰退していくのである。百舌鳥古墳群では中期後葉の堺市土師ニサンザイ古墳、古市古墳群でも後期前葉の藤井寺市岡ミサンザイ古墳（伝仲哀天皇陵）をもって大王墳クラスの巨大前方後円墳の造営が終わり、古墳群自体も衰退していく。ただ、大王墳自体は後期中葉に入ると再び全長約二〇〇メートルを超える規模で営まれ、他の首長墳との比較では、その隔絶化はいっそう進んだものと考えられる。この間しばらく、大王家は衰退・動揺し、巨大な前方後円墳は造られなかった可能性が強い。当時の状況と不可分に結びついた大王位継承をめぐる争いが、このような現象を生みだしたものと理解される。

首長墳にみる中期から後期への転換は以上のとおりである。それは、中期末以降の新興勢力の台頭による中期的体制の崩壊がもたらした社会的・政治的変動に対し、ヤマト王権が実施した大首長対策や新興中・小首長対策の結果にほかならなかった。そして、もう一つの、広汎に台頭してきた有力家長層に対する対策が、後期を特徴づける群集墳を生みだしたのである。

(2)　古式群集墳の成立

近藤義郎の研究以降、群集墳の成立は古墳時代を二分する大きな社会的・政治的変化と評価されてきた〔近藤一九五二ほか〕。しかし、近年の大規模な発掘調査は、小型で墳丘をもつ墓（墳丘墓）の群集は弥生時代から飛鳥時代までの長きにわたって存在し、階層的にもある程度の連続性をもつものであることを明らかにしてきた。したがって、その特定段階のものをあらためて群集墳として意義づけるためには一定の定義を必要とするが、ここではこれまでの諸研究を参考に、それらをつぎのように区分する。

a類　弥生時代の、溝や盛土や地山の削りだしで区画した方形（時に円形）の周溝墓や台状墓（付論二参照）。

b類　古墳時代前・中期を中心とする小型の墳丘墓で、基本的にはa類とほぼ同様のもの（初出では小型低方墳とした。図23・24）。

c類　古墳時代後期前半を中心とするもので、前二者同様、木棺直葬のほかに多様な埋葬施設をもつ円墳。周溝墓や台状墓が円墳化したもの（図25）。

d類　古墳時代後期中葉から飛鳥時代前葉を中心とする畿内型横穴式石室をもつ円墳（図26）。

e類　飛鳥時代の小型化した畿内型横穴式石室や小石槨、あるいは木棺直葬をもつ方墳を主体とするもの（図27）。

以上の分類は、小型墳丘墓の型式と、推測されるヤマト王権との係わり方を基準に区分したものである。ここではそのなかのc・d・e類の三群を群集墳とし、c類が群集したものを古式群集墳、d類のそれを新式群集墳、e類のそれを終末式群集墳と呼ぶ。三者は盛行の時期に相対的な差が認められるが、その基本的差異は、後述のように王権による有力家長層の把握の仕方の差にあると考えられる。このうちの二者が時期的に併存する場合や、同一古墳群内でたとえば古式から新式に変化するような場合があるのはそのためである。しかし、それらは同一墓域で同時に共存することはほとんどなく、それぞれは単独で、あるいは特定の種類が主体となって群を構成する場合が多い。また、首長墳を混じえて群を構成することもしばしばである。

では、群集墳はそれに先行する小型墳丘墓群とどこがちがうのであろう。結論的にいえばつぎのようである。

中期古墳の段階で、ヤマト王権が推しすすめた支配方式の基本は、共同体を対象にその首長層の把握と序列化にあり、王権の手はいまだ首長の在地支配の内部にまでは及ばず、有力家長層は弥生時代以来の伝統のもとに在地の政治社会的関係のなかで小型の周溝墓や台状墓を造りつづけていた。しかし、中期における文化的・社会的開明のなかで、新興中・小首長層とともに広汎に台頭してきた有力家長層は、中期的政治体制を突きくずす原動力となった。ヤマト王権はこうした状況に対応するため、あらたな、より強固な支配方式を打ちだすが、その基本政策の一つが、これまでその多くが地域首長のもとにあった有力家長層のより直接的な掌握であったと考えられる。すなわち群集墳は、すでに西嶋定生以来多くの研究者が指摘しているように〔西嶋一九六一〕、ヤマト王権による有力家長層掌握の証であると考えるのである。ただ、その掌握の仕方はけっして一律ではなく、時期により、地域により、あるいは集団によって差異があったものと考えられるが、ここでは王権による民衆支配を古式・新式群集墳をその過程と考える。したがって、後期前葉における広範囲での周溝墓・台状墓の円墳化、すなわち古式群集墳の成立はこのような動きの第一段階と理解するのである（現在はこの過程を共同体構成員の公民化の過程と位置づけている）。

古式群集墳は偏在性が強く、畿内の現状では奈良盆地南部に集中して認められる。なかでも奈良県橿原市新沢千塚

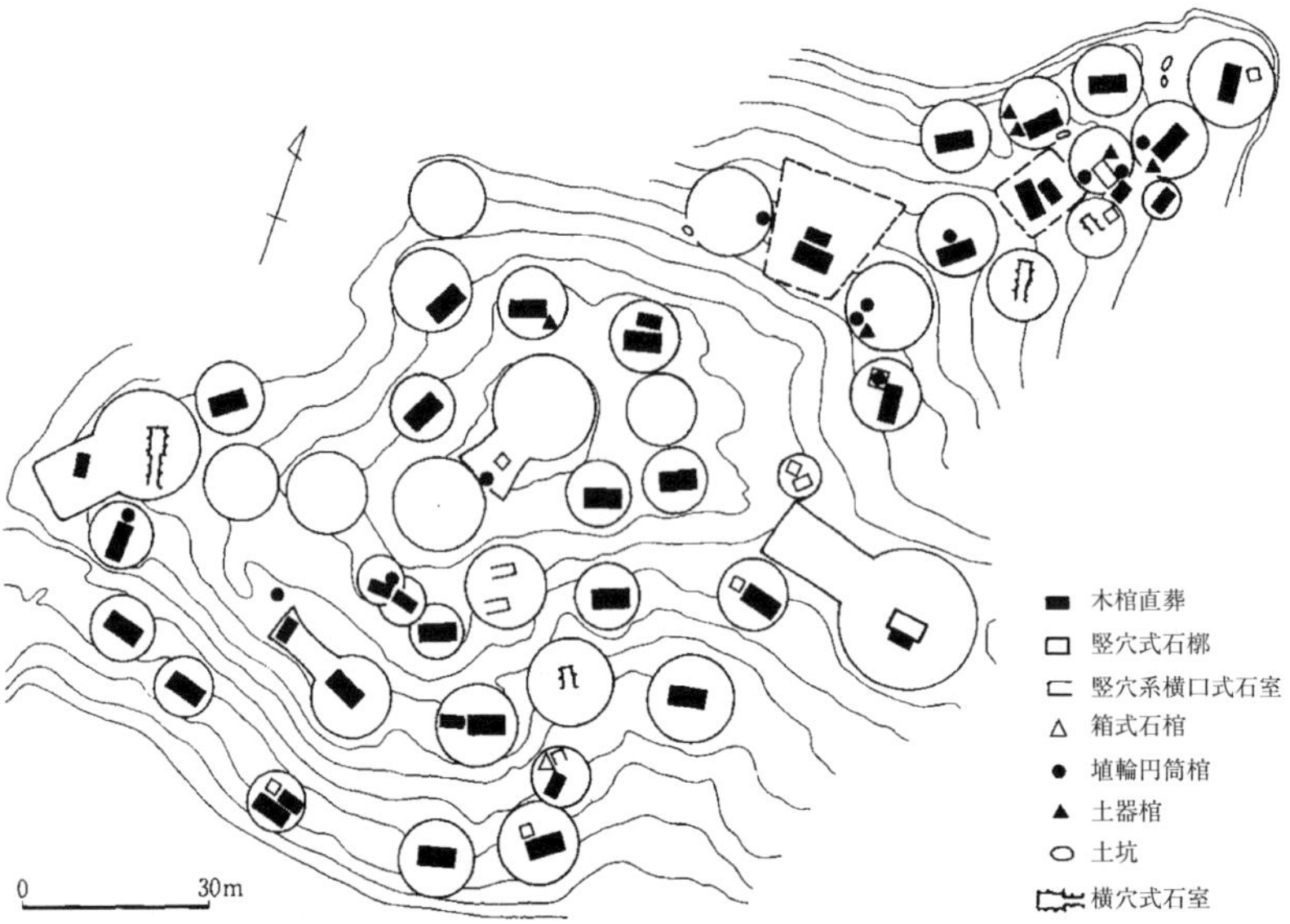

図25　小首長墳と古式群集墳（奈良県石光山古墳群，一部新式群集墳を含む）

古墳群や御所市石光山古墳群（図25）がよく知られているが、ともに首長墳を含み、後期後葉には新式群集墳に転じる。前者は、ほかに先がけて中期後葉には群の形成を開始するが、首長墳や小首長クラスの古墳が先行し、小型円墳が急増してくるのは後期に入ってからのことである。ただ、首長や小首長クラスの古墳の数と質において前者は若干特異で、後者の方がより普遍性をもつものと考えられる。このほか、古式群集墳は兵庫県三木市高木古墳群、京都府弥栄町遠所《えんじょ》古墳群、綾部市田坂野・栗ヶ丘古墳群など畿内周辺部においても展開する。その盛期は後期前・中葉にあるが、一部は後葉まで存続する。埋葬施設は木棺直葬である場合が多いが、箱式石棺、竪穴小石槨、竪穴系横口式石室など多様で、埋葬施設の型式に厳密な規定のないところに、新式群集墳とは異なる大きな特徴がある。

　時の王権にとって新来の諸技術や知識の確保が大きな課題であったことを思えば、当時の共同体的秩序からはみだしている多くの渡来人の掌握が群集墳形成の一つの契機となった可能性が高い。その意味で注目されるのは、古市・百舌鳥古墳群の北に位置する大阪市長原遺跡である。そこでは数百にのぼる中期の方形周溝墓が築かれていると推定されているが、それらは群集墳に先立って王権、というよりは大王家に掌握された渡来人をも含む有力家長層の墳墓であると推測される。(補註2)ただ、この段階では、それらが特定の墓域に数多く集中して築かれていること、言いかえれば在地を離れて営まれているものも考えられることを除けば、他の周溝墓や台状墓と質的にはほとんど変わらないのである。

また、けっして多い数ではないが、奈良県の南・東部ほかで、時に甲冑など豊富な副葬品をもつこともある小首長クラスの古墳と推定される中期の小型円墳がみられ、同様のことが推測されるが、その場合には軍事的要請によった可能性のあるものも考えられる。しかし、埴輪をもつ小型墳丘墓の場合も含めて、それらはいずれも中期的体制内での王権や首長による一部の有力家長層への対応の仕方であり、あらたな制度的枠組みのもとに全国的な規模でもって行われた古式群集墳以降の群集墳とは明確に区別されるべきものであろう。(補註3)

(3) 横穴式石室と家形石棺の出現

ところで、古墳時代中期から後期への転換は、古墳の墓制自体にも大きな変化をもたらした。横穴式石室と家形石棺の出現がそれを代表する。

横穴式石室は、これまでの単葬を基本とする竪穴系の埋葬施設とは異なり、棺を置く玄室とそこに至る通路としての羨道をもち、追葬による合葬を基本とする大陸的な墓制のものである。畿内では、中期末ないしは後期前葉に初めて出現するが、初期のものは、入口からみて左側に袖をもつ朝鮮半島の百済系のものを中心に、一部、畿内より早く横穴式石室を採用した九州系のものや、特殊な無袖式のものを混え、渡来集団や九州と密接に関係をもつ首長層によって採用されだしたものと推察される。その後、後期中葉には前者がもととなって畿内的な左片袖式のものが生みだされ、後葉には両袖式のものが普及する。分布も初期には奈良盆地南部や大阪平野南東部、和歌山県北部など限られた地域にとどまるが、中葉には各地に広がり、後葉には盛行する。いずれの地域においてもその当初は中・小首長墳に採用される場合が多かった。大王墳にいつから横穴式石室が採用されたかは明確ではないが、遅くとも中葉までには用いられたと考えられる。

なお、近畿地方では畿内的な横穴式石室が主体を占めたとはいえ、それが全域を覆ったわけではない。たとえば、日本海側の地域では、後期中葉には主に九州系の横穴式石室や竪穴系横口式石室が広がり、中葉にはわずかであった畿内的な横穴式石室が急増してくるのは後葉に入ってのことである。また、紀ノ川流域では、和歌山市岩橋千塚古墳群を中心に独特の横穴式石室が発達し、滋賀県の大津市大通寺古墳群や竜王町三ッ山古墳群周辺でもそれぞれ型式を異にするものが営まれた。

他方、畿内の家形石棺は横穴式石室に固有の棺として発達した。中期の体制下では、畿内やその周辺部を中心に、大王や大首長など王権の中枢が用いる特別の棺として組合式の長持形石棺が発達し、兵庫県加古川下流域に産する竜山石製のものが盛んに用いられ、熊本・佐賀・島根・福井・群馬などその外縁部で展開した刳抜式の舟形石棺と著しい分布差を示していた。ところが、中期体制の崩壊とともに長持形石棺の製作・使用は完全に停止し、ほどなく家形石棺がその地位を占めるに至ったのである。中期後葉、奈良盆地の東部や古市古墳群の一郭で使いはじめられた舟形石棺がその祖型をなすが〈熊本県宇土半島周辺で作られた阿蘇溶結凝灰岩〈阿蘇ピンク石・馬門石〉製のものとの指摘がある〔高木・渡辺一九九〇〕〉、後期中葉以降は、奈良県と大阪府の境にある二上山産の凝灰岩や竜山石を利用して、畿内各地でそれぞれ地域色のある家形石棺が製作されだし、首長層を中心に用いられたのである。

畿内的な横穴式石室と家形石棺という新しい埋葬施設と棺の組合せは後期中葉（六世紀前半）には完成したと推測される。

では、竪穴式石槨から横穴式石室へ、長持形石棺から家形石棺へといった、本来保守的な性格をもつ埋葬施設や棺の急激な変化はどのような意味をもったのであろう。弥生時代以来、棺は特定の同族集団ないしは特定の同族を中心とする地域集団にそれぞれ固有のものがあり、首長専用の棺が発達しても、その性格は遵守されていたものと推定される。中期における各地の首長墳の外観が畿内的であっても、その埋葬施設や棺に在地色が強くあらわれるのはこのためである。とすれば、中期から後期への変革期において、ヤマト王権の中枢をなす大王や首長層の埋葬施設や棺の変化の意味はきわめて大きいといわなければならない。なぜなら、これらの変化は朝鮮半島南部や九州からの新しい墓制の影響を契機としてはいるが、それらが定着し普及した背景には、新体制を打ちだした後期のヤマト王権による積極的な墓制そのものの改革が想定されるからであり、それを可能にしたのが、この時期における大王ほかの有力首長層の大規模な系譜的変動であったと考えられるからである。五世紀末から六世紀前葉における大王位継承をめぐる争いは大王直系の範囲を超えて展開した可能性が高い。

三　群集墳の展開

(1)　横穴式石室の普及と規格化

新式群集墳は、以上のような性格をもつ横穴式石室が群集墳と結びつくことによって成立した。その結果、古墳時代で初めて、大王から農・漁業等を営む広汎な有力家長層までが横穴式石室という同一形式の埋葬施設を共有することになる。それがこの時期の古墳を性格づける最大の特徴の一つである。すなわち、古墳時代前期から古式群集墳の段階までの埋葬施設の採用法は竪穴式石槨・粘土槨・木棺直葬等といった多種のものの階層的な使いわけが中心であったのに対し、この段階には、それは横穴式石室という単一のものの規格による使いわけとなったと推測されるのである。言いかえれば、新式群集墳の段階における古墳の築造は、古式群集墳の段階と比べて、よりいっそう統一的で、制度的にも整備されたものへと質的な転換をとげたと考えられるのである。

では、横穴式石室の規格による使いわけとは、どのようなかたちで認められるのであろう。ここでは横穴式石室の平面規格を中心にそれを検討してみよう。

畿内およびその周辺の、六世紀前葉から七世紀前葉にかけて築造された主要な大型横穴式石室〔河上一九九〇ほか〕は、表5のように整理することができる。

一例を示せば、奈良県桜井市赤坂天王山古墳と大阪府池田市鉢塚古墳の石室平面は玄室長・玄室幅・羨道幅がそれぞれ一八尺・九尺・五尺を測る同一規格のもので、奈良県広陵町牧野古墳や天理市塚穴山古墳は、それらより玄室長が一尺長く、奈良県葛城市大和二塚古墳は玄室幅が一尺狭いものと推測される。そして、このような関係は一尺単位で連鎖的に連なり、ほとんどの大型石室をその関係のなかに包括しているのである。

しかも、同様のことは小型の横穴式石室についても指摘することができる。その例として表7に京都盆地の古墳群と大阪府河南町一須賀古墳群の、六世紀後半から七世紀前葉を中心とする頃のものを示したが、それによって、同様の関係が古墳群や地域を超えて、古墳の末端に至るまで広がっていたことが推測できる。

すなわち、当時の畿内を中心とした地域にあっては、横穴式石室の平面は、その大小、あるいは集団差や工人差といった多少の形態差を問わず、特定の尺度を用いて設計され、一尺単位でもって秩序づけられていたと推測されるの

表５　畿内周辺の大型横穴式石室の規模（単位は高麗尺．一部，唐尺でも可．左右は袖型式）

玄室長＼玄室幅	10	9	8	7
22	石舞台			
19	蛇塚 （幅11でも可）	牧野 天理塚穴山	ウワナリ （愛宕塚）	耳原
18		天王山 鉢塚 （双ヶ丘1）	大和二塚 （石上大塚・右）	山畑2・左 （一須賀W1）
17			烏土塚、禁裡塚 印南野16 丸山塚・右	
16			三輪狐塚 水泥塚穴	市尾墓山 谷首、藤ノ木 コロコロ山
15			都塚 平林 塚越	白鳥塚 西の岡 楯縫
14		嵯峨円山		南塚、物集女車塚 芝塚2 （すべて左）

表６　畿内の切石を中心とした横穴式石室の規模（単位は唐尺）

玄室長＼玄室幅	10	9	8	7
16	文殊院西	（小谷）		立子塚
15		峯塚、艸墓 岩屋山 ムネサカ1	秋殿 塚本 文殊院東	水泥
14			（ツボリ山）	
13				
12				西宮
無袖		菖蒲池		塚平

表7　山城地域と大阪府一須賀古墳群の横穴式石室の規模（6世紀後半から7世紀前半中心．尺がどちらともいえる例も一方に入れている．左右は袖型式.）

尺	玄室長	玄室幅	一須賀（A・Bは支群）	大枝山(O)	御堂ヶ池(O) 旭山(A)	音戸山(O) 醍醐(D)	その他
高麗尺	11	8			O1		
		7	W12、W25左				
		6	A9左				
	10	7	B9右、W15				南天塚
		6	B4左、(W17)	O4、O22			下司1
		5	A1右、A3右	O21			隼上2
	9	5	B16左、Q1右	O23	O17右		
	8	5	W13、B14左				
		4			O14		
	6	4			O11		
唐尺	11	8	O4				
		4					カラネガ1、塚原F2
	10	6	W1右、W20右	O25		O1	
		5	W7右	O14	O6、O13	(O4右)	隼上3
	9	5	Q9左			D11	(下司2)
	8	5		(O5左)		(D10左)	小玉岩1
		4			AE2		小玉岩2
	無袖	5	O15、P2、Q13				
		4	W4		O12、O20	O3、D14	尼塚5
		3			O15、AD4	D8、D9	下司6
		2.5			AC3、AE4	D20	
		2			AD3	D16	

である。

ただ、この横穴式石室の設計に用いられた尺は時期により大きく変化した。尾崎喜左雄〔尾崎一九六六〕以降の研究を参考にすれば、表5に示した六世紀前葉から七世紀前葉の石室には、一尺が三六センチ前後の高麗尺が用いられたが、七世紀前葉には一尺が約三〇センチの唐尺が使われはじめ、中葉以降は大型古墳にもそれが採用された（表6）と考えるのがもっとも適切であろう。五世紀後葉から六世紀前葉にかけての初期横穴式石室の一部には、大阪府柏原市高井田山古墳や兵庫県姫路市丁《よろ》三―一号墳など、百済系、九州系を問わず、高麗尺では適合しないものがみられるが、それらには柳沢一男が九州の横穴式石室で指摘している、一尺二四センチの晋尺の使用が想定される〔柳沢一九七五〕。定型化以前の石室には晋尺・高麗尺の両者が使いわけられていた可能性が高い。

(2) 新式群集墳の成立

では、畿内の横穴式石室が定型化し、設計尺が高麗尺に統一されてくるのはいつのころであろうか。現状では、それは六世紀前葉に始まり、中葉にはほぼ統一されたものと推測される。ここでは、その比較的初期の例として、大阪府茨木市南塚古墳と京都府向日市物集女車塚古墳を掲げるが、玄室は両者とも一四尺・七尺と同一規格で、羨道幅は南塚古墳だけが一尺狭く三尺となっている。しかも、両者はいずれも左片袖式で側壁五段積み、天井石四枚と構造的にも酷似し、南塚古墳と車塚古墳には同一類型の組合式家形石棺が用いられているのである（補註4）。また、奈良県當麻町芝塚二号墳（組合式家形石棺）もこの類別に加えることができるだろう。設計尺の統一は、横穴式石室の定型化を促し、畿内的な横穴式石室を規格性の高い畿内型横穴式石室として完成させたのである。先にみた一尺単位で秩序づけられた横穴式石室とはこの畿内型横穴式石室にほかならない。そして、この石室が採用された群集墳こそが、厳密な意味での新式群集墳であると考えられるのである。全国各地の群集墳との対比を考慮するならば、それは畿内型新式群集墳と呼ぶこともできるだろう。

以上のように、六世紀前葉から中葉にかけては、畿内やその周辺の横穴式石室の多くは、高麗尺（のちに唐尺）によって設計された畿内型横穴式石室として定型化し、石室規模はその平面規模を中心に、一尺単位でもって秩序づけられた。そして、その頂点に位置したのが、奈良県橿原市見瀬丸山古墳や奈良県明日香村石舞台古墳の巨大な石室であり、その石室体系の末端を形成したのが多数の新式群集墳の石室だったのである。埋葬施設についてあまり厳密な規定がなかった古式群集墳と比べて、新式群集墳が、より統一的で整備された制度のもとに営まれたと判断する理由はここにある。そして、それはヤマト王権による支配がそれだけ秩序だって、より直接的に有力家長層にまで及んだことを端的に物語るものと理解されるのである。

なお、古式群集墳が盛んに営まれている段階において、奈良県南部など一部の地域では、定型化以前の横穴式石室をもつ群集墳が少数出現している。しかし、それは古式群集墳レベルのことであり、埋葬施設として横穴式石室を採用していたとしても、それは被葬者が渡来人である場合など、その集団の出自と強く関連するものと推察される。ただ、それらが狭義の新式群集墳の先駆をなしたことはまちがいなく、広義には新式群集墳の範囲に入れておきたい。また、全国各地で営まれた群集墳においても、地域色の濃い横穴式石室とはいえ、その石室間に類似の規格性を指摘することができる。ヤマト王権との関係においては、それらを畿内型横穴式石室をもつそれと同列には扱えないが、広義の新式群集墳の一類型として捉え、在地型新式群集墳とする。

(3) 新式群集墳の盛行

新式群集墳（図26）は、その先駆形態が五世紀末には出現し、六世紀前葉には首長や小首長クラスの古墳の築造を契機に散在的に群形成を開始する。しかし、これが急増し盛行するのは六世紀中葉以降、特に六世紀後葉から七世紀初頭の比較的短期間のことである。偏在性が強く、中期に大型古墳群が発達した地域ではあまり顕著な発展をとげないといった傾向をみせる反面、それまでほとんど古墳が築かれなかった山間・海浜部にまで分布を広げる。群の構成も多様で、二、三基で一つの群をなすものから、十数基から数十基、一〇〇基から数百基、時には一〇〇〇基を超すものまでみられる。いずれも首長墳を含むものと含まないものとがあり、それを含むものでは、同一の墓域に両者が混在するものと、区別された両者の墓域が近接しているものとがみられる。首長墳が独立している場合も離れた墓域に対をなす群集墳が存在するのであろう。

新式群集墳の基本をなすのは近接して継続的に営まれた二、三基からなる単位で、それは家長の死を契機に二代、三代と順次に築造されたものと推測される。一墳一石室が基本で、一石室には三、四体の埋葬が多いことからすれば、新式群集墳の被葬者は家族構成員のごく一部で、家長とその世帯の一部といえる。他の群集墳との墓域の関係をも考慮すれば、この段階でのヤマト王権による有力家族層の掌握（公民化）は、おもに共同体ごとに家族を単位になされたと考えられるが、これは、それまでの共同体内にみられた有力家長層とその一般構成員という階層関係が政治的に固定され、有力家長の地位が公的にも保証・強化されたものと解される。そして、このことは必然的に弥生時代以来の共同体的諸関係を打ちやぶるものとして作用したと推測されるのであり、家族内部の格差も固定化された。

群を構成する単位の数がさまざまであるのは、水野正好が指摘するように〔水野一九七〇〕、墓域が血縁関係を基本としつつ家族・氏族・同族といった異なるレベルでもって設定され、時には集落単位でも設けられたからであろう。

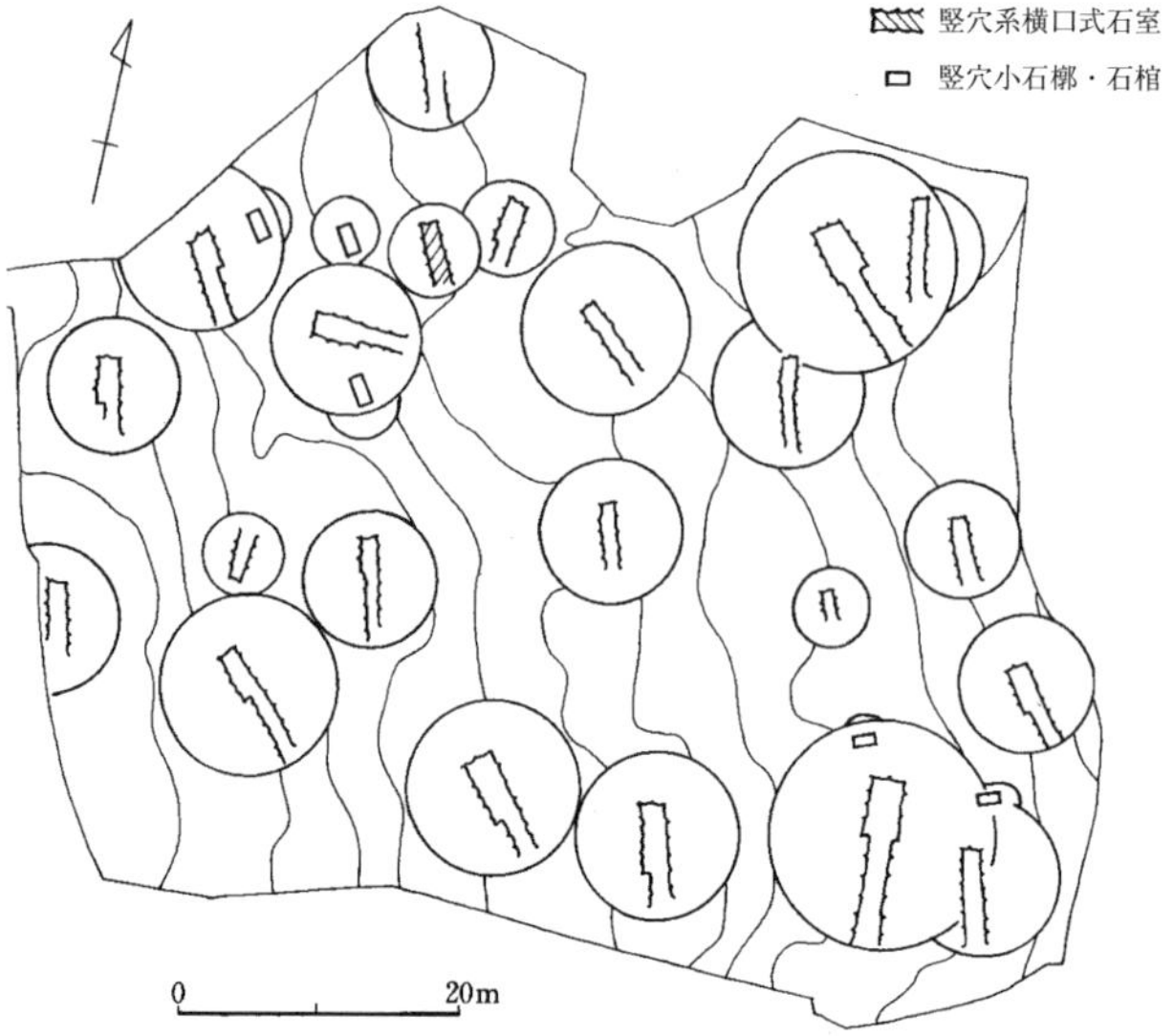

図26　新式群集墳（奈良県寺口忍海古墳群H地区西半，一部古式群集墳を含む）

そして、首長墳を加えた群の形態が多様であるのは政権との関係もさることながら、氏族の性格がそこに強く反映しているためと思われる。王権による家長層のより直接的な支配が進行し、共同体の分解が進行しても同族的な結合は依然強く残っていたのである。ただ、そういった点で異質なのは、大阪府柏原市平尾山古墳群や奈良県天理市龍王山古墳群などのように、数百基から千余基で群を構成しながらも、そのなかにほとんど首長墳を含まない大古墳群である。この時点ですでに同族関係を超えた政治的レベルで墓域を特定箇所に集中された一群の人びとがいたのであろう。広瀬和雄がいう、王権からの墓域の贈与はこのような場合において認められるものと考える〔広瀬一九七八〕。そして、そのような古墳群では累世的とはならず、ほぼ同時期の古墳が近接して営まれるような現象も考えられるのである〔野上一九八八〕。

ところで、後期古墳の群構成はこのように多様なのであるが、古墳の墳丘・石室に認められる階層的な構成はきわめて秩序だったものである。それは副葬品のあり方にもみられ、群集墳の内部も多くの場合、金銅装大刀や馬具、直刀、鉄鏃等の有無によって明確に階層づけられている。この点からすれば、ヤマト王権が首長層や有力家長層を掌握するうえで軍事的編成が重要な位置を占めたことはまちがいない〔新納一九八三〕。しかし、先にみたように、群集墳の横穴式石室までもが一定の規格にもとづいて営まれている点を考慮すれば、軍事的編成は当時の王権による家長層掌握の主要な側面の一つで、実態はそれを超えて、政治的にも経済的にもより深く浸透していたものと推察される。時に鉄滓や釣針、製塩土器といった被葬者の生業にかかわる遺物が副葬されている場合があるのもそれを示している。

(4) 前方後円墳の消滅

他方、新式群集墳にみられるような、王権による家長層へのより直接的な支配が進展するなかで、後期の新興首長層の立場も大きく変化していった。その顕著な現象が前方後円墳の段階的消滅であり、多くの古墳群では六世紀前半で、残る古墳群でも六世紀末をもってその築造が終了する。前方後円墳の築造に関しては、六世紀後半以降ふたたび強い規制がはたらいたのである〔近藤一九八三〕。そして、首長墳の多くは円墳化し、独立で、あるいは新式群集墳とともに墓域を形成する。新式群集墳の盛行は、この首長墳としての前方後円墳の消滅・円墳化と対応しているのである。この現象は、とりもなおさず、首長層が弱体化し、王権の支配機構のなかにより官僚的性格の強いものとして取りこまれていたことを示唆している。六世紀後半になると顕著な首長墳が見られない地域が増えるが、それは、この段階において、首長層が王権中枢につながる上級層と在地の下級層に分解し、多数を占める後者の場合には、墓域を共有する有力家長層と明確な識別を欠くようになるためかと推測される。

このような状況下、大王墳も見瀬丸山古墳を最後に、六世紀末には円墳ないしは方墳へと変化する。長期にわたり古墳の頂点に立ち、その象徴的存在であった前方後円墳は完全に消滅するのである。

(5)　持ちはこばれた家形石棺

ところで、新式群集墳最盛期の葬制を特徴づける他の一つに家形石棺がある。前述のように、畿内では六世紀前葉以降、二上山の凝灰岩や竜山石を利用して各地でそれぞれ独自性のある家形石棺が製作されはじめるが、六世紀前葉はそれぞれの分布は奈良盆地南部や西部、あるいは大阪平野東部といった範囲にほとんど限られていた。しかし、六世紀後葉以降は奈良盆地南部を中心に使用されていた二上山白石製の刳抜式家形石棺（南大和型）と、それと共通の棺型式をとる竜山石製の刳抜式・組合式家形石棺（播磨型）の勢力が増大し、畿内以外の各地で模倣されだす一方、六世紀末から七世紀前葉にかけては播磨型が、西は山口県から東は滋賀県に至る広い範囲に持ちはこばれるようになる〔和田一九七六〕。古墳がその最終段階を迎えようとする時期における、いかにも古墳的要素である石棺が示すこの現象はどのように理解できるのであろうか。

そこで、棺が特定の範囲を超えて模倣され、持ちはこばれる現象を段階的に整理すると、第一は同族的結合を核とした地縁的まとまりのなかで共通の棺が用いられ、時に婚姻等の人の移動に伴い棺がその外側に持ちはこばれる段階、第二は、政治的社会が発展し、首長間の政治的結合が同族関係、のちには擬制的同族関係を軸に展開するなかで、首長層固有の棺型式が生みだされ、それが特定範囲を超えて持ちはこばれたり、模倣されたりする段階、第三は、官僚機構が整い、棺が王族や功臣らに国家から下賜される段階に大別できるかと考えられる。そして、特定の家形石棺にみられる模倣や持ちはこびの現象はこの第二の最終段階から第三の萌芽的段階のものと推測されるのである。すなわち、六世紀後半から七世紀前葉にかけての時期には、白石太一郎が指摘するように〔白石一九七三〕擬制的な同族関係が広範囲に広がる一つの画期をなしたかと推定されるが、大王を頂点とする広汎な擬制的同族関係の形成を背景に、特定の棺の配布がある種の制度的きまりのもとに行われたものと推測されるのである。

新式群集墳の非常なまでの発達といい、重量のある家形石棺の広範な持ちはこびといい、古墳時代の最後にみられるこれらの現象は、古墳を営むという行為がその本来の性格を大きく離れて最大限にまで政治的に利用された姿ということができるだろう。それは、古墳を生みだした同族的関係を原理とする社会が爛熟し、政治的関係として同族関係が擬制的に拡大し、形骸化するなかであらわれた現象ともいえるだろう。そして、これらの古墳が衰退・消滅していくとき、そこにはこれまでとは異質な新しい社会が展開するのである。

四　新しい時代へ

(1)　古墳の衰退

古墳時代後期末から飛鳥時代にかけては、著しい発展をとげる中国・朝鮮の新しい文化が大きなうねりとなって、ふたたび列島の社会に伝来・定着していく時期である。そのなかで、ヤマト王権は、古墳時代後期以降の国家的統一に向けての政策をあらたな質でもってさらに強く遂行していった。そして、それは葬制の面にも端的にあらわれ、すでに水野正好らによって指摘されているように〔水野一九七〇〕、葬制は大きな変革を受けるのである。つぎに、あたらしい視点も加えて、七世紀前葉に起こった主要な変化を列挙してみよう。

まず、前方後円墳が消滅し、すべての古墳は円墳、ないしは方墳となる。日本の古墳がその独自性を喪失し、東ア

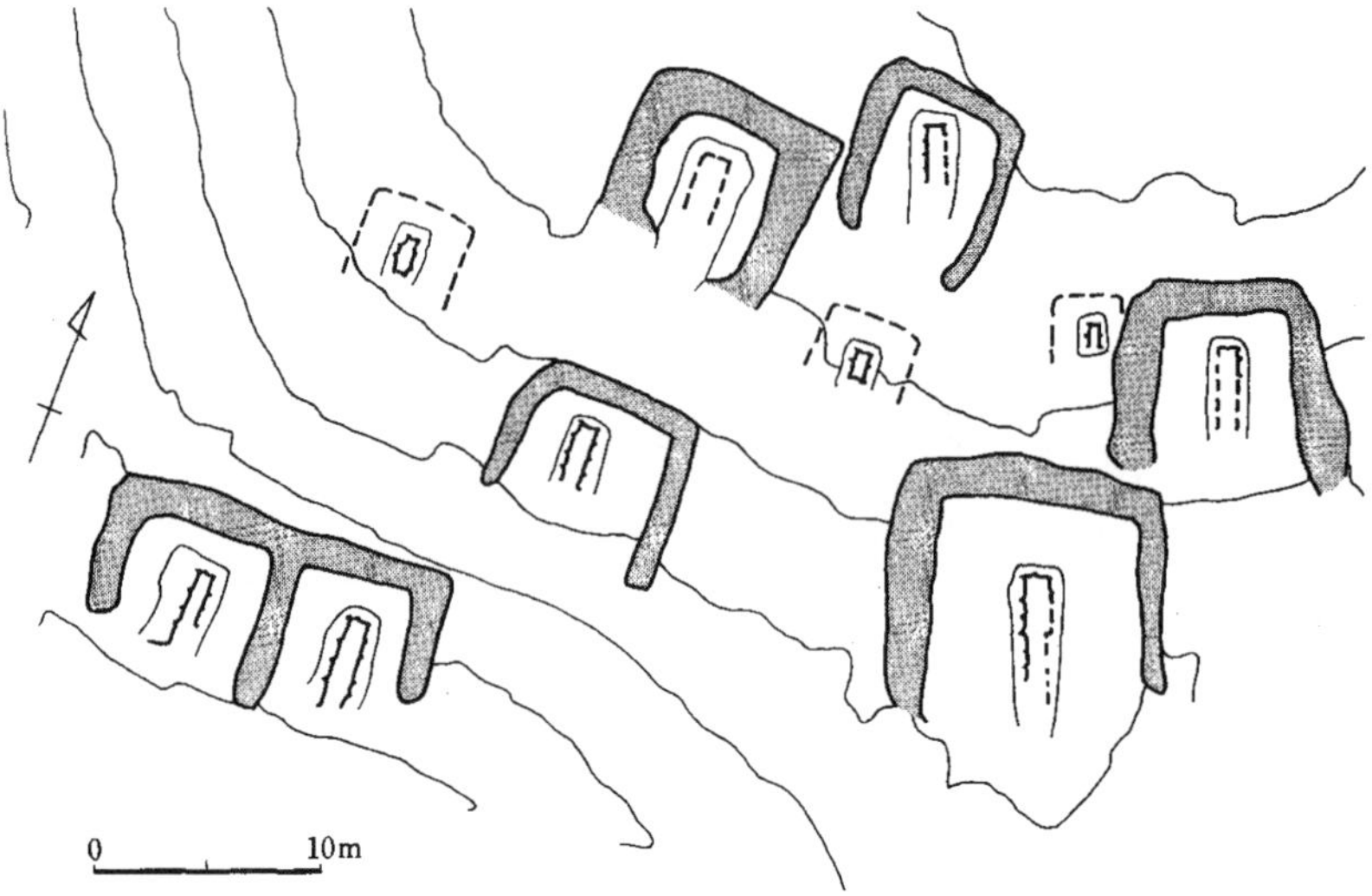

図27　終末式群集墳（京都府旭山古墳群Ｅ支群）

ジア共通の墳墓形式をとるようになったのである。近畿の各地からは顕著な首長墳が消え、大王墳をはじめとする主要な大型古墳は奈良盆地南部や大阪平野南東部に集中するようになる。

他方、新式群集墳は七世紀初頭でもってその盛期を終え、以後急速に衰退していく。ただ、畿内周辺では、その一方で、新式群集墳ほどの数ではないにしても、小型化した横穴式石室や小石槨、あるいは木棺直葬を埋葬施設とする方墳を主体とした終末式群集墳が出現する。京都市醍醐古墳群や旭山古墳群（図27）などではあらたな墓域に、平尾山古墳群などでは新式群集墳の一郭にその築造が開始されだすのである。また、横穴式石室や石槨の構築に唐尺が採用されはじめるのも、この時期のことと推測される。

ところで、この時期には古墳の葬法自体も群集墳を中心に大きく変化する。第一には、追葬による異時合葬に代わって、一体を埋葬する単葬が広がり、横穴式石室がそれに合わせて小型・無袖化し、ついには小石槨となる。第二には、それと密接に関連することとして、棺の性格が、これまでのように据えつけられた棺に遺体を納める「据えつける棺」から、棺に遺体を入れて「持ちはこぶ棺」へと大きく変化する。第三には、墳丘が全体に小型化し、副葬品も減り、武器類がほとんどみられなくなる。言いかえれば、この時期には群集墳を中心に墳丘の小型化、石室の小型化から石槨化・単葬化、持ちはこぶ棺の普及が急速に進行するのである（ここではこれらを薄葬化と総称する）。

すなわち、七世紀前葉には、ふたたびヤマト王権によって薄葬化を基軸とする大きな葬制改革が断行されたと考えられるのである。それは新しい葬制の伝来を契機に中国・朝鮮のそれに合わせた葬制への転換であるとともに、この時期以降に展開する冠位制をはじめとする法制的な支配秩序に応じた葬制への第一歩だったのである。そして、それはとりもなおさず、これまで三〇〇年余にわたって古墳が果たしてきた社会的・政治的役割の終焉を告げるものだったのである。大型古墳の築造は特定の有力首長層に限定され、彼らの王権への結集を示すがごとくその墓域は王宮周辺に集中していく。有力家長層の古墳では新式群集墳が急速な衰退をみせ、その一方ではこの段階であらたに下級官人と化した家長層のものと推測される終末式群集墳が出現するのである。

(2)　横口式石槨の登場

ところで、この葬法の面での変革の契機をなしたのは、この場合も朝鮮半島からの新しい葬制の伝来にあった。それを代表するのは百済系かと推定される横口式石槨であるが、そこでは、これまでの葬制にはなかった石槨・単葬・持ちはこぶ棺が一体となって実現されているのである。ちなみに、持ちはこぶ棺とは、具体的には夾紵棺・漆塗り木棺などのような軽量・薄手・小型の棺であるが、銅釘や小型化した鉄釘、鐶座金具などが示す木棺もこれにあたると推定される。

横口式石槨は、類例は多くないものの、形態は多様で、それぞれの型式が特定の石材と結びつき、多くは一定のまとまりをもって分布しているのが特徴である〔和田一九八九c〕。それは、横口式石槨が特定の集団に採用される段階において、その直接の系譜を引く場合や、畿内の伝統的な横穴式石室や家形石棺と融合した場合があった結果であると考えられるが、その多様性は新式群集墳の横穴式石室の規格性と著しい対照をなす。横口式石槨の多様性は、その被葬者の多くが渡来人や彼らと密接に関係する首長層であったと推測されることと関連するが、すでに埋葬施設が共通であることを強調する時代ではなくなったことをも暗示しているのであろうか。奈良盆地南・東部や大阪平野南東部に集中しているが、大王墳を含む墓域に営まれた例はわずかで、多くはその周辺の群集墳内や独立の中・小古墳に採用されている。ただ、壁画古墳として名高い奈良県高松塚古墳の示す七世紀末から八世紀初頭ころには王族にもかなり採用されたと推定されるが、それにはあらたな外部からの刺激を必要としたかと考えられる。

おわりに

大王をはじめとする王権の有力者は七世紀中葉以降も大型の古墳を造りつづけた。その分布は奈良盆地の南部や大阪府東南部に集中する。しかも、首長墳を中心に大小の古墳が集中したこれまでの古墳群とは異なり、多くは単独で分布している。言いかえれば、大型古墳はそれぞれ広い墓域を占有し、全体として広範囲にわたる古墳群を構成しているのである。そのほとんどは円墳ないしは方墳であるが、大王墳には七世紀中葉以後に八角墳が採用されたと推定されている〔白石一九八二〕。埋葬施設は七世紀代を通じて横穴式石室が中心で、七世紀末に営まれた天武・持統合葬陵と推定される奈良県明日香村野口王墓山古墳のそれも鎌倉時代の『阿不幾乃山陵記』などから無袖、ないしはそれに近い横穴式石室であると推測されている。

この時期の大型横穴式石室にみられる大きな特徴は花崗岩の表面を丁寧に敲打した切石の採用にあるが、それは造寺・造宮技術とともに伝わった新しい石工技術の結晶であり、設計尺には唐尺が採用されたものと推定される。七世紀中葉の築造と考えられる奈良県明日香村岩屋山古墳の石室はその代表例であるが、その類例は当時の最高クラスの埋葬施設として用いられ、竜山石製の刳抜式家形石棺を内蔵する例が多い。この時期、文献には合葬例が少なからず認められるが、これらの大型石室も石槨化し、無袖化する点は小型石室と同様である。

他方、七世紀前葉をすぎると、畿内周辺では新式群集墳はほとんどみられなくなり、終末式群集墳も多くは七世紀前半で姿を消す。ただ、大阪府柏原市田辺古墳群や平尾山古墳群雁多尾畑支群では、終末式群集墳が墳丘規模を二、三《メートル》程度にまで縮小しながら小石槨から木棺直葬へと埋葬施設を変えつつ七世紀後葉まで存続し、八世紀には火葬墓へと転換していく事実が花田勝広らによって報告されている〔花田一九八八〕。時間的な断絶がないかたちで、古墳から火葬墓への変遷を近接した、あるいは同一の墓域で把握した画期的な成果である。現状では比較資料は少ないが、もし、これらが七世紀後半の下級官人の古墳を一定の普遍性をもって示しているならば、ここでいう群集墳の消滅はおもに新式群集墳の消滅をさし、終末式群集墳は墓域の移動を伴いながら墳丘規模をさらに縮小し、埋葬施設を簡素化するかたちで七世紀後葉まで存続していたことになる。終末式群集墳の出現に、七世紀の後半には実施されたと推定される王権による個人単位での民衆掌握の開始を推定するのはこのためでもある。

終末期の古墳が展開していた時期、ヤマト王権は律令国家の形成に向かって急展開をとげていた。そして、七世紀末における律令国家の完成とともに数少なくなった古墳も完全に消滅した。政治支配の手段としての古墳は完全に無用のものとなり、六世紀末以後に始まった寺院の造営が、七世紀後半には政治的にも思想的にも古墳に代わりうる、そしてそれをはるかに超える新しい支配と統合の記念物としての位置を占めるに至り、火葬の普及がこれにとどめをさしたのである。

〔補註1〕　初出の図から共同体構成員の部分を細分・改正し、本文もそれにあわせて修正した。

〔補註2〕　長原方形周溝墓群の墓域は、大王の墓域である古市古墳群の立地する丘陵先端部に造られたもので、一連の墓域として捉えるべきものである。

〔補註3〕　古墳時代前・中期における小型墳丘墓について

筆者は、古墳時代前・中期の小型の周溝墓や台状墓は普遍的に存在すると考えている。一般的に畿内では発見例が少ないことから、その普遍的存在を認めず、長原遺跡のような中期中葉の方形周溝墓群の出現を重視する意見があるが、補註2でも述べたとおり、長原周溝墓群の出現は古市古墳群の出現と関連するもので、規模の大小を問わなければ、各地における前・中期の首長墓と共同体構成員の周溝墓のあり方と変わるところはない。第二部第一章のとおり南山城地域では、前期の京都府瓦谷古墳群（一〇八頁図23）ほか、六群の前・中期の周溝墓が発見されているし、大阪府下でも加美遺跡〔田中編二〇一五〕や久宝寺遺跡〔森屋・亀井ほか編二〇〇七〕のような弥生時代終末期から古墳時代前期前・中葉にかけての方形周溝墓群が検出されだしている。すでに一九九〇年代以降には、大分県宇佐市川部・高森古墳群の前方後円墳群（前期前葉〜後期後葉）の乗る台地上でも同時期の多くの方・円形周溝墓群が発見されていた〔宇佐市一九九三、江藤二〇一〇、高橋・綿貫編二〇一一ほか〕。日本海沿岸では古墳時代に入っても多くの方・円形の台状墓群が弥生時代と変わりなく造りつづけられているのも参考になる。森藤徳子が鳥取県千代川流域の古墳を分析した結果によると（図28は二〇メートル《メートル》以下の小型台状墓群を中心としたもの）、この地域の墳形の画期は、第一が前期前葉における前方後円墳・円墳の導入、第二が、前・中期には方形・円形が混在していた墳形の後期前葉（ＴＫ二三〜ＴＫ四七）におけるいっせいの円形化、第三が後期後葉における前方後円墳の消滅にあるという〔森藤二〇一七〕。円形周溝墓は弥生時代から瀬戸内海中・東部沿岸に一程度分布するが、この地域では古墳時代前期には一部で造りだされるのも興味深い。

〔補註4〕　初出では、玄室長一四尺・幅七尺に兵庫県川西市勝福寺古墳の横穴式石室も加えていたが、長さ・幅ともに一尺狭いことがわかり〔寺前・福永二〇〇七〕、はずした。

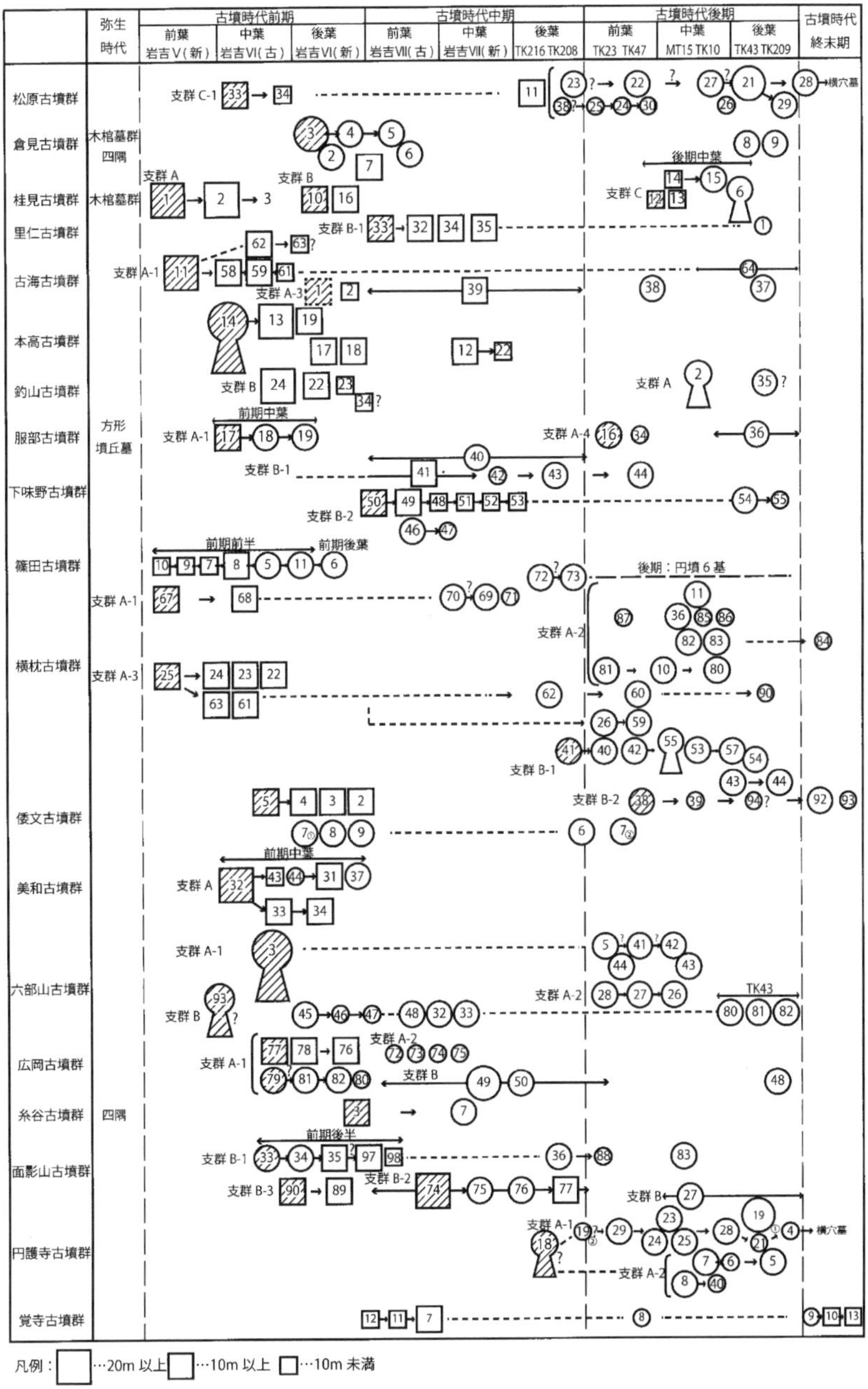

図28　鳥取県千代川流域の墳墓群変遷図

第四章　見瀬丸山・藤ノ木古墳と後期古墳の秩序

はじめに

考古学の発掘成果が連日のごとくテレビや新聞を賑わすようになって久しい。一九七二年（昭和四七）に極彩色の壁画が見つかり話題となった奈良県高松塚古墳以来のことである。ちょうどその頃から、列島改造の名のもとに地域開発が激増するなかで、発掘件数はうなぎのぼりに上昇し、今では年間約一万件。新聞の切りぬき記事を中心とした発掘情報誌が毎月二〇〇頁ほどの厚さで出版されるまでになった。もう、一時的な考古学・古代史ブームというよりは、現在の社会に根を下ろした一種の社会的な文化現象となっている。この現象が、二〇世紀の後半代に進行しつづける環境破壊や人間性破壊と表裏一体のものとして、歴史の空疎化を促す遺跡破壊のみに終わるのか、それともこの状況を克服する新しい歴史の創造を呼びおこす起爆剤になるのか、いまが正念場である。

ところで、考古学の発掘は、数多くの地道な成果が積みかさねられて、初めて大きな成果に結実する。しかし、まれには一つの発見が多くの情報を提供し、人びとに深い感銘を与える場合がある。ここで取りあげる見瀬丸山古墳や藤ノ木古墳の場合がそうである。読者のなかには、丸山古墳の日本最大の横穴式石室を写した三二枚のカラー写真や、藤ノ木古墳の発掘と同時進行で進められた新聞やテレビの報道を、今もご記憶の方が少なくないことだろう。

しかし、二古墳の調査は、報道の仕方やその映像が衝撃的であったばかりではない。古墳時代後期の古墳を考えるうえで、言いかえれば、わが国の古代国家形成過程に重要な位置を占めた六世紀という時期を考えるうえで、きわめて貴重な資料を提供したのである。端的に言えば、丸山古墳の場合は、測量だけとはいえ、初めて大王墳の内部施設を科学的に調査したこと。藤ノ木古墳の場合は、畿内の大型後期古墳の埋葬時に近い未盗掘の姿を初めて明らかにしたこと。そこに最大の意義があった。

なぜなら、全国には一〇万基を超す数の古墳があるとはいうものの、その多くは直径一〇メートル《メートル》前後の小型円墳であり、けっして数少なくはない大型古墳でも、特に横穴式石室を埋葬施設とする後期古墳のほとんどは、飛鳥の石舞台古墳のように古い段階で盗掘を受け、副葬品の多くを失い、その実態はわずかに残された遺物の残片から推測するほかなかったからである。さらに、大型古墳のなかでも特に主要な大王墳級の古墳の多くは、宮内庁によって陵墓やその参考地に治定され、現在は立ちいることすら許されず、埋葬施設の調査など思いもよらなかったからである。

二つの古墳の調査は、関係者の努力に幸運も加わって、幸いにもこの二つの障壁を突破することができた。以下、二つの古墳の調査成果を概説し、その提起する問題のいくつかを検討しつつ、二古墳が造られた時代について少し考えてみたい。

一　見瀬丸山古墳——大王墳の石室内部——

(1)　測量調査の概要

丸山古墳は奈良県橿原市の五条野町・大軽町・見瀬町にかけて所在する。この地は奈良盆地の南端、飛鳥の西の出入口にあたり、まっすぐ北へ向かえば盆地中央を貫く下ツ道、南に向かえば吉野から紀ノ川沿いに和歌山へ、そして近くを流れる高取川沿いに西に下れば大和川を経て大阪湾にいたる交通の要衝である。

古墳は全長約三一〇メートルの巨大な前方後円墳で、周囲には盾形周濠の痕跡をとどめている。かつては後円部の最上部のみが墳墓と考えられていたこともあって、現在、宮内庁が管理する「畝傍陵墓参考地」もこの部分のみに限られている。江戸時代後期以降しばらくは、天武・持統合葬の檜隈大内陵（現在の奈良県明日香村野口王墓山古墳に治定されたのは明治一四年）とされ、いくつもの山陵図が描かれたが、そのなかで巨大な横穴式石室と二つの家形石棺が繰りかえし紹介されてきた〔堀田一九九二〕。そして、戦後の古墳研究の進展のなかで、それらの絵図をもとに丸山古墳＝欽明陵説(1)〔森一九六五・七四〕や宣化陵説〔和田一九七三〕が提起されると、継体・欽明朝内乱説〔林屋一九五五〕の評価とも絡んで、この古墳の歴史的重要性が広く認識されるにおよび、その正確な情報は研究者の垂涎の的となっていた。

ところが、一九九一年、この古墳の石室内部のカラー写真が報道された。石室はすでに大正時代には閉ざされていたが、土砂の陥没によって偶然口が開き、付近の会社員が内部に潜入し写したものだという(2)。宮内庁は即刻これを埋めもどしたが、翌年には石室内部と石棺の測量調査を実施し、一部の研究者に「公開」するとともに（羨道入口からのぞくのみ）、『書陵部紀要』第四五号に報告した〔横尾・徳田一九九四〕。

それによると、埋葬施設は花崗岩の自然石を組んだ巨大な両袖型の横穴式石室である（図29）。床面には泥が一メートルほど堆積しているものの、その上部の計測で全長が二八・四メートル、玄室（棺を納める部屋）部分で長さ八・三×幅三・六〜四・一×高さ三・五〜四・〇メートル。まさにわが国最大の石室である。内部には絵図の通り二基の家形石棺が、一つは奥壁に沿って石室主軸と直交する方向に（一号棺）、他はその前方の、入口からみて右側に片寄せて主軸と並行に置かれていた（二号棺）。一号棺で蓋本体の長さ二四二×幅一四四×高さ四二センチ、二号棺で二七五×一四五×六三センチである。とも

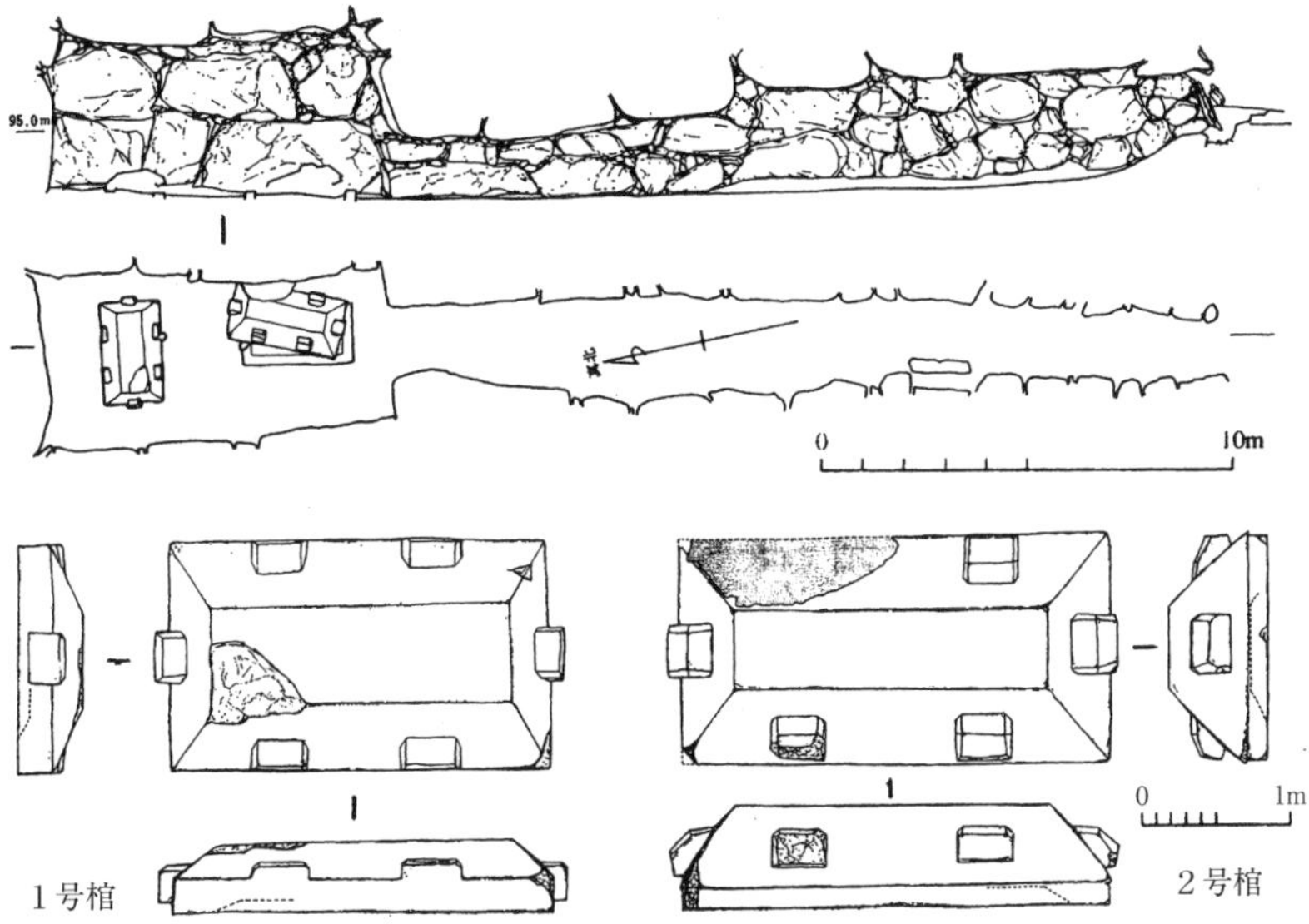

図29　奈良県見瀬丸山古墳の横穴式石室と家形石棺

に棺の身は刳抜式で、石材は兵庫県の加古川下流右岸に産する竜山石（流紋岩質凝灰岩）であった。発掘されたわけではないので遺物はほとんど見つかっていないが、古墳との関係が考えられる須恵器の蓋杯や高杯の小破片（ＴＫ四三型式）が採集された。

(2)　年代の推定

①　家形石棺

この古墳の年代を知る手がかりは、おもに家形石棺と横穴式石室とにある。

まず、家形石棺では、時期的な形態変化は蓋の突起と本体の形状に端的に表れる（小林一九五一、和田一九七六）。突起は、蓋の長辺にのみそれぞれ二個ずつが取りつく〇・二型式のものから、短辺に各一個、長辺に各二個が付く一・二型式となり、最後は突起のない無突起式へと変化する。形状は円柱状のものから徐々に短形化し、取りつき位置も蓋の斜面からだんだん下に移り、最後は垂直面に垂れさがる。そして、これらの変化にともない、蓋本体は頂上部にある平坦面が徐々に広がり、蓋全体幅に対する平坦面幅の割合（平坦面指数＝平坦面幅÷全体幅×一〇〇）が増える方向へと変化する。

今、この家形石棺の時間的な変化の妥当性とその速度を推しはかるために、蓋の形態を平坦面指数に代表させて、年代論の進んでいる須恵器と比較すると表8のごとくである(3)。家形石棺は、畿内の各地あるいはその他の地域でも作られたが、製作集団あるいは使用集団ごとに形態やその変化に差異がある。したがって、ここでは前記の編年観がもっとも有効性を発揮する竜山石製の刳抜式・組合式石棺である播磨型家形石棺と二上山白石（二上層群ドンズルボー累層の凝灰石）製の刳抜式石棺である南大和型家形石棺とに限って取りあつかった(4)。すると、六世紀初頭から七世紀中葉までの間、両者は須恵器一型式がほぼ家形石棺の平坦面指数五程度の割合で並行して変化していったことが判明する。

そこで、この変遷観に丸山古墳の家形石棺を当てはめると、一号棺は突起一・二型式の播磨型刳抜式石棺で平坦面指数四四であることから、須恵器の隼上りⅡ型式にほぼ相当し、二号棺は同じ一・二型式の播磨型刳抜式石棺でも指数三五で、採集された須恵器と同じＴＫ四三型式に相当する。暦年代にすれば一号棺は七世紀前葉、二号棺は六世紀後葉ころに作られたものと推測される(5)。

石室の奥の方の石棺が新しくて小さく、前の方が古くて大きい。この新古の石棺の入れかわりもまた、丸山古墳の話題の一つとなった。

②　横穴式石室

では、横穴式石室はどうであろう。この場合も比較の対象の選定には階層や地域、集団を考慮するのが望ましい。そこで、六世紀後葉から七世紀前葉ころのおもに奈良盆地南半の主要な大型横穴式石室を検討すると、そこには少なくとも二つの系統の石室の存在が推定できる(6)。いずれも玄室は長方形の平面に平らな天井をもつものであるが、一つ

表8　家形石棺の平坦面指数と須恵器の型式

推定年代	須恵器型式	指数概数	南大和型	播磨型	突起形式	平坦面指数	共伴須恵器	備考
500–			笛吹神社		0.2	16		
	MT15	20						
			市尾墓山		0.2	22	MT15~TK10	
			宮塚		0.2	23		
			権現堂		0.2	24		
	TK10	25	鴨稲荷山		0.2特	25	TK10	
			専立寺		0.2	27		
				（狐井）	0.2	27		（身不明）
550–			都塚		1.2	28		
			条池南		0.2	29	MT85	
	MT85	30		（天磐舟）	1.2	30		（身不明）
				耳原Ⅰ	1.2	34		（組合式）
				新宮山	1.2	34		
	TK43	35		見瀬丸山Ⅱ	1.2	35		
			藤ノ木		0.2	36	TK43	
			弁天社		無	37		
				牧野	1.2	37～38	TK209	
600–	TK209	40	金山Ⅰ		1.2	40	TK209	
			金山Ⅱ		1.2	42		
				見瀬丸山Ⅰ	1.2	44		
				塚本	1.2	44	隼上りⅡ	
	隼上りⅡ	45	天王山		1.2	45		
			水泥南Ⅰ		1.2	45		
				水泥南Ⅱ	1.2	46		
			お亀石		1.2	46		
				小谷	無	（47）		
	隼上りⅢ	50						
650–				艸墓	1.2	52		

表9　奈良盆地南半の主要な大型横穴式石室の変遷
（[　] の古墳は他地域.「左」は左片袖型，他は両袖型．数字は玄室側壁石積み段数 - 同側壁最下段の石材数 - 同天井石数.「白」は二上山白石,「竜」は竜山石.「刳」は刳抜式,「組」は組合式.「箱」は箱式石棺.）

MT15	墓　山（左、8-9-5、白・刳）			
TK10	宮　塚（5-6-4、白・刳）			[南塚（左、5-5-4、白・組）]
				[物集女車塚（左、6~7-5-4、白・組）]
MY85	都　塚（3~4-3~4-3、白・刳）			二　塚（5-4・6-4、白・組）
				平　林（5-4-3、白・組）
TK43	新宮山（3-4-3、箱＋竜・刳）			藤ノ木（5-5-3、白・刳）
				烏土塚（4-2-2、白・組）
	牧　野（4-4-3、竜・刳）			
TK209		A	B	水泥塚穴（3~4-3-2）
	水泥南（3~5-4-2、白・刳＋竜・刳）	群	群	
	天王山（3-3-2、白・刳）			越　塚（3-3-2、竜・組）
	丸　山（3-3-2、竜・刳2）			
隼上りII	塚　本（3-3-?、竜・刳）			茅原狐塚（3-2-3、白・組）
	谷　首（3-3-2）			
	石舞台（3-3-2）			
	秋　殿（2-3-2）			
	小　谷（切石、2-3-1、竜・刳）			
隼上りIII	岩屋山（切石、2-3-1）			
	艸　墓（切石、1-2-2、竜・刳）			
	西　宮（切石、1-1-1、竜・刳）			

A群

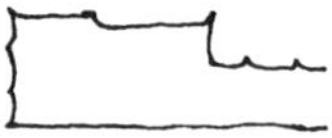
B群

は玄室奥壁および前壁が内傾する一群（A群・表9）で、広陵町牧野古墳・桜井市赤坂天王山古墳・明日香村石舞台古墳などがこれに属す。他は玄室の奥壁や前壁が垂直になる一群（B群）で、斑鳩町藤ノ木古墳・平群町烏土塚古墳・御所市水泥塚穴古墳・桜井市越塚古墳・同茅原狐塚古墳などがこれに属す。

ここで注目すべきことは、前者がおもに盆地南東部に分布するのに対し、後者は比較的盆地西部にかたよっていること、さらには藤ノ木古墳を除けば、前者には刳抜式、後者には組合式（おもに二上山白石製）の石棺が納められていることである。すなわち、横穴式石室と家形石棺とのあいだには共通の地域差や集団差が

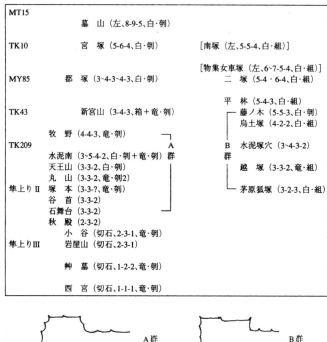

認められるのであり、両者の製作や使用には密接な関係のあったことが想定されるのである。丸山古墳の石室は、玄室の奥壁と前壁とが内傾するA群型式のもので、盆地南東部に位置し、内部に刳抜式石棺を納める点でまさにその典型をなす。

そこで、横穴式石室の時間的変遷を石材の巨石化、言いかえれば壁面を構成する石材の積みあげ段数や石材数の減数化に求め、玄室側壁の石積み段数・同最下段石材数・同天井石数などを指標に変遷を追い、須恵器型式との対応を示したのが表9である。(7) A群の石室では、玄室側壁が四段積み（各三、四石）の牧野古墳（石棺の平坦面指数三七〜三八、須恵器TK二〇九型式）から三石三段積みの天王山古墳（指数四五）・丸山古墳を経て、下から三―二―三（左二）石三段構成をとる石舞台古墳へとスムーズな変化をたどることができる。石棺の平坦面指数では丸山古墳の一号棺（指数四四）は天王山古墳のそれよりわずかに小さいが、石室の比較では丸山古墳のほうがやや新しい傾向にある。(8) したがって、丸山古墳の石室は新しい方の石棺である一号棺と同じ七世紀前葉頃に構築されたと推定される。

なお、後述のごとく、B群も六世紀後葉の藤ノ木古墳（五段積み）から七世紀前葉の茅原狐塚古墳（三段積み）へと同様な巨石化・石材減数化の方向をたどる。A・B両群成立以前の石室は、いずれも奥壁・前壁が内傾するもので（平林古墳のみ前壁垂直）、地域的・集団的な形態の差異はいまだ顕在化していないが、六世紀代を通じて、原則的には盆地南部では刳抜式家形石棺が、盆地西部では組合式家形石棺が採用されており、前者をもつ石室群（表9の左側）がA群に、後者をもつ石室群（右側）がB群に系譜的につながることを示唆している。(9) また、七世紀中葉以後には花崗岩の切石を用いた横穴式石室が出現し、中心的な石室となるが、それらはA群の系譜を引くもので〔白石一九八二、山崎一九八五〕、内部には播磨型刳抜式家形石棺が納められた。

(3)　被葬者像

六世紀後葉、当時としては傑出した大きさの前方後円墳を築き、後にはわが国最大の横穴式石室を営み、播磨型刳抜式家形石棺二基を納める古墳の被葬者は誰か。それは、大王をおいてほかはない。五三九年に死亡したとされる宣化は除くとして、死亡年が五七一年の欽明、五八五年の敏達、五八七年の用明などが候補になる。しかし、『日本書紀』では、敏達は死後五年八ヵ月もの殯の後、五九一年に母の石姫皇后の磯長陵に合葬されたとし、用明は磐余池上陵に埋葬後、五九三年に河内磯長陵に改葬されたとする（坂本ほか一九六五）。『延喜式』巻二一諸陵寮の記載も同様で、ともに大阪府太子町にあたる河内磯長中尾陵、河内磯長原陵としている（黒板・国史一九七五）。古文献を参考にするかぎり、有力候補として残るのは、『日本書紀』『延喜式』で檜隈坂合陵に埋葬されたとされる欽明のみなのである。

ところで、『日本書紀』にはこの欽明陵の記事が三度出てくる。第一は五七一年の欽明の死と檜隈坂合陵への埋葬記事、第二は六一二年（推古二〇）の欽明妃で皇太夫人・堅塩媛の檜隈大陵への改葬記事、第三は六二〇年（推古二八）の檜隅陵の上に砂礫を葺き、域外に土を積み、大柱を土の山の上に建てたという土木工事の記事である。これらを同一の陵における一連の行為と理解し、先の石棺や石室の編年観と比較すると、二号棺の製作時期は欽明の埋葬時に、一号棺の製作や石室の構築時期は堅塩媛の改葬時にうまく対応する。丸山古墳が欽明陵である可能性は一段と高まったといえるだろう。欽明といえば、在位が長期（五四〇年ないしは五三二年から五七一年）に及ぶ有力大王であり、その間には後述のとおり古墳のあり方からみても、王権の確立・支配機構の整備が大きく進展したと推定される。丸山古墳はそのような大王の奥津城にふさわしい。

なお、以上のような編年観に基づけば、現存する石室の構築や棺の再配置といった大土木工事が堅塩媛の改葬時に行われたことになる。第三の記事はその工事が八年後まで続いていたことを示唆しているものと考えられる。丸山古墳の墳形がかなり特異で、特に後円部最上段が円丘として著しく盛り上がっているのもこれと関連するのであろう。蘇我稲目の娘で、用明および時の大王・推古の母、そして馬子の姉妹であった堅塩媛の改葬行為は、当時権勢をほしいままにした蘇我氏の政治的セレモニーであったと推察されるが、その行為には、この古墳に近接する軽の衢での盛大な誄儀礼とともに、大規模な陵墓の改造工事がともなっていたと考えられるのである(10)。

いずれにしても、大王墳の横穴式石室が巨大なA群型式のもので、石棺が竜山石製の播磨型刳抜式家形石棺であることが明らかになった意義は大きい。なぜなら、そのことによって当時の古墳を比較検討する最上位の定点が獲得されたからであり、下位の古墳は大王墳との関係でそのあり方が規定されていたと推察されるからである。

二　藤ノ木古墳――未盗掘の大型古墳――

(1)　発掘調査の概要

藤ノ木古墳は奈良県生駒郡斑鳩町法隆寺西に所在する。地名のとおり、斑鳩の中心・法隆寺の南西約四〇〇《メートル》の地点である。ここから北へは奈良盆地の北西を限る矢田丘陵が伸び、南へは緩やかな傾斜地が開けている。大和川はこの先で盆地全体の水系を一つに集めて西流し、生駒・金剛山地の狭間をぬけて大阪平野へと流れ下る。水陸両道、いずれをとっても斑鳩は河内から瀬戸内海、そして東アジアへと開かれた大和の西の表玄関である。

発掘は、周辺に及ぶ開発から古墳を保護することを目的に、斑鳩町と奈良県立橿原考古学研究所とによって実施された。一九八五年には墳丘部と石室内部の調査（第一次）、一九八八年には墳丘と石棺内部の内視調査（第二次）、続いて石棺内部の調査（第三次）が行われた。未盗掘の石棺の発見から、ボアスコープやファイバースコープによる棺内

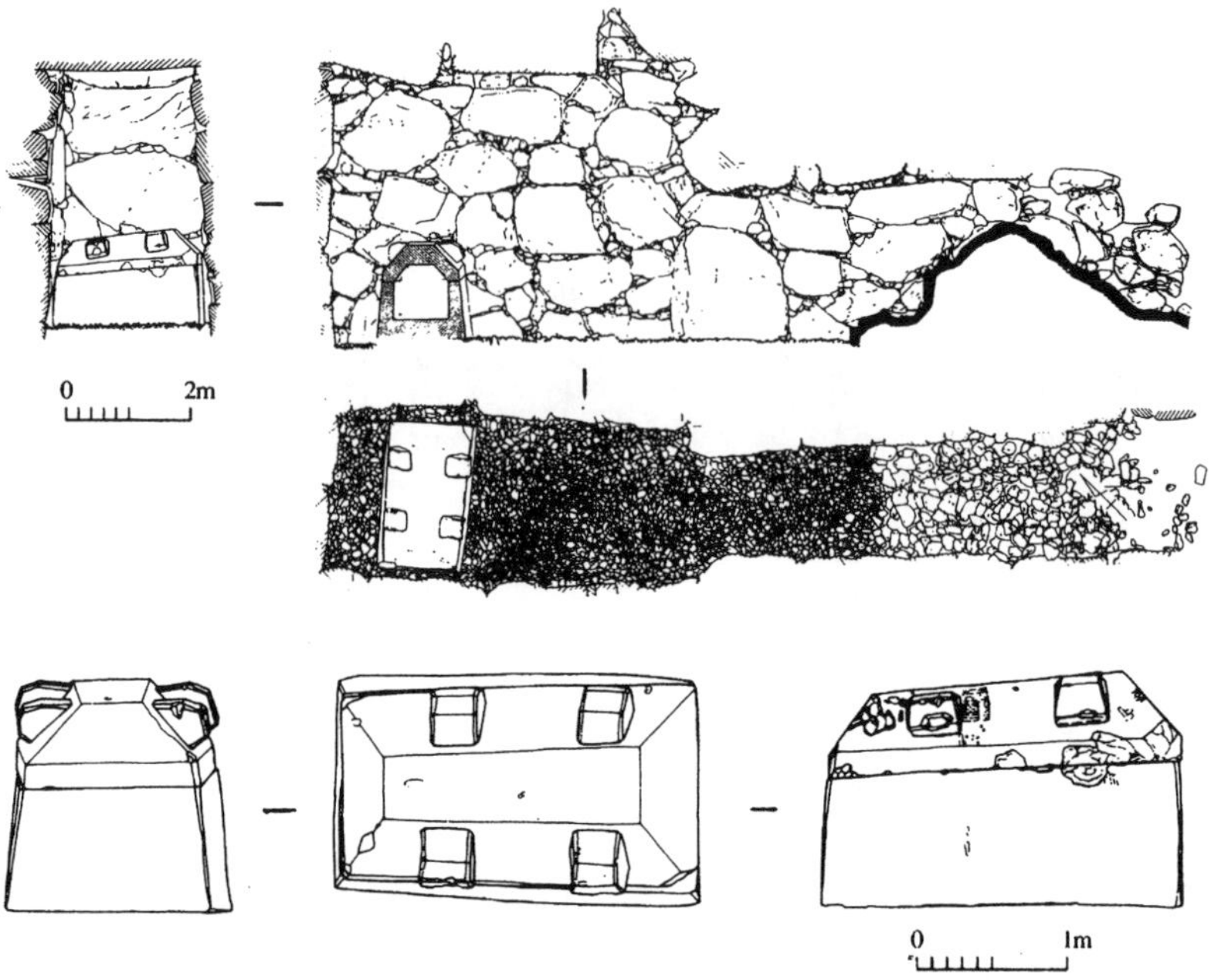

図30　奈良県藤ノ木古墳の横穴式石室と家形石棺

の観察、重さ二トンほどもある石棺の蓋の持ちあげ、水の溜まった棺内の調査、ぎっしりと詰まった豪華な副葬品の取りあげ。この間の息をのむ緊張と感動とにつつまれた調査の様子は、前園実知雄・白石太一郎『藤ノ木古墳』に詳しい〔前園・白石一九九五〕。また、調査と研究の成果については、一九九〇・九五年の二度にわたって同研究所から大部の報告書が刊行されている〔奈良県編一九九〇・九五〕。ここでは触れないが、この調査は発掘体制、発掘方法、あるいは発掘と公開などといった面でも多くの成果を生んだ。

さて、古墳は直径約四八メートル・高さ約九メートルの円墳で、埴輪を備え、内部には南東に開口する両袖式の横穴式石室を有していた（図30）。石室規模は全長が約一四・〇メートル、玄室部分で長さ約五・七×幅約二・七×高さ約四・二メートルを測る。羨道は幅約一・八×高さ約二・四メートルで、排水溝が設けられ、入口近くは塊石と土で閉塞されていた。他方、玄室内には一面に礫が敷かれ、奥壁に沿って石室主軸と直交する方向に刳抜式家形石棺が置かれていた。蓋は、長さ二三〇×幅一三〇×高さ五六チセンほどのもので、突起は〇・二型式。身はほぼ同大で高さ九七チセン。蓋・身とも東側の方が大きい。内外全面に朱が塗られた「赤い棺」であった。石材は二上層群ドンズルボー累層の流紋岩質凝灰角礫岩、いわゆる「二上山白石」で、古墳の南西約一〇キロ、奈良県と大阪府の境に位置する二上山北麓の大阪府太子町牡丹洞付近の産と推定されている。南大和型家形石棺である。

副葬品は、棺外では玄室の西側袖部（入口から見て左袖部）と石棺と奥壁の間に集中していた。前者からは須恵器四〇個（壺、高杯、器台など）と土師器一一個（壺、高杯、甕など）、後者からは挂甲、鉄刀、鉄鏃、盛矢具、弓飾金具、ミニチュア農工具、滑石製臼玉などとともに、この古墳を一躍有名にした華麗な金銅製品を含む三組の馬具が出土した。

他方、棺内には同時埋葬と推定される二人の遺体が東枕で納められていた。北側の被葬者は身長一六五チセンほどの長身だが華奢な体格の男性で、年齢は二〇歳前後。南側の被葬者は比較的長身の二〇〜四〇歳くらいの男性と推定されている。副葬品はこの二人の人骨の上下左右にところ狭しと配されていた。おもなものは、青銅鏡四面、装飾大刀五振、剣一振、数多くの金銅・銀・ガラス製の装身具（金銅製冠一例、銀・銅芯金貼耳環各一対、金銅製大帯一本、金銅製履二足、銀製鍍金・銀製玉各種三五七個、ガラス玉各種一万六〇〇〇個）、飾金具（金銅・銀製飾金具約六〇例、金銅製円形・花弁形製品約一〇〇〇個）、用途不明の金銅製筒形品一例、および錦、綾、平絹、麻布など各種の織物の残欠多数などである。ベニバナの花粉が多量に見つかったことも興味深い。

はたして石棺内部は未盗掘で、遺物の残存状況もきわめて良好であった。石室内部も古くから人の出入りはあったものの、よく保存され、副葬品はほとんど持ちだされていないと推定された。このことについて、調査を担当した前園実知雄は、法隆寺管主の高田良信の研究成果をも援用しつつ、すでに平安時代末期には墓辺寺（宝積寺）が存在し、以降「ミササキ」（御陵）として供養が行われていたが、一八五四年（安政元）に寺が焼失し、そこを守っていた尼僧も焼死。その後、寺は再建されることもなく、石室内部は凍結されたままの状態にあったのではないかと感慨をこめて述べている。厚い信仰が古墳を護ってきたのである。

藤ノ木古墳の発掘は、日ごろ盗掘された石室や石棺の空虚な空間ばかりを見てきたものにとって、まるで枯れ木に花が咲いたような驚きと喜びであった。

(2)　年代の推定

藤ノ木古墳が築造された時期を、先と同様の編年観から推しはかれば、石棺は南大和型に属し平坦面指数三六、須恵器はＴＫ四三型式で、見瀬丸山古墳二号棺とほぼ同様の六世紀後葉の所産と推測できる。他方、横穴式石室はＢ群に属し、玄室側壁が五段積みの藤ノ木古墳から、四段積みの烏土塚古墳（二上山白石製組合式石棺・須恵器ＴＫ四三型式共伴）、三～四段積みの水泥塚穴古墳を経て、三段積みの越塚古墳や茅原狐塚古墳（葛城型家形石棺・隼上りⅡ型式共伴）へと変化するものと推測される。石室もまた、石棺や須恵器の年代観に合致しているのである。

Ｂ群の石室は、奈良盆地西部が分布の中心で、葛城型を中心とする二上山白石製組合式家形石棺を使用するのが基本的な形と考えられる。したがって、同様の特性をもつ葛城市大和二塚古墳後円部石室（ＴＫ八五型式共伴）や同平林古墳（ＴＫ四三型式共伴）の玄室側壁五段積みの石室が、Ｂ群成立以前の先行形態と推定される。ただ、Ｂ群の石室は、Ａ群のそれのように後代には展開せず、七世紀中葉以降には二上山白石製組合式石棺とともに衰退する。Ｂ群の石室はその石棺同様、六世紀代にはＡ群に拮抗し、一部は盆地南東部でも採用されたが、基本的には盆地西部の在地的な石室型式で終わったのである。

(3) 被葬者像

では、なぜきわめて豪華な副葬品をもつ藤ノ木古墳が、前方後円墳ではなく円墳なのだろう。立派な古墳といえば前方後円墳という観念をもつ人にとって、これは大きな疑問である。しかし、このような古墳が前方後円墳ではなく円墳であるところに古墳時代後期後葉の大きな特徴がある。

巨大な前方後円墳の築造は、基本的には古墳時代中期で終わり、後期には墳長約二〇〇メートルを超す巨大前方後円墳は大阪府藤井寺市岡ミサンザイ古墳（約二四二・五世紀後葉）、同高槻市今城塚古墳（約一九〇・六世紀前葉）、同松原市河内大塚古墳（約三三五・六世紀中葉か）、および見瀬丸山古墳の四基の大王墓のみとなる。しかも、六世紀中葉以降は、前方後円墳そのものが段階的に姿を消し、前方後円墳の最終段階にあたる後期後葉の六世紀後葉から七世紀初頭には、各地のそれは関東地方を除けば、ほとんどが全長七、八〇メートル以下の中小規模のもののみとなり、その数も激減する。畿内では、丸山古墳ほか、現欽明陵の橿原市平田梅山古墳（全長約一四〇）、珠城山一～三号墳（約四八・七五・四五）、鳥土塚古墳（約六一）、平林古墳（約五五）、広陵町安部山一号墳（約四二）、山城の京都市蛇塚古墳（約七五）、和泉の泉北丘陵部の四小古墳が確認されている程度で、河内にはなく、摂津では高槻市中将塚古墳（約五〇）、上ヶ原車塚古墳（不明）がこの時期と推測されるにすぎない〔近藤編一九九一～九四〕。全長約三一〇メートルを測る見瀬丸山古墳の突出度がこれでわかるだろう。

しかし、前方後円墳が消滅したからといって、首長の古墳が造られなくなったわけではない。首長の古墳の形式が前方後円墳から円墳へと変化したのである。この傾向は六世紀前葉には現れるが、それが顕在化してくるのは六世紀中葉以降のことである。畿内の家形石棺を代表する播磨型と南大和型を納める古墳では、丸山古墳を除けば、前方後円墳は六世紀中葉でも前半の滋賀県高島市鴨稲荷山古墳（約四五）を最後に、以降はすべて円墳となり、七世紀には方墳が加わるのである。

ところが、関東の上野・下野・武蔵北部・上総・下総・常陸などでは、この時期に全長二〇メートル前後から一二〇メートル前後までの大小の前方後円墳が盛んに築造され、そこでは各種の人物埴輪や動物埴輪が盛行する。

この時期の前方後円墳と大型円墳との差はどこにあるのだろう。古墳時代前・中期のように、円墳の方が前方後円墳より王権内での地位が相対的に低いというだけでは説明がつかないものと思われる。大王墳と密接に関連するA群の石室や、播磨型・南大和型の刳抜石棺を用いる古墳では円墳化が早い。地域によっては後述の規格性の高い畿内型横穴式石室の採用段階で首長墳が円墳化する。前方後円墳が存続する地域では古墳を構成する諸要素に地域色が強く残るなどといったことから判断すれば、この時期に円墳化した主要な首長墳ほどヤマト王権中枢との関係が密接であった。言いかえれば、前方後円墳の円墳化は首長が官人的性格を強めたある段階において起こったのではないかと考えられるのである。そして、王権から相対的な自主性を保ち、より在地豪族的性格が強い首長ほど後々まで前方後円墳を営みつづけたと推測される。この時期の奈良盆地の前方後円墳として掲げた古墳のうち、丸山古墳を除く古墳のほとんどが、B群ないしはその系統の横穴式石室（烏土塚・平林）や二上山白石製の組合式家形石棺（珠城山一号・同三号・烏土塚・平林）をもつか、木棺直葬（安部山一号）であることも、これと関連するものと考えられる。

こうした点からいえば、六世紀後葉の畿内において、藤ノ木古墳が円墳であることは、この古墳の劣勢を示すものではなく、かえってこの古墳の被葬者が政権中枢部と密接な関連のもとに重要な地位を占めていたことを示すことにほかならない。相前後する時期の円墳や方墳には、まれに牧野古墳や天理市塚穴山古墳のように直径が六〇メートルほどのものも存在するが、直径や一辺が四、五〇メートルという規模は当代最大級のものなのである。

このことは、横穴式石室の規模にも反映している。表5・6（一二三頁）で畿内やその周辺の主要な大型の畿内型横穴式石室の規模を比較したが（第二部第三章）、このなかに六世紀前葉から七世紀前葉のものが含まれていることや、この下にきわめて数多くの石室があることを思えば、藤ノ木古墳の石室規模はかなり上位に位置することがわかるだろう。

したがって、墳丘や石室規模は、藤ノ木古墳の被葬者が六世紀後葉の政権中枢部にあって重要な位置を占めた官人的性格の強い有力首長、ないしは大王家一族の有力者であったことを示唆しているものと思われる。

他方、家形石棺はその政治階層的位置を示すのみならず、被葬者の同族的な系譜関係（血縁・婚姻関係）と深く結びついていると理解している。六世紀前葉以降、畿内各地ではそれぞれが形態を異にした家形石棺をそれぞれに応じた石材で製作したが、南大和型は奈良県南部で製作され、その周辺で用いられた。近江に運ばれた鴨稲荷山古墳例をのぞけば、この類型の石棺が大和川を越えて盆地北部へ持ちはこばれたのは藤ノ木古墳の例が最初なのである。また、この石棺は六世紀末から七世紀初頭以降は大阪平野南東部の石川周辺や磯長谷でも用いられ、その分布地域や消長のあり方から、蘇我氏系統の同族との密接な関係が推察される〔和田一九七六〕。この点からいえば、同時に埋葬されたと推定される男性二人も蘇我氏系同族との深い関係が推測される。

しかし、藤ノ木古墳では、円墳に南大和型刳式石棺がともなっているにもかかわらず、石室はB群の型式をとる。斑鳩の新たな墓域に営まれた藤ノ木古墳築造の背景には、当時としては一般的でない特殊な事情があったのかもしれない。

ところで、白石太一郎は藤ノ木古墳周辺にはそれ以前の有力な在地豪族の存在を示す古墳がないことや、斑鳩の西に隣接する竜田の地に営まれた『延喜式』記載の陵墓から、この地が蘇我氏の女が生んだ欽明の皇子や皇女たちの墓が営まれるべき土地であったことなどを指摘するとともに、大王家の一族で特殊な事情からきわめて接近した時期に死亡した男性二人を『日本書紀』に求めて、五八七年、蘇我馬子によって殺害された穴穂部・宅部皇子を探しあてた〔前園・白石一九九五〕。穴穂部皇子は欽明と蘇我稲目の娘・小姉君との間に生まれた子であり、宅部皇子は『日本書紀』では宣化の子とされるものの、『本朝皇胤紹運録』では欽明の子で穴穂部とは同母兄弟とされ、『聖徳太子伝暦』や『扶桑略記』では穴太部・宅部の二皇子は用明の兄弟、すなわち欽明と蘇我稲目の娘であるあの堅塩媛の子とされているのである〔坂本・平野一九九〇〕。傾聴に値する説といえるだろう。

三　六世紀後葉の古墳秩序

(1)　墳丘の秩序

では、丸山古墳や藤ノ木古墳が造られた六世紀後葉とはどのような時代だったのか。以上に試みてきた、古墳の墳形と規模、横穴式石室と家形石棺などの分析をより広範囲に及ぼすことによって検討してみよう。

そこでまず、古墳の形や規模には被葬者の王権内における政治的位置が端的にあらわれているものと理解し、六世紀後葉における古墳の秩序、あるいは古墳の政治的階層構成を検討すると図31のごとく模式化できると考えられる。

まず、大王墳は最高位の突出した位置に、それ以外の首長墳はそれよりずっと低い位置に配置される。つぎに、各地の首長墳は、それぞれが個々に王権とのみつながっていたわけではなく、他方では地域的なまとまりもみせていた。その場合、地域ごとの首長墳間の階層構成は、基本的に三つの形が想定される。円墳のみで上下を構成するもの（A型）と、上位の前方後円墳と下位の円墳とからなるもの（B型）、および前方後円墳が上下を構成し、これに円墳が加わるもの（X型）とである。

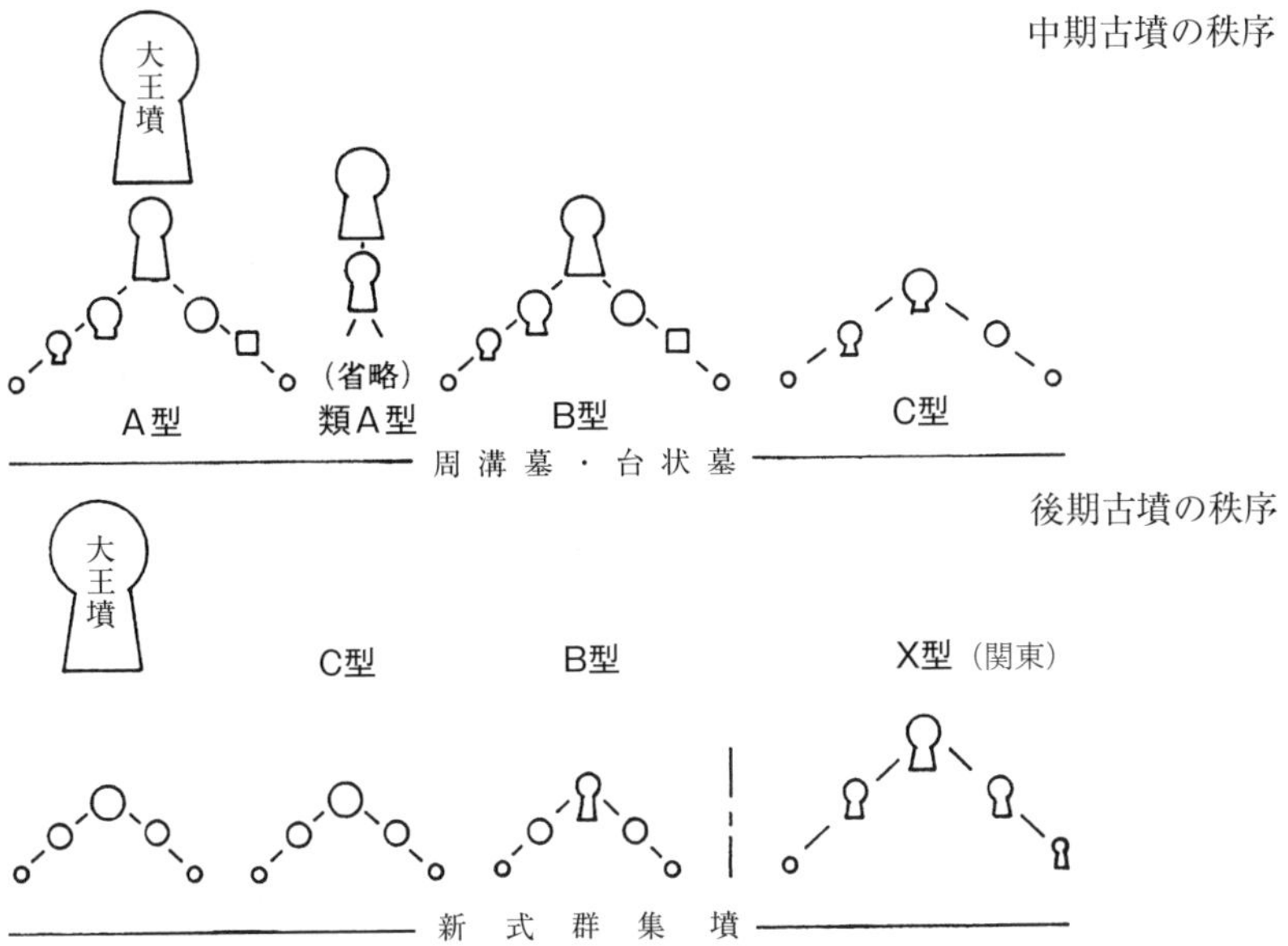

図31　中・後期古墳の階層構成の諸類型

六世紀後葉に前方後円墳が築かれなくなった地域、たとえば奈良盆地南部や南山城にはいくつかのA型が含まれているものと推測する。これに対し、数多くはないものの前方後円墳が分布する地域にはB型が推定される。京都市嵯峨野古墳群はその典型的な例で、低位段丘の中・下部に一系列の前方後円墳、上部に複数系列の大型円墳群、そして山裾には小型円墳群（群集墳）が、時に首長クラスの中型円墳を含みつつ、数多く築かれている〔京都大学考古学研究会一九七一、和田一九九〇〕。この古墳群は当時の畿内では最大規模のB型であるが、この類型のなかにはより小規模なものや、烏土塚古墳のある平群谷のように大型円墳以下の充実度が低い地域も含まれている。各地の状況をみるかぎり、当時の古墳の構成はA型の地域が中心で、これに多くはないB型の地域が混っていたものと理解される。ただ、前述のごとく、関東の多くの地域では、この時期に以前にも増して多くの前方後円墳が造られた。そして、そこでは一定地域において全長一二〇メートル前後のものから二、三〇メートル程度のものまでが、大小の円墳をまじえつつ、ピラミッド形の階層を構成していたのである〔石島一九九四〕。ここではそれをX型とする。ところで、六世紀後葉の古墳のもう一つの特徴は、横穴式石室を埋葬施設とする小型円墳群がさかんに造られたことにある。ここでは、それを新式群集墳と呼ぶが、それは政権に取りこまれた有力家長層の古墳と推定される（第二部第三章）。その群構成は基本的には均質な小型円墳よりなるものであるが、同一の墓域に首長墳を含むものもあれば、首長墳と少し離れているもの、あるいは付近に首長墳が見あたらないものもある。しかし、いずれの群集墳にもそれを統括する首長がどこかにいるものとして表示している。

六世紀後葉の古墳の構成を以上のように捉え、古墳時代の他の時期、特に五世紀代の中期古墳のそれと比較すると（第二部第二章）、この時期には大王墳が突出した規模を示すこと、それに対し首長墳は相対的に小さくなり、広域を支配する大首長の大型前方後円墳がなくなり、首長墳の多くが円墳化すること、および新式群集墳が激増することなどを指摘することができる。言いかえれば、それらは大王権の強化、首長権の低下と首長層の官人化、および広汎な家長層の王権への取りこみ（公民化）といった政治的現象の反映であり、三者は不可分に結びついて進行していたものと推測されるのである(11)。

そして、この動向のなかで、古墳は被葬者の政治的位置を示すものとして、その築造に関しては強い規制が加えられたと推察される。古墳構成のA型やB型はこの規制の差の表れと考えられるのである。ただ、関東にみられるX型の場合は、同じく規制の枠内にありながらも、規制のきわめて緩い、他とは大きく異なる約束のもとで形成されたものと思われる。X型の構成は、群集墳がなければ畿内の前期古墳のそれに近いもので、そこには共同体的規制の強く残る伝統的な土豪的首長層の存在が推測されるのである。

(2)　横穴式石室の規格性と地域性

では、このような墳丘に認められる政治的な階層構成、あるいは古墳築造の規制といったものは横穴式石室ではどのようにあらわれているのであろう。

その場合、興味深いことは、当時は大王墳から山間・島嶼の家長層の小型円墳までが、いずれも埋葬施設として横穴式石室を採用していたことである〔近藤一九八三〕。このようなことは古墳時代前・中期にはなく、そこでは竪穴式石槨や粘土槨や棺の直葬といった埋葬施設が、各種の棺とともに、階層によって使いわけられていた。しかし、後期に入り、古墳を造る各階層がいずれも横穴式石室を採用するようになった段階では、古墳の階層的序列を示す指標として、石室の規模がきわめて重要なものになったものと推定される。そこで、玄室を中心に石室規模を比較すると、表6（一二三頁）のごとくである。

すなわち、畿内で横穴式石室が利用されだした五世紀後葉から六世紀前葉の段階には、一尺二四チセンの晋尺と一尺三六チセン前後の高麗尺が併用されていたが、六世紀中葉以降は高麗尺のみに統一され、畿内の横穴式石室は定型化するとともに、尺単位でもって秩序づけられたと推定されるのである（第二部第三章）。ここでは、そのような畿内の規格性のある石室を畿内型横穴式石室と呼ぶが、最大は丸山古墳のもので推定玄室長二五〜二四尺×幅一二〜一一尺、最小は各部がその四分の一程度のものである。埋葬施設を同一形式のものにしたことにより、それを設計尺単位で秩序づけることによって、大王墳から小型円墳までの序列が明確化したということができるだろう（表6・一二四頁表7）。

設計尺の統一と横穴式石室の定型化が実現してくる六世紀中葉の時期が、首長墳の円墳化、すなわちA型古墳構成が顕在化してくる時期や、新式群集墳が増加しはじめる時期と重なることは、それらが一体のものとして実施されたことを示している。まさに欽明朝の時期である。そこで、この段階の規制を「欽明朝の古墳規制」と呼ぶことにする。

六世紀後葉はこの方向性がより強められ、急速に実現されていく時期であった。言いかえれば、それは王権が確立し、支配機構が充実していく過程であった。

では、先に指摘した六世紀後葉から七世紀前葉にかけての大和盆地におけるもっとも有力な古墳のまとまりを示す、横穴式石室A群・B群の差は何を示すのであろう。この点に関しては、先の丸山古墳や藤ノ木古墳の検討のなかですでに指摘したところを整理すると、つぎのようである。

A群の石室、ないしはその系統の石室―おもに盆地南部、のち南東部に分布―墳形は、丸山古墳以外は六世紀中葉後半以降円墳化・七世紀前葉には方墳が加わる―階層構成A型の上位―棺は南大和型や播磨型の刳抜式家形石棺―七世紀中葉以後、切石横穴式石室として発展。

B群の石室、ないしはその系統の石室―おもに盆地西部に分布―墳形は六世紀後葉まで前方後円墳を含む・七世紀前葉には円・方墳化―六世紀後葉は階層構成B型の上位中心―棺は二上山白石製の葛城型などの組合式家形石棺―七世紀中葉以後衰退。

結論的にいえば、前者の古墳は大王墳、およびそれと密接な関係を示す有力首長墳で、欽明朝の古墳規制をそのまま実現したものということができ、被葬者には大王や大王家の有力者、あるいは大王家と密接な関係にある、より官人的性格の強い新しいタイプの有力首長を想定したい。各地のA型古墳構成のモデルともいえるものである。他方、後者の古墳は、王権を構成しつつも前者に対し相対的な独自性をもった別系統の有力首長墳で、被葬者にはX型ほどではないにしても、より在地豪族的性格の強い古いタイプの有力首長を推定したい。

大王墳を除くと、六世紀中葉以降、前者が優勢になってくるとはいっても、両者はしばらく拮抗した関係にあったと推定される。しかし、六世紀末ないしは七世紀初頭以後は後者も円・方墳化し、七世紀中葉にはB群型式の横穴式石室も姿を消す。後者が前者に包括された段階で古墳時代が終わり、新しい時代が到来したのである。そして、その段階には関東の前方後円墳も姿を消した。

なお、石室のA群・B群が用いられた範囲は、先に古墳の構成で想定した地域よりも広い。石室型式の共有はいくつかの地域を包みこむかたちで進行したものと推定される。

(3) 家形石棺の類型と同族関係

ところで、A群・B群の横穴式石室をもつ古墳の理解には、家形石棺の評価も大きな意味をもっている。そのため、ここでは家形石棺について少しまとめておこう。

家形石棺には九州系のものと畿内系のもの、および両者の系統を引くと思われる出雲系のものとがある。畿内系のものの祖形は、五世紀後葉（古墳時代中期末から後期前葉）の奈良盆地東部を中心とした地域で竪穴式石槨内に納められた阿蘇ピンク石（阿蘇溶結凝灰岩の一種。馬門石。熊本県宇土半島付け根付近産）製の舟形石棺（刳抜式）で、播磨型や南大和型の突起〇・二型式はこの舟形石棺の形態が、横穴式石室の平らな床面に適合し、身が箱形となり、突起が大きくなって成立した〔和田一九七六、高木・渡辺一九九〇〕。

さて、畿内で家形石棺の製作が始まるのは六世紀前葉のことである。二上山の石材もこの段階で開発された。奈良盆地では南部で南大和型（二上山白石製、刳抜式）が、西部で葛城型（二上山白石製、突起〇・三、〇・四型式などで蓋が扁平）などの組合式石棺が作られ、東部では、先の舟形石棺に続く若干の阿蘇ピンク石製家形石棺の後に、二上山白石製の組合式石棺（奈良盆地東部石棺群）が製作された。また、大阪平野では、北部や東部で突起のない扁平な蓋の組合式石棺である山畑型（二上山白石製・竜山石製）が、南東部では南大和型と類似の蓋をもつ二上山白石製の組合式石棺（石川右岸石棺群）が作られ、兵庫県の加古川下流域では播磨型（竜山石製、刳抜式・組合式）が製作された。そして、六世紀代を通じて、播磨型が製作地周辺と畿内で用いられたことを除けば、他はいずれもが特定の範囲に分布し、その範囲を超えることはほとんどなかった。

棺は弥生時代以来、特定の同族、あるいは特定の同族を中心とする地域集団ごとに、その形態や素材が習慣的に定まっていたと推察するが、六世紀段階における畿内の家形石棺の状況も同様で、それぞれの類型の家形石棺は、それぞれの地域ごとに同族的な結合をみせる首長層を中心に用いられたと推測される。家形石棺の差が横穴式石室のA群・B群に対応し、首長墳が前方後円墳か円墳かといったことにも関連しているのはこのためである。

ところで、丸山古墳の調査によって、大王家の棺は竜山石製の播磨型刳抜式石棺であることが判明した。竜山石といえば、中期に大王をはじめとする畿内やその周辺の大首長層を中心に用いられた長持形石棺の石材である〔間壁一九七五〕。古墳時代の中期から後期への変化のなかで大王家の系譜に大きな変動があり、棺の型式も変わったが、大王家は竜山石製の棺を用いるという伝統は変わらなかったのである。

そして、多くの家形石棺の類型がそれぞれ在地的なもので終焉していくなかで、六世紀後葉以降、播磨型と南大和型に共通の棺型式が吉備・因幡・近江・伊勢・美濃・尾張・駿河など各地で模倣されるとともに、六世紀末から七世紀中葉にかけては播磨型の製作が急増し、西は山口県の周防から東は滋賀県の近江まで盛んに持ちはこばれたのである。大王家と密接な関連をもつ官人的首長層の急増がこのような現象の背景にあったものと推測する。また、このことが、七世紀中葉以後に展開した、当時としては最高位の石室である花崗岩切石横穴式石室に播磨型が納められた理由でもある。七世紀代の播磨型家形石棺は擬制的な同族関係の広がりを示唆するとともに、公的な棺とでもいえる性格をもおびていたとも推測している〔和田一九七六、第二部第三章〕。なお、播磨型と関係の深い南大和型は、播磨型ほどではないにしても、六世紀後葉ころから大阪平野南東部などに分布を広げ、少なくとも七世紀中葉までは存続する。

おわりに

以上、見瀬丸山古墳と藤ノ木古墳の概説から出発し、同時期の古墳や前後の時期の古墳と、墳丘の形と規模、横穴式石室、家形石棺などを資料に比較検討するなかで、六世紀後葉における古墳の秩序を明らかにし、当時の王権のあり方に迫ろうと試みた。

その結果、六世紀から七世紀にかけての時期は、大王を中心とする限られた数の大首長のもとに、在地支配を続ける列島各地の数多い首長層が序列化され政治的に編成されていた古墳時代中期（四世紀後葉から五世紀中葉）の首長連合体制とは異なり、広汎な民衆をも巻きこんだ、より中央集権的な王権が形成されていく過程であったと評価することができる。その過程のなかでの各階層の変化の方向は、大王権の強化、首長権の低下と首長層の官人化、有力家長層の台頭と王権秩序への積極的な取りこみ（公民化）などであり、それは古墳における、大王の巨大前方後円墳の存続、大首長墳の消滅と首長墳の円滑化、有力家長層の古墳の新式群集墳化とその増加などとして表現されているものと考えられる。大王を中心とした国家的制度が徐々に整備されだしたのである。

ただ、五世紀後葉における中期体制の崩壊以降、政治社会が順調にこの方向に進んだわけではない。五世紀後葉から六世紀前葉にかけての時期は、畿内やその周辺においても、先の古墳構成でいえば、首長墳として前方後円墳が上位を占めるB型の古墳構成が主体となり、中期の小型墳丘墓（周溝墓や台状墓）が円墳化し古式群集墳が現れたとしても、その埋葬施設にはいまだ規格的な畿内型横穴式石室は用いられていなかったのである。

大小の円墳からなるA型の古墳構成が主体を占めるようになるのは六世紀中葉以降のことであり、尺単位で秩序づけられた規格的な横穴式石室が成立し、それを内部施設として採用した新式群集墳が増加しはじめるのもこの時期である。ここではこの時期の古墳政策を「欽明朝の古墳規制」と呼んだ。六世紀後葉にはこの方向性が一段と進んだが、それでもなお、B型の古墳構成は残存し、関東ではX型構成のものまで展開していた。そこで、A型にはより官人的性格の強い首長層、B型にはより在地豪族的性格の強い首長層、そしてX型にはA・B型とは異なる規制の存在と、伝統的な共同体規制の強く残る自立性の強い土豪的性格の首長層の存在を推定した。こうした首長層の性格の差異は、横穴式石室や家形石棺などのあり方から推測される首長層の同族的結合の差異とも結びついたものと考えられる。

六世紀末、ないしは七世紀初頭になると、大王墳は方墳となり、関東をも含めて前方後円墳は消滅し、首長の古墳構成はA型のものとなり、ほどなく新式群集墳とともに衰退する。古墳時代という同族原理が社会の規範となった時代が去り、代わって法が社会の規範を律する時代が来たのである。

註

（1）　近年では〔増田一九九一〕などがある。
（2）　見瀬丸山古墳の石室内部写真発見の経緯、ならびに写真からの石室・石棺の復元的検討に関しては〔猪熊編一九九二〕に詳しい。
（3）　須恵器編年は基本的には〔田辺一九八一〕によったが、六世紀末から七世紀中葉に関しては、京都府宇治市隼上り窯跡群の資料でこれを補完し〔菱田一九八六〕、ならびに、〔新納一九八七〕の編年と年代観を採用した。
（4）　畿内の家形石棺の細分された類型ごとの呼称は〔和田一九七六〕による。また、石材の分析については〔間壁ほか一九七六、奥田一九九四〕などを参照した。
（5）　家形石棺の編年、および丸山古墳の石棺に関しては〔和田一九九二a〕において一度検討している。詳細はそちらを参照いただきたい。なお、編年表は今回一部を修正している。
（6）〔河上一九七九・八八、山崎一九八五〕などに指摘がある。また、石室と石棺の関係は〔河上一九七九〕でも触れられている。
（7）編年観の基本は〔白石一九六六〕によった。ただし、玄室の長大化という指標は必ずしも一般的ではないので採用していない。玄室側壁石積み段数と石材数による編年の検討では〔関川一九九二〕の成果が参考になった。なお、石室の編年に関しては、註6・7の諸論文のほかに〔白石一九八二、森下一九八七、新納一九九五、増田一九九五〕などを参考にした。
（8）天王山古墳の玄室側石積み段数は、左側壁が三段、右側壁が三ないしは四段で、羨道石積みも含めて、丸山古墳より古い傾向にある。この古墳の石棺の突起は、矩形化してはいても、蓋の斜面に取りつけられており、前後の時期の南大和型家形石棺のなかでは特異である。平坦面指数が絶対ではないので、南大和型の傍系と位置づけ、石室同様、丸山古墳より若干古く位置づけることも可能である。
（9）A群系統の石室の方が石材の減数化が早く、すでに御所市新宮山古墳段階で玄室側壁三段積みを実現している。ただし、この古墳の規模は後のA群の石室より相対的に小さい。つぎの牧野古墳の段階で四段積みになるのは、石室規模の差によるものと考えられる。
（10）筆者は石室の全面的な造りなおしを考えているが、〔増田一九九一〕では羨道部の前半と後半とでは石積みに差があることより、改葬時における石室羨道部のみの改修を想定している。なお、羨道部前半と後半の石積みに差ができる点は、古墳の墳丘や石室の築造過程における作業手順の差として一般的に認められることが指摘されている〔土生田一九九四〕。
（11）六世紀代におけるこの基本的な方向性は〔近藤一九八三〕などにおいて、すでに指摘されている。

第五章　古墳時代における首長連合体制の展開と変容

はじめに

日本列島における人類の長い歴史のなかで、本州諸島の九州南部から東北南部にいたる広い範囲において、人びとが憑かれたように古墳という特殊な墳墓を盛んに営んだ時代があった。その数は一〇万基とも二〇万基とも言われているが、私たちはそのなかでも、おもに四七〇〇基[(1)]を数える前方後円墳が造られた時代を古墳時代と呼んでいる。およそ三世紀中葉から六世紀後葉ないしは七世紀初頭にかけてのことである。

この時代は、紀元前四、五世紀頃に水稲農耕と金属器を中心とする文化が伝わり、列島に最初の農耕社会が定着した弥生時代と、律令を統治の基本法制とする中央集権国家が形成されはじめた七世紀の飛鳥時代との中間にあたり、古代国家形成過程のなかできわめて重要な位置を占めている。

ここでは、この歴史過程における古墳時代の位置づけが主題となるが、本章はこの課題に迫る基礎的な作業として、古墳が、いつ、どこで、どのような形と規模でもって造られたのか、各段階では古墳はどのような秩序を形成し、その秩序はどのように変化したのか、またそのような現象はどのように理解されるのか、といった点を中心に検討し、この課題に対する一定の見通しを立てたいと考える[(2)]。

一　古墳築造の諸段階

(1)　五つの段階・六つの画期

ところで、古墳時代には大小各種の古墳が各地で築かれたが、それらはけっして無秩序に造られたのではなく、何らかの約束に従って造られたものと推測される。

そこで、一定地域に築かれた大小すべての古墳を対象に、築造時期、墳丘の形と規模および墓域を基準に、古墳の築造状況を検討すると、たとえば京都府南山城地域の場合は図20（八三頁）のごとくである（第二部第一・二章）。

その結果、古墳の築造状況はめまぐるしく変化しており、古墳時代はけっして牧歌的で停滞的な社会ではなく、急速に変貌をとげる躍動的な時代であったことが判明する。しかも、このような変化は、各地域がそれぞれの事情で独自に変化をとげたのではなく、関東や島根県東部などいくつかの地域を除けば、大多数の地域ではほぼ同時期に同傾向の変化をとげたのである。

ここでは、その変化を五つの段階・六つの画期として把握する（八五頁表4、第二部第二章）。

すなわち、第一段階は、前方後円墳が出現し、畿内から瀬戸内海沿岸を経て北部九州にいたる地域を中心に前方後円墳や前方後方墳が散在的に造られ、東日本ではおもに比較的小型の前方後方墳が造られる前期前半の段階であり、第二段階は、分布が九州中部から東北南部にまで広がり、各地で前方後円墳をはじめとする各種の古墳が盛んに造られる前期後半の段階である。関東や長野県南部など一部の地域を除けば、前方後円墳や前方後方墳がもっとも多く築かれるのはこの段階でのことであり、地域最大の古墳がこの時期の前方後円墳である場合が多い。

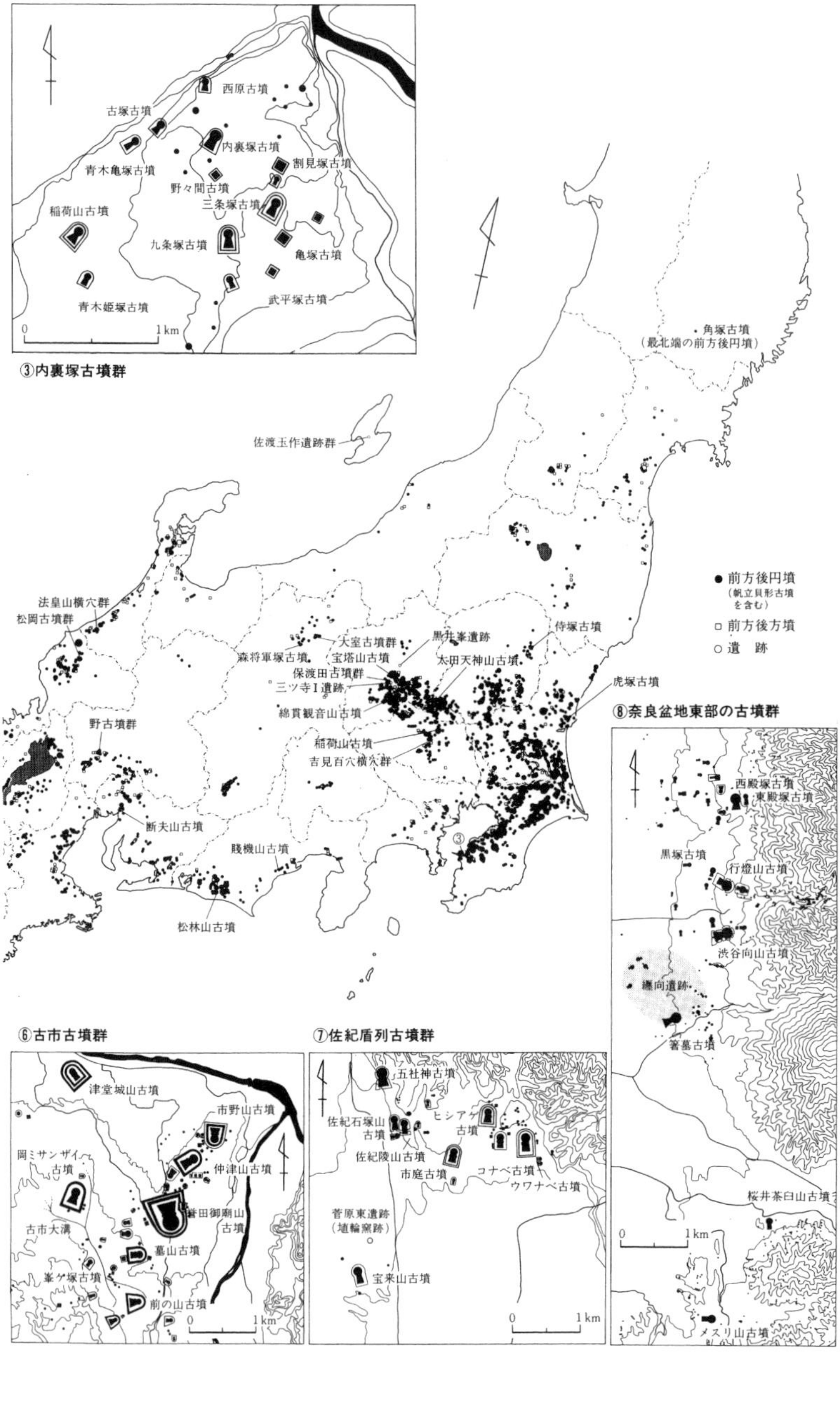
西原古墳
古塚古墳
内裏塚古墳
青木亀塚古墳
割見塚古墳
野々間古墳
三条塚古墳
稲荷山古墳
九条塚古墳
亀塚古墳
武平塚古墳
青木姫塚古墳
0　1km
③内裏塚古墳群
角塚古墳
（最北端の前方後円墳）
佐渡玉作遺跡群
前方後円墳
（帆立貝形古墳を含む）
前方後方墳
遺　跡
法皇山横穴群
松岡古墳群
大室古墳群
黒井峯遺跡
侍塚古墳
森将軍塚古墳
宝塔山古墳
太田天神山古墳
保渡田古墳群
三ツ寺Ⅰ遺跡
虎塚古墳
綿貫観音山古墳
稲荷山古墳
吉見百穴横穴群
野古墳群
断夫山古墳
賤機山古墳
松林山古墳
⑧奈良盆地東部の古墳群
西殿塚古墳
東殿塚古墳
黒塚古墳
行燈山古墳
渋谷向山古墳
纒向遺跡
箸墓古墳
桜井茶臼山古墳
0　1km
メスリ山古墳
⑥古市古墳群
津堂城山古墳
市野山古墳
岡ミサンザイ古墳
仲津山古墳
誉田御廟山古墳
古市大溝
墓山古墳
峯ケ塚古墳
前の山古墳
0　1km
⑦佐紀盾列古墳群
五社神古墳
佐紀石塚山古墳
ヒシアゲ古墳
佐紀陵山古墳
市庭古墳
コナベ古墳
ウワナベ古墳
菅原東遺跡
（埴輪窯跡）
宝来山古墳
0　1km

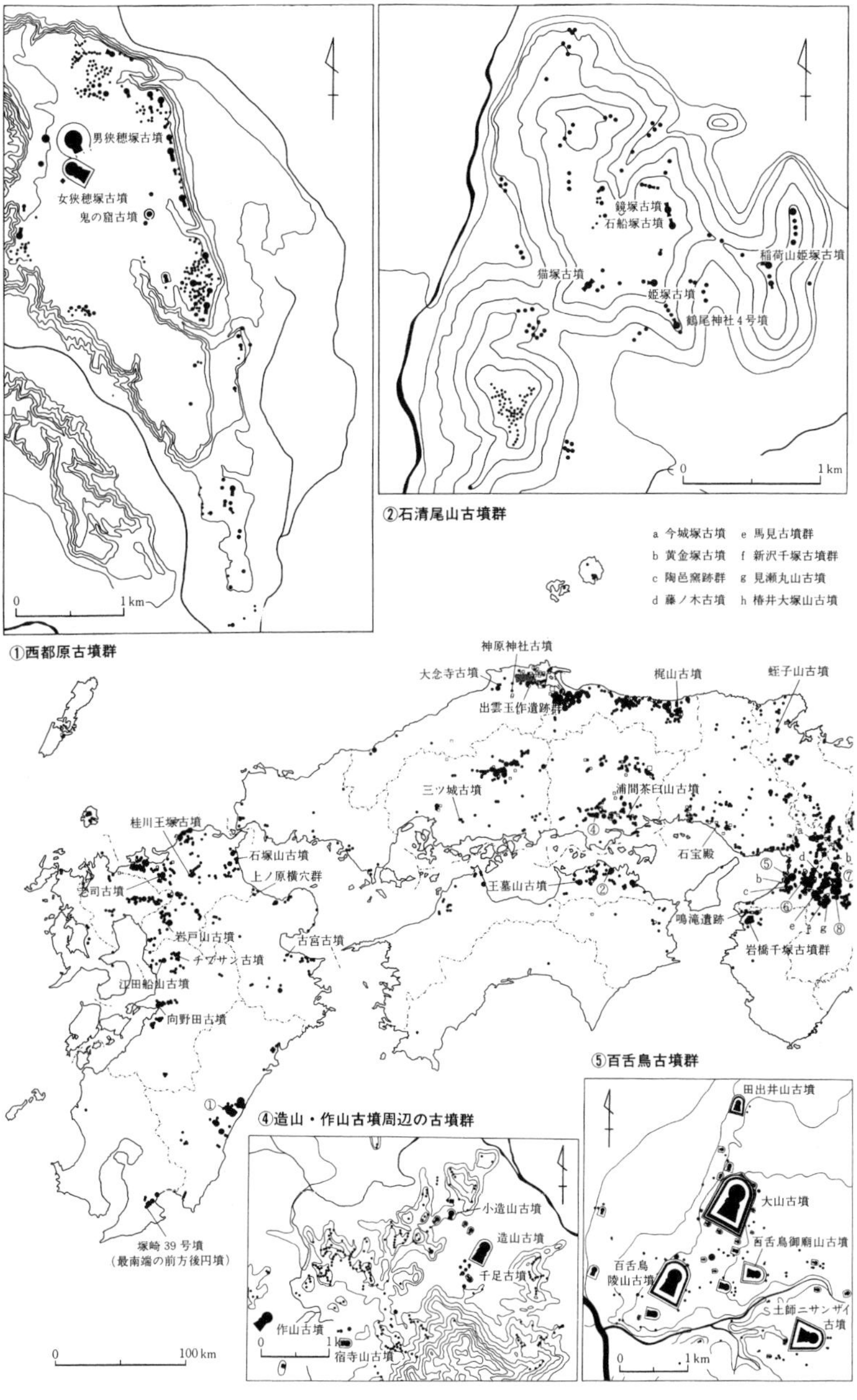

図32　前方後円墳・前方後方墳分布図

続いて、第三段階の中期に入ると、特定の前方後円墳はますます巨大化するが、この型式の墳形を採用する古墳の多くはごく限られた大型墳となり、数多くの中・小型墳は帆立貝形墳や円墳、方墳となるとともに[3]、前方後方墳は基本的に消滅する。この時点で古墳の分布は鹿児島県から岩手県南部にまで達し[4]（図32）、すでに後の律令国家のほぼ全領域を覆うことになる。盾形の周濠をめぐらせた壮大な前方後円墳が出現するのもこの段階のことである。

しかし、第四段階の後期前葉に入ると、大王墳を除いて巨大な前方後円墳は造られなくなり、それを核とした大型古墳群も、あるいはそれに連なっていた中小の古墳群も多くは衰退、消滅する。他方、これに代わって新たな墓域に中小の前方後円墳の築造が始まるとともに、古い型式の群集墳が出現する。さらに、第五段階の後期後葉には、前方後円墳が段階的に消滅し円墳化する一方で、新しい型式の群集墳が爆発的に造られる。そして、この段階を過ぎると前方後円墳は完全になくなり、畿内を中心とした西日本では群集墳も急速に衰退しはじめる。

以上が各段階における古墳の築造状況の概要である。ここで注目しておきたいことは、それぞれの段階の画期においては、古墳群の墓域の移動や、墓域の消滅、新たな墓域の成立が顕著にみられることである。このことは、それぞれの画期において、古墳の編成秩序に大きな変化が起こっていたことを示唆している。

(2)　画期と大王墳の動向

ところで、以上の諸段階とその画期は、大王墳[5]の動向とも深く関連している（表10、第二部第二章）。

そこで、その動向を画期との関係で概説すると、まず、最初の大王墳は奈良盆地南東部に出現する（第一の画期）。桜井市纒向古墳群の箸墓古墳がこれにあたり、以後、前期前葉から中葉にかけて同じ地域の天理市大和古墳群の西殿塚古墳、同市柳本古墳群の行燈山古墳・渋谷向山古墳と続くが、第二の画期の前期中葉には盆地北部の奈良市佐紀古墳群へと墓域が移り、佐紀陵山古墳や五社神古墳、宝来山古墳などが営まれる。

そして、第三の画期にはふたたび墓域は大阪平野南部の羽曳野市から藤井寺市にかけての古市古墳群と堺市百舌鳥古墳群へと移り、中期の間は安定的に両古墳群間を行き来するかたちで津堂城山古墳、仲津山古墳、百舌鳥陵山古墳、誉田御廟山古墳、大山古墳、土師ニサンザイ古墳が築かれ、後期初頭の岡ミサンザイ古墳まで継続する。

しかし、第四の画期である後期前葉には、岡ミサンザイ古墳に後続する巨大古墳はみられなくなり、古市古墳群中の野中ボケ山古墳や高屋築山古墳、あるいは橿原市鳥屋ミサンザイ古墳がこの時期の大王墳にあたるかと思われる。大王墳はこの時期には極端に小さくなると推測されるのであり、再度、墳長二〇〇メートル近い前方後円墳が築かれるのは後期中葉の高槻市今城塚古墳においてのことで、墓域も大阪平野北部へと移る。そして、第五の画期以後には、あまり時期の明確でない松原市河内大塚古墳を経て、後期後葉の奈良盆地南部の橿原市見瀬丸山古墳、あるいは平田梅山古墳が造られ、大王墳としての前方後円墳は終焉する。

以後、第六の画期直前には大王墳は方墳などとなり、大阪府太子町の磯長古墳群にふたたび集中して築かれるようになる。

表10　大王墳として扱った古墳の規模と宮内庁による現在の陵墓治定（数値は概数）

古墳名	規模
箸墓古墳（伝倭迹迹日百襲姫命陵）	280m
西殿塚古墳（伝手白香皇女陵）	219m
行燈山古墳（伝崇神天皇陵）	242m
渋谷向山古墳（伝景行天皇陵）	300m
五社神古墳（伝神功皇后陵）	267m
佐紀陵山古墳（日葉酢媛命陵）	207m
宝来山古墳（伝垂仁天皇陵）	227m
津堂城山古墳（陵墓参考地）	208m
仲津山古墳（伝仲姫皇后陵）	290m
百舌鳥陵山古墳（伝履中天皇陵）	360m
誉田御廟山古墳（伝応神天皇陵）	425m
大山古墳（伝仁徳天皇陵）	486m
土師ニサンザイ古墳（陵墓参考地）	290m
岡ミサンザイ古墳（伝仲哀天皇陵）	242m
鳥屋ミサンザイ古墳（伝宣化天皇陵）	138m
野中ボケ山古墳（伝仁賢天皇陵）	122m
高屋築山古墳（伝安閑天皇陵）	122m
今城塚古墳	190m
河内大塚古墳（陵墓参考地）	335m
見瀬丸山古墳（陵墓参考地）	310m
平田梅山古墳（伝欽明天皇陵）	140m

古墳の築造状況に認められる五つの

段階・六つの画期はきわめて政治的なものであるが、古墳時代の諸現象を理解する上でたえず念頭に置くべき大きな時代の枠組みと不可分に結びついているものと推察される。

二　中期古墳の秩序——首長連合体制の到達点——

(1)　中期古墳の階層構成

では、それぞれの段階や画期はどのように評価できるのであろうか。古墳の秩序がもっとも整う第三段階の中期古墳から検討をはじめよう。

まず最初は、中期の社会がどのような階層構成をとっていたかであるが、古墳を含む墳墓に認められるそれを南山城地域をモデルに作成したのが図21（九七頁）である(6)（第二部第二章）。

社会的階層構成としては、大きく、古墳を築く首長と共同体構成員とに区別される(7)。その上で、共同体構成員は、弥生時代以来の周溝墓・台状墓を営む有力家長層(8)〔都出一九八四〕とそれ以外の一般構成員とに区分され、一般構成員はさらに、木棺墓や埴輪棺墓などに埋葬される階層と、棺も用いず不定形な密集型土坑墓(9)に埋葬される階層とに分けられる(10)。

他方、首長層は明確な政治的階層構成をみせており、その格差は大きい。基本的には京都府南部（山城）最大の前方後円墳である城陽市久津川古墳群（平川支群）中の車塚古墳（墳長約一八〇メートル）と、それ以外の帆立貝形墳、円墳、方墳とに区分されるが、ここでは前者を大首長、後者を中小首長の古墳と考える。中小首長墳はそれぞれに墳形や規模でもってさらに秩序づけられている。

中期を通じてこの地域で前方後円墳を築きえたのは車塚古墳の大首長系列の三基のみであり、その墓域には他に少なくとも二系列の中小首長墳が営まれ、全体として複数系列階層構成型をとる古墳群となっている。(11)他の中小首長墳はみずからの基盤となる小地域ごとにそれぞれ独自の墓域を構成し、単一系列型の古墳群を形成する。そして、これらが全体として一つの政治的まとまりを形成するものと考えられる。(12)

以上のように中期の階層構成を考えると、そこには首長と共同体構成員という枠組みと、首長相互の枠組みの二重の枠組みが存在していることがわかる。前者の首長と共同体構成員という関係では、共同体上層である有力家長層以下が弥生終末期以来の墓制をとっており、そこには基本的に前段階と変わらない共同体の関係が継続していたものと考えられる。他方、この時点で古墳を築いたのは首長層のみであり、そこに認められる秩序は、後に述べるように、全国的な広がりをみせることから判断して、その形成には地域内の政治的関係のみならず王権の深い関与が推測される。言いかえれば、首長層はそれぞれの基盤に拠点を置きつつ在地支配を継続するかたちで、王権の政治的支配秩序のなかに組みこまれていたと推察されるのである。南山城の例ではないが、順調に推移した古墳群では、中期だけでも、同一の墓域に五、六基の首長墳が継起的に築かれており、首長権は首長一族のごく限られた範囲で順調に継承されたことをうかがわせる。

(2) 中期古墳の秩序――首長連合体制の成熟

それでは、全国を通じた中期古墳の秩序はどのように把握できるのだろう。そこで、南山城で作ったモデルを念頭におきつつ、大王墳の墓域や各地域の古墳のあり方を検討すると、図33のごとく整理することができる（補註1）（第二部第二章。なお現在は補註1に示した一九三頁図41のように細分している）。

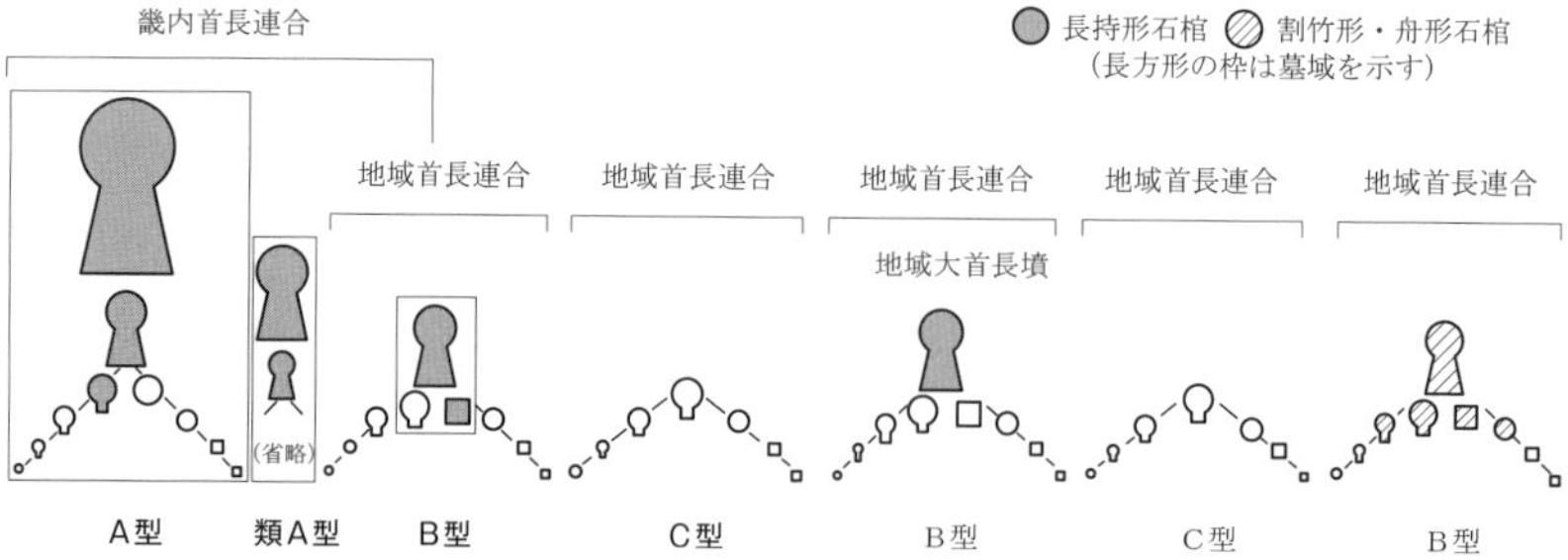

図33　中期古墳の秩序と石棺

まず、大王墳の墓域として古市古墳群の築造状況を検討すると、この古墳群は墳長一〇〇《メートル》を超える前方後円墳一五基を中心に約一〇〇基の古墳で構成されているが、同一時期と推定される古墳は一〇基から一〇数基で、先の車塚古墳とほぼ同一時期の誉田御廟山古墳の時期には、墳長約四三〇《メートル》の前方後円墳一基、約一〇〇《メートル》の前方後円墳一基、約六〇《メートル》の帆立貝形墳一基、四、五〇《メートル》の円墳三基、六〇から二〇《メートル》の方墳七基から構成されている(13)〔天野ほか一九九三〕。

そこで、これらを南山城と比較すると、一方は大王墳を含む一古墳群〔墓域〕、他方は地域の古墳群全体という違いはあるものの、その構成はきわめて類似しており、ちょうど南山城の古墳構成の上に大王墳を置いたかたちが古市古墳群の構成であることがわかる。ここでは、古市古墳群のような構成をA型、南山城のような構成をB型とする。

また、奈良県奈良市の佐紀古墳群や北葛城郡馬見古墳群では、各時期二〇〇《メートル》前後の前方後円墳一基と一〇〇《メートル》前後の前方後円墳一、二基を中心とし、A型をやや縮小したような構成をとるために、それらを類A型とする。

他方、各地では、三重県の伊勢諸地域のように、中期の間中、顕著な前方後円墳の築造がなく、帆立貝形墳や円墳、方墳が卓越する地域がある。このような地域では、基本的に古墳の構成は帆立貝形墳や円墳、方墳から成っており、これをC型とする(14)。

なお、兵庫県姫路市の壇場山古墳（約一四〇メートル）や篠山市雲部車塚古墳（約一四〇メートル）のように、地域全体で大型の前方後円墳が一基のみ築かれるが、後続しない地域もある。その場合は、一時期のみB型の構成をとるが、つぎからはC型に変化するのであり、この場合はＢＣ型と表現する。(15)

以上をまとめると、つぎのようである。

Ａ　型　大王墳を含む墓域の古墳構成

類Ａ型　畿内中枢大首長墳を含む墓域の古墳構成

Ｂ　型　大首長墳のある地域の古墳構成

Ｃ　型　中小首長墳のみの地域の古墳構成

（ＢＣ型　大首長墳のある地域から短期間で中小首長墳にのみに変わった地域）

A型や類A型の古墳群の下には、その基盤となる地域のみならず、いくつかのB型やC型の地域が連なっていたものと推測されるし、B型の下にも他のC型の地域が連なっていた可能性がある（一九四頁図42）。

A型が続くのは古市古墳群と百舌鳥古墳群のみであり、類A型が続くのも先の畿内の二古墳群のみである。(補註2) B型は南山城のほかでは、兵庫県加西市玉丘古墳群、大阪府岬町淡輪古墳群、三重県名張市美旗古墳群、岐阜県大野町野古墳群、千葉県木更津市内裏塚古墳群などを中核とする地域に認められるが、畿内やその周辺を中心とし、類例も少ない。各地でもっとも多いのはC型であり、つぎに、B型から急にC型へと変わるＢＣ型である。

全体の基本となる秩序は大王墳の墓域に認められるA型で、その縮小型が類A型、A型から大王墳を引いたのがB型、B型から大首長墳を引いたのがC型、B型からC型へ変化するのがＢＣ型である。

すなわち、中期段階には、大王墳の墓域に認められる古墳の秩序が、九州南部から東北南部の広範囲に展開したのである。首長層は大首長層と中小首長層に明確に区分され、大王をはじめとする限られた数の大首長層が、全国の数多くの中小首長層を序列化し、地域単位でもって編成していたものと推察される。[補註3] 各地で在地支配を続ける首長層を編成する秩序としては、一定の完成度を示す、力強い構成といえるだろう。しかも、特定の首長が代々大首長権を継承するB型の地域が少なくBC型が多い点からみて、大首長層はたえず中小首長に降下する方向にあり、事実、中期の中・後葉には大首長墳は徐々に少なくなる。[16]

ここでは、以上のような大王を頂点とする首長層の政治的結合を「首長連合体制」と呼ぶが、前後と比較して、この段階はその到達点を示すものと考えられる。そのなかで、古墳は王権内における首長層の政治的身分秩序を表示するものとして機能した。[17]

都出比呂志は、古墳にみられる身分秩序を、律令官人制のような上から一方的に叙任できる秩序ではなく、王権と首長の相互承認的なものとし、古墳の形と規模については、形が出自、規模が実力からくるものと評価する〔都出一九九六〕。確かに、前方後円墳を優位として大小各種の古墳が相対的な差異を示しつつ築かれた前期においては、そうした性格は強いものの、前期とは異なり、前方後円墳と他の墳形とのあいだに画然とした相違がでてくる中期段階にあっては、相互承認的で人格的な結びつきは、大首長間の範囲にのみとどまったものと考えられる。首長連合体制の到達点は、数多くの中小首長層の序列化を背景とした、大王を頂点とする大首長層の連合体制にほかならなかったのである。

そのなかでは、大王はけっして専制的な君主にはなりえなかったし、首長層も基本的に集住することはなく、都市的貴族層を形成することもなかったと推定される。[18] 王権を執行する官僚機構は未発達で、大王墳の墓域に古墳を営んだ大王の近親者を中心とした中小首長や、各地の首長層が各種の職務を分担していたものと推定される。[補註4]

(3) 首長連合と同族関係

ところで、このような体制下のなかで、首長層のつながりを示すもう一つの顕著な現象が認められる。それは地域色の豊かな埋葬施設や棺にみられる現象である。なかでも腐朽することのほとんどない石棺は、多くの情報を提供してくれる。

石棺は古墳に固有のもので、前期後半には製作が始まり、飛鳥時代に至るまで各地で用いられたが、現在は、石材の材質や形態や分布などから、どの集団が製作し、どこに持ちはこばれたかがほぼ判明している(19)〔間壁ほか一九七四～七六、高木・渡辺一九九〇〕。

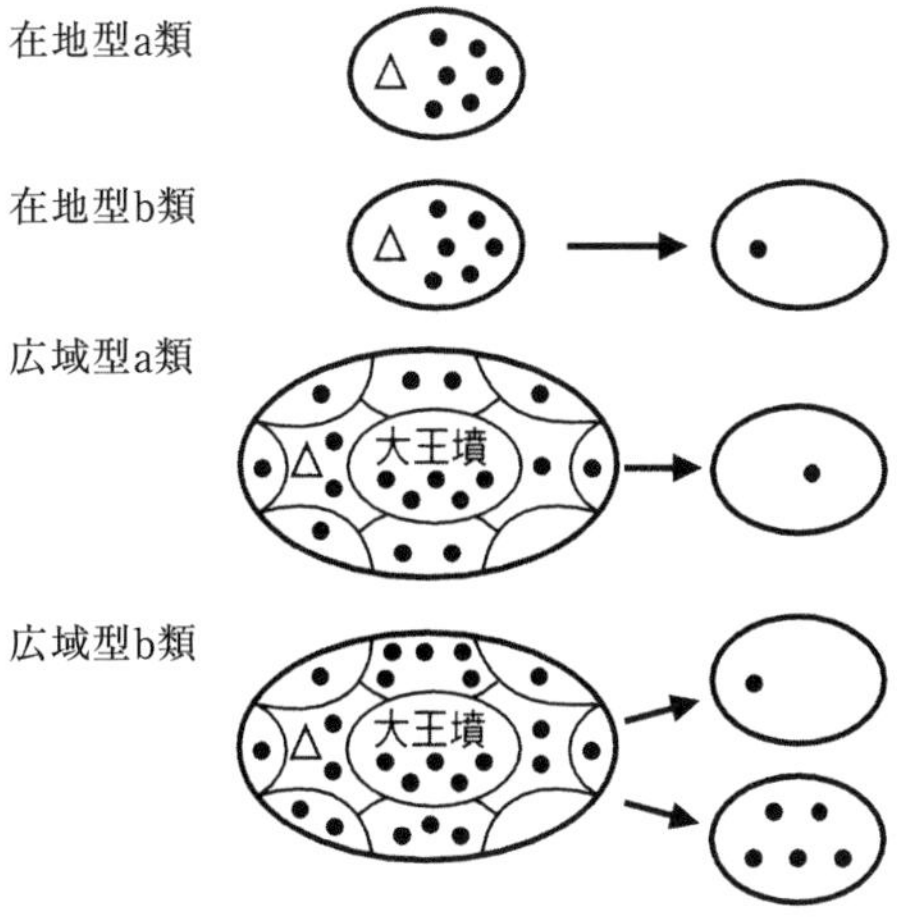

図34　石棺分布の諸類型（△は石切場）

今、中期を中心に用いられた舟形石棺と長持形石棺のあり方を検討すると（図34）、舟形石棺は熊本・宮崎・大分・佐賀・島根・京都・福井・群馬・茨城などの特定の地域でそれぞれ在地の石材で作られ、その地域の大小の首長墳に用いられており（在地型ａ類）、時には熊本の石棺のように一部が大阪など遠方に持ちはこばれている（在地型ｂ類）。これに対し、長持形石棺はいずれも兵庫県南部の竜山石で作られ、播磨中部から畿内にかけての大王墳や大首長墳を中心とする限られた有力首長層に用いられ、一部は岡山や兵庫北部などに持ちはこばれるとともに、九州や関東などの遠隔地の大首長墳ではその製作に中央からの工人の派遣も想定されている（広域型ａ類）(20)〔和田一九九四〕。

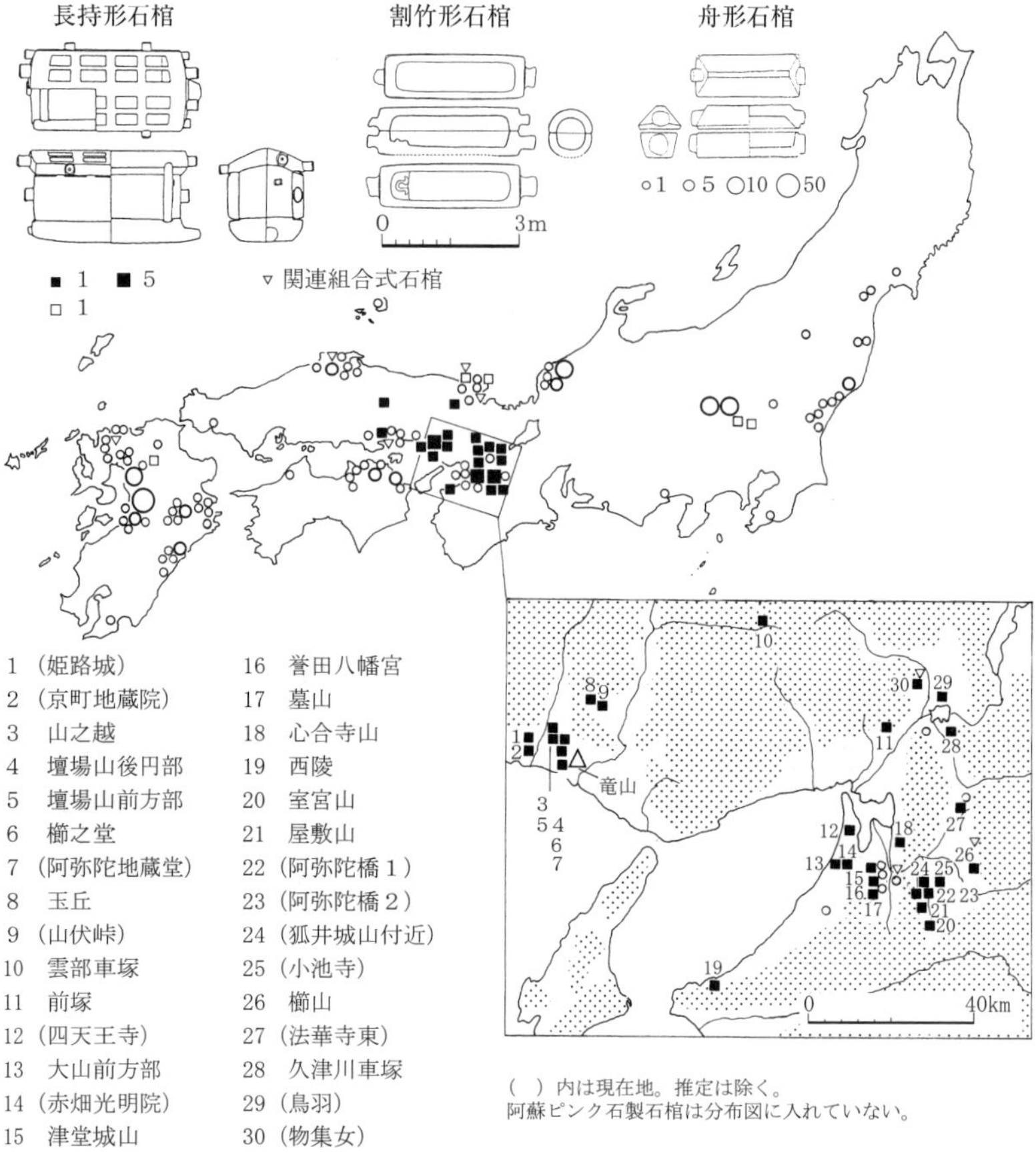

図35　長持形石棺と割竹形・舟形石棺の分布
(畿内の舟形石棺は他所からの持ちこみ．香川県の割竹形石棺は前期のみ)

すなわち、中期に首長専用の棺として用いられた舟形石棺と長持形石棺には顕著な分布差が認められるとともに、そのあり方にも大きな差異があるのである（図35）。

ところで、特定の地域や特定の遺跡の木棺や石棺が同一の材質や形のもので占められ、時には遠方へと運ばれる現象は、古墳時代の首長墳のみならず、弥生時代や古墳時代の共同体構成員の墳墓でもしばしば認められる[21]。人骨のまとまった出土がないので検証はできないが、私はそれは血縁関係や婚姻関係で結ばれた特定の人びとに固有の現象と考え、古墳時代に入り、首長専用の棺が作りだされ、棺・槨の階層的な使いわけが行われるようになると、よりいっそう政治性を強め、首長間の同族的結合を保証するものとして利用されるようになったと推定している〔和田一九九四〕。

したがって、在地型a類のように舟形石棺が用いられる背景には、首長層の同族的結合の存在を推定し、それが核となって地域を覆う政治的なまとまりが形成されたものと推測する。ここでは、このような地域ごとの政治的まとまりを「地域首長連合」と呼ぶ。それぞれの地域首長連合にはそれを統括する首長が存在したが、そのなかの有力者のみが大首長となりえたのである。その政治的領域としての地域的広がりは、先の南山城地域の広がりとほぼ等しく、基本的に旧律令国の四分の一から三分の一程度のものと推測されるが、それは弥生時代に想定されている通婚圏〔都出一九八六a〕にほぼ等しい。

他方、長持形石棺は、特定地域の大小の首長層に用いられることはなく、畿内から播磨中部にかけての大王墳や大首長墳、あるいはそれらの墓域に営まれた特定の中小首長墳のみに採用されている。したがって、この石棺の背景には地域を越えた畿内という地方レベルでの大首長層に独自の結合が推測されるのであり、ここではそれを「畿内首長連合」と呼ぶ。そして、それは大王家の血縁関係や婚姻関係を中心に結ばれた同族的結合を基礎としつつ、一部君臣関係をも含んだより政治的な結合であったと推測したい。遠隔地の大首長も婚姻等による結びつきを背景に一時的に

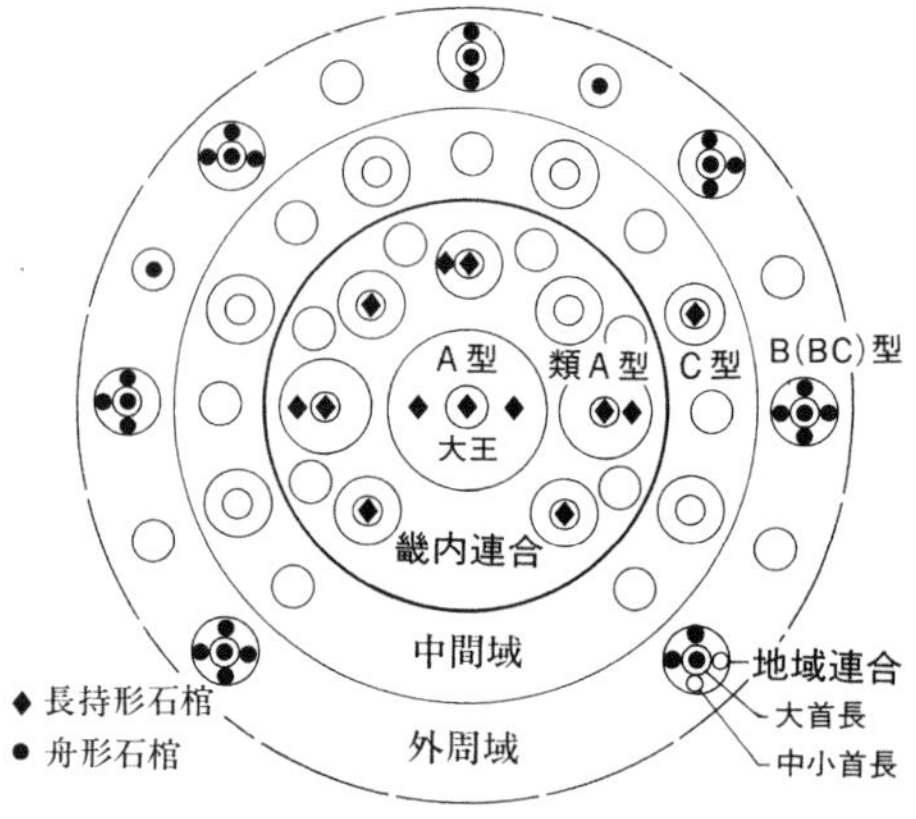

図36　成熟期の首長連合体制の概念図

この結合に連なることがあったのである。

古墳時代の始まりに擬制的な同族関係の全国的な展開を想定する考え〔近藤一九八三〕もあるが、中期段階の首長層の同族関係は、擬制的なものを含めても、長持形石棺の場合で畿内から播磨中部を中心に一部他地域で広がる程度で、その他の地域では基本的に地域の範囲内にとどまっていたものと推測される。

以上のように、首長連合体制の中核には畿内連合が位置し、その外側には同質的で小型の数多くの地域連合が展開していたのであり、それぞれの地域連合の内部にはまた各首長がよって立つ小地域（小領域）の共同体が存在したのである（図36）。しかも、畿内連合の周辺には前期以来の木棺等を用いる中間的な地域連合があり、さらにその外側の外様的な位置に、舟形石棺を用いる地域連合が位置していたと推察される[22]（二〇四頁参照）。そして、この体制の外側には、体制に組みこまれていない社会が存在し、外縁部は出入りのあるあいまいなものであったと推定される。このような地域や地方の政治的位置関係の大枠は、すでに弥生時代後期から終末期段階にできはじめ、古墳時代後期以降にも継続したものと考えられる。

三　前期古墳の秩序——首長連合体制の形成——

（1）　弥生首長墓の発展——首長連合体制の萌芽

では、このような古墳の秩序はどのように形成されてきたのであろう（付論2参照）。

まず、畿内の弥生墳墓のなかに、首長の成長過程を求めると、弥生前期から中期中葉にかけての段階で、方形周溝墓や木棺墓、土坑墓等で共同墓地が形成されるが、方形周溝墓にはすでに大小の格差はあるものの、いまだ突出した大きさのものは存在していない（弥生第一段階）。しかし、中期後葉から後期にかけての段階では、方形周溝墓に格差が広がり、小型墓が増加する一方で、首長墓と目される大型墓には一辺二〇メートルを超すものが現れる（弥生第二段階）。そして、後期後葉から終末期の段階には、密集型土坑墓が出現し、方形周溝墓のほとんどは小型化する一方で、大型墓には首長墓に専用のものとして前方後円形や前方後方形の墳丘墓が出現し、一部は共同墓地から離れて独自に墓域を形成するようになるのである（弥生第三段階）。

墳墓のあり方からみるかぎり、首長は弥生時代のなかで段階的に力をつけてきたのであり、首長と共同体構成員の格差が広がりはじめるのは第二段階だったのである。

ちょうどこの時期は、生産道具や武器が鉄器化し、社会が本格的な鉄器時代へと突入していく段階にあたる（禰宜田一九九〇、野島一九九六）。しかし、鉄素材をはじめ、鏡やガラス玉などといった威信財や新しい技術や情報を大陸や朝鮮半島に依存していた当時にあっては、それらの安定的な入手は共同体そのものの盛衰と深く係わっていた。そのようななかで、首長層は物資流通網を軸に地域ごとに「地方首長連合」とでも呼ぶべき一定の政治的まとまりをみせはじめる。九州北部、四国北岸、吉備、出雲から北陸、伊勢湾沿岸などを中心とした地方がそれにあたるが、近畿地方でもこの段階から畿内首長連合が形成されはじめるのであり、その勢力を中心に地方的なまとまりが形成され、大型化した銅鐸が畿内連合の政治的シンボルのように周縁各地へと配布されるのである〔和田一九八六・九五ａ〕。

そして、第三段階のなかで、畿内連合は優位性を高め、首長は共同体構成員からはぬきんでた存在となる一方、共同体の構成員には、密集型土坑墓の出現にみられるような顕著な階層分化が現れ、墳墓の構成は首長墓（大型墳丘墓）―共同体構成員上層墓（有力家長層・小型墳丘墓）―構成員下層・最下層墓（棺直葬―密集型土坑墓）となり〔都出一九九一〕(23)、古墳時代的な構成となる。しかし、日本海沿岸地方で四隅突出型墳丘墓の築造が継続していることからわかるように、この段階では墓制の列島規模での統一性はいまだ認められず、本州諸島の大部分を覆うような王権やその中核となる大王の姿もみられない。

古墳が成立してくるのは、畿内連合の覇権が確定し、各地で成立しかけていた地方レベルでの政治的まとまりが解体され、新しい統一的な支配秩序が大王を中心に拡大しはじめる、つぎの段階でのことである。

⑵　古墳の出現――首長連合体制の生成

古墳時代に入ると、首長の墳墓は飛躍的に巨大化、隔絶化し、象徴的で荘厳な古墳へと変化をとげる。この飛躍の背景には政治的にも文化的にも中国の少なからぬ影響があったものと推定されるが(24)、この段階で、畿内連合を中心とする勢力は、地方連合の域を脱し、広域を統治する王権として一定の統治システムを完成させるとともに、各地の首長層を、大王を頂点とする政治秩序のなかに段階的に取りこんでいったものと推察される。各地の墳墓の儀礼は新たに創出された古墳の儀礼へと統一されるとともに、古墳は王権内における首長層の政治的身分を表象するものとなる。

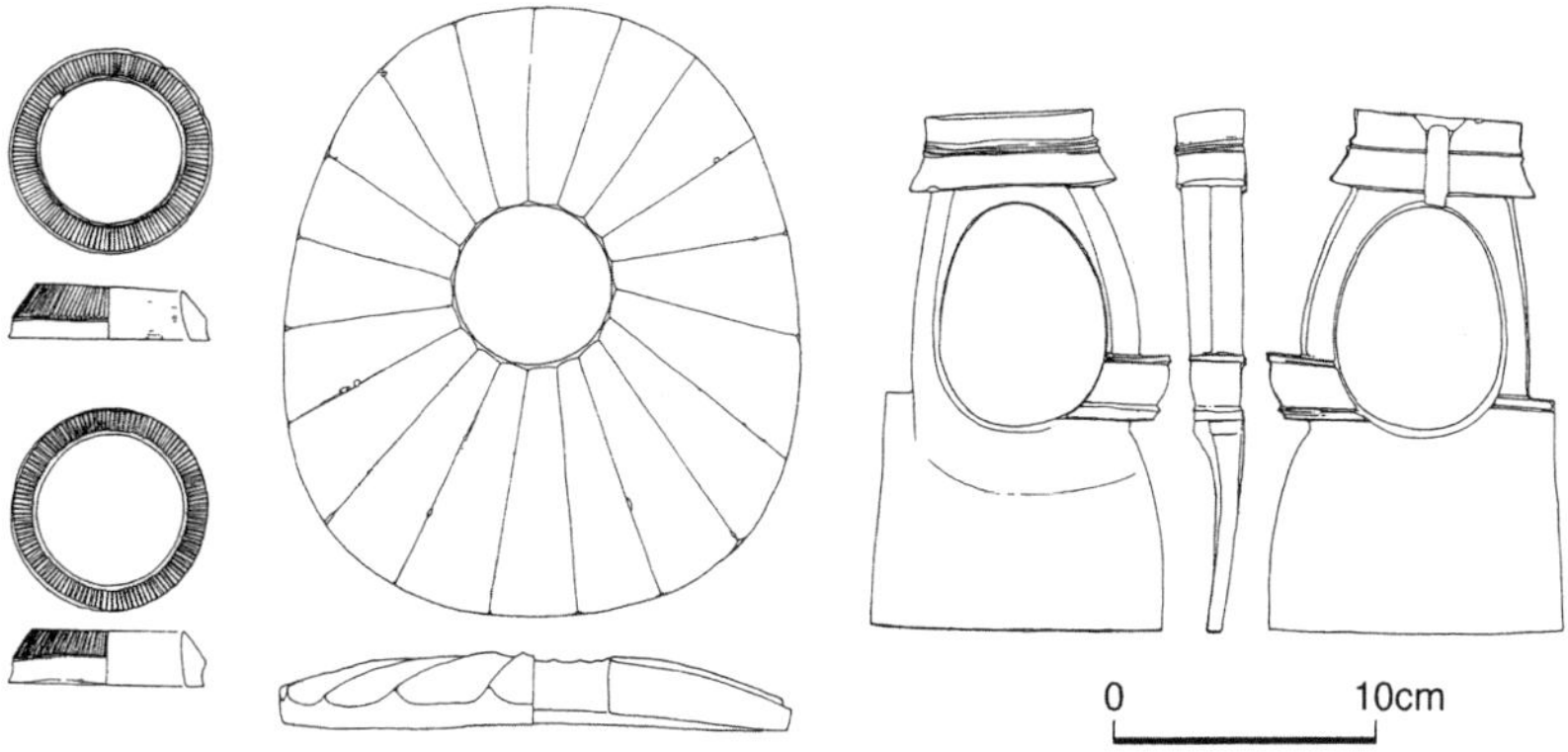

図37　倭風の副葬品を代表する腕輪形石製品
（右から鍬形石，車輪石，石釧．奈良県島の山古墳出土）

墳形は基本的に前方後円墳、前方後方墳、円墳、方墳の四つの形に限られ、大王墳の規模に規制された二分の一や三分の一などといった大きさの前方後円墳が京都や岡山などで築かれる（付論1および〔北條一九八六、前沢一九八九〕）。すでに墳丘の形と規模による秩序づけは始まっていたのである。

しかし、前期前葉段階の古墳は、畿内から瀬戸内海沿岸を経て九州北部へ至る範囲のものが中心で、その数も少なく、畿内周辺では一つの地域に一基程度の割合である。一方、他地方では、立地が平地から丘陵上に移り古墳的になるとはいうものの、弥生墳丘墓との区別が難しいものが少なくない。

(3)　前期古墳の秩序——首長連合体制の発展

九州北部から東北南部にいたる広い範囲の数多くの首長層が、古墳の秩序に急速に組みこまれるようになるのは前期後半（第二段階）のことである。

多いところでは一地域に五、六系列の首長墳がそれぞれ独自の墓域に営まれた。強弱の差があるとしても、それらが地域単位で一つのまとまりを示す点は中期と変わらず、そのなかで首長層は中期ほど明確な差異ではないものの、墳形と規模とによって相対的な差を示しつつ一定の政治的階層秩序を構成した。しかし、地域の大首長墳と呼べるほど突出したものは少なく、その古墳群も複数系列階層構成型のものにはなっていない。前期段階でそのような構成をとる古墳群は大王墳を含む古墳群と馬見古墳群のみである。そして、地域ごとに竪穴式石槨の構造や石材を共通にする例や、同じ石材の割竹形石棺や舟形石棺を用いる例が認められ、同族的な結合の進展を示しているのである（第一部第三章）。

前期後半段階の古墳の政治的階層差は、中期と比べ比較的緩やかだったと言えるだろう。

また、この時期は、副葬品に中国製品が減り、倭風とも呼べる列島産のもの（図37）が顕著になった点からみて、王権は対外的な交流よりは国内政策に重点を置いたと推測され、各地の首長層は急速に王権内に取りこまれていく。しかし、長期にわたって安定的に古墳を築造する首長層が少ないことや、その変動が大王墳の移動とも関連することから判断すれば、王権と首長層の結びつきは、ともに人格的な従層関係が大きな比重を占めるものであったとしても、前期は中期ほどには強いものでなかったと推定される。

ただ、そのような場合でも、地域や地方の位置づけに対しては一定の戦略的な配慮があったものと推察され（第三部第一章）、可耕地の少ない丹後半島や勢力圏の北端に位置する仙台平野に、京都府京丹後市網野銚子山古墳（約一九八メートル）や宮城県名取市雷神山古墳（約一六八メートル）のような巨大な前方後円墳が出現してくるのは、そのあらわれと理解される。

中期の首長連合体制の枠組みとその基礎は、この前期に築かれたのである。

四　後期古墳の秩序——首長連合体制の変容——

(1)　中期秩序の崩壊——首長連合体制の変質

四世紀後葉頃と推定される、前期後葉から中期への第三の画期には、首長層の編成秩序に大きな変革があった時期である。その結果は先にみたとおりであるが、それは数多くふくれあがった首長層への支配を強化しようとする王権が、地域内における首長層の階層分化の進行を背景に、新たに生みだした支配秩序と推測される。

この首長連合体制の到達点と評価した体制は比較的安定したもので、一〇〇年ほどは続いたが、副葬品に武器・武具類が顕著な点からみても、この体制はきわめて軍事色が強いものであったと思われる（図38）。

図38　最新の甲冑をまとった中期の武人（早川和子画）

王権はこの体制を背景に、朝鮮半島との交流を深めるとともに、[25]中期中葉にはふたたび中国の南朝へ朝貢するようになる。そして、この時の東アジア世界との活発な交流のなかで中国や朝鮮半島から多くの人・もの・情報がもたらされ、社会は古代化に向けての文明開化的状況と呼びうるほどの大きな変革を受けることになり（第二部第三章および〔橋口ほか一九九四〕など）、その結果は早くも後期前

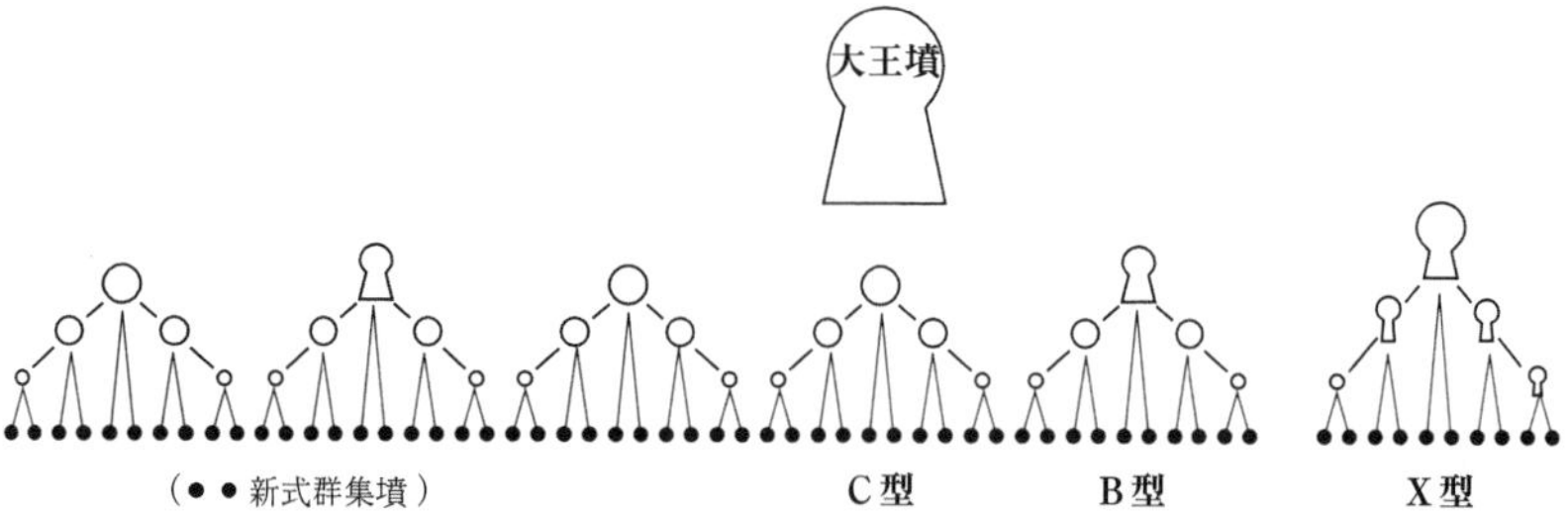

図39　後期古墳の秩序

葉（五世紀後葉頃）の第四の画期にあらわれる。

この画期においては、まず、各地に盤踞していた大首長の古墳がなくなり、それを中核とした古墳群、あるいはそれと連なっていた中小首長の古墳群は多くが衰退・消滅する。そして、これに代わって、新たな墓域に前方後円墳を中心とした中小首長墳が築かれるようになるとともに、方形主体の周溝墓・台状墓はいっせいに円形化し、古式群集墳[26]が形成されるようになる（一一八頁図25）。

言いかえれば、中期に権勢を誇った大首長やそれと連なっていた中小首長は急速に没落し、代わって新興の中小首長が台頭するとともに、はじめて共同体上層の有力家長層が王権の秩序のなかに組みこまれるようになったと理解されるのである（第二部第三章）。

さらに言えば、それは高句麗の南下や新羅の拡張による朝鮮半島情勢の緊迫化に対処するため、より強力で集権的な国家をめざした王権による、大首長層の解体を伴う首長層の再編と、民衆の編成を目的とした政策の結果であると評価される。

また、中期における多くの渡来者、新しい文物、技術、思想等の伝来と定着のなかで、大首長勢力と、渡来者を含む新興の中小首長層や有力家長層とのあいだに富や価値の分配をめぐって諸矛盾が高じた社会的動揺の結果であったとも推察される。

しかし、大首長層の抵抗や社会的動揺は大きく、強力な中央集権化へと王権が本格的に進みだすのは、つぎの段階のことであった。この時点では、王権自体にも動揺が認められ、大王家も一時的に弱体化し、大王墳は岡ミサンザイ古墳のあと数代は極端に小型化するのである。そして、以後しばらくは、新興首長層が造る前方後円墳が目立つ、前期的とも復古的ともいえる状況が広がる。

(2) 後期古墳の秩序——新しい秩序の形成

しかし、六世紀中葉ころの、後期中葉後半の第五の画期を境に、王権は中期以上に強大なものへと成長していくと判断される。古墳としては、巨大な大王墳が復活する一方で、首長層の前方後円墳は段階的に消滅し円墳化し、これに応ずるかのように新式群集墳が急速に増大していくのである（一二八頁図26）。すなわち、先の混乱期のなかで、畿内や地方の大首長層は完全に没落し、大王権が隔絶化するとともに[27]、首長層はますます王権内に取りこまれ官人化していく一方、王権による民衆の編成（公民化）が強力に推し進められたものと考えられるのである。

後期後葉の古墳の秩序を図化すると、図39のごとく描くことができるであろう（第二部第四章）。

ところで、この時期には新しい墓制として横穴式石室が普及するが、それらには顕著な特徴が認められる。

その第一は、大王墳から山間島嶼の群集墳までが同じ埋葬施設を採用することになることである。これまでは階層構成は墳形や規模のほかに、新たに一尺三五、六チセンの高麗尺を設計尺とする石室規模によって尺単位でも秩序づけによって各種の施設が使いわけられていたが、横穴式石室の採用でそれが共通のものとなったことにより、古墳の階られることになったのである。そして、それが首長墳のみではなく、広範な家長層の群集墳にまで貫徹していることから、王権による民衆の編成・再編成が古式群集墳段階より強化され、より整備されたものになったと推測される[28]。しかも、群集墳内部の秩序が被葬者の武器や馬具の保有形態と密接に関連することからすれば、この民衆の編成は軍事組織と深くかかわっていたと判断される（新納一九八三）。ただ、注意すべきことは、この時点で大王墳が隔絶化したとはいっても、大王の石室もいまだこの秩序のなかに包摂されていたのである。

第二は、横穴式石室が全国的に拡大したことにより、地域色が鮮明になることである。(29)畿内では、後期中葉にこの地方独自の形態をとり、先のように尺単位でもって秩序づけられた畿内型横穴式石室が成立し、時とともに分布を拡大するが、他地域でも多くが地域単位でもって独自の個性をもつ石室を築いており（五七頁図17参照）、この段階でも首長層から家長層までが同族的な結合を強く保持していることが推測される。

畿内でも、中期にはあまりみえなかった地域ごとの同族的な結びつきが、石室や首長層が用いる家形石棺の石材や形態の差によって浮かびあがってくる。家形石棺の地域色は、二上山の白色凝灰岩を用いる奈良盆地東部・南部・西部、大阪平野南東部・東部、神戸層群の砂質凝灰岩を用いる北西部、および、竜山石を用いる播磨中部や京都盆地北部などの地域であらわれるが（和田一九七六）、奈良盆地などでは畿内型横穴式石室の細分された型式差ともそれは一致する。先の古墳の秩序でC型とした例は奈良盆地南部から南東部にかけての一群であり、そこでは大王と同じ系列の石室と刳抜式石棺（竜山石・二上山白石）を用いているが、B型としたものは同じ盆地内でも前者とは異なる系列の石室と組合式石棺（二上山白石）を用いている。その差がこの時点での円墳のみか、前方後円墳を含むかの差と関連し、前者は大王により近く、より官人的性格を強めた新しいタイプの首長、後者は相対的な独自性を残す古いタイプの首長と評価できる。

また、この時期、関東の群馬、埼玉、千葉、茨城などでは、大小の首長墳が円墳を混じえつつ、前方後円墳として築かれている（X型）。島根の出雲東部でも後期の中葉から後葉の境頃に地域最大の古墳として前方後方墳が築かれ、後葉に継続している。これらに九州中部の熊本周辺を加えた地域など(30)は、この時点でもなお王権に対して相対的な独自性を維持しており、特に首長墳の前期的秩序と群集墳が混在する関東などは、他地域とは異なった支配方式がとられたものと推察される（第二部第四章、第三部第二・三章）。

さらに、石室や石棺のあり方からみて、擬制的なものをも含めた同族関係が地域を超えて、家長層をも巻きこんだかたちで広範に展開するようになるのは、この段階のころからと思われる〔白石一九七三〕。竜山石製の家形石棺が分布範囲を広げ、西は山口から東は滋賀まで持ちはこばれ、時には特定の地域の中心的な棺となるのも（図34・広域型b類）、この時期から飛鳥前半のことである。

六世紀末から七世紀初頭の第六の画期には、前方後円墳は完全に消滅し、首長墳は方墳となり、大王墳も方墳から飛鳥中葉には八角墳へと変化する〔白石一九八二〕。およそ数十年ほどのあいだ盛んに築かれた群集墳も畿内やその周辺では衰退し、官人的性格の強い中小首長や有力家長層のものかと推定される小型方墳中心の群集墳が築かれるようになるが、その数は多くはない。仏教文化を含む新しい大陸文化の本格的な伝来とともに、新しい葬制が伝わり、墳丘型式も方墳主体の東アジア共通のものへと変化するのである。その背景には、中国の統治方法にならい民衆を身分と戸籍によって編成し、官人化しつつある首長層を位階によって秩序づけ、法によってこれを統治するという方向性が強く押しだされてきたのであり、古墳という祖先崇拝に基礎をおいた、同族原理が強く働く社会に固有かと推定される政治的身分表象のシステムは姿を消していく。

おわりに――古墳時代の評価をめぐって――

以上の検討から、古墳は首長層の政治的身分秩序を端的に反映したもので、その秩序は王権による首長層や民衆の編成秩序をあらわし、ひいては首長連合体制と評価したこの段階の体制の構造を、同族的関係等をも含めて映しだしているものと推察する。

しかも、それは王権の統治機構とも密接に関連するもので、鉄や威信財をはじめとする中国・朝鮮からの人・もの・情報の独占と分配、兵役や徭役労働の徴発と編成、米や特産物などの収奪と再分配等が実現されるシステムのなかで、この秩序は大きな位置を占めたものと考えられる。

この段階においては、民衆からの収奪の中心は徭役労働であったと推定されるが、その主要なものは兵役であり、首長層が経営する生産活動への動員であり、灌漑施設や首長居館建設等の土木工事、そして何よりも古墳の築造工事そのものへの動員であって、民衆はこのシステムを通じて徴発、編成されたものと考えられる。鏡や石製品などの威信財や、そうした性格を強くもつ優れた馬具や武器・武具類の中国・朝鮮からの入手や、列島での生産は王権によって独占され、その配布は下賜のかたちでこのシステムを通じて首長層に行きわたったと思われる。鉄素材の入手と分配も同様で、中期段階以降に鉄の生産が行われるようになっても、須恵器の生産と分配にみられるように、その初期においては同様であったと推測されるのである。

また、中国・朝鮮文化の導入は外交権と深く関連するが、古墳時代には外交権は基本的に王権によって独占されていたと推定され、特定の地域が独自に外交を展開した形跡は少なく、外からの文化が定着し地域の文化に大きな影響を与えた例も少ない。列島の古墳文化の発信源がおもに畿内と九州にあることから判断すれば、第三や第四の画期など、王権が相対的に弱まった段階で、九州の一部の地域が半島等との交流を独自にもったことも考えられるが、一時的なものであっただろう。

ところで、このような体制は五〇年から一〇〇年程度の間隔で急速に変化した。ここでは、以上の考察をもとに、それを首長連合体制の五つの段階と理解したい。

萌芽期（弥生後期から終末期、特に終末期）

生成期（古墳前期前半）

発展期（古墳前期後半）

成熟期（古墳中期）

変質期（古墳後期、特に後期前半―模索期。後半は新しい秩序の始まり）

これまで、この時代をどう捉えるかに関しては、『古事記』『日本書紀』や中国の歴史書などによって多くの文献史学者が見解を示してきたが、考古学者の側からの発言はきわめて少なかった。一九五五年に小林行雄が伝世鏡論や同笵鏡論をもとに古墳の発生に初期大和王権の成立を認め〔小林一九五五〕、考古学がこの時代の歴史研究にきわめて有用であることを示して以来、考古学は着実な進歩をとげてきたが、時代全体を捉える理論的な枠組みをもつには至らなかったからである。しかし、一九八三年には近藤義郎がF・エンゲルスらの理論を基礎にこの時代を部族連合の段階として体系的な叙述を試み〔近藤一九八三〕、一九九一年以降は都出比呂志がH・クラッセンやP・スカールニクらの初期国家論を批判的に受けいれ、前方後円墳体制を提唱している〔都出一九九一〕。

都出によれば、初期国家はその前の首長制と後の成熟国家とのあいだに位置し、①階級的支配者が存在すること、②社会的余剰が恒久的に存在し、収奪が可能であること、③権力としては、中枢的政体が存在し公権力としての要素をもち、人民の武装とは区別される軍事編成があること、④社会統合の原理としては、地縁編成原理がより進み、中間首長による間接支配が存在すること、⑤物資流通に上下関係が生じ、共同体内外で貢納関係が存在することなどが主要な指標とされている〔都出一九九六〕。

この理論は、「国家とそれ以前の社会とを対比の理論で二分するだけでなく、両者の長い「移行過程」を歴史過程として解明する」うえで有効であると言うとおり、古墳時代のような第四の画期を境に、それ以前の首長制的な性格が強く残る段階と、それ以後のより集権的な性格が強まる段階との、両者にまたがって築造された「前方後円墳の時代」〔近藤一九八三〕を把握するのには、きわめて適していると評価できる。

それだけに、急速に変化する初期国家の発展過程が改めて問われることになるが、そのなかで、先に引用したそれぞれの指標の発展過程、相互関係、畿内連合内外での地域差などが整理される必要があるだろう。

また、ここで地域連合とした地域の政治的まとまりの中心である首長層の同族的な結合が、首長制の指標とされる円錐クランの初期的な階級社会での変異形態、あるいはそれに基礎を置いたものにあたるとすれば、列島の場合は初期国家段階においてもそれは大きな役割を果たしていたと思われ、特にその成熟期の体制は、その複雑で重層的な結合とも評価できる。前の段階の指標のその後の変異過程や、後の段階の指標の生成過程もこの段階のなかで検討されなければならない。

また、この点と関連するかと思われるが、ここで扱った資料はきわめて政治的な古墳とその秩序であり、その秩序は外的な影響を受けやすい。先にみた古墳秩序の画期のうち、第一・四・六の画期などは中国や朝鮮半島との関係抜きには語れないものである。この体制を、中国文明の周辺に成立した「二次国家」〔穴沢一九九五〕と呼ぶかどうかは別にしても、外からの影響を正当に評価し、王権による上からの秩序づけと社会の実態との差異にもたえず十分な配慮が必要であろう。

本章は以上のような問題意識のもとに、これまでの作業を再整理したものである。ここで首長連合体制としたものは、ほぼ初期国家に相当するものと考えられるが、今回はその成熟期を中心に、国家の枠組みや王権の性格、社会統合の原理等と関連するいくつかの要素を検討し、一定度その発展過程を整理したことになる。今後は、先に指摘した地域間交流や集落論等の検討を踏まえ、古墳の秩序にあらわれる諸現象の理解を深めるとともに、より総括的な考察を行い、文献史学等の諸成果との比較を試みたい。

いずれにしても、初期国家論の提起は古墳時代の研究者に勇気を与えるものであり、これにより初めて国家の成立過程に関して文献史学をはじめとする他分野の研究者と、また諸外国の研究者との比較研究が具体的な日程としてのぼってきた。そして、そのなかで列島固有の課題が改めて問われることになるだろう。

註

(1) この数字には帆立貝形墳約五〇〇基が含まれている〔近藤編一九九一～九四〕。

(2) 古墳の築造時期については、研究者間で暦年代比定に差があるため、ここでは相対的な時期区分を用いるが、前期は三世紀中葉から四世紀中葉、中期は四世紀後葉から五世紀中葉、後期は五世紀後葉から六世紀後葉ないしは七世紀初頭と想定している。

(3) この現象が少し遅れて起こる地域では、前期の古墳群が前方後円墳として中期前葉まで造りつづけられることもある。

(4) 前方後円墳の南の端は鹿児島県の志布志湾沿岸の大崎町横瀬古墳（約一三四《メートル》）、東串良町唐仁大塚古墳（約一五〇《メートル》）や肝付町塚崎古墳群、北の端は岩手県の北上川中流域の奥州市角塚古墳（帆立貝形墳、約五〇《メートル》）である。

(5) 大王墳の基準は、基本的に墳長二〇〇《メートル》を超える前方後円墳で、各時期最大のものとしたが、時期によってはこれを超えない場合もある。前・中期のものはほとんどが大王墳以外の前方後円墳を含む複数系列で階層構成型の古墳群を形成する。

(6) 時期は中期中葉の久津川車塚古墳の頃を想定している。

(7) ここでは基本的に墳長二〇《メートル》以上のものを首長墳としている。

(8) なお、これまで小型低方墳と呼んできたものは、弥生時代同様、周溝墓や台状墓と呼びなおす。

(9) 密集型土坑墓については〔福永一九八九b〕参照。

(10) 現状では、木棺墓や埴輪棺墓は方形周溝墓の墓域に散在的に発見される場合が多く、大きな群をなさない点からみて、一般構成員の多くは密集型土坑墓に埋葬されたものと推測される。

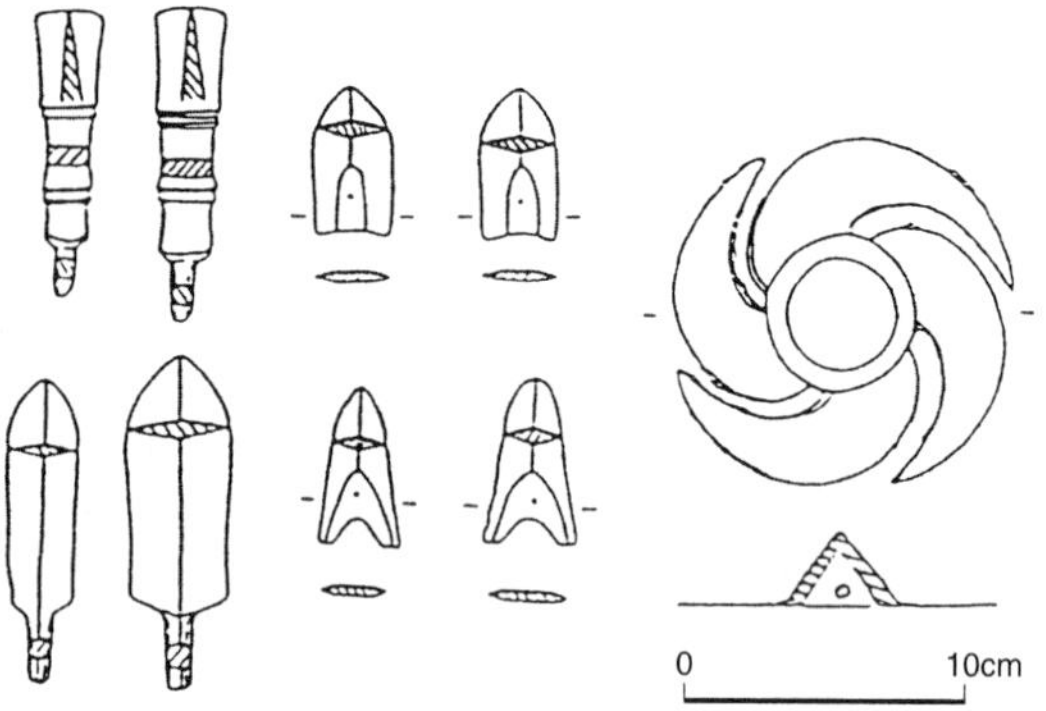

図40　朝鮮半島出土の日本列島製遺物

(11)　古墳群の分類呼称は〔広瀬一九八七〜八八〕参照。なお、首長墳はしばしば方形周溝墓をともなって築かれている。

(12)　南山城地域を木津川の左右でもって区分することも可能であるが、その場合は右岸が後述のB型、左岸がC型となり、規模は小さくなるがモデルとしての基本形は変わらない。地域内にこの構成に属さない少数の首長がいても同様である。

(13)　この中には副葬品のみを納める古墳が若干存在する。

(14)　C型の地域にも時には前方後円墳が築かれることもあるが、規模は小さく単発的でほとんど継続しない。C型としては、福岡県筑前（宗像の沿岸部を除く）、香川県西部、山口県周防中・西部、京都府丹波・丹後、滋賀県湖東（日野川・天野川間）、石川県能登、富山県西部・東部、新潟県、静岡県駿河西部、山梨県、神奈川県・東京都・山梨県にわたる武蔵、福島県などの地域や諸地域をこの類型、あるいはその候補地としてあげることができる。

(15)　BC型としては、佐賀県佐賀市船塚古墳（約一一四メートル）や、香川県さぬき市富田茶臼山古墳（約一一三メートル）、山口県平井町白鳥古墳（約一二〇メートル）、広島県東広島市三ツ城古墳（約九一メートル）、鳥取県湯梨浜町北山古墳（約一一〇メートル）、愛知県豊川市船山一号墳（約九六メートル）、静岡県磐田市堂山古墳（約一一三メートル）などを中核とした地域をあげることができる。なお、全国の古墳の編年に関しては〔近藤編一九九一〜九四、石野編一九九五〕などを参照。

(16)　中期における前方後円墳の築造規制に関しては、小野山節が最初に指摘した〔小野山一九七〇〕。しかし、小野山のいうように、特定の古墳が巨大化するのに合わせてそのたびに規制がかかるのではなく、この規制はより制度的で、中期を通じ有効に機能したものと考える。また、西川宏により、岡山における巨大古墳のあり方から首長権の輪番制を考える意見が提出されているが〔西川一九六四〕、いずれもB型地域の大首長墳で、そのあり方には王権の意図が強く反映したものと考える。

(17)　すでに〔西嶋一九六一〕に同様の指摘がある。

(18)　弥生・古墳時代の都市に関しては現在活発な議論がなされている。弥生時代の巨大な環濠集落の段階に都市の萌芽が認められる

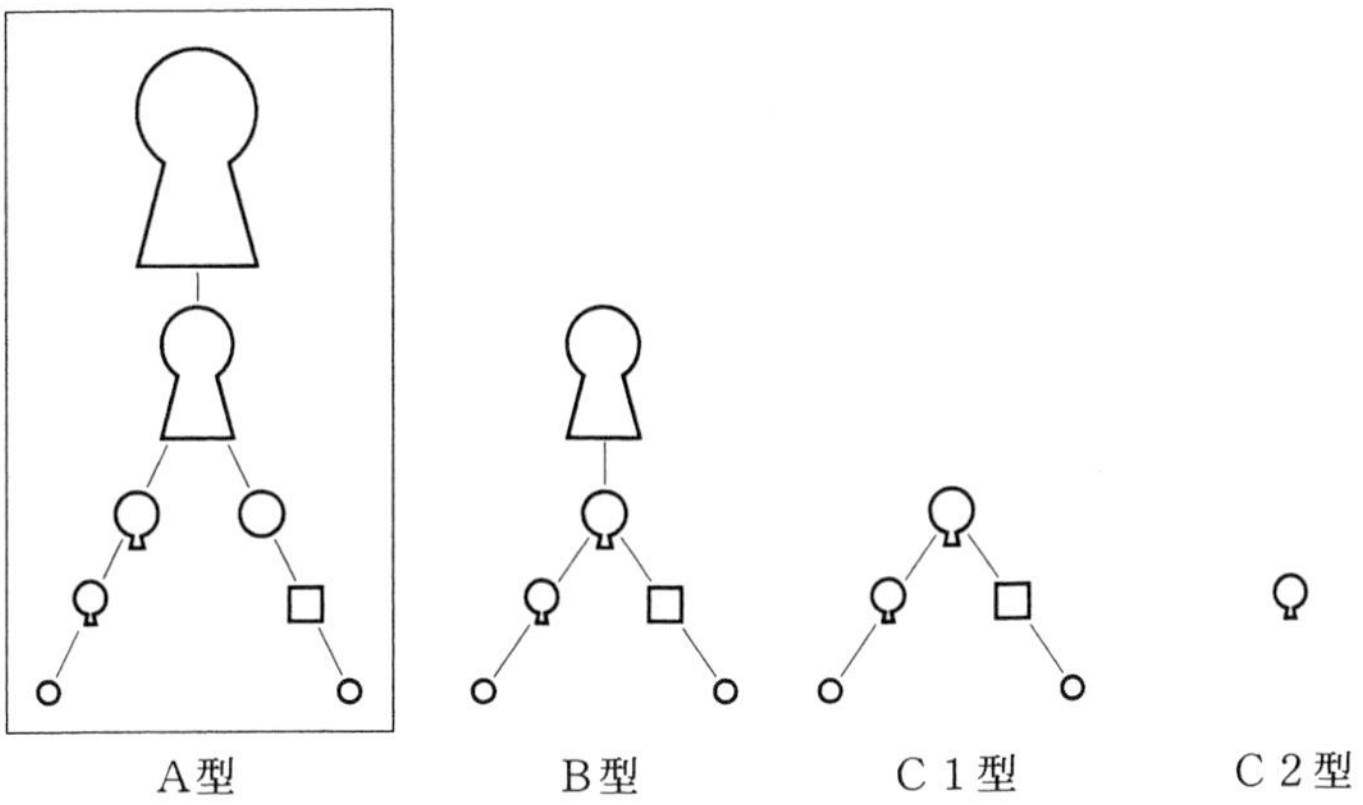

図41　中期古墳の秩序

ものの、古墳時代には顕著な発達をみないのは、首長居館が一般集落を離れて単独で造られること、しかも、その移動が頻繁であることも大きな原因かと思われる。列島のような場合は、都市と権力のあり方がもっと問題にされてもいいだろう。

(19) ここでいう石棺には、箱式石棺は基本的に含まない。

(20) 関東の長持形石棺については〔白石ほか一九八四〕参照。

(21) 弥生時代の棺については〔福永一九八五〕参照。

(22) 舟形石棺を用いる地域間の場合も、時には福岡県みやま市石神山古墳大棺と福井市西谷山二号墳一号棺や同県松岡町二本松山古墳二号棺のようにきわめて類似した形態のものがあることから、頻繁ではないとしても、婚姻等によるこれら地域間独自の交流があったものと考えられる。

(23) 都出はここで共同体構成員上層（有力家長層）としたものを中間層として首長や民衆と区分している。

(24) 政治的には、古墳出現前夜に中国王朝の冊封体制下に入ったと推定されし〔西嶋一九九四〕、文化的には鏡や武器類とともに、中国の神仙思想やそれと深くかかわる辟邪の思想が伝わり、古墳の成立に大きな影響を与えたと推定される。

(25) 朝鮮半島南部では、この頃（前期末から中期前葉）の列島製品と考えられる倭風の土器や石製品、青銅製品の出土例が増えている（図40）〔東一九九〇・申一九九三〕。

(26) 墳形は円墳だが、埋葬施設や棺にいまだ統一性がなく、さまざまなものが用いられている群集墳を古式、それが型式化した横穴式石室に統一されたものを新式とする。

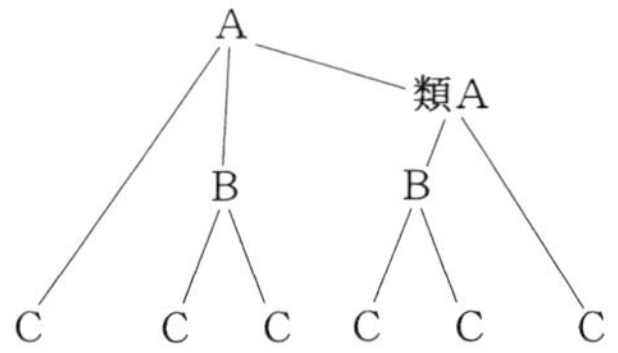

図42　地域勢力の重層的結合

(27)　この時点で大王墳は単独で築かれるようになる。

(28)　古式群集墳と新式群集墳は墓域を異にする場合が多い。奈良県御所市石光山古墳群では後期後葉に同一の墓域で古式から新式へと変化するが、この古墳群と出現と終息を同じくする大分県中津市上ノ原横穴群でも同時期に横穴の再編が認められている〔村上編一九九一〕。横穴式石室と横穴の動向は密接に関連する。

(29)　詳しくは〔山﨑一九八五、土生田一九九一ほか〕参照。

(30)　有明海東岸の地域は、まだ古墳の秩序としてはその変異を捉えていないが、舟形石棺以外にも、中期後半から後期に横口式家形石棺、石人・石馬、複室型横穴式石室、肥後型横穴式石室、石障、石屋形、装飾古墳など、畿内とは顕著な差をもつ古墳文化を生みだし、そのいくつかの要素は東方各地に波及した。

(補註1)　**中期古墳の秩序と首長層の重層的結合**

現在は図41のように、一〇一頁図22や一七二頁図33の類型のうち、C型を、地域全体で複数系列階層構成型の古墳群を形成するC1型と、地域に相当する範囲で帆立貝形墳や円墳や方墳が単独で存在するC2に区分している〔和田二〇〇七〕。B型も、中心となる前方後円墳が複数系列階層構成型の古墳群となるB1型と、中心となる前方後円墳が単一系列型の古墳群となるB2型に区分することができる。なお、BC型は概念の中に時間の経過が入るため類型からははずした。

首長層は、このような地域的まとまりを背景に図42のごとく重層的に結合していたと考えられる。

(補註2)　大阪府茨木市太田茶臼山古墳（約二二六㍍）を中心とした古墳群も一時的に類A型を示す。

(補註3)　地域的なまとまりには強弱の差がある（第一部第三章参照）。

(補註4)　大王の墓域と考えられる古市・百舌鳥古墳群に葬られた人びとは、大王やその近親者が中心であったと推定される。当時はまだ大王家の家政に関する職掌と、王権に関する職掌は未分化で、それを大王一族や各地に古墳群を営んだ有力首長が分担していた。したがって、両古墳群の充実に初期的な官僚の出現を認めるのは早計で、官僚の出現は古墳時代後期を通じて両者が整備される段階を待たなければならない。

第六章　国家形成論研究の視点

はじめに

古墳時代という古代国家形成過程の研究で新しく提起されたものに、都出比呂志の「前方後円墳体制」・「初期国家論」がある。ここでは、この問題を取りあげたい。

都出の最近の研究成果には以下のものがある。

a　『日本農耕社会の成立過程』岩波書店、一九八九年

b　「日本古代の国家形成論序説―前方後円墳体制の提唱―」『日本史研究』第三四三号、一九九一年

c　「国家形成の諸段階―首長制・初期国家・成熟国家―」『歴史評論』第五五一号、一九九六年（b・cの論考はともに〔都出二〇〇五〕に収録されている）

ここでは、特に文献bを中心に検討するかたちで話を進める。私がどういった立場からこの問題に対して自分なりの意見を述べるのかを間に挟み、つぎに個々の要素を検討する。

一　「初期国家論」の要点

まず、都出の成果を「初期国家論」の要点というかたちでまとめたい。これはおもに文献bに書かれているが、日本史研究会の大会において発表されたもので、非常に大きな構想からなっている。ここで簡単に全体に触れることはできないが、おもな点をあげると以下のようなものだと思う。

一つは、国家形成をめぐる理論的諸問題を整理するというもので、このなかで古典学説、首長制論、初期国家論等の概説が行われ、なかでもエンゲルス学説の批判を行っている。そして、その延長上で、日本の古代史の方で有力な学説である古墳時代部族連合説、あるいは門脇禎二が提唱している地域国家論等に論評を加えている。そして、国家を形成していく統合の軸というか、統合の契機になったものとして、「社会を統括するものとしての国家」という節を設けて、灌漑や土木事業などの公共事業とともに、必要物資流通の組織化と権力という問題を大きく取りあげ、国家形成過程のなかで、それがもっている重要性を指摘している。こういった一連の作業のなかで、都出は、最終的には前方後円墳体制、初期国家という概念を提唱する。これは、国家とそれ以前の社会を二分法的に対比するのでは、どうしても国家の成立が後ろにずれてくる。二分法の新しい要素が出そろった段階で国家を設定すると、どうしても七世紀にずれこむのだが、そうではなくて、長い移行過程を歴史過程としてどのように解明するのか、それを把握するのにどういう概念が必要なのか、という視点が中心になっていて、後で述べるような首長制、初期国家、成熟国家という概念規定と段階設定が行われる。そして、その過程で、古墳時代の多様な要素が分析されるわけだが、おもだった指摘を列挙すると、つぎの通りである。

① 集落と墓制の分析から首長、中間層、一般成員などの階層関係の存在
② 古墳の墳形や規模の差という目に見えるかたちでの身分制的秩序の存在
③ 共同蓄稲とは区別される貢納のための倉庫の存在から租税制
④ 巨大古墳や大規模な水利施設の存在から徭役制
⑤ この階層関係は収奪を伴う階級関係であること
⑥ 官人組織や軍事編成から強制力をもった権力機構の存在
⑦ 倭の中央政権は三世紀中葉には、鉄を中心とする必要物資流通機構を掌握することを通じて日本列島主要部の首長たちに覇権を及ぼしたこと
⑧ ⑦で、自給関係に基礎をおく共同体的な基礎単位の自立的構造を解体したこと

そして、全体を総括し、この社会関係を考古学的に象徴するものが前方後円墳を頂点とする政治秩序であるため、これを前方後円墳体制と呼び、日本考古学ではこれまで使われたことのない新しい概念である「初期国家」、すなわち古代国家の前半段階にあたる初期国家段階であると結論した。

文献cの論文は、こういった点を踏まえて、首長制から初期国家、成熟国家への三段階の定義をより明確に整理するために発表された。その内容に関しては、つぎの表のごとく、一般理論としての三段階の指標（表11）と、日本列島中央部における諸段階というかたちで、考古学的な諸事実を列挙して、弥生時代、古墳時代、律令国家が相当する三段階の指標（表12）を掲示している。また、この段階ではまだ大まかな指摘にとどまっている部分が多いわけだが、日本史における首長制概念の検討、北海道、本州、琉球の三地域における国家形成過程とその相互関係を論じる必要性、民族形成の問題、弥生時代における円錐クランの存否、国家形成における東アジアの政治関係の重要性なども論

じられており、そのいくつか、たとえば、民族形成論等々は、この前後の論文として結実してきている〔都出一九九三〕。

今、弥生・古墳時代の考古学の研究をしている若い人にとっては、このような議論は本来、当然のごとくされるべきレベルのものと思われるかもしれない。しかし、私も学生時代から考古学を始めて三〇年近くなるが、この間に考古学は長足の進歩をとげてきたわけで、最近になってやっとこのような議論が考古学でもできるようになってきたのである。したがって、都出の仕事は、今までの弥生・古墳時代研究を総括するとともに、新たな出発を画す、そういう画期的なものものだといえる。

表11　三段階の指標

指標	首長制	初期国家	成熟国家
①階級関係	階層はあるが階級的支配者ではない。	階級的支配者が存在する。	階級関係を固定・増幅させる身分制が発達している。
②余剰の存否	社会的余剰が発生している。	社会的余剰が恒常的に存在し、収奪が可能である。	租税収奪機構と徭役労働徴発機構が制度化されている。
③権力の形態と内容	首長はビッグマンなどのように個人的色彩が強く不安定な場合と、円錐クランの階層序列により決定される場合とある。	中枢的政体が存在し、公権力の要素をもつ。人民の武装とは区別される軍事編成がある。	中央政府と地方政府とがあり、官僚機構と軍隊が整備され、成文法がある。
④社会統合の原理	血縁・地縁ともにある。血縁関係を基礎とする場合でも、平等関係でない円錐クランが統括する。	地縁編成原理がよりすすんでいる。中間首長による間接支配が存在する。	個別人身支配が強化され、中間首長の間接支配の比重が弱まる。
⑤物資流通	流通は互酬原理にもとづく。共同体内では再分配原理を基礎とし、共同体間の交易は平等の関係にある。	流通に上下関係が生じる。共同体の内外で貢納関係が存在する。	流通に中枢権力が介入しうる。国家の税制が流通機構と有機的な関係をもつ。

表12　日本列島中央部における諸段階

指標	首長制…弥生時代	初期国家…古墳時代	成熟国家…律令国家
①階級関係と身分制	首長は存在するが階級的支配者ではない。	階級関係が顕在化して、首長は支配者に転化する。	階級関係は身分として固定され増幅される。
（集　落）	環濠集落の内部に首長が住み、外廓内部に成員が住むという差異はあるが、首長と成員の両者が共存する。	首長居館と農民の屋敷地とに分裂し、首長の居住区が隔絶する。	都市には居住地班給の身分秩序、農村には屋敷地の大小の秩序がある。
（墓　制）	首長一族の墳丘墓と一般成員の共同墓地とに分かれるが、隣接しあって共存し、隔絶していない。	前方後円墳などの首長墓が一般成員の共同墓地（密集土坑墓群）と隔絶する	墓制は身分表示の重要な標章ではなくなる。
（租　税）	大きな環濠集落では首長が集落共有の倉庫群を管理する。租税の性格は顕著でない。	首長居館の租税収納用の大型倉庫群、個別農民の屋敷地の倉、倉のない集落の三層に分化している。	租・庸・調という税制が確立している。
②権力関係、中央と地方	首長と一般成員とを結ぶ血縁紐帯（擬制を含む）の比重が大きい。円錐クラン的関係が社会の統合原理になる（母村と分村、墳丘墓の形態別の大小の系列関係）。	前方後円墳被葬者に体現される地域ごとの地域権力と中央の政治センターが併存している。前方後円墳体制の身分制は出自と実力に基づく相互承認関係である。	二官八省の中央官制と国司郡司機構が基礎となっている。身分制は上からの叙任関係である。
③武装の形態	環濠集落の首長と一般成員とが一体となった武装と戦闘の体制があり、基本的に人民の武装の段階である。	中央権力では「平西将軍」などの将軍制、杖刀人の首と杖刀人という軍事編成がある。地方権力は首長居館とその衛兵をもつ。人民の武装ではない段階となっている。	衛府と軍団からなる律令軍制が成立している。
④流通の機構	巨大な環濠集落内に手工業工房があり、特産品や石材など、希少品の交易・流通を首長が管理する。共同体外との関係は相互的で上下関係ではない。	塩、須恵器、玉などの生産に従事する共同体や専業集団があり、生産品を中央権力と地方権力へ貢納する。朝鮮半島南部の鉄素材入手ルートは中央権力が掌握している。	鉄を含む調などの租税が流通システムの一環になる。国家が干渉しうる流通機構といいうる。
⑤東アジアの対外政治の主体	首長連合の代表ごとの交渉（漢倭奴国など）が外交の単位となっており、倭人全体を代表する機構は成立していない。	卑弥呼、倭の五王などを頂点とする倭人を代表する政治センターが存在する。	律令制の中央政府が外交活動を独占する。

われわれは生の考古資料をもとに、それを分類・整理して、そのなかから歴史的事実とでも呼ぶべき一定度抽象化されたいくつもの現象を抽出し、それらを歴史的に解釈するというような方法をよくとっている。その場合によるべき歴史的解釈は、個別歴史的解釈とでもいうべきものが一般的なもので、それには単なる過去の話というようなレベルから、一つの国の歴史過程を解明する脈絡に則って展開されるような歴史的解釈まである。

小林行雄の同笵鏡・伝世鏡論と初期大和政権の議論〔小林一九六一〕などは、こういった歴史過程を解明するのに考古学は十分役にたつということを証明したものだが、その後に積みかさねられてきた多くの解釈もこういったレベルのもので、日本史のなかで、あるいは東アジアの歴史の枠のなかで、個別的な一定の脈絡のもとに議論されてきた歴史であった。そういうものに対して、一般的な歴史理論の立場に立って考古学の成果をどう評価することができるのか。この面は戦後のマルクス主義史学の分野で盛んに議論されてきたが、その影響を受けて、考古学の分野で弥生時代から古墳時代を体系的に語ったのは近藤義郎であった。その場合、近藤は古墳時代部族連合説に則ったかたちで整理した〔近藤一九八三など〕わけだが、都出はそこのところの理解を大きく変え、現象の理解を改め、別の新しい歴史理論に基づいて、あるいはそれを援用して、考古学の成果を高らかに謳い、以上のような議論を展開したのである。そして、そうしたなかで、考古学をやる者が現在を通して歴史をみる場合に、現在社会の抱える諸問題が考古学の研究テーマの設定にどう関わるのかといったことも、十分意識されている点がすばらしい。

今回は、これらのなかから問題を古墳時代に絞り、都出が多様な諸要素の分析として掲げた一〇近くの指摘はどう評価できるのか、ということを中心に検討した。

二　私の立場

その場合の私の立場だが、問題意識としては基本的にはよく似た立場をとっている。そして、弥生時代から古墳時代の歴史過程をしっかりとした考古学の方法に則って解明したいと考えている。ここでいう方法論とは、生の考古資料、あるいは考古学的事実から歴史的事実としての諸現象を抽出し解釈する段階のものが中心で、その意味では、私は方法論をかなり意識的に重視した論文の書き方をしてきたつもりで、これまでにも弥生時代から古墳時代という多様な歴史過程をいかに把握するかという方法論にいろいろと思いをめぐらせてきた。そして、これまでは、基礎的な作業としての時期区分論、地域区分論、階層区分論がまだまだ不十分であるとの認識から、それらをまず重要視して再検討するなかで基本形を抽出し、それをもとに多様な現象を理解したい、言いかえれば、多様性を推しはかるための基準となるものを作りたいと思ってやってきた。基準づくりの対象としたのは墓制で、端的にいえば、古墳の秩序を解明するというのが目的であった。古墳時代は、墓制の秩序が、他のどの時代よりも、政治的・社会的・宗教的・経済的・軍事的秩序等々と深く結びついているという認識から出発しているわけで、逆にいえば、それを証明するということになる。

こういった方法論を重視する立場というのは、考古資料が他の人文諸科学に対して何が一番長所であるのかということを考えた場合、考古資料の最大の特徴は、一つ一つの情報は非常に少ないけれども膨大な数の資料があり、それらは信憑性の非常に高い同時代資料であるというところにあるからである。したがって、考古学の長所を生かすには、事実に基づく実証可能な研究方法を開発するというのが基本であると考えるところからきている。

ここでは、そういったことをもとにして、今、私がやっていることを簡単に説明し、その観点から見れば都出の指摘はどう評価できるのかを、つぎにみてみたい。

(1)　時期区分

まずここでは、古墳の秩序の変化を指標として時期区分を行っている（八五頁表4）。今までは古墳時代の時期区分というと、古墳の編年を中心に行われることが多く、それも基本的には副葬品や土器や埴輪といった遺物の変化から行われ、群集墳を除くと、それがそのまま時期区分にされ、また基準が曖昧なものも多かった。しかし、ここでは、時間の尺度としては遺物の型式的変化やその組合せを用いているが、古墳時代の時期区分は古墳の秩序の変化を指標として設定している。それは、先述のように、個別の遺物などの変化より、古墳の秩序の変化方が政治的秩序や社会的秩序、あるいはその他の秩序を色濃く反映しているとの判断からである。

ここでいう古墳の秩序とは、墳形、規模、墓域を指標にした古墳の築造状況の検討から抽出した、同一時期における、地域を単位とした古墳の政治階層的な組合せのことである。そして、その変化から、古墳時代全体は五つの段階と、秩序の出現と消滅を入れた六つの画期と捉えることができるというのが第一点である。それぞれの段階の古墳の秩序は、ここでは説明を省くが、中期と後期後半の概念図（一五五頁図31）を示しておく。

私はこの時期の政治体制を首長連合体制と呼んでいるが、五つの段階は、その萌芽期（弥生時代後期から終末期・特に終末期）の後に、首長連合体制の生成期（古墳時代前期前半―三世紀中葉から後葉）、発展期（古墳時代前期後半―四世紀前葉から中葉）、成熟期（古墳時代中期―四世紀後葉から五世紀中葉）と続き、変質期（古墳時代後期、後期前半―転換期―五世紀後葉から六世紀前葉、後期後半―新秩序の展開期―六世紀中葉から六世紀後葉）に至ると捉えている。後期をどこからにするかも議論の対象ではあるが、ここは須恵器型式でＴＫ二三型式以後を後期と考えている。

簡単に言えば、弥生時代後期から古墳時代中期までが首長連合体制形成・発展の一つの大きな流れで、それは必ずしも順調なものではないが、中期にその到達点に達したと考えている。古墳時代はその生成期から始まるということになる。後期段階はその変質期にあたるが、その前半段階の五世紀後葉から六世紀前葉というのは、中期的秩序から後期後半以後に展開する新しい秩序への転換期である。別の言い方をすると、六世紀中葉以降に展開する新しい秩序の展開に至るまでの、復古的な性格もあらわれた混乱期であったと推測している。そのため、ここでは転換期と新しい秩序の展開期に分けて説明している。

いずれにしても、都出がいう長い移行段階は、古墳の秩序だけをみても、このように激しく変化しているわけである。そして、そこには古墳時代を前半（前・中期）と後半（後期）とに二分するほどの大きな変化があるわけであって、それを十分考慮に入れて、より大きなレベルでの区分を行う必要がある。また、水稲農耕に基盤を置く弥生社会が始まった段階から国家のできる段階まで、社会は一方向的に発展の道を進んでいったのではなく、転換期にみられるごとく、王権の断絶や政治や社会の混乱などというようなこともあるのであって、そうした紆余曲折を経ながら、全体としては律令国家に向けて一定の方向に進んでいくと理解をしたいと考えている。

(2) 地域区分

次に地域区分の問題だが、地域論、あるいは地域社会論などは、本来、国家論と表裏一体のもので、その第一歩として、地域社会をどう捉え、どう分析を進めていくかは非常に重要な問題である。日本各地のさまざまなところで、地域の歴史として古墳が取りあげられて分析されている。しかし、地域をたんなる地理的空間としてではなく、人間の集団である地域社会として考古学的にどう把握するかはまだまだ十分論議されていないと思われる。都出は、弥生時代中期の社会で、土器の文様を指標に地域色を追求し通婚圏を提唱し〔都出一九八三b〕、その後、各地の土器の研究者のなかで、この問題は深められているが、そうしたものが後の古墳時代社会のなかでどのように展開していくのかといった問題は十分深められていないと思われる。古墳時代の土器は一定の斉一性を示すためにけっして簡単ではないが、地域論・地域区分論を意識的に推しすすめる必要がある。

その場合、私は、これまでの研究過程から、ものの全体的な遺存状況が比較的よくわかる遺物や遺構として石棺や石室をおもな指標に地域区分を考えてきた。本格的な石棺などは偏在性が強く、首長層専用のものであることに長所も欠点もあるが、現状ではもっとも地域を把握しやすい指標だからである（第一部第三章参照）。

そして、この作業から、非常に模式的な図ではあるが、中期のものとして一七八頁図36のような概念図を作成した。中期の古墳の秩序と、この成熟期の首長連合体制の概念図とは不可分の関係にある。模式図にするとごく当たり前のような図になるが、一種の衛星国家の概念図のようにもみえる。日本列島の実情に則してこの概念図を理解するためには、右上と左下を外側に引きのばすと、より実情に合うのではないかと思う。

私は、首長層は地域ごとに一定の政治的まとまりを形成していると考えていて、それを地域首長連合と呼んでいる。図の大きな円圏のなかの大小の丸がこれにあたる。石棺等のあり方からみて、それは首長層の同族的結合を中心としたものと考えている。ただ、畿内にはいくつもの地域を包みこんだかたちでの政治的なまとまり（地方レベル）があって、それを畿内首長連合と呼んでいる。図の中央にある太線の円圏で、弥生後期以降に形成されてきたと考えている。現状の考古資料でもっともわかりやすい指標は長持形石棺で、このまとまりも、大王を中心とする畿内有力首長層の同族的な（血縁・婚姻関係）結合が中核をなしていたものと推測される（石材産地の播磨中央部は例外）。

この畿内首長連合の外側には、中間域とした部分が広がっていて、そのさらに外側に、外周域とした位置の首長層がいる。おもに舟形石棺を用いる首長層で、そこは王権から政治的に一番遠い位置にあたる。畿内連合と中間域と外周域の地域首長連合の関係をその政治的距離から、こういう図として表現した。首長層は重層的に結合しているということであり、王権と個々の首長が一対一で直接対応しているのではなく、それぞれがいろんなレベルで結合しあいながら、全体として一体的な構造をとっているということである（一九四頁図42）。その中央に畿内連合があり、その中枢が大王を頂点とした畿内有力首長だということである。

したがって、古墳の地方色と古墳の秩序がどういう関係にあるのかといったことも、こういった視点から解明することができると考えている。地域色の強い、中期の越前や後期の出雲や関東といったものも、古墳の秩序と十分対応させて理解することができるかと思っている。

(3) 階層区分

三番目は政治社会的階層区分である。この階層区分は図21（九七頁）のようにしている。これを弥生時代のそれと比較すると、古墳時代の階層構成では、最上位に大王墳が位置し、最下層のところに密集型土坑墓群が位置するわけだが、両者は基本的に弥生時代には存在しない。密集型土坑墓群は弥生終末期に出現してくると考えられている。したがって、この密集型土坑墓群の出現は首長墳の発達や大王墳の登場と表裏一体のものであって、一時期の階層分解の両極を示すもので、その出現は弥生時代と古墳時代を分ける指標として重要である。特定の個人が突出していく一方で、下層の人々の一部はより下へ引きずりおろされるという現象は、賤民が析出されてくる律令国家成立過程とも類似する現象で、両者は不可分の関係にあったと思われる。

また、古墳時代の中期から後期へという段階で群集墳が出現してくるわけだが、それを評価するには、中期のどの階層の墓制がどう変わったのかを検討する必要がある。時期的に何かを比較する場合には、それぞれ同じ階層同士でどう変化したかを分析する必要があるわけで、群集墳の場合では、中期の図21のなかで白抜きの小さな四角で表現されている方形周溝墓（あるいは台状墓。一時「小型低方墳」としたことがある。一部に円形のものを含む）の階層の墓制が問題になる。結果として、その墓制は、まずは全域的に円墳化し（古式群集墳）、つぎの段階には埋葬施設が横穴式石室になる（新式群集墳―畿内の場合は畿内型横穴式石室）ことが判明している。

古墳時代の社会は、先にみた首長相互の重層的な関係の一方で、在地における首長と共同体構成員との関係という二重構造から成りたっていたが、中期から後期への過程で、言いかえれば群集墳が出現してくる過程で、この二重構造が大きく変わり解消していくわけである。私は、古墳時代の中期までは、首長が代表する共同体の内部には王権の直接的な支配は及んでおらず、首長の在地支配が温存されたままのかたちであったと理解していて、後期にそれが崩れていくと考えており、その点では都出の人民編成の問題などと関連し、解釈が少し違ってくる。

いずれにしても、ヤマト王権のように、先進的な中国文明の周辺で国家の形成を始めたところにおいては、王権と首長の間で形成される政治世界と、首長と共同体の関係を基本とする在地世界とでは、その発展の差異について十分注意を払う必要がある。

三　諸要素の検討

そこで、以上のような立場に立って、諸要素を検討してみたい。項目立ては都出のものと同じようにしている。

(1)　階級関係の形成

一番目は階級関係の形成ということだが、都出はその関係を「社会内におかれた地位の違いを基礎にして生産手段の所有関係と労働組織の中で占める位置が異なり、そのことにより富の分け前に差が生じる関係」と定義している。そして、階級社会の出現を三世紀の中葉と考え、集落では環濠集落の解体と首長居館の出現、墓制においては首長墓と密集型土坑墓の出現、これを共同墓地の両極分解と評価し、それらを指標としている。この段階で首長、中間層、一般民衆、さらにそのなかに「小屋住み」というようなさらに下層の人々の存在も指摘しているが、この階層差に租税制や徭役制が加わって、首長と共同体成員との間に階級関係が発生するという理解の仕方である。

これまでは、共同体レベルにおける構造的な変化は、群集墳の発生をもって評価される場合が多かったわけだが、そういったものを都出は三世紀中葉まで遡らせたと理解することもできるかと思う。そして、都出は、群集墳は政治的墓制で政治的再編であると理解している。

私は共同体レベルの構造的変化は二度あったと考えている。一つは、いま指摘の弥生終末期のものである。弥生の墓制をみると、方形周溝墓はすでに前期段階から規模にある程度の差はあったが、弥生中期後葉ごろからは首長墓と呼んでいいような一辺二〇メートルを超す大型のものが出現してくる。そして、先進地域では後期後半から終末期には方形で大きいというだけではなく、双方中円形や前方後方形、あるいは前方後円形といった首長専用の墳形を生みだす。四隅突出型方形墓も首長墓化する。これは、以前よりもさらに首長の突出度が増したことを示すものと判断できる。そういった現象の一方で、方形周溝墓は減少し、小型のものが中心となり、さらに墳丘も棺ももたない密集型土坑墓群が析出してくる、と整理することができる。そして、この対極に墳長二〇〇メートルを超すような大王墳が出現してくるわけである。したがって、先述の通り、大王墳が社会の構造的変化なしに突然飛びだしてくるのではなく、そういった構造的変化の延長上に、不可分なかたちで出てくるわけである。そこに階級関係の萌芽を認めることは十分できると考えられる。しかし、都出がいうように、この段階から租税制や徭役制が制度として整っていたかとなると疑問で、それについては後に触れることにする。

また、以上の弥生墓制の理解に関していえば、現状で、畿内ならば畿内で、弥生時代の墓制の全体像がみえているのかどうか、みえているとすれば方形周溝墓の理解はこれまでのままでよいのかどうか、というところに問題を残している。たとえば、密集型土坑墓群はどの程度の広がりを示すのかといった点や、方形周溝墓の被葬者はかつて都出が指摘したように世帯共同体の家長層〔都出一九七〇〕と考えてよいのかどうか、といった問題である。特に方形周溝墓の被葬者像は再検討の余地があるかと考えるが、そのことと、都出が今回は中間層と表現したことと関係があるのかもしれない。

それから、ここでは中間層と呼ばれている階層の人たちの評価は非常に重要である。墳墓をみるかぎり古墳時代前・中期の共同体構成員の墳墓は弥生以来の伝統上にあり、首長と共同体構成員の関係は前代とあまり大きくは変わっていない。私は、この段階では、ある意味では、中間層は首長の共同体支配を支えるものとして機能していたのであって、この後、古墳時代の中期から後期への変革のなかで、首長層とこの中間層との間に矛盾が顕在化してくると考えている。中期的な地域支配を行ってきた大首長を中心とした首長層と、渡来人をも含む新興の中小首長や中間層の対立を中心に中期から後期への転換期が展開していく。そうしたなかで王権による中間層、私はそれを有力家長層と考えているが、そういった階層の政治的編成が行われていくと考えている。したがって、王権による家長層の直接的掌握（公民化）は群集墳の出現してくる段階が最初であると判断しているわけである。この時期に共同体の変質はさらに大きく進行したと推定しているが、王権による家長層の政治的編成は、よりいっそう、それを促したものと考えられる。都出は大会の発表の後で、古墳の秩序というのは中期で基本的に崩れて、後期ははっきりした秩序がみえないと指摘したようだが、それは後期前半の転換期のそれが把握しにくいわけで、後期も後半になると、より規制の強い古墳の秩序が、前方後円墳の築造停止・首長墳の円墳化と新式群集墳というかたちで進行し、より政治的秩序が貫徹していくと考えている。したがって、古墳時代の前・中期段階の中間層と王権との関係については都出とは見解を異にしていると言える。この段階で租税制や徭役制を考える都出の説は、王権による中間層の掌握が一段階早すぎるものと思われる。

(2) 租税と徭役

さて、二番目の租税と徭役という問題で、大阪府法円坂遺跡や和歌山県鳴滝遺跡の大型倉庫群を取りあげ、大王や有力首長の権力に関わるもので、一般構成員の労働の成果を貢納物として収奪した証拠であると評価している。また、古墳の造営や土木水利事業への恒常的な労働動員ということも指摘していて、徭役の源流と評価している。そして、後では前者の方を租税制、後者の方を徭役制という形でまとめている。また、古墳時代の耕地開発は予想以上に大規模で、後の条里制というのは耕地地割の再編ではないかとの指摘もある。

こうしたことを考えるには当然、集落、居館、工房、耕地、水路、古墳などいったもので同時に存在したものを確定し、景観復元を行い、それらの有機的関係を理解する必要があるわけだが、まず、大規模開発の時期の問題を取りあげたい。いくつかあげられているなかに大阪府の古市大溝がある。都出は五世紀前葉かと述べているが、現状では古市大溝をそんなに古く遡らすことはできない。この大溝は矢倉古墳や青山二号墳など五世紀後葉の古墳を破壊して造られている。また、周辺の方形地割と関連するといわれていた高屋城山古墳の前方部からみて左側の直角を呈す墳丘や外堤も、宮内庁の発掘で、中世以降の改変の結果と判明した。したがって、古市大溝は少なくとも六世紀以降に掘削されたものと考えられるし、周辺の方形地割も新しいものである可能性が高いといえる。また、群馬県の三ツ寺I遺跡周辺の開発ということで、芦田貝戸遺跡や、唐沢川の付けかえなどが指摘されているが、これらも、指摘の通りであるならば、五世紀後葉から六世紀前葉の例である。したがって、これらはいずれも五世紀の東アジア世界との交流のなかで伝来した新しい土木技術で可能となった古墳時代後期の、あるいはそれ以後の事例ということになる。

水利事業を中心とした大規模開発は、中期までは、あったとしてもきわめて限定的で、広範囲で本格化するのは後期以降、五世紀代にもたらされた新しい土木技術が各地に広がり、それが耕地開発に積極的に活用されるようになってからではないかと考える。広瀬和雄の研究〔広瀬一九八三〕では、弥生の終わりから古墳時代の初め、それから七世紀というのが重視されている。この段階にも一つの段階はあるけれども、それほど大きくないという指摘であった。新来の諸技術がどう定着し、活用されていったかという問題は、古代における技術の政治的編成の問題として、各段階の評価と深く関連する大きな課題である。

たとえば、渡来系の新技術の列島での定着の仕方と権力の問題を考える場合には、一つのモデルとして須恵器生産の検討などが有効である。その場合、五世紀前葉頃、列島の各地に入ってきた須恵器生産は、多くは短期間で消滅するか、急速に王権のもとにある大阪府陶邑窯跡群の影響下に入り、後期前葉の五世紀後葉になって、改めて各地に拡散していくという現象を呈す。土木技術の場合も同様といってよいかとなると問題ではあるが、一つの参考になる。当時あった最先端の諸技術が、ただちに各地の耕地の拡大といった拡大再生産にまわされたかどうか、王権の性格や経済の発展の度合いによって必ずしもそう言えない可能性も十分あるわけである。

また、大型倉庫群に何が入れられていたのかも問題で、もし米であったならば、それはどのように徴収されて、何に使われたのか。まだまだ検討が必要かと思う。

それから、特に中期までの段階では労働力徴発の中心をなしたと考えられる古墳築造の問題だが、この点では考古学は、特に考古学の専門家は、大変な人と物資を必要としたという以上の検討を十分してこなかったのではないか。古墳造りを、その造営キャンプも含めて、トータルに把捉し評価する必要がある。労働力と資材の大量動員、優れた測量技術の割には粗末な道具と人力にたよる人海戦術などがその特徴かと思われるが、今後はもっと具体的で入念な検討が必要である。

たとえば、大林組が古代工法ということで、中期後葉の大阪府大山古墳の築造にどれぐらい労働力を必要としたのかを計算する時に、あえて作業者二〇〇〇人という人数をあてている〔大林組一九八五〕。人がたくさん集まれば、より速くより効率よくできるというわけでなくて、一定の人たちを一定の規律のもとに動かして初めてそれが可能なわけである。こうした、多くの人々を動員して編成し、一定の規律のもとに動かすというような人の管理能力や造営組織は、軍事編成や軍事行動とも密接に関連しているものと思われる。私は、先に述べたように、前・中期の、首長による在地支配が温存されている段階では、人々の動員は地域単位の一時的な、不定期の動員であったと推定している。大首長―中小首長―共同体の一般構成員という構成をとる古墳の秩序は、その動員体制を一程度反映しているのではないだろうか。

ただ、古墳造りに動員された人々は、効率だけを問われたわけではないのではないかとも思っている。話が少しずれるが、ついでに述べておくと、たとえば『日本書紀』に有名な古墳造りの話が崇神紀に出てくるが、箸墓の造営にあたって、大坂山の石を山から墓へと手ごしにして運ぶというのがある。私は最近、古墳造りというのは、できるだけ多くの人々が参加する、多くの人々がそれを見る、そのことに最大の意味があったのではないかと考えている。また、その延長でいえば、これまで古墳は造られてからのモニュメントとしての意味を強く評価しすぎてきたのではないかとも思っている。これまでの発掘成果からは、とても古墳が長期にわたって祭祀の対象になっていたとは思えないからである。奈良県天理市周辺の古墳の周濠内の堆積物を検討した天理大学の金原正明からは、周濠は、築造後は自然に埋もれていく過程そのままの堆積だとの教示を得ている。古墳は墳丘を造り、その上で埋葬儀礼を行ったらそれまでで、造ることと葬送儀礼を行うことに一番大きな意味があった可能性があるわけである〔和田二〇一四参照〕。

いずれにしても、古墳を造り葬送儀礼を行うという行為自体が、新首長にとってきわめて大きな政治的な示威行為というか、デモンストレーションであったわけで、その後、祭祀行為が継続したかどうかは、当時の死生観や、古墳以外の宗廟の存否等とも関連する重要な問題かと思われる（現在は、墳丘は生前に築かれたと考えている）。

話が少し別の方向にそれてしまったが、ここでは米や特産物を中心とした物資や労働力の徴発に関しても、古墳時代前・中期と後期以後を分けて考える必要があると言いたいわけである。前・中期段階では、租税制と徭役制というほどそれらは恒常的に制度化されたものではなく、基本的には、一時的で不定期な貢納と労働奉仕という方がいいのではないかと考える。たとえそれが頻繁で、強制力が増したとしてもである。そして、より制度的なものは、王権が各地の家長層を直接的に掌握（公民化）するようになる古墳時代後期以降に想定したい。都出も貢納という言葉も使っているので、都出の租税と徭役という概念のなかには、貢納と奉仕といった段階も含まれているのかもしれない。

(3)　中央首長と地域首長

つぎに、中央首長と地域首長という問題に関しては、表12にまとめているようなことが議論されている。まず、墳丘の形と規模に関し「墳丘の形態によって首長の系譜や格式を表現し、またその規模によって実力を示すという二重原理による身分表示のシステム」だと評価している。しかも、この身分制度は、律令のように上から一方的に押しつけるものではなくて、相互承認関係に基づくものだとも指摘している。非常にうまく区分して述べられている。また、首長系譜の変動に関しても、その時期を指摘し、輪番制を否定するとともに、その動きは、中央と地方の動きが連動した全国的な政治変動だったと評価している。多くの点では、私も同様の結論を得ているが、多くの点で少しずつ見解が異なる。

一つは、墳形と規模という二重原理による身分表示システムというと、非常に明快で分かりやすいわけだが、どうもそれだけではないように思う。前期段階においては、墳形が出自や格式を表現した可能性は十分考えられる。しかし、中期になると前方後方墳が築かれなくなり、後期においては、方墳もなくなり、基本的に前方後円墳と円墳のみになるので、この関係は、ある程度残存しつつも、段階的に変化していったものと思われる。また、都出が言ったわけではないが、一般に思われているように、前方後円墳ほど政治的に王権に近いというのは正しくはない。同じ前方後円墳とはいっても時期により、地域によって差があるのではないかと考えている。前期では、一般に王権に近いほど前方後円墳を築造しているように思える。しかし、中期に入ると前方後円墳を築きうる層は限られ、大王をはじめとする有力首長はいずれも前方後円墳を築く。そして、後期後半には、王権に近いほど墳形は円墳となり、前方後円墳を築く首長ほど、前期とは逆に、王権中枢からは相対的な自立性を保持していたと推測されるからである。また、前期でも、香川などのように、弥生時代以来、円形周溝墓など円形原理の墳丘を採用してきたところでは、前方後円墳を築きながらも地域色が強い地域もあって、必ずしも王権との距離が近かったとはいえない地域もあるからである。墳形と出自や格式との関係は、出自や格式のもつ意味の変質とともに変化し、出自や格式の高さと王権との政治的距離も必ずしも正比例するものではなかったように思われる。

他方、規模の問題だが、規模は実力というのにはやや疑問がある。たとえば、前期後葉に築かれた宮城県の雷神山古墳は仙台平野を背景にしていて、墳長が約一六八メートルもある大きな前方後円墳であるが、この古墳の大きさは地元の力と比例しているのであろうか。その前後の古墳のあり方からみても、なかなかそういうのは難しい。また、ほぼ同時期の京都府丹後の墳長約一四五メートルの蛭子山古墳、約二〇〇メートルの網野銚子山古墳や神明山古墳、あるいは中期前葉の宮崎県の約一七七メートルの女狭穂塚古墳や鹿児島県の約一三四メートルの横瀬古墳などもそうだが、こういった古墳は実力以上の規模をもっているのではないだろうか。こうした古墳をみていると、古墳の規模に関しては、政治的な配慮が働いており、王権の対首長政策、あるいは地域政策の反映かと考えられる。

丹後の三大古墳を検討した時（第三部第一章）に、同時期の日本海側の古墳を比べてみると、出雲を除いて、丹後を起点に東に行っても西へ行っても、同時期（前期後半）の各地域最大の古墳の墳丘規模は段階的に小さくなっていることがわかった。したがって、この現象には、丹後を拠点に日本海沿岸諸地域を掌握していく王権の政治的活動が反映しているものと思われるのである。地域の政治的位置づけは律令国家でははっきりあったわけだが、古墳時代でも、そういったものが反映しているのではないかと思われる。雷神山古墳や横瀬古墳にしても、そこは当時の王権のフロンティアだったわけである。その意味では、古墳の墳形と規模とは、出自や格式や実力を基本としつつ、王権の政治的意図が強く反映しているということができるだろう。

なお、古墳の秩序の変化と対応する、首長系譜の変動と大王の墓域の移動に関する、画期と大王墳、画期と各地の古墳の動向、画期と古墳構成諸要素の変化（埋葬施設や棺や副葬品などとの関係）、画期の意味などの問題については第二部第二章を参照されたい。

また、中央と地方の問題に関しては、先に図36（一七八頁）を掲げて中期の場合を説明したが、首長墳の結合は非常に重層的なものであって、王権に対する政治的姿勢の差が、遺物では特に長持形石棺と舟形石棺といったものに顕著にあらわれていると指摘した。前・中期の王権と地域首長の関係はきわめて人格的な結びつきが強かったと考えているが、都出のいう相互承認的な身分秩序というのは前期や、中期の大首長間に当てはまるのではないかと考えている。しかし、後期、特に後期後半になると、首長層の官人的性格が急速に強まり、律令的な官人制に一歩踏みだすものと思われる。また、この点では首長層の政治的関係と首長の在地での共同体的関係のギャップが問題にされるべきかと考えている。

(4) 権力機構と人民編成

つぎに、権力構成と人民編成という点に関しては、刀剣の象嵌銘にある「杖刀人」とか「典曹人」から人制が五世紀後葉には存在し、さらに遡る可能性があるという指摘があり、人民の武装とは区別される軍事編成があるとされ、「軍事に係わる大首長の下に階層構造をもった軍事編成があり、地方の中小首長がこの軍事編成の末端に取り込まれていた」と指摘している。また、人民編成に関しては「五世紀以降、耕地や居住地や墓制の再編の必要から、集落の設計に対する上からの規制は広い範囲で実施された」とも述べている。先ほども少し触れたが、私は古墳の秩序から見て、前・中期までは王権による政治的編成は首長層までが基本であって、人民の編成が行われるようになるのは群集墳が出現する五世紀後葉の後期に入ってからのことと考えている。それは軍事編成においても同様だと思う。中期までは、大首長の下に中小首長がそれぞれの共同体構成員を率いて連なっていたと考えている。前・中期までは基本的に首長の共同体支配は温存されていたと理解するのである。群集墳が出現してくる後期前葉の五世紀後葉に人制が存在するとしても、それがどこまで遡るのかが問題である。

おわりに

以上のように、都出説をいろいろと検討すると、いくつかの問題が出てくる。ここではおもに古墳時代の時期区分、段階区分を行い、それに合わせて各要素、あるいは各要素の変質の過程を位置づけなおし、段階に応じて評価しなおす必要があることから、都出が取りあげた諸要素を私なりに再検討し、再整理してみた。都出の場合は、前方後円墳体制・初期国家を提唱することが最大の目的で、それを前後の首長制や成熟国家と比較することが緊急の目的だったので、そのなかでの変化については細かく触れることができなかったように思える。しかし、それを批判的に読む立場からすれば、この問題をさけて通ることはできない。首長制と成熟国家との間の長い移行過程に初期国家を設定するのであるから、必然的に、初期国家のなかには、より首長制的な段階とより成熟国家的な段階が含まれることになる。古墳時代では、それが前・中期段階と後期、特にその後半段階にあたるかと思う。本来ならば、それぞれの段階ごとに諸要素をまとめなおし、その関連の仕方まで議論すべきであるが、それは別の機会に譲りたいと思う。

最後に、今回の話と関連するいくつかの問題点に触れ、今後の課題としたい。

まず、今回、ここで指摘した画期の多くは、朝鮮諸国や中国といった東アジア世界との交流と不可分に結びついているということである。いうまでもなく、古墳時代の始めと終わりの第一と第六の画期がそうであり、中期から後期への第四の画期も中期中葉以降の活発な交流の結果といえる。都出は、国家的統合の重要な契機として、政治権力による鉄をはじめとする物資流通機構の掌握を指摘しているし、東アジアの政治関係の重要性も指摘しているが、対外的交流は一貫して頻繁に行われていたのではなく何度もの波があったこと、その波の形成には列島内部の事情だけではなく東アジア世界の政治的動向が深く関わっていること、毎回の交流には質的変化があったこと、人・もの・情報の受容と普及にも時期的な段階ごとの変化があったこと、それは国内における生産と流通のシステムの変化でもあったことなど、この東アジア世界との交流の問題に関しても、多くの議論はされてきているが、まだまだ検討は不十分で、これまで以上に広く深く検討し、国家形成過程の脈絡の中に正当に位置づけていかなければならない。また、現在の国民国家の枠組みを離れて思考する必要があり、列島社会そのものが東アジア世界の一部であり、その歴史的動向のまっただ中にあったことを忘れてはならない。

その場合、穴沢咊光が指摘する二次国家としての性格〔穴沢一九九五〕もけっして軽くみてはいけないと考える。中国文明の周辺における日本列島での国家の形成は、社会を構成する諸要素がけっして横一列に並んで順調に発展していったのではないのではないかと思う。社会の上部構造と下部構造とが本来あるべきように展開していったわけでもないと思う。日本の古代における国家の形成過程は上からの、きわめて政治的で、国家主導的な動向が全体を牽引していったのではないかと考えている。その場合、先にも少し述べたが、大王家を中心に首長層が形成する政治的世界、それが古墳の秩序を形成するわけだが、それと列島各地における首長と共同体が形成する在地世界との間には、かなりの発展差があったものと推測する。中期古墳の段階まで方形周溝墓が残るのも、在地における弥生的世界の残存かと考えるが、両者の差異をどのように推しはかるかも今後の課題である。

また、この関係では、血縁関係の問題がある。私は、血縁関係を中心に婚姻関係をも含む関係を同族関係と呼んでいて、社会を統合する原理の一つとして同族関係を重視している。先に述べたように、畿内連合や地域連合の中心的な紐帯として首長層の同族関係を想定している点などがそれである。しかし、都出の今回の議論では、こうした血縁関係や婚姻関係は割と低く扱われていて、社会統合の原理として地縁的編成原理が強調されているように思われる。

都出は、一方では、弥生時代には円錐クランの存在を認めている。円錐クランというのは、首長制社会に存在して血縁原理（擬制を含む）を基礎としながら、平等原理に欠け、地位の優劣が顕著で、外婚制をもたず単系でもなく、出自が系統樹の原理で階層的に区別されていると説明しているが、そういったものはもっと評価されてよいのではないかと考えていて、私としては、こういった円錐クラン的な血縁関係の原理が古墳時代を通じて、当然その間にはある程度の変質をとげるわけだが、重要な意味をもっていたと推定している。端的に言えば、弥生時代に認められる円錐クランは、初期的な階級社会である古墳時代においても存続し、社会を律する原理として大きな役割を果たしたと考えたい。特に、古墳時代の地域社会では、弥生時代以来の首長制的諸関係が、共同体的関係として長らく残存したと推定しており、その中心的な要素ではなかったかと考えている。古墳時代には政治的身分の表象として古墳が築かれるが、首長の埋葬儀礼の場であり、その埋葬の場である古墳がそのような役割を担えた理由や、全国各地で繰りかえされた古墳祭祀（現在は、古墳造りも含め「古墳の儀礼」としている）が国家的統合のイデオロギー的性格をもちえた理由は、ここにあると考えている。

以上で、今回は、小経営など重要な問題のいくつかには触れることができなかった。

なお、ここでの私の立場の概要は、都出から執筆の機会を与えられた第二部第五章にまとめている（また、つぎの第二部第七章はここでの議論を踏まえたものとなっている）。

全体として、都出の諸論考は非常にすばらしいもので、画期的なものだと思う。続く研究者は、それに従うにしろ、反対するにしろ、一気に議論の土俵が広がり、世界を相手に議論をする場が形成されたということができる。最後に、「検討の視点」ということで、今後への希望として、羅列的だが、方法論の整備、論理的思考の深化、学際的で広範囲の比較と交流、常識の再検討、および個別実証面を軽視せず事実に基づき具体的に批判的に検討するなどの姿勢でもって、こうした業績を活用しつつ研究がさらに進めばよいと思っていることを付けくわえておきたい。

第七章　古墳時代における王権と集団関係

はじめに

東アジアの、強勢を誇った漢帝国の周縁部で一定の成熟をとげつつあった社会では、帝国の衰亡とともに、多少の遅速の差はあれ、後の古代国家につながるような政治的まとまりが形成されはじめた。この動向は大陸の東に位置する日本列島の農耕社会にも及び、時代は弥生時代から古墳時代、飛鳥時代へと急速な展開をとげたが、その過程で、われわれが「古墳」と呼ぶ政治的・宗教的記念物が数多く築かれた。前方後円墳約四七〇〇基（帆立貝形墳約五〇〇基を含む）、前方後方墳約五〇〇基。大小の円墳・方墳をも含めると総数は一〇万基を超す。

ここでは、これらの豊富な古墳資料を中心に、最初の列島規模での政治的統合がどのようなかたちで進行したかを素描する。全体に図式的な話になるが、それはこの間の長い歴史過程を概括するとともに、多様な動向を推しはかる基準をより明確にしたいからである。

(1)　古墳の編年と時期区分

そこで、最初に、以下の話の基本となるおもな事項を整理しておくと、まず、古墳の編年と時期区分に関しては、編年を各種遺物の型式変化とその組合せより一一小期（小様式）として捉える（六〜九頁図1・2）。そして、これを時間軸として古墳の築造状況を検討し、墳丘の基本四形式の消長、古墳群の消長、および各時期における古墳の秩序の変化を指標に、前・中・後期の三時期区分、五段階・六画期を設定する（八五頁表4）。遺物の変化よりも古墳の築造状況の変化の方が政治社会をより実態に即したかたちで把握できると考えるからである。画期の大きさや方向性は時期によって異なるが、最大の画期は中期から後期への変化にあり、ここで古墳時代は二分される。中期を設定するのは、弥生終末期以来の、畿内連合を中心とした首長連合体制の到達点を明確に把握しようとするためである。

古墳時代の時間的範囲については、前方後円墳が造られた時期を中心とする〔近藤一九八三〕。言いかえれば、古墳時代とは前方後円墳を頂点とする古墳の秩序が形成されていた時代ということができる。古墳の秩序とは、同時期の各種の墳形を呈す大小の古墳が特定の墓域や地域で形成する政治的な階層構成とその重層的な結びつきをさすが、その変化は一見多様でありながらも広範囲に連動する動きを基本としている。

⑵　年　代

各時期の暦年代は、多くの研究者の努力によりかなり煮詰まってきてはいるが、いまだ確定はしがたい。古墳の年代決定のおもな方法は、①紀年銘のある鏡や刀剣と古墳様式との比較、②年代の推定できる中国製品と副葬品との型式的比較や共伴関係の検討、③被葬者の推定できる古墳や造営年代がわかる建造物等の利用、および④年輪年代法をはじめとする自然科学的分析法の活用などである。ただ、副葬品では製作年代と埋納年代の差が問題であり、年輪年代法の成果との関係では、導きだされた樹木の伐採年が正しいとしても、伐採年とそれを用いた木製品の利用時期・廃棄時期の差、木製品と土器等との共伴関係、木製品や土器等と古墳の築造時期との関係などが十分明らかでない。

また、様式や型式は時間の流れを切りとって認識するための類型的で抽象的な概念で、年代の判明する遺物との関係も、類例が増加し、ある程度類型化しうる段階までは、時間の振れを承知で一定度の時間幅をもたせた理解にとどまらざるをえない。特に、基本的に「もの」の型式を基礎に把握する考古学的方法で扱う時間は、二〇年、三〇年といったまとまりのある時間であって、文献に記された事件との対比は、記事の信憑性の問題を抜きにしても、危険を伴う。ここでは、これまでに判明している事例を勘案し、前後の時代との関係に配慮しつつ、前期を三世紀中葉から四世紀中葉頃、中期を四世紀後葉から五世紀中葉頃、後期を五世紀後葉から六世紀後葉ないしは七世紀初頭頃と理解しておきたい（第一部第二章参照）。

(3)　階層区分

古墳時代の社会的階層構成は、大王―大小の首長―共同体構成員（上層―下層―最下層）と把握できる。それぞれの墳墓としては、各時期最大の古墳（ほとんどが墳長二〇〇㍍以上の巨大前方後円墳）―各種の墳長二〇〇㍍以上の古墳―小型の方形・円形墳丘墓（前・中期の方形・円形の周溝墓・台状墓。後期の群集墳）―墳丘のない木棺・箱式石棺・埴輪棺等の直葬墓―密集型土坑墓を想定する（九七頁図21）。この構成の基本は、少なくとも弥生時代終末期には成立し、古墳時代の初めに大王墳としての巨大前方後円墳（奈良県箸墓古墳）が加わり、古墳時代を通じて存続する。大王の用語は、文献史学では埼玉県稲荷山古墳出土鉄剣銘などより五世紀後葉頃から使用される場合が多いが、古墳の秩序から、大王、ないしはそれに相当する最高権力者という意味で古墳時代の当初から用いる。

(4)　地域区分

地域を限定する場合は、一基の古墳、ないしは単一系列型の古墳群を生みだす母胎となった集団を単位共同体とし、その基盤となった範囲を小地域とする。そして、各地に存在する二、三から五、六の古墳群からなるまとまり（旧国の五分の一から三分の一、あるいは旧郡一、二程度の広さ）を地域・地域共同体とし、その範囲での首長層の結合を地域（首長）連合と呼ぶ。さらに複数の地域がまとまった場合は地方とし、首長層のそれは地方（首長）連合とする。この場合の地域や地方は、時には共通の墳丘形式、時には共通の埋葬施設や棺で示されるような首長層のまとまりで、それぞれの範囲の首長すべてが参加しているとは限らない（第一部第三章参照）。まとまりには強弱がある。

一　古墳の出現

(1)　弥生墳丘墓から古墳へ

①　多様な弥生墳丘墓

墳丘の高低を問わなければ、墳丘をもつ墓である墳丘墓はすでに弥生時代から存在する。古墳はこの弥生墳丘墓の長い伝統の上に新しい要素を加えて創出されたものであるだけに、その理解には弥生墳丘墓の検討が不可欠である。そこで、まずは弥生墳丘墓から話を始めよう〔付論二参照〕。

弥生墳丘墓は各地で多様な展開をみせるが、系譜上は弥生前期に出現する方形周溝墓、方形台状墓、円形周溝墓の三形式が基本で、後期に円形台状墓が加わる。墓の四周に溝を掘る周溝墓はおもに平地に、墓の周囲の地山を削りだす台状墓はおもに丘陵上に築かれた。その他の墳丘墓はこれらの基本形式の地域的変容形式（貼石方形台状墓、四隅突出型方形台状墓など）、階層的変容形式（前方後方形墳丘墓や前方後円形墳丘墓など）、および各形式諸要素の複合形式（貼石方形周溝墓、四隅突出型方形周溝墓、丘陵上の方形周溝墓など）と整理できる。そして、その展開過程は、おもに首長墓の出現と展開、および地方色の顕在化でもって特色づけられ、それは、各地における首長層の成長と、かれらの地域的・地方的レベルでの政治的結びつき（首長連合）の形成過程であったと評価できる。

②　弥生墳丘墓の三段階

いま、その展開過程を三段階と捉え概説すると（図43）、第一段階（前期～中期中葉）は、西日本の各地に各種の墳丘墓が広がるが、墳丘規模に大きな格差のない段階である。朝鮮半島西・南部から伝わった可能性が高い周溝墓のうち、方形周溝墓は畿内から近江、東海西部（伊勢湾沿岸）に定着し、この段階の間に西は播磨から東は関東、北陸の西部にまで拡散する。方形周溝墓とともに瀬戸内中部に出現した円形周溝墓は播磨に広がり、以後は徐々に分布を東に広げる。また、方形台状墓は近畿北部・北陸・東海の一部に出現する。しかし、東西ともに、これらの先には墳丘墓（特に周溝墓）を容易には受けいれない地域が存在し、そこでは九州北西部の支石墓（早期～中期中葉）、九州北部の大型甕棺墓（前期末～後期。この地域には他とは異なる展開を示す少数の墳丘墓がある）、山陰中部の配石墓（補註1）（前期）、東日本の再葬墓（縄文晩期末～弥生中期中葉）などといった特色ある墓制や、木棺墓（弥生早期・縄文晩期後半には九州北部から近江に及ぶ）、土坑墓、土器棺墓などが営まれた。列島各地の多様な地域色の基礎はすでにこの段階に認められるのである。

第二段階（中期後葉～後期前半）に入ると、墳丘規模に格差が広がり、首長ないしは共同体の有力者のものと推定される墳長二〇メートルを超す大型墓が明確化してくる。また、中国地方の内陸部（江の川上流）から山陰にかけての四隅突出型方形台状墓や近畿北部の方形貼石周溝墓など、地域に固有の墳丘墓が築造されだし、地域色が顕在化しはじめる。

言いかえれば、この段階は、社会の複雑化に伴い共同体を主導する首長に社会的諸機能が集中し、首長権が増大したことによって、首長墓とその他の共同体構成員の墳丘墓を規模によって差別化する動きがではじめた段階、および墳丘墓を集団表象とする政治的まとまりが姿をみせはじめた段階と評価できる。ちょうどこの頃からつぎの段階にかけて、中国に起源をもち、一部は後の形象埴輪等につながる蓋、塵尾（団扇形木製品）、翳などといった権力者を飾る

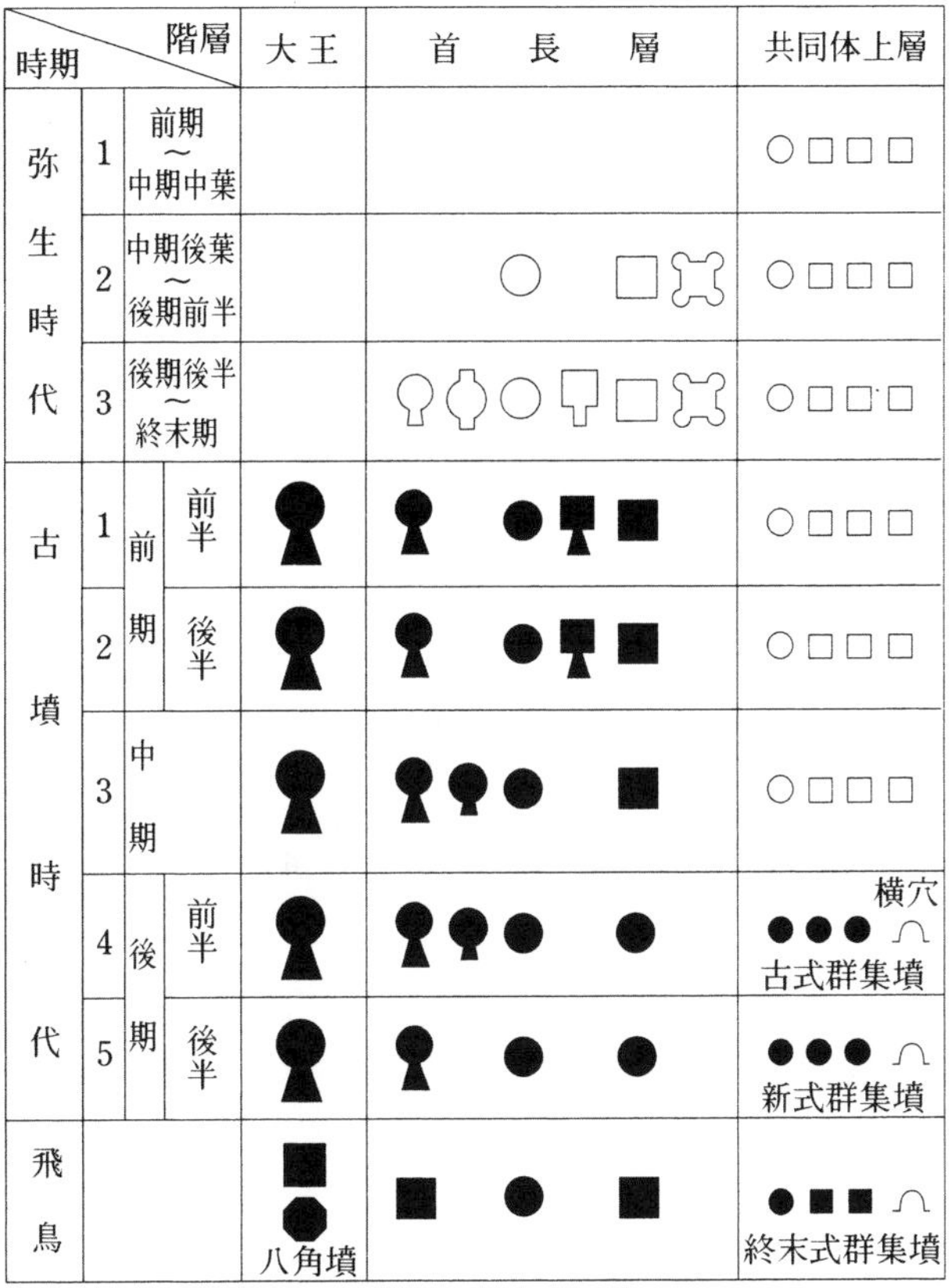

図43　弥生墳丘墓と古墳の変遷概念図
（白抜きは弥生墳丘墓とその延長上の墳丘墓）

威儀具が伝来し普及しはじめる〔鈴木二〇〇〇〕のも、首長の政治的扮飾のはじまりをうかがわせる。墳丘規模でもって身分秩序を表す考えもこの時期に入ってきた可能性もある。共同体の農耕祭祀の道具であったと推定される銅鐸が、音を鳴らす「聞く銅鐸」から、祭祀の場に置かれるだけの「見る銅鐸」へと変化する〔田中一九七〇〕のもこの時期で、首長の成長は共同体の変質を促す重要な契機になった。また、この時期からつぎの時期にかけては、石器が衰退しだし、鉄器化が本格化しはじめる時期にもあたる。朝鮮半島南部産の鉄素材をはじめとする物資流通機構の再編が地方レベルを中心に進行し、首長層の政治的結合をいっそう促した結果のものとも考えられる。そして、こうした動向はつぎの段階にはさらに加速・増幅されて展開する。

第三段階（後期後半〜終末期）は、一部の墳丘墓で突出部が発達し、首長墓専用の墳形が成立してくる時期である。前方後方形墳丘墓、前方後円形墳丘墓、双方中円（方）形墳丘墓などの出現であり、四隅突出型墳丘墓の突出部の拡大も同様の現象と理解できる。そして、それに応じて一部では首長専用の棺（丹後の舟底状木棺など）や槨（瀬戸内中部の木槨・石槨）が成立する。首長専用の墳丘墓が整備される一方で、他の墳丘墓は小型化し、共同体最下層の墓かと推定される密集型土坑墓が出現する。前時期に始まった共同体の階層分化は急速に進行し、これまで共同体の基盤であった環濠集落は解体へと進むのである。

そして、この段階の後半には、前方後円形墳丘墓と前方後方形墳丘墓は混在しつつも、前方後円形墳丘墓はおもに西日本を中心に関東までの範囲に、前方後方形墳丘墓は東日本を中心に九州までの範囲に広がり、日本海側では山陰中部に四隅突出型墳丘墓、近畿北部に大型の方形台状墓が分布し、北陸西部は四隅突出型方形や前方後方形、あるいは方・円形の周溝墓や台状墓が混在するといった状況が出現する。

③　弥生墳丘墓と地方連合の形成

各地の勢力はそれぞれ核となる墳丘墓を中心とする地域連合を基盤に、隣接のそれと連結して地方連合を形成しつつ、共通の墳丘墓形式を採用することで、他との差別化を明確にしていったのである。そして、そのことがまた規模の大型化を促した。しかし、この段階では、墳丘規模に大小の差はあっても、首長墓と目される墳丘墓の規模がせいぜい二〇〜五〇メートル程度にとどまることから判断すれば、これらの地方連合は基本的に地域連合が並列的に結合したものであると推測される。ただ、そのなかにあって墳長一〇〇メートル前後を測る纒向前方後円形周溝墓群は突出した存在で、各地のものと一定の階層的序列を形成しつつあること〔寺沢二〇〇〇〕から判断すれば、前方後円形墳丘墓の連合では、畿内連合を中心に、後の古墳の秩序につながる地域連合の階層的結合を実現しつつあったと推測される。古墳の秩序に一貫して認められる円形優位、畿内優位はこの段階に始まるが、その体制はいまだ他の地方連合と拮抗し、全体を包摂するまでには至っていない。前方後円形墳丘墓のこの段階を古墳時代の首長連合体制の萌芽期と評価する。

本来は方形原理の周溝墓地帯である畿内で、どのような経緯を経て円形原理の墳丘形式が採用され優位を占めるようになったのかは、いまだ十分明らかではない。現状では、弥生前期に瀬戸内中部で造りはじめられた円形周溝墓が畿内の摂津西部に波及してくるのは弥生中期後葉、河内・和泉で後期前葉から中葉、大和で後期末から終末期初頭である。終末期初頭には畿内でも突出部をもつ例も出現してくるが、いまだ小さく少数派である（付論一補註2参照）。当時の畿内では首長墓として前方後方形周溝墓がおもに造られていた可能性が高い（前方後方形周溝墓の出現を東海西部や近江に想定する考えがあるが、前方後方形周溝墓は方形周溝墓地帯に固有のもので、先の地域に特徴的ではあっても、固有のものではない。現状では、その出現地は畿内から東海西部にかけての広い範囲との理解でとどめておくべきだろう）。また、纒向墳丘墓群の系譜を吉備の双方中円形の楯築墳丘墓に求める考えもあるが、十分説得的ではなく、方形台状墓が主体の吉備で楯築墳丘墓が出現してくる経緯もよくわからない。方形、円形の墳丘墓が混在しだした畿内で、円形原理の墳丘墓が優位を占めるようになる背景には、それまで方墳であった中国の皇帝陵が、後漢に入って円墳化し、中・後期には中・小型墓でも円墳が普及する〔黄二〇〇〇、鐘方二〇〇四〕といった東アジア情勢も考慮すべきかもしれない。

当時の畿内勢力も地域連合が結合した地方連合の一つである。土器群の動態からみれば、その基盤は、広くは弥生後期に畿内第五様式土器が分布したほぼ畿内全域で、中核となったのは、この土器群を基本に吉備や山陰などの土器づくりの技術を受けいれ庄内式土器を、そして布留式土器を生みだした河内の生駒西麓と大和の三輪西麓の地域〔関川一九八八など〕であったと推定される。後述の通り、首長連合体制のもとでは権力基盤の諸機能は畿内各地に分散していたと推測するが、この時、三輪西麓地域は政治的・宗教的拠点としての役割を、生駒西麓・大和川河口一帯は外港とその周辺として経済的拠点の役割を担うことになった。

(2)　古墳秩序の出現

①　前方後円墳の創出

以上のような前史を背景に、奈良盆地南東部の三輪山の麓に箸墓古墳が出現する。それは、大王墳としての前方後円墳を頂点とする古墳秩序形成の嚆矢となる出来事であった。この段階からを古墳・古墳時代と呼ぶことにする〔図43〕。

箸墓古墳は、左右対称形の精美な前方後円墳で、墳長は二八〇メートル余り。墳丘には段築、葺石が施され、後円部には特殊器台・壺形埴輪、前方部には二重口縁壺形埴輪が配されている。周辺の発掘結果では鍵穴形の周濠がめぐる可能性が高く、採集された大阪府芝山産の玄武岩板石からは埋葬施設として長大な板石積竪穴式石槨の存在が推測される。この型式は、纒向前方後円形周溝墓群を祖型に、各地の墳丘墓の諸要素を取りいれながら、弥生後期から終末期に流入してくる中国・朝鮮の葬送思想の影響を直接・間接に受けて、新たに創出されたものと推測されるが、ここで採用された諸要素は、一定の時間的・階層的型式変容をとげつつも、後の定型的な古墳に引きつがれていく。

この時〔第一段階〕に成立する古墳秩序の最大の特色は、前方後円墳、前方後方墳、円墳、方墳の基本四形式が一体として墳形と規模とで格づけされていることにある〔都出一九八九a〕。ここにいたって、畿内連合を中心とする勢力は、地方連合の域を脱し、広域を統治する王権として一定の政治システムを作りあげるとともに、大王を頂点とする政治秩序のなかに各地の首長層を段階的に取りこみはじめ、古墳は被葬者の生前の政治的身分を表象するものとして機能するようになった〔西嶋一九六一〕。

墳丘の規模でもって被葬者の身分を表現する制度は列島固有のものではない。中国では少なくとも戦国時代の楚国には出現し、秦・漢帝国へと継続・発展していく〔黄二〇〇〇〕。しかし、そこでは方墳、ないしは円墳という単一形式の墳丘が規模によって序列化されており、朝鮮半島諸国においても基本的には同様であった。したがって、複数の墳丘形式の採用は列島固有の制度ということができるが、それは弥生終末期段階の墳丘墓諸形式、言いかえれば前代の各地方首長連合の体制を大幅に取りいれつつ、その再編成の上に古墳の秩序が成立していることを示している。

大王墳はその後、大和古墳群の西殿塚古墳、柳本古墳群の行燈山古墳・渋谷向山古墳と続くが、「オオヤマト古墳群」とも総称されるこれらの古墳群の特徴は、同一の墓域に巨大前方後円墳としての大王墳を中心に、前方後円墳を含む大小複数系列の古墳が築かれている点にあり、その構成は古墳時代中期まで続く。前方後円墳が圧倒的比重を占めるのに対し、前方後方墳は大和古墳群内に五基程度、円・方墳は未確定で、あっても少数である。この構成は四種の墳形の使いわけがいまだ不十分であることを示すとともに、方形・円形原理の墳丘が代表した地方連合の王権中枢における比重を一定度反映しているのであろう。

②　弥生墳丘墓のその後

ところで、この時期の王権による新たな地域支配のなかで、日本海沿岸に展開した四隅突出型墳丘墓は姿を消し、その地方連合は急速に解体したものと推定される。大型の方形墳丘墓を営んでいた丹後を含めて考えても、弥生時代に活性化していた日本海沿岸の物資流通ルートも、それとともに一時期衰退し、瀬戸内ルートが中心となる。しかし、地域的なまとまりの基本形は古墳時代後期においても認められ、地域連合は解体されずに存続し、その後も機能しつづけたものと判断される。四隅突出型墳丘墓消失後の山陰では、おもに方墳（一部、前方後方墳）が築かれるが、大半は一辺二〇<ruby>メートル</ruby>以下の、いわゆる方形台状墓である。葺石、長大な竪穴式石槨、三角縁神獣鏡などといった畿内の定型的な古墳の要素が認められるようになるのは、この時期の後半に築かれた大型方墳からで、現状では、円形原理の古墳があらわれるのは、つぎの段階を待たなければならない。

一方、前方後方形墳丘墓で代表された地方連合は、王権のなかで一定の位置を獲得したことで、その体制はしばらくは存続した可能性が高い。したがって、前期前半の前方後方墳のなかには弥生墳丘墓の枠組みのなかで造られたものと、古墳の枠組みのなかで造られたものの両者が存在する可能性があり、両者の見極めは難しい。しかし、前者の場合も、この段階の終わりから前期後半にかけての段階には、定型的な古墳の諸要素をもつようになり、地方連合も地域連合に解消されたものと考えられる。そして、中期には前方後方墳は基本的に姿を消す。

円形原理の墳丘墓が卓越し、王権の成立に一定の役割を果たしたと推定できる地方でも、そのすべてが成立後の新体制のなかで中心を占めたわけではない。たとえば四国北東部では、地元の弥生墳丘墓の系譜上に「讃岐型」と称される一定の個性をもった前方後円形墳丘墓や前方後円墳を生みだし〔北條二〇〇〇〕、前期後半には割竹形石棺を用いるなど、山陽中部の吉備などとは異なり、王権中枢とは一定の距離をおいた立場を維持しつづけたと推定される。しかし、その相対的な独自性も、中期にはみられなくなる。

なお、共同体構成員上層のものと推定される小型墳丘墓群は、古墳時代に入り、首長墳の影響を受けて多少の変化はみせるものの、その実態は弥生時代の方形・円形の周溝墓や台状墓である。この段階での王権の地方支配は首長層を通じての共同体単位での支配であり、首長層の在地支配は温存されていたと判断する。

この段階はまさにヤマト王権の生成期にあたり、畿内連合を中心に、瀬戸内を経て九州北部へと至る地帯がその主要な範囲であった。

(3) 古墳をめぐる人・もの・情報

では、古墳の成立によって、どのような人・もの・情報の流れができたのであろう。古墳の築造とそこでの儀礼の実修（以下、「古墳の儀礼」と総称する）は、豊かな副葬品や膨大な物資とともに、高度な土木・測量技術と施工管理能力、それに対する単純な道具の使用と人海戦術、およびさまざまな宗教的・政治的約束や規制でもって特徴づけられるが、この古墳の儀礼に必要な政治、宗教、技術、労働力、物資などの流通過程を中心に、推測を加えて、その主要な流れをまとめると図44のようになる。

王権は、中国王朝に朝貢し、その冊封体制下に入ることで、列島を代表する王権としての承認を得、爵位を授与されるとともに、威信財をはじめとする多くの文物の下賜を受ける。また、朝鮮半島諸国との多様な交流（友好、交戦、交易、亡命など）から多くのものを獲得する。一方、内部に向かっては、首長層の従属を前提に、その在地支配を承認し政治的身分を与え、古墳の儀礼の実修を認めるとともに、威信財や必需品を分配する。これに対し、首長は共同体を率いて、王権の各種の職掌を分担し、古墳造りなどの徭役的労働や軍務などに従事するとともに、特産品や米など

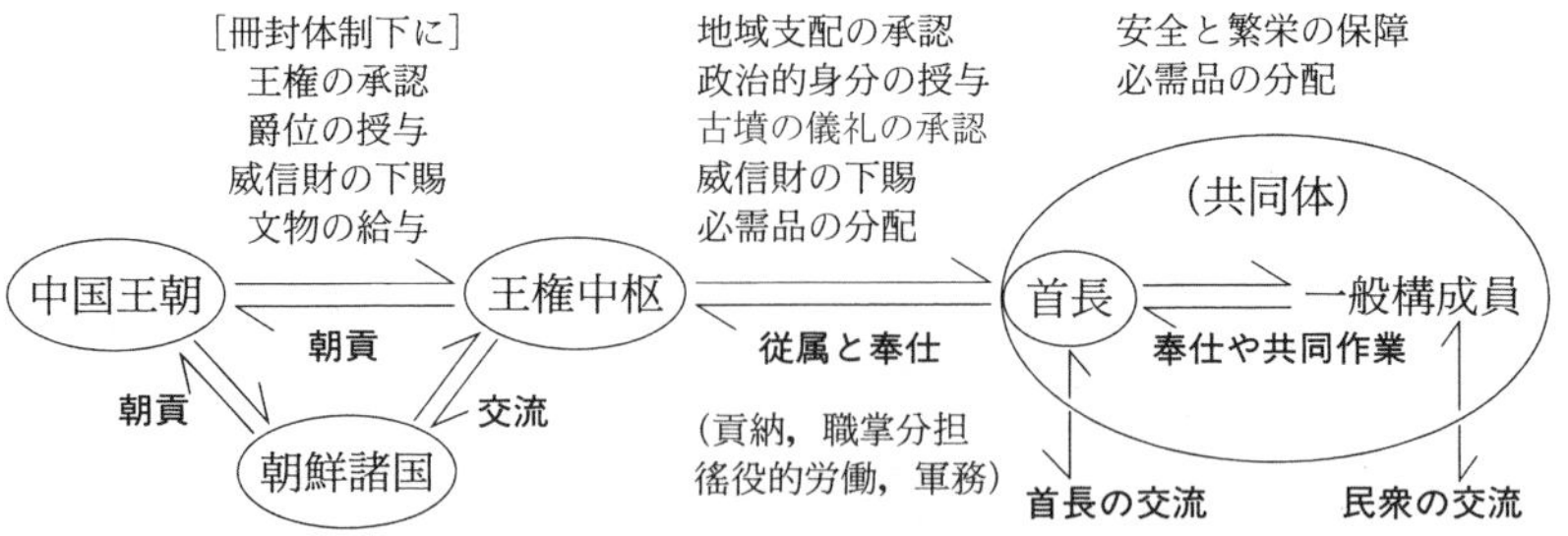

図44　古墳時代前・中期における主要な人・もの・情報の流れ

を貢納するといった奉仕をする。首長は共同体を代表して諸活動の指揮・管理・調整をはかることで、他集団との関係を安定的に維持し、共同体の安全と繁栄を保障する。これに対し、共同体構成員は生産に従事しつつ、共同作業への参加や首長への奉仕でこれに応える。地域内や地域を超えた首長間の交流や民衆レベルでの交流も多くはないが一定度想定できる、というものである。

この上下関係を基本とする流れを支えるシステムは、首長連合体制に特有のものと言えるだろう。当時の王権は、その核としてこのシステムを支配し保障したのであり、各地の首長はこの流れに連なることによって、自らの地位を保全するとともに共同体の安定を保障することができたのである。王権の求心力はここにあった。そのなかで、首長の古墳の儀礼は、王権から、その承認と墳形・規模の配布、副葬品に主要な位置を占める威信財の授与、技術者の派遣などを受け、地域の首長間のつながりのなかで竪穴式石槨や棺などの素材や型式を決定し、被葬者の所属する共同体を中心に、時にはそれを超えて労働力や道具の提供を受けるかたちで実施された。その結果、古墳の儀礼にあたっては、東アジアから在地までのさまざまなレベルにおける多くの人・もの・情報が結集されることになった。言いかえれば、古墳の儀礼は、当時の王権の支配方式そのものとも言えるこのシステムの中軸に位置し、それを支える重要な役割を担っていたのである。したがって、多少の変質はあったとしても、このシステムがよほど大きく変わらない限り、古墳の儀礼は大小さまざまなレベルで繰りかえし繰りかえし延々と行われることになった。その意味では古墳時代社会はまさに生者が死者とともに生きた葬祭社会だったといえるだろう。

(4) 古墳の儀礼

弥生墳丘墓や古墳の儀礼は、現在からみれば、非生産的で消費一辺倒の行為にみえる。では、当時の人々がこのような行為を正当なものとして受けいれた背景には何があったのだろう（「古墳の儀礼」については〔和田二〇一四〕参照）。

弥生中期後葉以後、首長に共同体を維持し発展させるための社会的諸機能が集中してくるなかで、共同体の協業を必要とするような大型の首長墓が発展してくる過程から考えれば、それは、共同体を代表するようになった亡き首長の葬送儀礼を盛大に行い、首長の権威を共同体の内外に顕示するとともに、首長の死によって危機を迎えた共同体を再生し、共同体への帰属意識を再確認することに目的があったと推測される。共同体の再生に不可欠な首長権の継承儀礼や新首長の即位儀礼も、それが弥生墳丘墓や古墳の上で行われたかどうかは時間的な変異をも含めてより検討を要するとしても、この前後に行われたであろうし、亡き首長の葬送儀礼を主導しそれを成功裏に導くことも新しい首長にとっては重要なことであったに違いない。そして、地域や地方の首長間の政治的結合が共通の墳丘墓形式でもって表現された背景には、血縁原理の社会における婚姻等を媒介とした首長間の同族的結合と祖霊世界の共有があったものと推測する。

古墳時代における王権による古墳の儀礼の承認とは、まさにこの共同体の存続に不可欠な古墳の儀礼実修の許認可権と、規模や内容の決定権を王権が握ったことにほかならない。そして、そのことによって、王権は現実世界とともに祖霊世界を、ひいては祖霊がつながる地域の神々の統合をもはかろうとしたのであろう。

ただ、古墳時代に入ると、首長の権限が王権によって保障されることで、首長は徐々に共同体の枠組みを超える存在へと変質し、弥生首長墓がもっていた共同体的性格は急速に失われはじめたものと考えられる。古墳の儀礼の成立は、弥生墳丘墓の儀礼が本来もっていた共同体的性格の形骸化のはじまりでもあったのである。

古墳の儀礼は素朴な魂魄観にもとづく首長霊送りに基礎を置くもので、首長の遺体（魄）は、死者の世界である墳丘の後円部頂上に設けられた竪穴式石槨内に密封された。副葬品には、王権と結びついた神話の三機能体系〔吉田一九九二〕にも比すべき、宗教（王権）、戦闘、生産の諸機能を表象するような鏡（・玉類）、刀剣類、農工漁具類がそろい、その配置には、魄を鎮め、遺体に寄りくる邪気を払い、魄が暴れだすのを防ぐ意味があったものと理解される。首長は死後の世界においても現世と同じ権能をもちつづけ、死後の世界に一定の位置を占めたのであろう。しかし、発掘調査の成果からみれば、追葬を別にして、古墳の儀礼は一回きりのもので、墳丘や遺体を対象に後々まで定期的に継続して儀礼が行われることはなかったようである。古墳の儀礼はそれが行われた、その時点に最大の意味があったのである。古墳に、他の王陵のような葬祭殿が伴わないことから判断すると、首長霊をはじめとする祖霊の継続的な祭祀が行われたとすれば、それは首長居館、ないしはその他の祭祀場であった可能性が高い。

二　古墳の展開

(1)　地方支配の進展

さて、前期後半（第二段階）に入ると、古墳様式の定型化とともに、墳形の基本四形式の使いわけが進み、王権による地域支配の体制がより整備されだしたことを示唆する。それとともに、首長層の掌握が進み、古墳を築く首長の数が急増する。たとえば、前期古墳の密度の高い畿内の淀川水系では、木津川左岸・右岸、桂川右岸、淀川左岸・右岸などの各地域で、前の時期には一地域一群程度であった古墳群が、この時期には一地域で四〜六群にも増加する。それは、王権が各地域連合を構成する複数の首長を、その体制を残しながらも個別に掌握しだした結果と判断される。同様な現象は、これほどの数ではないにしろ、西日本の各地に広がるとともに、東日本にも波及する。

東日本では、前の時期には若干の前方後円墳を含みつつ、おもに前方後方墳（あるいは前方後方形墳丘墓）が築かれていた。規模の上では大半が三〇〜六〇メートルと両者に大きな格差はなく、より大型のものがあれば、それは前方後方墳であった。しかし、この時期になると前方後円墳が増加し、大半の地域で優位になる。しかも、いまだ前方後方墳が卓越する下野などを除けば、多くの地域では旧国に一、二箇所程度の割合で一〇〇メートル前後の前方後円墳が造られ、甲斐や上野や王権の北端に位置する仙台平野などの重点地域では一六〇メートル前後の前方後円墳が築かれた。その状況は、西日本と大差なく、かえって東日本の前方後円墳の方が相対的に墳丘規模が大きいと言えるほどである。王権は、弥生以来の地方レベルでの首長層の連合を地域単位に分断しつつ、支配を深化・拡大していったものと推測されるが、各地の最大規模の前方後円墳にさほど格差がない点からみて、在地勢力の強弱とはあまり関係なく、一定の方針のもとに比較的等質的な支配を広げていったものと推察する。そうしたなかで、墳長二〇〇メートル程の前方後円墳を複数築いた丹後は注目に値するが、この地は日本海沿岸諸地域を経営する拠点として特に重視されたのであろう。

ところで、この時期の副葬品には顕著な変化が認められる。それは仿製鏡や碧玉製・緑色凝灰岩製の腕輪形石製品や方形板革綴短甲など、これまでの中国製品に代わって列島製の威信財が急増することである。中国への朝貢が止まり、威信財の獲得が海外依存型から畿内の特定工房の製品や地方の特産物を中心とする内地生産型へと変化したのである。鉄素材の入手等で朝鮮半島諸国との関係は継続していたと推測されるが、この時期、王権の政策は列島内の支配の拡充に重点が置かれたものと思われる。

(2)　大王墳の移動

ところで、前期後半には大王墳の墓域は奈良盆地南東部のオオヤマト古墳群から北部の佐紀盾列古墳群へと移り、中期初頭には大阪平野南東部の古市・百舌鳥古墳群へと移動する。その意味については諸説がある〔天野一九九三〕が、墓域の移動に伴い、墳形、埴輪、棺など大王墳の古墳様式に変化が認められることや、墓域の移動が前期後半の地域支配の進展（首長墳の急増）と、あるいは中期前葉の首長層の再編と深く関連していることを考慮すれば、それは王権の革新に伴う新たな墓域の設定による移動と理解される。そして、その場合に選択された場所は、その時々の王権の政策と密接に関連し、内地重視政策をとる前期後半の王権は、佐紀の北側を流れる木津川・淀川水系を経て東国、西国、日本海沿岸へと続く水陸の要衝で大和の表口にあたる地を選び、ふたたび東アジア世界との交流を活発化させる中期の王権は、瀬戸内を経て朝鮮・中国へとつながる畿内の表玄関の地を選んだものと考えられる。

三　古墳の成熟

(1)　首長連合体制の到達点

中期（第三段階）は、ほぼ古市・百舌鳥古墳群に大王墳が築かれた時期にあたる。中期初頭から前葉にかけての各地では、築造を停止する古墳群、新たな墓域に築造を開始する古墳群、丘陵上から平地へと墓域を移す古墳群などが数多く認められる。前方後円墳の巨大化は進むが、前方後円墳を築く古墳群は限定されたものとなり、多くは帆立貝形墳や円墳、方墳を築くようになるとともに、前方後方墳は姿を消す。

これらの現象は、王権が、前期後半段階に急増した首長層への支配の強化をはかるために、首長層の序列を明確化し再編成したことを示すものと判断される。その結果、中期中葉には、大王を頂点とした畿内有力首長層を中心とする限られた数の大首長層が、各地の数多くの中小首長層を支配する体制が完成する。それは弥生終末期以来の首長連合体制の到達点であり、その成熟期と評価される。王権の中枢を形成したのは畿内有力首長層で構成される畿内首長連合であり、その最高権力者としての大王もその枠組みのなかにあった。

(2) 東アジア世界との交流

王権は比較的安定したこの体制を背景に、朝鮮半島で活発な活動を行うとともに、ふたたび中国の南朝に朝貢しだすなど、東アジア世界と活発な交流に乗りだす。その結果、一部は中期前葉に、おもには中期中葉から後葉にかけて、列島の社会には多くの人・もの・情報が流入・定着し、古墳文化は大きな変革を受けることになった。

今、この時期に急速に発達したものや、後期に入って本格化するもののうち、主要なものを列挙すると、①新しい鍛鉄技術や鍍金・彫金・象嵌技術が伝わり、鉄や非鉄金属器の加工技術を革新する。後述の高熱を処理できる窯の伝来をも考慮すれば、本格的な鉄の生産も間もなく始まった可能性が高い。②馬の飼育と乗馬の技術が伝来し、戦闘・武装形態が歩兵用から騎兵用へと転換するとともに、後期には本格的に畜耕が始まる。③農耕・土木具にも新型式のものが出現し、作物の品種改良も推測される。④高熱処理のできる窯を用いた須恵器の製作技術が伝来し、食器生産を革新するとともに、その窯の技術は埴輪等の製作にも活かされる、などである。⑤その他、ここでは省略するが、衣食住に関する諸製品や諸技術も伝わり、多くが定着していく。そして、⑥そのなかで文字の使用が始まる。この時期の考古資料で変化を受けなかったものはほとんどないと言ってよいだろう。この時期の列島社会には、一種の文明開化的状況が現出したのである。

(3)　畿内の独占と首長間分業

しかし、これら新来のもののなかで、王権にとって政治戦略・戦術上重要とみなされたものを中心に、おもな技術は畿内で独占されることになった。当時の大規模な生産遺跡の分布をみると、鍛冶遺跡は大阪府柏原市大県遺跡・交野市森遺跡、奈良県天理市布留遺跡、玉作は奈良県橿原市曽我遺跡、馬の飼育は大阪府四条畷市一帯、須恵器は大阪府南部の陶邑窯跡群、長持形石棺は兵庫県高砂市周辺などと、それぞれ特定のものを生産する遺跡が畿内やその周辺に分散している点に特徴がある（図45）。古墳の秩序から推察して、このような生産遺跡のあり方は、畿内の各地に盤踞する首長たちが、王権下の生産に関する職掌を分担し、それぞれの地で特定の工人（技術）を組織し、特定の製品を生産し貢納することで王権に奉仕していた姿を示すものと考えられ、その工房は閉鎖的で排他的であったと推測される。この王権に統括されたかたちでの首長間分業の体制は先に指摘した生産・流通システムに適合するもので、首長連合体制に特有なものということができるだろう。そこでは、時には、長野県飯田市周辺における馬の飼育のように、地方にも生産拠点が設けられる場合もあったが、地方はおもに素材や労働力（あるいは人材）を提供する役割に終始したものと思われる。たぶん、この体制は行政、軍事、祭祀などの面でも同様で、王権の諸機能の主要な部分は畿内連合を構成する有力首長層の間で分かちもたれ、畿内一円に分散的に配置されていたものと推測される〔和田二〇〇三b・二〇一五〕。

したがって、この体制下では、生産面で、七世紀後半にみられるような集中的で多角的で効率的な組織が実現しなかったと同様、官僚機構や常設的な軍事組織もさほど発達したとは考えられない。この時期に都市が発達しなかった主要な原因の一つということもできるだろう。しかし、この体制は、古墳時代後期に展開する、地方をも巻きこんだより広範で、より細分化され、制度化された体制の基礎となった。

ここに、畿内の優位性はいっそう高まった。しかし、新しい文化の流入は、人々に生活の向上を一定度もたらしたが、新しい富や価値の分配をめぐる中央と地方の格差、あるいは大首長層とそれ以外のものの格差は広がり、社会の不安定化を生みだす要因ともなった。

四　古墳の変質

(1) 中期的秩序の崩壊と新秩序の出現

後期前葉（第四段階前判、須恵器TK二三・TK四七型式段階）に入ると、古墳の秩序には大きな変化があらわれる。この時期から中葉前半にかけて、大型の前方後円墳を築いていた古墳群やそれに連なっていた中小古墳群が急速に衰退・消滅する一方、新たな墓域に別系列の中小古墳群の築造が始まるとともに、方形周溝墓や方形台状墓とい

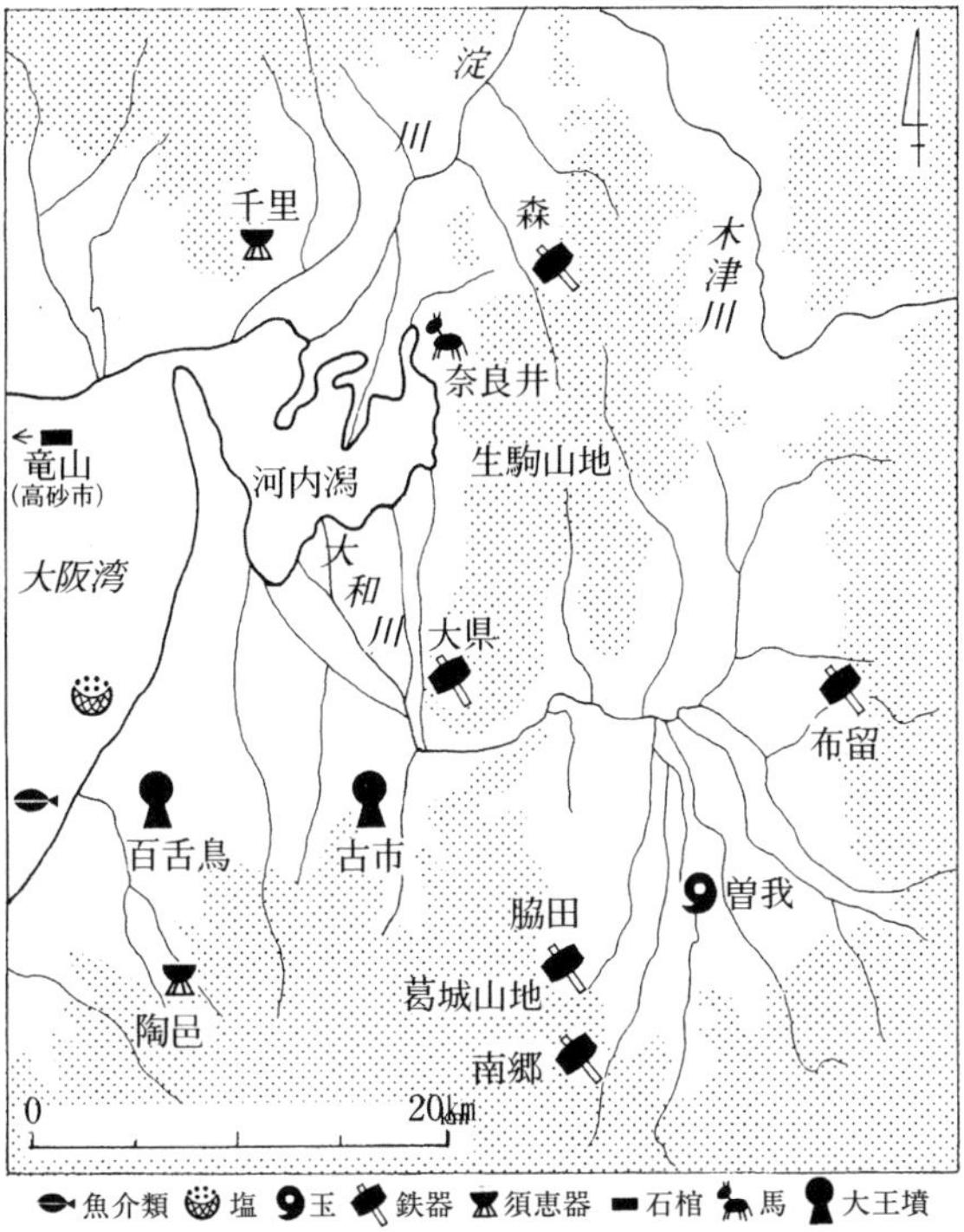

図45　古墳時代中期における畿内の主要な生産遺跡

った小型墳丘墓群がいっせいに円墳化しだすのである（この段階の、多様な埋葬施設をもつ小型円墳群を古式群集墳と呼ぶ。大阪市長原遺跡など、中期の埴輪を伴う方形周溝墓群なども群集墳とする意見もあるが、それらは群集墳的ではあっても、墳形に変化を及ぼすような制度的変化を伴ったものと同一視はできない。第二部第三章補註3参照）。この現象は、中期に権勢を誇っていた大首長勢力が急速に衰退する一方で、新興の中小首長層や共同体の有力家長層が台頭し、王権のなかに取りこまれていった結果と判断される。言いかえれば、大王を中心とする王権中枢は、先に指摘したような格差から生まれる社会の不安定化のなかで、台頭しつつあった中小首長層や有力家長層など広汎な新興勢力（渡来人も含む）と結んで、大首長層の地域支配を解体し、より直接的に民衆をも支配（公民化）する、より中央集権的な支配体制の形成へと動きだしたのである。当時、朝鮮半島では高句麗の南下や新羅の拡張に伴い、ヤマト王権と親密な関係にあった百済や加耶諸国は国家存亡の危機を迎えていたが、そのことが王権の危機意識を生み、より強力な国家建設への欲求とつながったものと推察される。

(2)　王権の動揺

しかし、当時、大王墳が営まれていた古墳群の動向をみるかぎり、この動きは順調に進んだとは考えられない。百舌鳥古墳群では百舌鳥陵山古墳、大山古墳と続いた巨大前方後円墳の築造は中期後葉の土師ニサンザイ古墳で終わり、その後は急速に衰退・消滅する。古市古墳群でも津堂城山古墳、仲津山古墳、誉田御廟山古墳、市野山古墳と続くが、後期前葉に岡ミサンザイ古墳が築かれた後は、大王墳と目される古墳も墳長一二〇メートル程度と小型化し、後期中葉（MT一五・TK一〇型式段階）前半で消滅するからである。在地に基盤を置いた大首長勢力の抵抗は強硬なもので、大王家そのものの力が弱体化し、王権は大きく動揺したものと推測される。

(3) 九州勢力の拡大

ところで、この王権の動揺に乗じて、一部の地域では独自な活動が活発化した。特にこの段階で顕著になるのは、九州系統の埋葬施設や棺に関わる諸要素が東方に向かって急速に分布を広げる現象である。中期においても九州系統の横穴式石室が吉備、河内、伊勢、若狭ほかの地で造られたり、熊本県菊池川流域で作られた一部の舟形石棺が河内に持ちこまれたりしたこと〔高木一九九四〕はあったが、その数はきわめて少なく散在的なものであった。しかし、この時期の九州系統の横穴式石室や竪穴系横口式石室の拡散は大規模で、西日本各地では畿内系の石室に先駆けて九州系の石室を造りだす地域が多かった〔柳沢一九九〇〕。また、有明海南端の宇土半島に産するピンク色の阿蘇溶結凝灰岩（通称、阿蘇ピンク石・馬門石）が石棺材として畿内やその周辺に運ばれ、刳抜式の舟形石棺や家形石棺に加工され、奈良盆地東部を中心に、河内、摂津、近江、吉備などで用いられた〔高木・渡辺一九九〇〕。九州系の石室では基本的に刳抜式石棺を用いないために、二つの現象は直接的には重ならないが、両者は相互に連動した動向と理解される。

この時期の九州系統の古墳要素の拡散は、古墳時代では他に例をみない地方文化の大規模な拡散現象であり、それは九州勢力の積極的な拡張政策の反映にほかならない。九州勢力は、中期以降、九州系の横穴式石室や竪穴系横口式石室、妻入り横口式家形石棺、石人・石馬などといった独特の古墳要素を生みだしてきたが、王権の動揺期において、有明海沿岸の首長連合を中心に急速に勢力を強め、独自に各方面へと勢力を拡大したと推測される。ただ、九州勢力は独自の墳丘形式や古墳様式を創造するまでには至らず、畿内的な古墳様式の一部を改変するにとどまった。有明海勢力は動乱期の後に出現する新王権の誕生にも深く関与したと推測されるが、その本質は中期的な大首長を中心とした地方連合であり、集権的な国家の建設を急ぐ新王権が拡大してくる段階には勢力を弱めていった。

なお、ほぼこの時期を中心に、朝鮮半島南西部では列島系の「前方後円墳」が築かれている。その評価をめぐってはさまざまな意見が提出され〔朝鮮学会編二〇〇二など〕、埋葬施設の判明するものの多くが九州系統の横穴式石室であることなどから、九州勢力との深い関係が指摘されている。今、この時期の列島内部での政治的状況を以上のように捉える立場からこの現象を評価すれば、半島の「前方後円墳」は、政治的拡張をめざす九州勢力が、ヤマト王権の意志とは別に、独自に半島南西部勢力と連合関係を結んだ結果のものと考えられる。ヤマト王権はたえず安定した力を誇っていたわけではないのである。当時の九州の横穴式石室では用いられない木棺を用いる例があることや、在地の陶質土器の副葬からみて、被葬者は在地の首長層であった可能性が高い。

(4) 新王権の成立

王権がふたたび強力な体制を整えてくるのは後期中葉後半のことである。それを象徴するのが大阪府高槻市の今城塚古墳である。単独で造られた墳長約一九〇メートル《》。左右に造出がつき、葺石、埴輪が備わり、二重にめぐる盾形周濠の内堤には人物・動物を含む形象埴輪群を配した張出が設けられている（図46）。埋葬施設は横穴式石室と推定されるが、調査では兵庫県加古川下流右岸に産する流紋岩質凝灰岩（竜山石）、奈良県と大阪府の境にある二上山に産する白色凝灰岩（二上山白石）、阿蘇ピンク石の三種の家形石棺の破片が検出された（二七四頁図53）〔高槻市二〇〇四〕。

大王墳が単独で築かれるようになるのはこの古墳からのことであり、大王権が強大化し他よりは隔絶化したものになったことをうかがわせるとともに、墳丘や外部施設の型式が中期の大王墳のそれを踏襲している点は、被葬者が中期の大王家の正当な継承者であることを誇示しているかのごとくである。しかし、新たな地に墓域を定めていることや、埋葬施設や棺が、竪穴式石槨に竜山石製の長持形石棺を納めた中期の大王墳とはまったく異質なものとなっている点などを、先の王権の動揺と考えあわせれば、そこに大王系譜の交替を想定することも十分可能である。

また、後期前葉には出現してくる百済系の、入口からみて左片袖式横穴式石室が畿内型横穴式石室として定型化し、両袖式石室をも生みだすとともに、分布を拡大しだす一方で、群集墳に採用されはじめるのもこの頃からである（新式群集墳）。今城塚古墳は淀川右岸にただ一基単独で築かれた大王墳であるが、以後の古墳の制度に大きな影響を与えた可能性が高い。

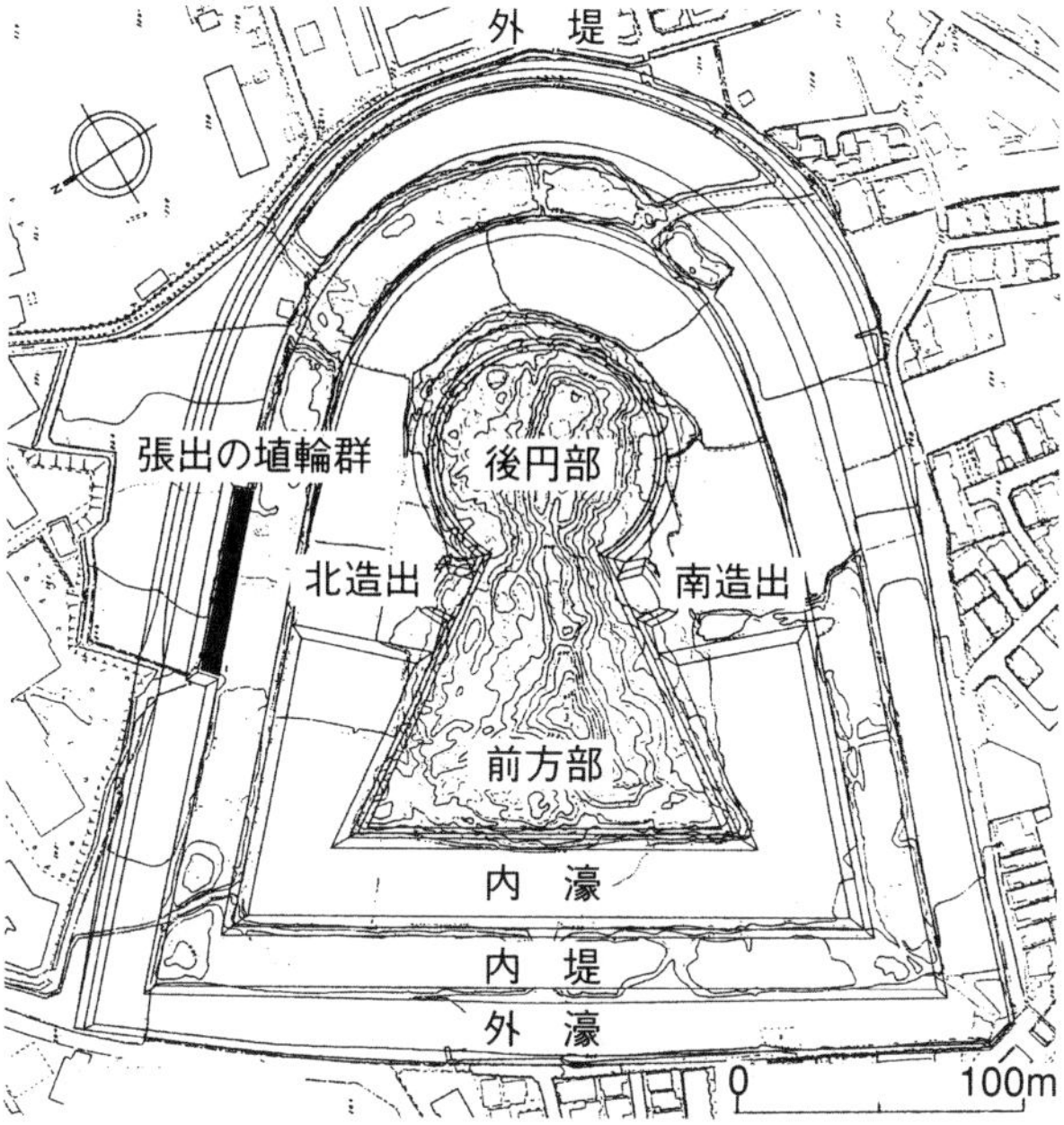

図46　大阪府今城塚古墳

五　古墳の新秩序

(1)　新秩序の展開

前時期の終わりに出現した体制が急速に進展し、古墳の秩序に大きな影響を与えるようになるのは、後期後葉（第五段階、ＭＴ八五〜ＴＫ二〇九型式段階）のことである。各地の前方後円墳は段階的に消滅し、首長墳が円墳化しはじめるとともに、新式群集墳が爆発的に築かれるようになる。首長の在地支配が弱体化し、首長の官人的性格が強まるとともに、王権による民衆の支配（公民化）が古代家族を代表する家長層の掌握を通じていっそう進んだものと考えられる（ただ、後期においても大小の前方後円墳を造りつづける関東や、後期後葉にも前方後方墳を営む出雲東部などの地域があり、そこでは他とは異なる政策がとられていたものと推測する)。

群集墳の被葬者に関しては、出土人骨の歯冠計測値の比較より、同一墳複数埋葬の被葬者は、三世紀から五世紀後半までは兄妹や姉弟などの配偶者を含まない一世代限りの組合せであったが、五世紀後半に強い父系イデオロギーが流入し、五世紀後半からは二世代構成で一世代が成人男性の組合せとなり、六世紀前半以降は二世代構成で第一世代が夫婦と推定される成人男女の組合せとなるとの指摘がある〔田中一九九五〕。集権的な国家体制の成立過程と家父長制的な古代家族の成立過程は並行し、王権による民衆の支配が家長層の掌握を通じてなされたことが、その進行をいっそう促したものと考えられる。定型化した横穴式石室を採用する新式群集墳はまさに夫婦合葬を基本とする埋葬施設として普及した可能性が高い（ただ、現状では新式群集墳出土人骨の分析例は少ない)。

その結果、大王墳から山間・島嶼の家長層の小型墳までが同じ横穴式石室を採用するようになり、中期までは多様なものの階層による使いわけがみられた埋葬施設が斉一化され、尺単位（高麗尺、一尺三五〜三六チセン）の規模の差でもって統一的に秩序づけられることになった。前段階に広がった九州的横穴式石室の拡散は止まり、多くの地域では畿内的横穴式石室が広がったが、一部では在地化した九州的な石室が、時には畿内的変容を受けつつ、規模の差をもって造りつづけられた。後期前葉には造りはじめられた横穴も横穴式石室の一変種として、このような動向のなかにあったものと理解する。

(2)　広域的分業・貢納体制

以上のように、古墳の秩序は、この時期には、より中央集権的でより制度的な支配が広汎に広がったことを推測させる。そうしたなかで、中期に畿内で独占されていた諸技術のうち、装飾馬具・大刀などの威信財や、主要な武器・武具類、あるいは高級品などの生産は、中期同様、畿内の特定工房で独占的に行われていたと推測されるが、後期前葉以降、須恵器製作技術など多くの技術が王権からの技術配布などのかたちで各地に広がり、特に一定の自然条件を必要とする鉄素材や一部の鉄器・玉類・塩・海産物などの生産と貢納の体制は全国的な広域的分業・貢納体制へと再編された。古墳の秩序から判断すれば、その体制はきわめて制度的なもので、これまで首長を中心に各集団が担ってきた王権への奉仕活動は急速に課役化（課は物納税、役は労働税）していったものと推測される。この時期の古墳秩序の理解をさらに進化させるためには、律令国家形成以前の王権の全国支配組織と評価される部民制〔鎌田一九八四〕や国造制との比較研究が不可欠なものとなっている。

(3) 前方後円墳の終焉

後期には、一部の地域を除けば、基本的には前方後円墳と円墳のみが造られた。円墳が前方後円墳の下位に明確に位置づけられていた中期とは異なり、後期中葉から後葉にかけては、円墳を築くのは王権に近く官人化が進んだ首長、前方後円墳のそれは官人化のあまり進まない在地土豪的性格の強い首長との評価も可能で、円墳は必ずしも前方後円墳の下に位置するとは言えなくなっている。王権はこの時期、大王墳は前方後円墳、その他は円墳という方向をめざしていた可能性が高いが、それが実現しないうちに、奈良県橿原市見瀬丸山古墳・明日香村平田梅山古墳を最後に、大王墳としての前方後円墳の築造は終わり、間もなく各地の前方後円墳も終焉を迎える。

仏教文化を含む新しい文化の流入、それに伴う新しい墓制の伝来がその変化の背景にあるが、直接的には、東アジアの東端にあって、礼にもとづく法制度を基盤に新しい独立国家を建設しようとする王権の政策が、伝統的な同族原理の社会の象徴ともいえる前方後円墳を放棄させ、大王墳は東アジア世界と共通の方墳、そしてその固有性を改めて打ちだした八角墳へとなっていくのである。

おわりに

以上、前方後円墳を頂点とする古墳の秩序が形成されていた時代を、その秩序の変化を中心に概観してきた。この時代を考古学的な研究にもとづき本格的に評価しようとする試みはまだ始まったばかりで、近藤義郎の部族連合論〔近藤一九八三〕に始まり、都出比呂志の前方後円墳体制・初期国家論〔都出一九九一・九六〕へと続くが、ここでは、最後に、後者との関係について少し述べておきたい。

都出の初期国家論は、古墳時代を一体として把握するには、きわめて魅力的な説である。しかし、氏の議論は古墳時代を全体として初期国家と位置づけるのに性急であったがために、前・中期的要素と後期的要素が混在しているかと思われる。もともと首長制と成熟国家の中間に位置づけられる初期国家には、より首長制的段階とより国家的段階あるのは必然で、前・中期段階をより首長制的な段階、後期をより国家的な段階と位置づけることも可能である〔第二部第六章〕。しかし、今回改めて検討を加えてみると、前・中期と後期の、特に後期後葉との質的な差は、古墳時代の前後の時代との差よりはるかに大きいことに注意を払わざるをえず、古墳時代を一体として捉えることは難しいと思われる。在地支配が温存された首長層による連合体制の到達点と評価した中期段階を首長制の最終段階、王権の支配が直接的に家長層にまで及び（公民化の始まり）、首長層の在地支配が弱体化し、首長層が官人化しはじめる後期、特にその後半段階を本格的な国家的秩序の始まりと評価する方がより実状に合っていると考える。初期国家段階の真ん中に大きな画期を抱えこむよりは、首長制の高度に発展した段階にあたる前・中期段階を初期国家段階として再検討、再定義したい。

（補註1）　その後、出雲西部では弥生時代中期中葉に遡る貼石方形台状墓（出雲市中野美保二号墓）が発見された〔仁木編二〇〇七〕。

第三部　王権と地方勢力

第一章　王権と丹後勢力
――丹後の三大古墳と日本海沿岸の古墳――

はじめに

一つの地域の古墳と他の地域の古墳を比較するにはどうしたらいいのか。なかなか難しい問題である。たとえば、日本海沿岸なら、すでによく知られているように、島根県の出雲では、埋葬施設として石棺式石室と呼ばれる特殊な横穴式石室が発達した。京都府の丹後では、円筒埴輪の一種として丹後型円筒埴輪が用いられた。福井県の越前では、埋葬用の棺として笏谷石という地元の凝灰岩で作った舟形石棺が長期にわたって利用された。というように、それぞれの地域に特徴のある遺構や遺物がある場合は、その考古資料をもとに地域色を指摘することは比較的容易である。

しかし、それだけではなくて、一歩踏みこんで、遺構や遺物に地域色が生まれてくる背景、言いかえれば、より本質的な政治社会や文化の条件を掘りさげるために、何とか地域の古墳を全体として比較できないものかと考えた。

そこで作ったのが図47の折れ線グラフである。これは、古墳の政治社会的意味をもっとも端的に示すものはその形と大きさであるとの考えを基本に、各地域の各時期最大の古墳の形と大きさを比べたものである。特定の時期のものだけでは、その歴史的意味を把握するには不十分と考えたからである。
資料としては『前方後円墳集成』〔近藤編一九九一～九四〕をおもに使った。ただし、年代観については一部変更したところがある。

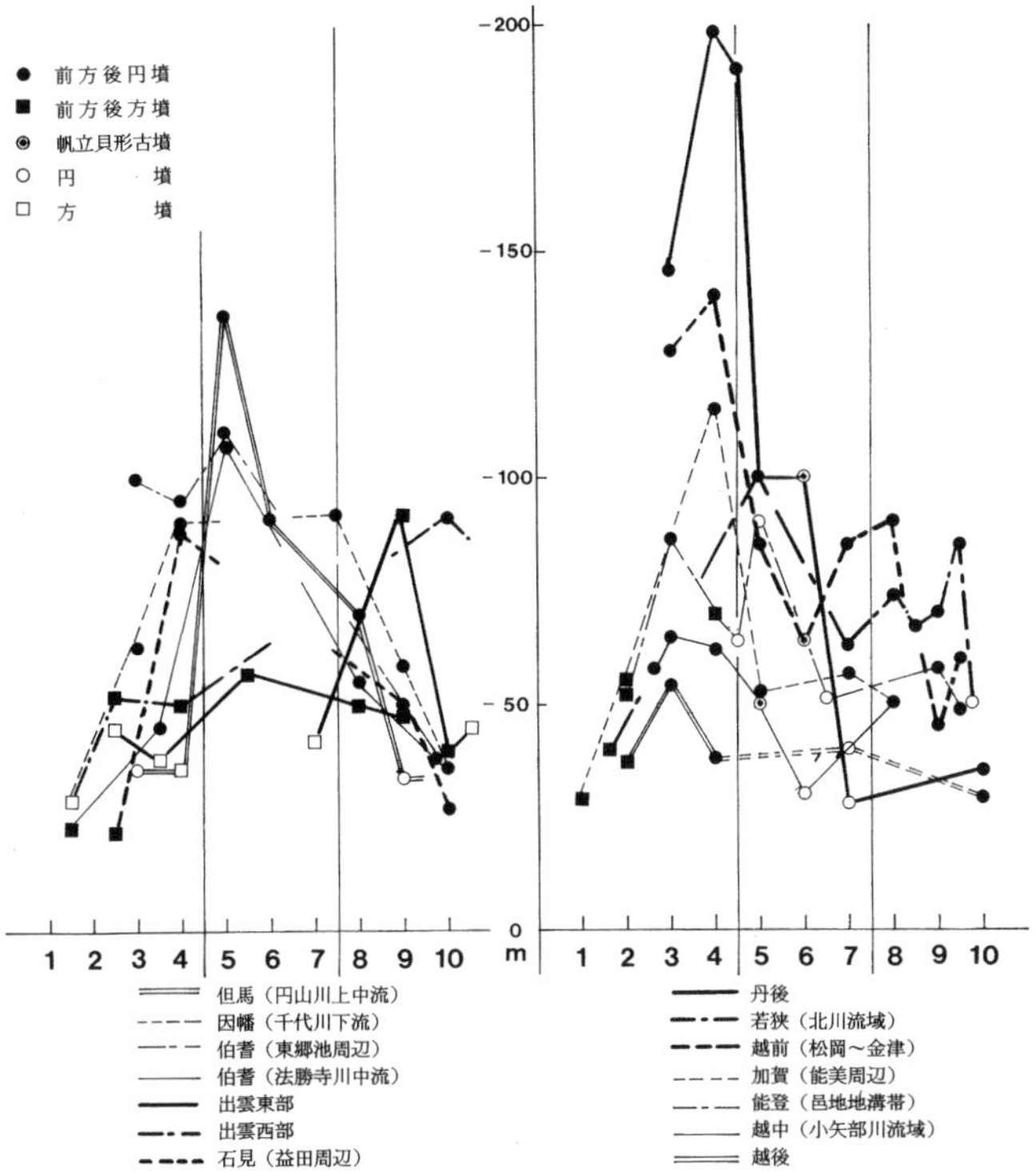

図47　時期ごとによる最大規模の古墳の形と規模の比較

一　日本海沿岸の前期古墳

(1)　古墳の分布

日本海沿岸にも多くの古墳が分布している。たとえば、図48は主要な前期古墳をドットしたものであるが、東は新潟県の越後中部から西は島根県の石見西部まで、少なくない数の古墳が分布している。多いのは、富山県の越中から、石川県の能登の南半・加賀を経て福井県の越前北半、若狭中部、京都府の丹後、鳥取県（因幡・伯耆）の東・中部や島根県東部の出雲などである。

しかし、実際、図47を作ろうとすると、

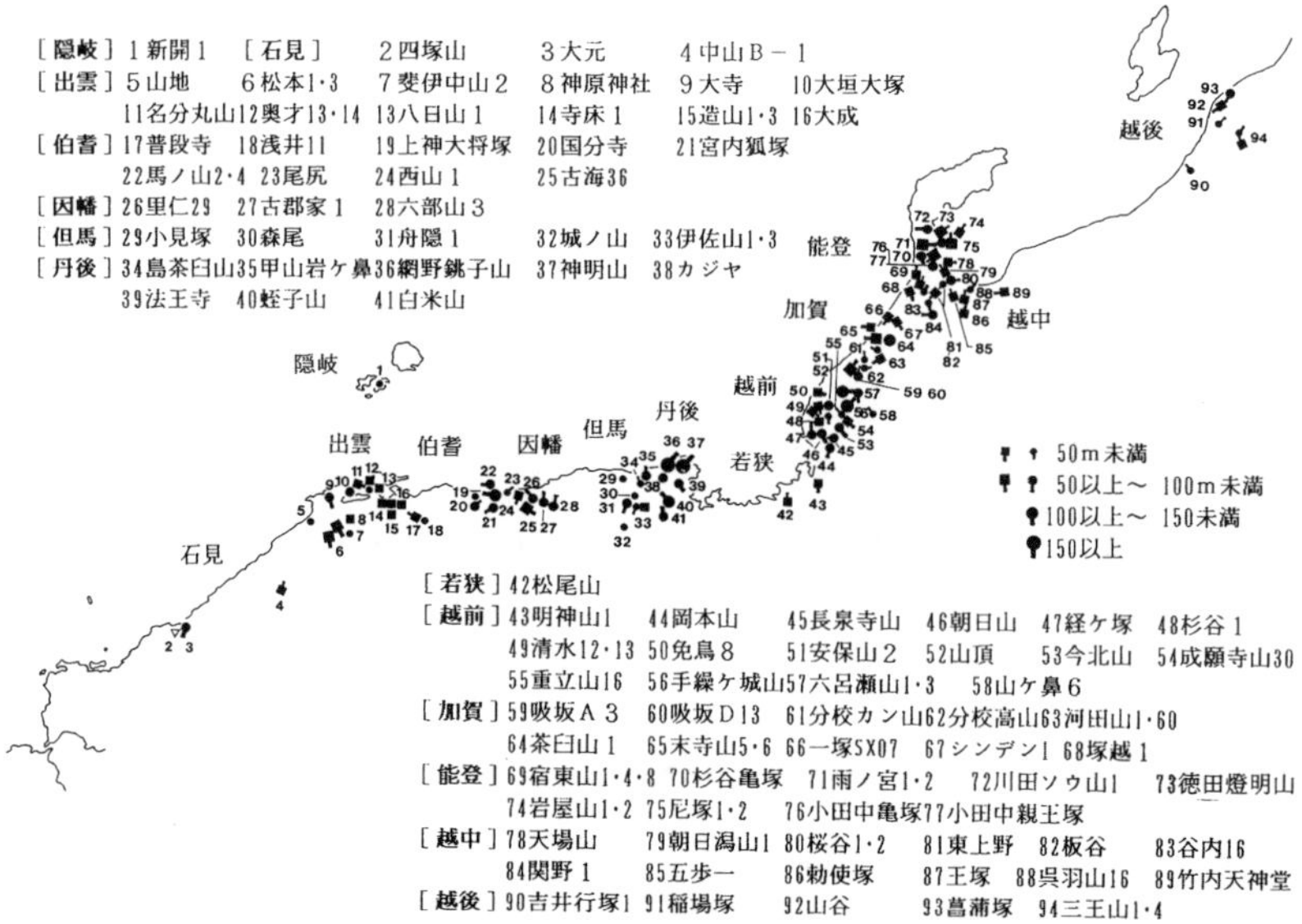

図48　日本海沿岸の主要前期古墳分布図（一部，中期前葉のものを含む）

よく年代がわからないものが少なくない。また、どの範囲で一番大きなものを選ぶのがよいかなどという難しい問題もある。けれども、今回は、それを承知で作った。以下に述べることは、その結果を基礎にしているが、それは日本海沿岸各地の古墳を全体として比較し、地域ごとの特色を検討するなかから、丹後の三大古墳（蛭子山古墳・網野銚子山古墳・神明山古墳）の特徴を浮かび上がらせたいからにほかならない。

(2)　古墳の規模

それでは、図47からどのようなことが読みとれるのか。まず、この図では中央に古墳の大きさを示す縦軸があり、下に、右から左へ1期から10期と時間の経過を示す横軸がある。（補註1）そして、縦軸の右側に京都府の丹後および、それより東側の若狭、越前、加賀、能登、越中、越後と、新潟県に至るまでの地域の各時期最大の古墳を、左側に但馬、因幡、伯耆、出雲、石見と、島根県に至るまでの地域のそれを示している。

すると、多くの地域では前期後半の、『前方後円墳集成』の編年で3期、4期の時期に、地域最大の古墳が前方後円墳として築かれていることがわかる。特に丹後半島より東の方の地域では、いずれもこの時期に地域最大の古墳が造られている。丹後の三大古墳もまたこの時期の所産である。言いかえれば、前期後半の時期には、丹後だけが大きな古墳を造っていたのではなく、丹後より東の日本海沿岸では、若狭を除いて、越前、加賀、能登、越中、越後のどの地域でも、その地域でもっとも大きな古墳を造っていたわけである。

つぎに、その大きさを比較してみると、一番大きいのが太い実線で示している丹後の三大古墳で、一番大きいのが墳長約一九八メートルの網野銚子山古墳である。つぎに太い破線で書いてあるのが越前で、ここでは、松岡・丸岡古墳群を中心に表を作っているが、一番大きいのが六呂瀬山一号墳で約一四〇メートルである。そのつぎは細い破線の加賀で、秋常茶臼山一号墳がだいたい一二〇メートル余り（一説では約一四〇メートル）である。さらに細い一点破線が能登で、徳田燈明山古墳が約八四メートルを測る。そして、その下の細い実線が越中で関野一号墳というのが約六五メートル。一番下の二重線の越後で菖蒲塚古墳が約五四メートルということになる。

こうしてみると、丹後のものが一番大きく、若狭を除き、日本海を東へ進んで越前、加賀、能登、越中、越後と東へ行くほど、だんだんと小さくなっていく様子が非常によくわかる。（補註2）

ところで、網野銚子山古墳の一九八メートルや神明山古墳の約一九〇メートルという大きさは当時の大王墳級の規模である。そこで、墳長二〇〇メートル級、ないしはそれ以上の規模の古墳の分布を検討してみると、それらは前期前半には大和盆地南東部に集中していた。しかし、前期後半になると中心が奈良盆地北部に移るとともに、畿内の北部の丹後や、畿内の西部の兵庫県五色塚古墳（約一九四メートル、以下同様）や、東部の三重県伊賀の御墓山古墳（約一八八）、南部の大阪府和泉の摩湯山古墳（約二〇〇）などというように、いずれも二〇〇メートル級の前方後円墳が畿内の東西南北の外縁部に造られた。

後三者はほぼ単独である。丹後の三大古墳（復元長約一七四メートルの蛭子山古墳を含む）は、他の三古墳とともに、畿内外縁部に、たぶん意図的に配された大規模な前方後円墳であったものと思われる。

また、越前の六呂瀬山一号墳は約一四〇メートルの前方後円墳だが、その一四〇～一五〇メートルクラスの前方後円墳は、瀬戸内海沿岸では岡山県の備前（浦間茶臼山古墳・約一三八）や備中（佐古田堂山古墳・約一五〇）で造られた、同時期の最大規模の古墳とほぼ同規模であることが興味深い。

(3)　ヤマト王権の東方戦略と日本海経営

それでは、これらの現象は何を表しているのであろうか。

私は、これらの古墳のあり方は、古墳時代前期後半の段階におけるヤマト王権による日本海沿岸各地域の政治社会的位置づけと密接な関係があったと推測している。

すなわち、丹後だけではなく、日本海沿岸というと、どうしても日本海ルートを通じての朝鮮半島や大陸との関係に重点を置いて説明されることが多いが、以上のような検討の結果をみると、丹後を頂点とした日本海沿岸東部の古墳の形と規模による序列は、ヤマト王権内部の拡張戦略として実施された日本海沿岸地域の経営戦略と不可分に結びついているものと判断される。畿内の北側に位置する三大古墳は、丹後がその日本海経営の拠点であったことを端的に示しているのである。

ほぼ同時期の前期後半の、3期・4期という時期は、愛知県よりも東の太平洋岸でも、山梨県甲斐銚子塚古墳（約一六九メートル）や宮城県雷神山古墳（約一六八メートル）など大規模な前方後円墳が造られた時期である。しかも、そうした時期の古墳の副葬品には、外来の要素は比較的少なく、非常に日本列島的な倭風の遺物が多く含まれた。

たとえば、鏡は中国の鏡を真似た仿製鏡と呼ばれている列島産の鏡が中心になるし、碧玉や緑色凝灰岩と呼ばれる緑色の石で作った腕輪形石製品を中心とした宝器のようなものも副葬品として盛んに納められた。

したがって、この時期の王権は、海外との交流を積極的に行っていたというよりも、王権の内部、特に東方への拡張を中心に内政の拡充に力を注いでいたものと考えられる。

王権はすでにこの頃から地域の政治社会的評価に基づく地域戦略を着々と推しすすめていたのであり、政治的に重要な拠点には、地元の首長の古墳造りにテコ入れし、大規模な古墳を造らせていたのである。

二　地域の特色

(1)「前期後半最大型」の地域

さて、以上のように、前期後半に地域で一番大きな古墳が造られる地域というのは、その後も非常によく似た古墳造りの動きをみせる。越前を除くことになるが、そこでは中期には急速に古墳の大きさが小さくなり、墳形としては多くは円墳や帆立貝形の古墳になった。また、時にそのような地域で前方後円墳が造られることもあったが、たいていは小型の一基だけに終わって、その後はまた円墳や帆立貝形になる。そして古墳時代後期のだいたい8期から9期という時にふたたび小さめの前方後円墳が一基程度造られ、その後は円墳になるというようなパターンをとる。図47を見ると、それがよくわかる。

これは古墳時代を通して古墳が造られるパターンの一つのモデルと考えてよいのではないか。ここでは、このパターンを「前期後半最大型」と呼んでおきたい。その一番典型的なのが丹後の古墳のあり方ではないかと考えている。

(2) 越前の古墳の特色

一方、例外とした越前はどうかというと、太い破線で表現しているが、前期後半に一番大きな規模の前方後円墳を築いており、中期になっても、規模は少し小さくなるものの、前方後円墳を継続的に営む。これは特に有名な松岡古墳群でのことだが、丘陵の上に代々大きな古墳が造られ、後期中葉の六世紀前半頃までそれが継続する。

このように前期後葉から後期中葉まで歴代の首長の墓がおもに前方後円墳として継続的に造られるというのは、非常に珍しい。しかも、この古墳群を中心とした地域では、最初の六呂瀬山一号墳の段階から、埋葬用の棺として、地元の凝灰岩（笏谷石）で作った舟形石棺が用いられつづけ、他の地域では使われなくなるような後期になっても継続していたのである。

言いかえると、一つの系列の首長が在地に強く根を張って長く勢力を保持していたような場合のパターン（「前期後半最大型の一変種か」）を、そこに設定できるのではないかと考えられる。それが目に見える顕著な地域色としての舟形石棺を存続せしめたのであろう。

(3) 若狭の古墳の特色

では、丹後の東側にあって、ただ一つ「前期後半最大型」ではない若狭はどうかというと、前期には松尾谷古墳という小さな前方後方墳（約四〇）が一基見つかっているだけで、他は不詳である。

しかし、ここでは、中期前葉の5期に上之塚古墳という約一〇〇メートルの地域最大の前方後円墳が造られ、それを契機に少しずつ場所をずらしながら、9期の下船塚古墳（約八五メートル以上）まで、五〇メートルぐらいから大きいものでは八五メートル余りの前方後円墳が造りつづけられた。これもまた一つの非常に特色のある動きを示す地域である。「中期最大型」の一種といえるかもしれない。

(4) 石見の古墳の特色

さて、今度は丹後の西の地域の古墳を検討してみると、ここでは図47の各線の多くが途切れていてよくわからないところがある。線が途切れている場合は中期に目立った古墳があまりないような場合に多い。

そのなかで、丹後より東の方の地域と同じように前期後半最大型と呼んでもいいような形をとるのが、日本海沿岸西端の石見の益田周辺である。ここでは前期後半に大元一号墳という約八八メートルの前方後円墳が造られ、東の方で比べると、歴史的過程などを除き、規模だけでいえば、能登半島などと同じようなレベルの古墳が造られている。

(5) 但馬の古墳の特色

しかし、西側の地域のいくつかにみられる特徴は、中期前葉の5期に古墳が最大になる地域があるということである。一つは丹後の西隣の兵庫県の但馬で、ここでは海岸部よりにはあまり顕著な古墳はないが、円山川の中流から上流にかけての地域で、5期に池田古墳という但馬最大の全長約一四〇メートルの前方後円墳が造られ、直径約九〇メートルの大型円墳である茶すり山古墳（5期）を経て、6期には約九〇メートルの前方後円墳である船宮古墳へと続く。[補註3] そして、後期に中・小型の前方後円墳が少し築かれるというような変遷をとげる。

(6) 伯耆と因幡の古墳の特色

つぎに伯耆。鳥取県は東が因幡で西が伯耆だが、伯耆国でも東のほうの東郷湖周辺をみてみると、ここでも前期の

3期頃に馬ノ山四号墳が出現し、約一〇〇メートルをはかり、4期に宮内狐塚古墳が出てきて約九五メートル、そして5期に北山古墳というのが造られ一一〇メートルというように5期にピークがくる。伯耆の西のほうの法勝寺川の中流域あたりにおいても、三崎殿山古墳がこれぐらいの時期に考えられており、約一〇八メートルという大きさを示す。

因幡も、やはり4期か5期頃にピークがくる。古郡家三号墳は付近から丹後型埴輪とよく似たものを出している古墳だが、これは約九〇メートルあって、この地域では最大である。これは4期か5期のものである（他に7期頃の約九二メートルの桷間一号墳がある）。

しかし、以上の三地域の最大規模の古墳以降のものをみると、中期の6・7期には円墳や帆立貝形になる場合が多く、前方後円墳が出てきたとしても単独で出てくる程度で、後に継続しない。後期になると、やはり小さな前方後円墳は出てくるが、それほど顕著な発達をみせるような様子は、今のところ少ない。というような点で、先述の日本海東部の前期後半最大型というのとよく似た性格をしている。但馬や伯耆の東部などは本来ならば「中期最大型」とでもするべきかもしれない。

(7)　後期最大型の地域――出雲

ところが日本海側西半の地域をさらによくみると、以上では説明できない「後期最大型」とでも呼びうる地域がある。出雲地域である。この地域は西部と東部で少し性格が異なっており、まず出雲の西部から説明する。

西部は太い一点破線で表示しているが、前期は斐伊川流域が中心で、中流に最初に神原神社古墳という方墳が、続いてその上流に松本三号墳や松本一号墳という五〇メートル程の大きさの前方後方墳が造られる。このような方墳系のものがあるのである。そして、つづく中期には前方後円墳もあるが、あまり顕著なものはない。

ところが、後期中葉になると、墳長が約九一メートルもある大念寺古墳が出雲市に造られる。そして、その後は有力な古墳がつぎつぎと造られるという特徴がある。ちなみに、大念寺古墳やそれに続く上塩冶築山古墳などは前方後円墳である。

一方、出雲の東部の地域でも古墳時代後期中葉の9期頃に、出雲最大の山代二子塚古墳という約九二メートルの古墳が、松江市に造られるわけであるが、こちらは前方後方墳である。

この出雲東部の地域では、飯梨川という安来市の西のほうを流れている川の下流に前期古墳が造りだされるわけだが、その古墳の形は方墳である。言いかえれば、日本海沿岸の他の地域では一番古い時期の古墳は、前方後方墳なり前方後円墳であるが、出雲は西部の斐伊川中流も東部の飯梨川の下流も方墳で始まっているところに第一の特徴がある（二七八頁表14）。

そして、前期後半から中期に入ると前方後円墳が築かれるようになるが、この時期に大きな特徴は指摘できない。出雲の古墳の第二の特徴は、最初に指摘した、後期中葉に出雲最大の古墳が築かれることであり、それも西部は前方後円墳、東部は前方後方墳であるところに大きな意義をみいだすことができる。

そして、この両地域の差は埋葬施設などのあり方にも強い影響を及ぼすことになる。たとえば、出雲の後期の埋葬施設を代表する石棺式石室（内部に屍床・開かれた棺）は東部で発達するのに対し、西部では畿内系の影響も受けた横穴式石室に、やはり畿内の刳抜式家形石棺の影響を受けた石棺を安置する。ただし、この石棺には出雲の東西に共通する平入りの横口がついており、閉塞石を太い石のつっかい棒で閉じるようになっている（閉ざされた棺）。

出雲は、他の日本海沿岸の諸地域と比べて、古墳の築造状況や古墳の形、あるいは埋葬施設や棺の形などに顕著な特色があるわけだが、さらに、出雲のなかでも東と西によって大きな差が認められる（第三部第三章参照）。

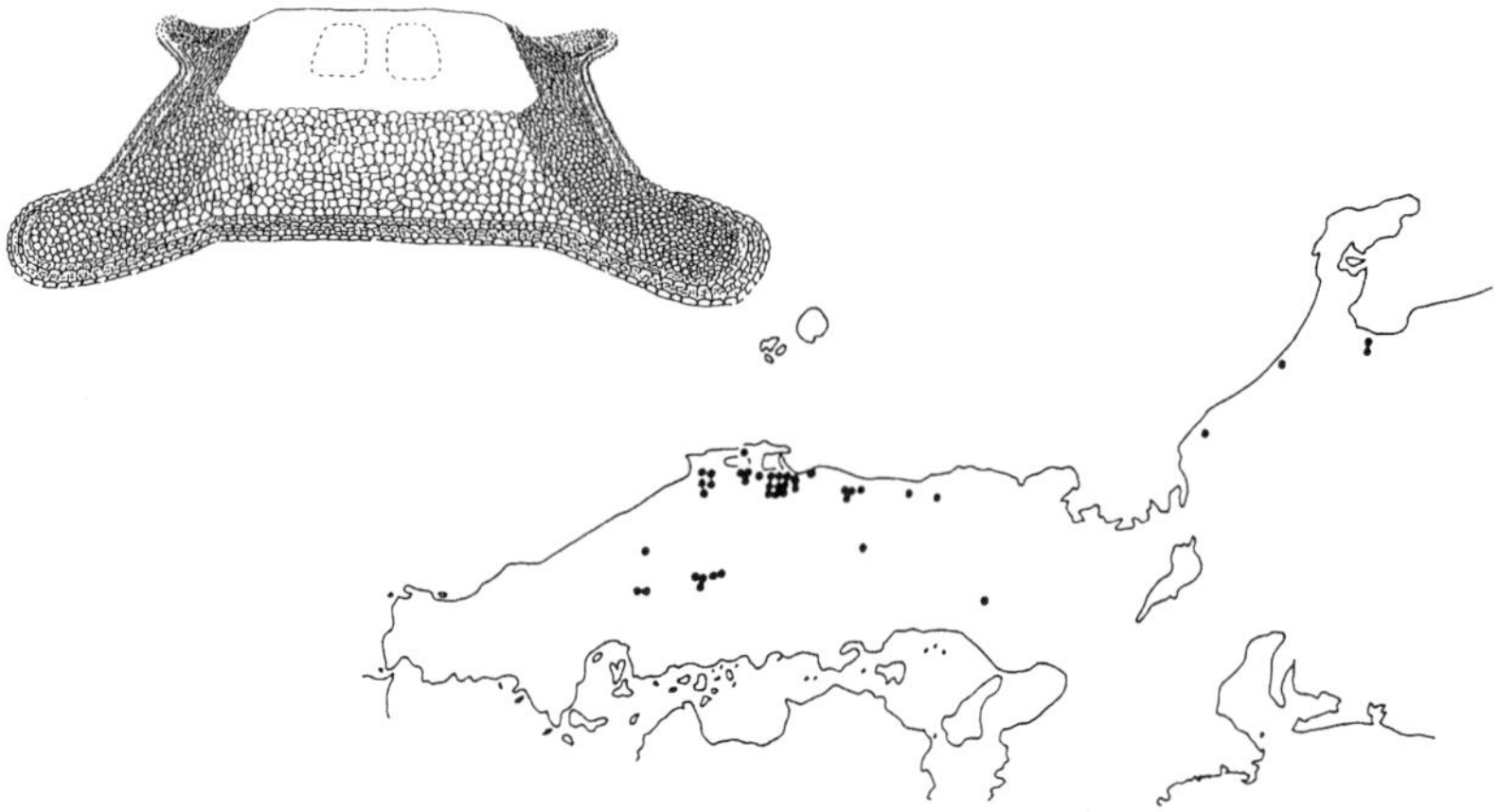

図49　四隅突出型方形墓分布図

三　日本海三大古墳と丹後

以上、日本海沿岸のそれぞれの地域のごく大雑把な性格をみてきたわけであるが、図49のように、古墳時代に先立つ弥生時代の後期から終末期にかけては、日本海沿岸の墳墓として非常に有名な四隅突出型方形墓（四隅突出墓）と呼ばれる墳丘墓が広がっていた。一つの中心は出雲の西部の西谷墳丘墓群であり、もう一つの中心は出雲の東部の飯梨川の流域などにあって、そこを拠点に分布を東に広げ、伯耆、因幡を経て、若干姿は変わるが、東の端は越中の富山県にまで及んでいる。福井県清水町（現福井市）の古川登の話では、石川県でももう一箇所、福井県でも一箇所ないしは二箇所増えているということである。

しかし、四隅突出墓は、中間の但馬、丹後、若狭にはほとんど分布していないのが特徴で、こうした古墳時代前史のあり方も、丹後の位置、日本海沿岸の古墳の築造状況と深く係っている。しかし、ここでは弥生時代には深入りはしない。

いずれにしても以上のような状況から見ると、日本海沿岸の各地域では、いつ、どこで、どのような形の古墳がどんな大きさで造られたかということのなかに、地元の伝統的な社会のあり方と、各地の社会を支配の秩序のなかに組みいれていこうとするヤマト王権のあり方の両方が反映しており、それが、それぞれの地域でそれぞれ特徴ある対応がなされたことがよくわかる。

そのなかで一番標準的だとした、前期後半最大型、あるいはその仲間のような、中期前葉だけに最大規模の古墳を造る地域は、全般的にヤマト王権のなかに順調に組みこまれていった地域になるのではないかと考えている。そして、前期後半最大型の日本海沿岸の一番の中核地域が丹後半島にあった。そのことが、この地域に日本海沿岸の三大古墳と呼ばれるような大規模な前方後円墳を生みだした理由になるのではないかと思う。

おわりに

ヤマト王権と地元との具体的な関係の仕方には、さまざまなかたちがあったと思われる。たとえば『日本書紀』垂仁紀には、丹波道主に五人の娘がいて、そのうちの四人が垂仁大王の妃になったというような、大王と丹後の在地首長の娘との婚姻の話が残されている。要するに、地域首長にとっては大王と婚姻関係を結ぶことによって、王権に服属するとともに政治的にも深く結びついていく。そういうことも大規模な前方後円墳が出てくる背景として具体的に考えることもできるのであろう。

（補註1）　おおむね、集成編年と和田編年（六〜九頁図1・2）は一致しているが、集成編年では和田編年の四・五期を合わせて四期として扱っている。

（補註2）　越中の富山県氷見市では、その後、墳長約一〇七・五メートルの前方後方墳である柳田布尾山古墳が発見された〔大野ほか二〇〇一〕。この古墳も前期後半である。

（補註3）　文章では、初出のものに但馬地域の古墳として茶すり山古墳〔岸本編二〇一〇〕、池田古墳〔山田二〇一五〕の発掘成果を加えた。

第二章　王権と九州勢力

——大阪府今城塚古墳をめぐって——

はじめに

今城塚古墳に関しては、これまでにも高槻市で「三島古墳群と今城塚古墳」〔和田二〇〇四a〕や「今城塚古墳の石棺が語る」〔和田二〇〇四b〕というテーマで話をしている。そこで今回は、横穴式石室をも加えて、まとめのような話をしたい。

内容は、今城塚古墳成立前史が中心になるが、この時期は、ちょうど古墳時代の中期から後期への転換期にあたり、私はヤマト王権が動揺し一時的に衰退していた時期だと考えており、その時期における王権と九州勢力の動向を、横穴式石室や石棺を中心に検討し、今城塚古墳成立の背景を探ってみたいと思う。

一　古墳時代中期から後期へ

王権が動揺していたと考えている時期は、暦年代で言うと、だいたい五世紀末から六世紀初頭を中心とした時期と推測される。文献では、雄略朝の終わりごろから継体朝の前半に相当するかと考えている。古墳では、中期古墳の秩序が崩れだしてから、後期古墳の秩序が安定的に形成されだすまでの間の時期にあたる。

そこでまず、古墳の築造状況から具体的に検討すると、この時期には畿内地方を中心に各地で造られていた中期の大型前方後円墳からなる古墳群、およびそれに連なっていた中小規模の帆立貝形墳や円墳、方墳などからなる古墳群の多くが急速に衰退・消滅しはじめる。そして、その一方で、新たな墓域に中小の前方後円墳を中心とした古墳群が成立してくるとともに、首長より下の階層の人たちの墓である方形周溝墓や方形台状墓（時には円形のものもある）が広い範囲で一斉に円墳化しはじめる。いわゆる群集墳が出現してくるわけで、私は、この時期の横穴式石室をもたない、木棺や箱式石棺などを直葬したり、竪穴小石槨を営んだりする群集墳を古式群集墳と呼んでいる（定型化以前の横穴式石室をもつ場合もある）。被葬者はおもに共同体の有力家長層と推測され、その数は全国で膨大な数にのぼった。

そこで、このような古墳に見られる現象を、私は以下のように理解している。

古墳時代の前期や中期のヤマト王権は、列島各地に基盤を置く首長たちが首長連合とでも呼ぶべき顕著な階層性のある政治的なまとまりを形成していた。その中心が畿内連合で、その頂点に大王が位置していたわけである。そして、中期はこの首長連合体制の成熟期ともいえる段階で、大王を頂点とする畿内を中心とした限られた数の大首長層、すなわち王権の中枢が、列島各地の数多くの中小首長層を重層的に序列化し支配していたものと考えている。言いかえれば、首長連合は、特に中期のそれは、大王を頂点に階層差の著しい体制をとっていたのである（一九三・四頁図41・42）。

そこでは、王権への従属の見返りに、各首長の在地支配は保証され、王権の後ろ盾を得たことで、首長の力は安定し強大化していったものと推測される。その結果、首長の性格は、共同体の社会的諸機能を代表する指導者的な、リーダー的なものから、共同体の支配者へと変化し、共同体の構成員は首長の私民的性格を強めていったものと考えられる。

しかし、五世紀後葉以降の後期に入ると、王権は、より中央集権的で強力な支配体制の構築をめざして、各地に盤踞していた大首長勢力（旧勢力）の在地支配を弱体化する、あるいは解体するとともに、この時期に台頭してきた新興の中小首長層や広汎な有力家長層（新興勢力）を王権の新しい支配秩序のなかに組みいれようとしはじめた。

先の古墳の築造状況から、当時の政治状況を私はこのように理解している。そして、それは、王権が首長連合体制の段階から、より中央集権的でより強力な新しい国家的体制へと進展しだしたことを示しているものと考えている。

この時期の王権が、このような新しい体制を強く求めた理由には、おもに内外二つの緊迫した情勢に対処する必要があったからだと考える。

一つは、外的な要因で、中期には東アジア世界との交流が活発で、おもに朝鮮半島から多くの人・もの・情報が伝来し、列島社会は文明開化的状況とでも呼んだらいいような活気のある状況を呈していた。そのなかで、物質文化のほとんどが大きな変化を受けたといってても過言ではない。文字の使用が始まったのもこの時期である。しかし、朝鮮半島では、北の高句麗や東の新羅の勢いが増大し、友好国で、新しい価値や富の中心的な導入口であった百済や加耶諸国が存亡の危機にさらされだす。そして、百済や加耶諸国の危機はそのまま倭国（ヤマト王権）の危機に直結していたため、これに対処する必要から、より中央集権的でより強力な体制の建設が急務になったものと推測される。

もう一つは、列島内の情勢で、先のような文化的状況のなかで人々の生活にも変化があり、一定の生活や文化の向上も見られたが、首長の私民化に対する共同体構成員の不満が広がっていたと推測される。また、新来の価値や富の主要なものを独占する大首長層に対する不満も、新興勢力や地方勢力の間に広がり、社会は非常に不安定なものになっていたと推測されるのである。

この時期の王権の新しい政策は、こうした内外の情勢に対処するためであったと推測される。しかし、大首長層を中心とする旧勢力の抵抗は強く、社会的混乱は深まり、一時は王権そのものも動揺し弱体化したものと考えられる。畿内では五世紀後葉から六世紀初頭にかけての有力な古墳がきわめて少ないだけではなく、それまで大王墳が営まれてきた古市・百舌鳥古墳群でも、大王墳と目される前方後円墳は急速に小型化し、ついには消滅していくことが、この間の状況を雄弁に物語っている。したがって、五世紀後葉に岡ミサンザイ古墳（伝仲哀天皇陵、墳長約二四二メートル）が古市に造られて以降、六世紀前葉に今城塚古墳（約一九〇メートル）が淀川北岸の三島の新しい墓域に築かれるまでの間、王権は著しく不安定な状態にあったと考えられる。

今城塚古墳が築かれるにいたる歴史的背景、あるいは今城塚古墳の被葬者が出現してくる歴史的背景を考えるうえで、以上の状況は非常に重要である。

二　変革期（動揺期）と九州勢力

ところが、このような時期に古墳にはそれまでには見られなかったような現象があらわれる。それは、九州の古墳文化の要素が西日本を中心に、広い範囲に広がっていくという現象である。古墳文化というと、たいていの場合は、畿内地方で生まれた古墳文化の要素が各地に広がっていく場合がほとんどである。考古学では、この現象にヤマト王権の勢力の拡大を重ねあわせ、その意味を理解しようとしてきた。しかし、古墳時代でも、まれに畿内の要素でないものが非常に広い範囲に広がることがわかってきた。その最たるものが、ちょうどヤマト王権が一番動揺していると思われる時期に広がる九州の古墳文化の要素なのである。したがって、この現象をより積極的に評価する必要があると考えている。もちろん、各地にはそれぞれ固有の古墳文化の要素があるわけだが、それらのほとんどは、あまり広い範囲には広がらず、遠く伝わっても類例は少ない。

古墳時代の前・中期には九州の文化要素の一部が広がったこともある。たとえば、前期の腕輪形石製品（鍬形石・車輪石・石釧）は弥生時代の九州北部で用いられた南海産の貝の腕輪を碧玉や緑色凝灰岩で模倣したものであるが、それらは王権に取りいれられ、王権の一種の宝器、あるいは葬具として各地に配布されたと考えられている。

また、前期や中期には九州で作られた阿蘇溶結凝灰岩製の舟形石棺が他地域にも影響を与え、少数だが、一部は畿内に持ちこまれているし、中期には九州系統の横穴式石室が西日本の何ヵ所かで造られている。しかし、多くは数も少なく、単発的で散在的なものだった。

しかし、この時期の九州の古墳文化の広がりは、それまでにはない規模で、しかも王権の意志とは別なものであったと思われる。そこで私は、この現象を、王権の動揺期における九州勢力の独自な拡大として積極的に評価したい。

この現象はおもに二つのものにあらわれる。一つは九州的な横穴式石室が各地で造られだしたことで、他は九州産の阿蘇ピンク石（馬門石）で作られた刳抜式石棺が持ちはこばれたことである。

(1)　九州的な横穴式石室の拡散

九州の横穴式石室（図50）は、北部の玄界灘沿岸で、朝鮮や中国の影響下に中期の初めには造りだされ、中期中には北部から中西部にかけての地域で発達した。そして、中期後葉の五世紀中葉ごろには東方へ伝わり、一部の地域で受けいれられた。しかし、先に指摘したように、この時のものは単発的散在的なもので、それぞれの地で継続して造りつづけられることはなかった。

ところが、後期の五世紀後葉から六世紀前葉（須恵器ＴＫ二三～ＭＴ一五型式）にかけては、一気に分布域を拡大し（表

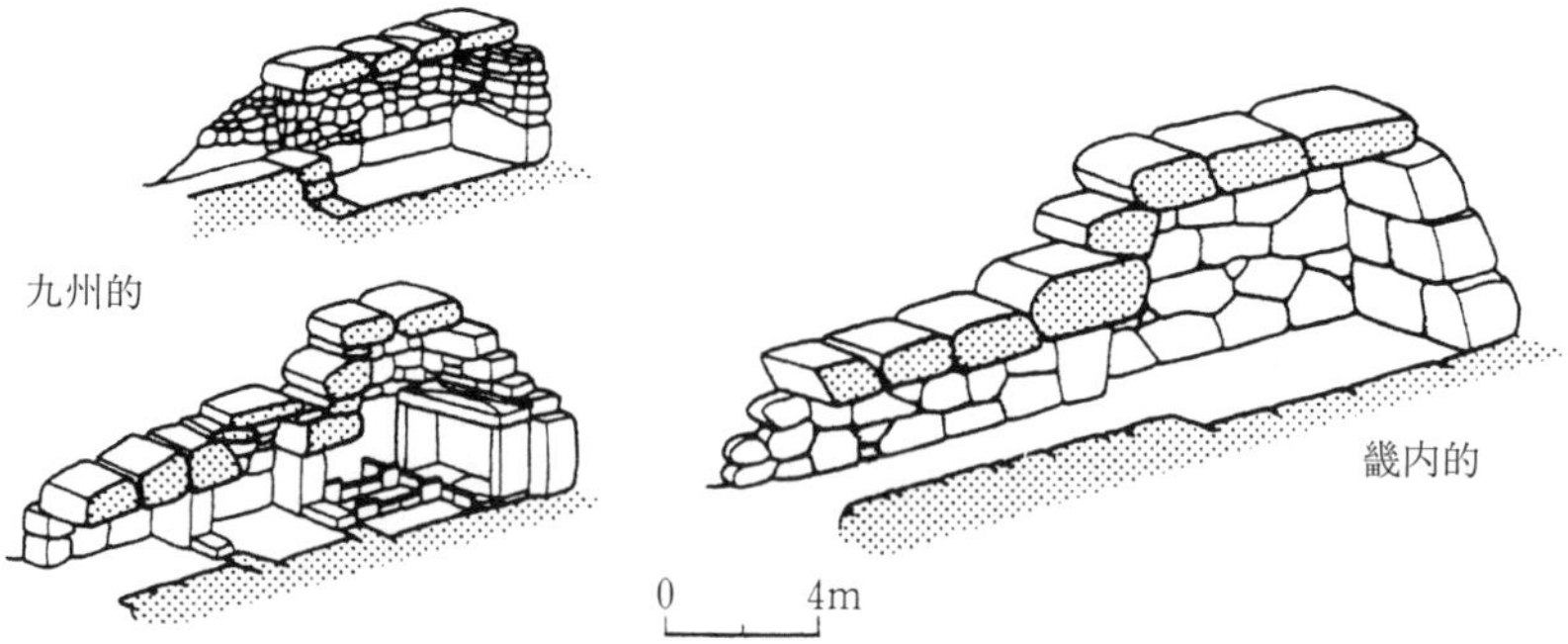

図50　九州的横穴式石室と畿内的横穴式石室

13)、多くの地域で畿内的な横穴式石室に先行して造りはじめられただけではなく、地域に定着し、その後の石室に強い影響を与えたのである〔柳沢一九九〇〕。

一方、畿内地方では横穴式石室の受容は、九州よりおよそ一〇〇年遅れ、その後の畿内的な石室の祖型になるものは五世紀中・後葉に出現し、普及しだすのは、畿内周辺で六世紀前葉、他では六世紀中葉前半ごろからで、最終的にも、全国には広がりきらずに古墳時代は終わってしまう。なお、九州的な石室にも畿内的な石室にも複数の型式があるが、両者には造り方のみならず葬法上にも大きな違いがあった〔和田二〇一四〕。

以上のような現象からみて、ヤマト王権の動揺期には、それに乗じるかのように九州勢力が強大化し、西日本を中心に、日本海沿岸の各所や瀬戸内海沿岸のところどころに勢力を拡大していった様子がうかがえるのではないかと考える。

(2)　阿蘇ピンク石製刳抜式石棺

一方、ほぼ同じころ、九州の熊本県宇土市に産する阿蘇ピンク石（馬門石）製の刳抜式石棺が、畿内や近江に運びこまれた（図51）。石棺は、特定の集団が特定の石材（凝灰岩）を用いて特定の形態のものを造るのが原則で、特定の石棺が分布する近くには、それぞれ独自の凝灰岩の石切場が存在するのが普通で

表13　西日本の主要な初期横穴式石室

（●：九州的○：畿内的　畿内は説明に必要なもののみ掲げた）

地域＼時期	8期以前	9期［TK23―47］	10期前半［MT15］	10期後半［TK10］
日本海沿岸				
石見			●めんぐろ	
出雲		●？金崎1		●林43○薄井原
伯耆（西）	（吉定1）	●東宗像6・7		○長者ヶ平
（東）				●大宮・片平4
因幡			（●円護寺27）	●六部山80
但馬		●観音塚	●大師山	
丹後			●倉梯山1	●入谷西A1 ○崩谷3
若狭	●向山1	●西塚　●十善ノ森	●獅子塚	○丸山塚
近江		○大通寺41	○円山　○甲塚 （●山津照神社）	
越前	●鳥越山		（●椀貸山）	●神南備山
越中			●朝日山	
瀬戸内海沿岸				
伊予		（●徳利山）	○三島神社	●東宮山
讃岐				●王墓山
長門・周防		●朝田1-2	●砂山	●佐野峠
安芸・備後	（●空長1・4）			
備中・備前	●砂子山・千足		●三輪山9	○緑山
播磨			●丁3次1-3 （○剣坂）	○西宮山
畿　内				
摂津				○南塚
河内・和泉	○？藤ノ森 ●塔塚	○高井田山	●芝山 ○七ノ坪	○増加 ○一須賀w17
大和		○忍海H28・桜井公園2	●ムネサカ4	○増加 ○市尾宮山
山城		○天竺堂1	○冑山1	○物集女車塚
伊勢湾沿岸				
伊賀			○鳴塚	
志摩	●おじょか			
伊勢		●平田18	●？井田川茶臼山	
美濃			○？二又1●？陽徳寺裏山1	
尾張			（○？白鳥）	○小幡臼山
三河	●経ヶ峰1・中ノ郷		●向坪3	●？不動2

●：九州的　○：畿内的

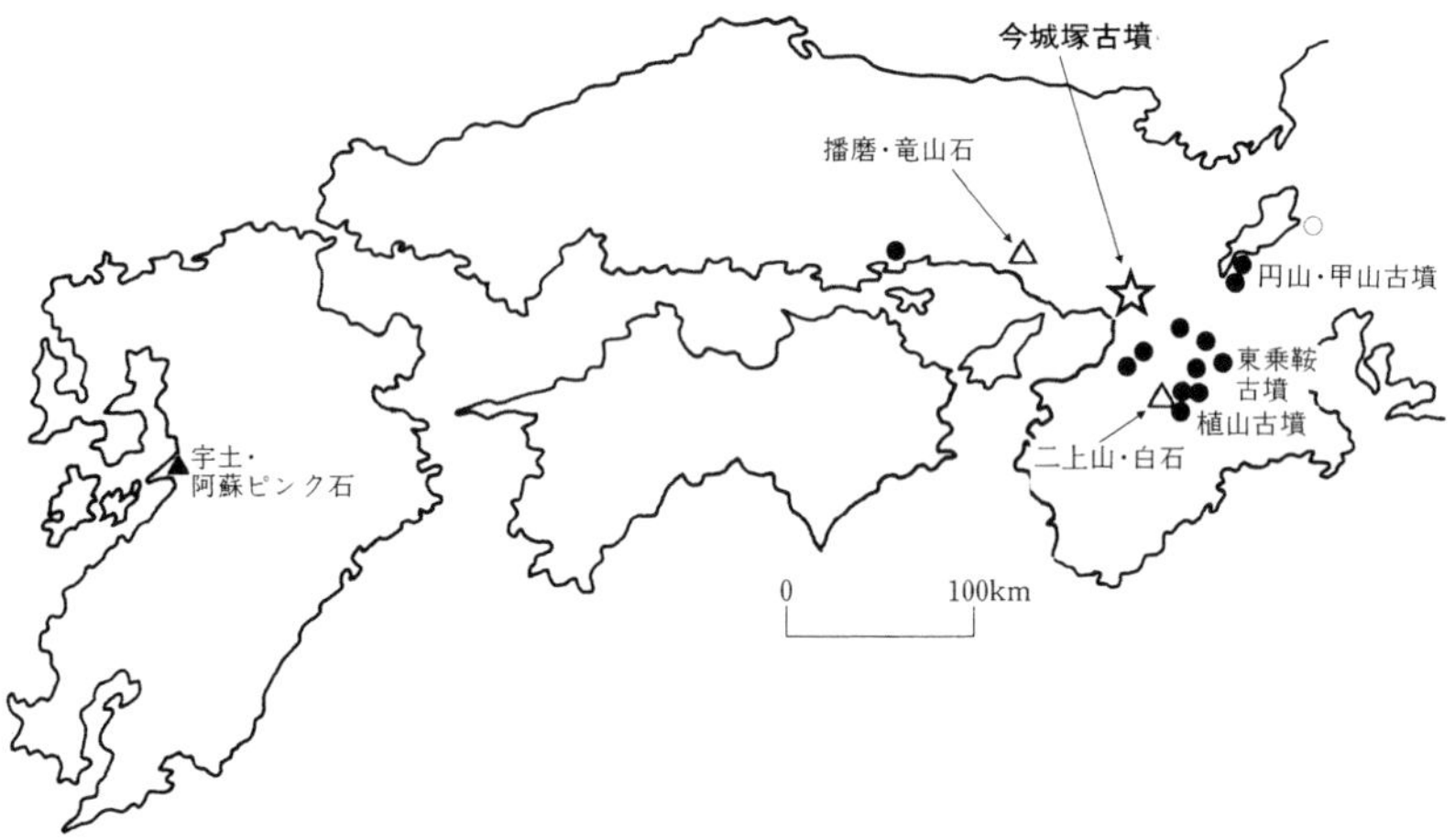

図51　石材の産地と阿蘇ピンク石製石棺の分布（●は阿蘇ピンク石製石棺を出土した古墳）

ある（一七五頁図34）。したがって、同じ石材を用いた同じような形の石棺は、特定地域の、何か特別な関係にある首長たち、言いかえれば、たとえば同族的関係（血縁・婚姻関係）にあるような首長たちの間で用いられたと推測される。

ところが、阿蘇ピンク石製石棺だけは、石材を産する地元には類例がなく、製品は大和に七例、河内に二例、近江に二例（他に村居田古墳〈伝息長広姫陵〉、絵図から推定）、備前に一例が分布していて、今また新しく摂津の今城塚古墳にもあることがわかった。大和の例はほとんどが奈良市から桜井市にかけての奈良盆地東部にあり、数の上ではここが分布の中心になる。また、河内では古市古墳群（図52左）、近江では野洲市の大岩山古墳群に二例あるのが注目される（図52右）。六世紀後葉の植山古墳東石室例を除けば、他はいずれも五世紀末から六世紀前葉頃のもので、時期が限られるのが特徴である。

中期の畿内の主要古墳では長持形石棺（組合式）が用いられ、王権ともっとも政治的距離が遠かった周縁部の勢力に舟形石棺（刳抜式）が用いられていたことを思うと、この阿蘇ピンク石製刳抜式石棺は、中期の王権に批判的な立場の畿内やその周辺の一部の勢力が、

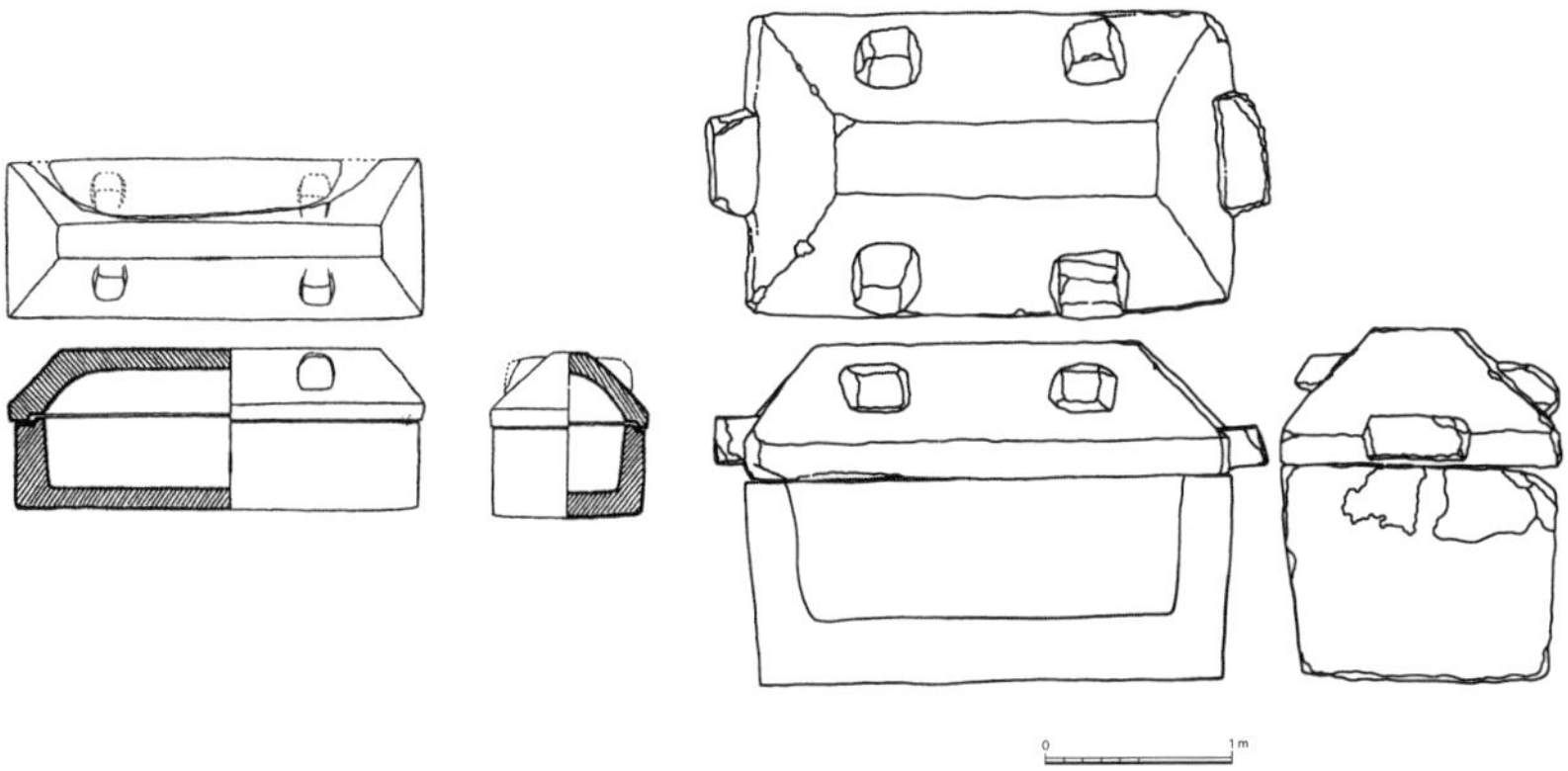

図52　阿蘇ピンク石製石棺（左・大阪府長持山2号棺，右・滋賀県甲山古墳棺）

九州有明海周辺の勢力との関係のなかで石材を求め、独自の石棺を作った可能性が高いものと考えられる。

九州的な横穴式石室の広がりの主体が九州にあったのとは異なり、形からみてこの石棺の場合は、主体は畿内側にあったものと考えられる。

この石棺は、最初は舟形石棺として作られ竪穴式石槨に納められたが、間もなく畿内的な横穴式石室に納められ、それに適応した箱形の身の家形石棺となり、畿内の他の家形石棺の祖型ともなったのである。畿内で、奈良県と大阪府の境にある二上山の凝灰岩（二上山白石）が開発され、家形石棺が作りだされるのは六世紀前葉のことであった。

なお、この刳抜式石棺は九州的な横穴式石室に入れられることはなかった。横穴式石室に入っているとすれば、それは基本的に畿内的な石室であった。なぜなら、前期以来の伝統で、畿内では横穴式石室が導入されても、なお内部に重厚な石棺を納め、遺体を棺と石室で二重に密封する葬法をとったのであるが（「閉ざされた棺」）、九州的な石室内では棺は用いられず、遺体を直接置く屍床や横口のある組合式石棺（「開かれた棺」）が発達し、遺体を横穴式石室のみで密封するという葬法だったからである〔和田二〇〇三a・二〇一四〕。

以上、九州が主体の横穴式石室と、畿内が主体の阿蘇ピンク石製刳抜式石棺という性格の異なる二つを取りあげたが、この時期における九州勢力の強大化と周辺への積極的な働きかけ、および、それと結ぶ奈良盆地東部を中心とした勢力の存在を指摘できたと思う。

そして、この九州勢力の活動は朝鮮半島南西部にまで及び、そこに九州的な横穴式石室や前方後円墳をはじめとする列島的な古墳を出現させることになったと推測している。

しかし、注意すべきことは、九州勢力の他地域との関係の仕方は、九州内部でも地域ごとに異なっていたようであって、九州勢力も一つの強固なまとまりではなかったと考えられることである。埋葬施設にも顕著な地域差があったし、関係する他地域にも差があった。今回の話では、横穴式石室ではおもに九州北部、石棺では九州中西部との関係が見て取れたということができる。

三　今城塚古墳の勢力基盤

今城塚古墳は墳長約一九〇メートルの前方後円墳で、段築、葺石、埴輪、造出を備え、二重の盾形周濠に囲まれた古墳である。中堤には張出が設けられ数多くの人物埴輪を中心とした形象埴輪が配置されていた。六世紀前葉では国内最大の古墳で、その内容は大王墳としてまちがいないもので、外観は中期の大王墳そのものといえる。しかし、墓域は伝統的な古市・百舌鳥古墳群からは遠く離れた淀川北側の三島の地にあり、周辺に従属的な古墳をほとんど伴わないことなどは、被葬者の革新性や、大王墳としての隔絶性も示していると思わる。

しかし、三島地域では中期中葉の大田茶臼山古墳以降、今城塚古墳までは、有力な古墳がない点や、この地での大王墳の築造が一代のみで終わったことも、この古墳の特殊な現象として考慮される必要がある〔和田二〇〇四a〕。

埋葬施設は、いまだ十分明らかではないが、古式の畿内的な横穴式石室が想定でき、内部には竜山石製、二上山白石製、および阿蘇ピンク石製の、たぶん家形石棺が納められていたと推定される〔図53〕。大王の棺がどれかは明確に指摘できないが、中期の王権では最高位の棺であった長持形石棺が竜山石製であり、今城塚古墳に続く大王墳である奈良県見瀬丸山古墳や、その後の最高位の家形石棺も竜山石製であることから判断すれば、竜山石製の石棺が大王の棺であった可能性が高い〔和田二〇〇四b〕。

以上の諸点から、この大王墳を築いた勢力の基盤はどう推定できるだろうか。

一つは淀川に面する三島の勢力であり、この水系と深く関わっていたことが推測される。つぎに石棺では、二上山白石製は、それが造られたと推測される大和南部勢力との関係を示し、阿蘇ピンク石はおもに大和東部や近江南東部〔野洲〕、そして、それを介しての九州有明海沿岸勢力との関係を指摘できる。また、大王の棺そのものが竜山石製であるとすれば、それは、古墳の外観同様、中期の伝統を引きついだもので、被葬者が中期の大王位の正当な継承者であることを示すことと関係があるかと思われる。

ちなみに、石棺は、石室の中に納められてしまえば、ほとんど人目に触れることはなくなるわけだが、石棺を運ぶ段階には多くの人が参加し、多くの人がそれを見物するわけで、衆人の目にさらされる非常に目立つものなのである。それだけに、どこの石を使ったどのような形の石棺なのかは、被葬者の政治社会的位置を示す非常に重要なものになりえたわけである。

今城塚古墳の被葬者は『記紀』にでてくる継体大王である可能性がきわめて高いといえる。その勢力基盤として、文献からは近江、越前、尾張などが指摘されているが、それらの地域勢力は、この時期には、日本海沿岸の他の地域同様、横穴式石室にみられるように九州勢力と深い関係をもっていたと推定される。

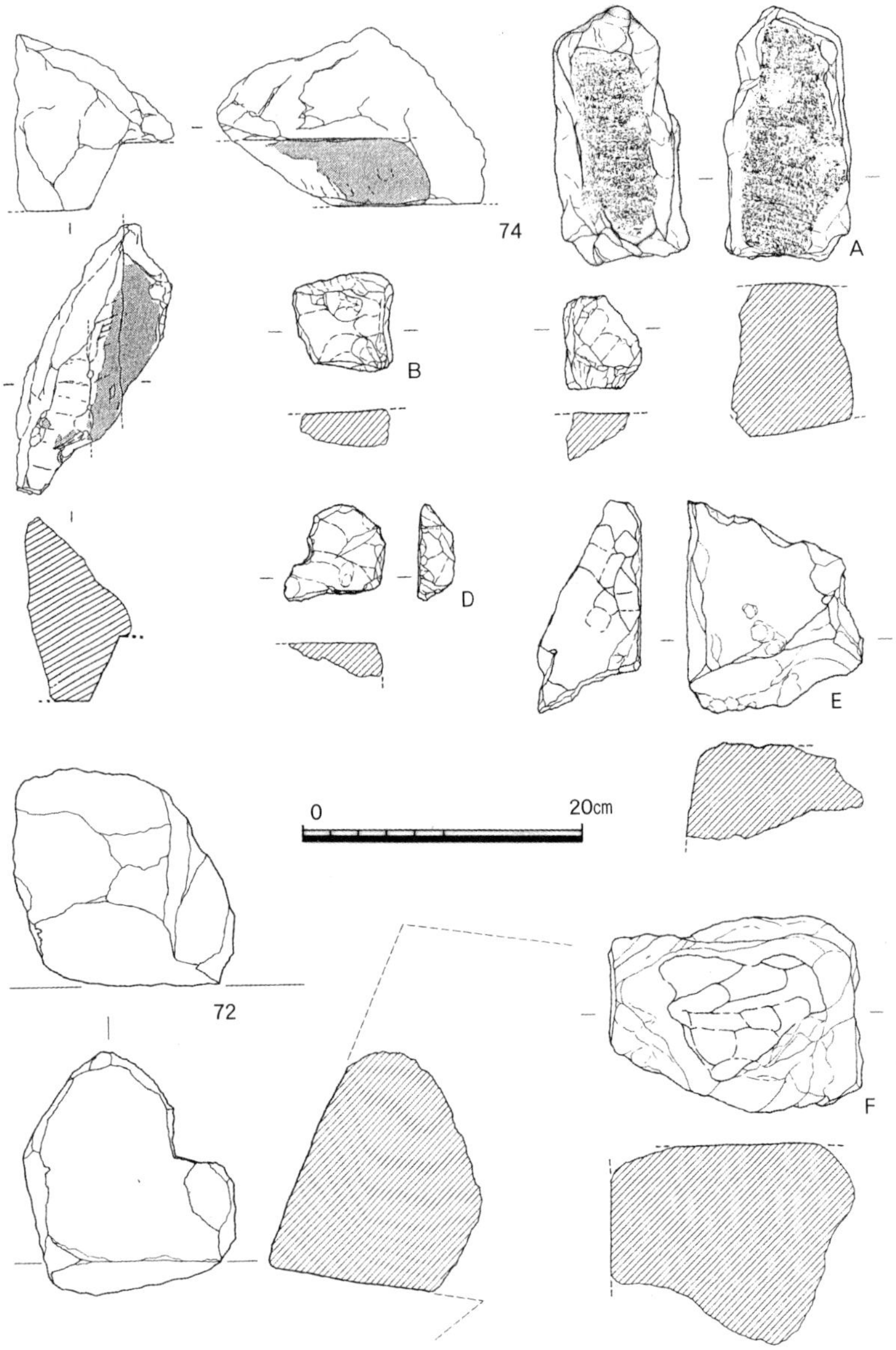

図53　大阪府今城塚古墳出土の石棺片
（A～D・74：阿蘇ピンク石　E：播磨竜王山　F・72：二上山白石）

今城塚古墳の勢力基盤、言いかえれば、継体擁立の勢力基盤は以上のように考えられ、直接的に関係する勢力基盤の背景で、九州勢力が大きな位置を占めていたものと推測される。しかし、九州勢力は一つの強固なまとまりというよりも、中期的な比較的緩やかな首長連合的まとまりで、畿内を圧倒するまでには至らず、かえって王権による中央集権的な体制づくりが進行するなかでは解体されるべき運命のものであったわけである。磐井の乱はそのような性格の戦いであったと考えられる。

おわりに

今城塚古墳出土の須恵器が示す時期は、ちょうど畿内的な横穴式石室が畿内型横穴式石室として定型化しだし、後の石室の基本となる両袖式石室も出現しだす時期にあたる。間もなく、この石室は全国各地に広がるとともに、この石室を用いる新式群集墳が急速に増えだし、その一方で、首長墓としての前方後円墳が段階的に消滅し、円墳へと変わっていく。首長の在地支配が弱体化し、首長が体制を維持する在地の官僚的性格を強めるとともに、広汎な有力家長層が王権によって直接的に掌握（公民化）され、その秩序のなかに組みこまれる新しい国家的体制が本格的に始まったと考えられる。今城塚古墳は、同じ古墳でも、新しい時代の到来を告げる記念碑的な古墳ということができるだろう。

〔補記〕「継体大王と九州」の関係では、〔和田一九九五b・一九九八〕も併読いただければ幸いである。なお、初出の図30・31に誤りがあった。本書では図30を差しかえ図52右とするとともに、初出の図31・32は取りさげる。

第三章　王権と出雲勢力——古墳時代後期を中心に——

はじめに

古墳時代に古墳が造られたのは、南は鹿児島県から北は岩手県南部までの、非常に広い範囲に及ぶ。したがって、各地の古墳には、もちろん共通点はあるが、地方色・地域色も少なからず認められる。時期によって、畿内色が強く地域色が弱い地域もあれば、逆に地域色が強い地域もあるわけである。そのなかで、ここで取りあげる出雲地方は、地域色の非常に強い地域の一つで、記紀神話で出雲神話が大きな比重を占めるのも、それとは無関係ではないかと思われる。

そこで、ここでは出雲の古墳の特色を紹介しつつ、地方色の発現の仕方や、発現してくる理由について考えてみたい。出雲は、そういったことを考えるうえで、恰好のフィールドと言うことができる。(補註1)

一　出雲の古墳——墳形の特色——

まず古墳の出現では、出雲のそれはおもに大型の方墳から始まる（表14）。他地域の古墳が前方後円墳や前方後方墳から始まるのと大きく異なる。これは、古墳時代直前の弥生時代中期後葉から終末期にかけて、この地域を中心に四隅突出型方形貼石台状墓（以下、四隅突出墓と呼ぶ）と呼ぶ弥生墳丘墓が発達したことと深く関係している。

四隅突出墓は江の川上流の備後の三次盆地から、出雲・伯耆・因幡にかけて分布しているもので、貼石を失うなどの変容をとげたものは北陸の越前・加賀・越中にまで広がっている（二六〇頁図49）。したがって、この時期には、この墳丘墓型式を共有する首長層の政治的まとまりが形成されはじめたと推定される。

四隅突出墓連合とでも呼ぶべきこの首長連合の最盛期は弥生後期後半から終末期頃で、特に前者の出雲を中心とした首長連合は、畿内や吉備や四国北部などのそれと拮抗しつつ、強勢を誇っていたと推測される。しかし、終末期頃からは徐々にかげりがみえはじめ、古墳時代には消滅してしまう。ちょうどその頃、この地域では、それまでにはあまり見られなかった畿内系の方形周溝墓が東から西に広がる現象がみられるのは示唆的で、古墳時代の直前に、四隅突出墓連合は、急速に勢力を拡大する畿内連合中心のヤマト王権によって解体されてしまったものと考えられる。

その結果、この地方では最初の古墳は、墳形としてはもっとも格式が低い方墳として造りだされた。前方後方墳のなかにはこの時期まで遡る例がある可能性もあるが、前方後円墳が出現してくるのは前期後葉になってからのことである。

その後、中期には、一部で舟形石棺が使われるなどといったこともあったが、あまり大きな特色はない。出雲は前方後方墳の多い地域として知られているが、全国的に前方後方墳は前期でほとんど造られなくなるので、中期にいくつもの前方後方墳が造られていれば大きな特色といえるのだが、これまで中期に編年されていた前方後方墳の安来市宮山一号墳（約五六メートル）や松江市金崎一号墳（約三二メートル）などが後期前葉（須恵器ＴＫ二三・四七型式）のものと判明したため、中期に明確な前方後方墳は見られなくなった。

表14　出雲平野部の首長墳の編年表（●　前方後円墳　○　円墳　■　前方後方墳　□　方墳）

編年基準						出雲西部		宍道湖北岸			宍道湖南岸		意宇平野			島根半島中央部		安来平野	
10期編年	埴輪		土師器	須恵器															
	畿内	出雲		出雲	陶邑	出雲郡	荘原	大垣	古曽志	法吉	来待・同道川	忌部・乃白川	大橋川南岸	山代・大庭	大草	朝酌川	大橋川北岸	荒島・西赤江	黒井田・宮内
1	特殊器台型		小谷1式										社日1号□19						
2	Ⅰ		2式															大成□60？ 造山1号□60	
3	Ⅱ	1期	3式									大谷1号□18×23						造山3号□38	新林2号○20
4			4式			大寺1号●50	小丸子山○32	大垣大塚1号○54	古曽志大塚1号○47		上野1号○36		廻田1号●58	岡田山2号○42					あんもち山○36
5	Ⅲ	2期	大東式				軍原○30	大垣大塚2号□36				大角山1号●61	井ノ奥1号□32 荒神畑□35						毘売塚●42
6	Ⅳ	3期古			TK73	荒木1号○26			丹花庵□47				石屋□42				廟所□50		
7					TK216～TK208								井ノ奥4号●57				観音山1号□40	清水山1号□42	十神山○？
8	Ⅴ古				TK208					塚山□33					東百塚山1号□19	大源1号○37			
	Ⅴ1段階	3期新		1期	TK23・47		神庭岩船●48	平廻■46	古曽志大谷1号■47				竹矢岩船■50			金崎1号■32		宮山1号■56	

9	V2段階	4期		2期	MT15					伝宇牟加比売命□19				鶏塚□44	大草岩船■？25			造山2号■50	
					TK10	上島○20					椎山1号●35	乃木二子塚■38		山代二子塚■94		薄井原■50		仏山■47	
10	V3段階	5期		3期	TK43	大前山					伊賀見1号■25	田和山1号●20	手間●67	東淵寺●62 御崎山■40 岡田山1号■24	古天神■27		魚見塚●62		岩屋口1号●
終末期	埴輪なし			4期	TK209	寺山1号□14	出西小丸○10							岩屋後団原 向山1号□30 山代方墳□45		大田1号 大田2号 大田5号 川原	朝酌岩屋	塩津神社	
				56a期	飛鳥1	美談2号□13								永久宅後					
				6b・c期	飛鳥2	大寺2号□10	武部西				下の空					古妙見	廻原1号□10	若塚□11	

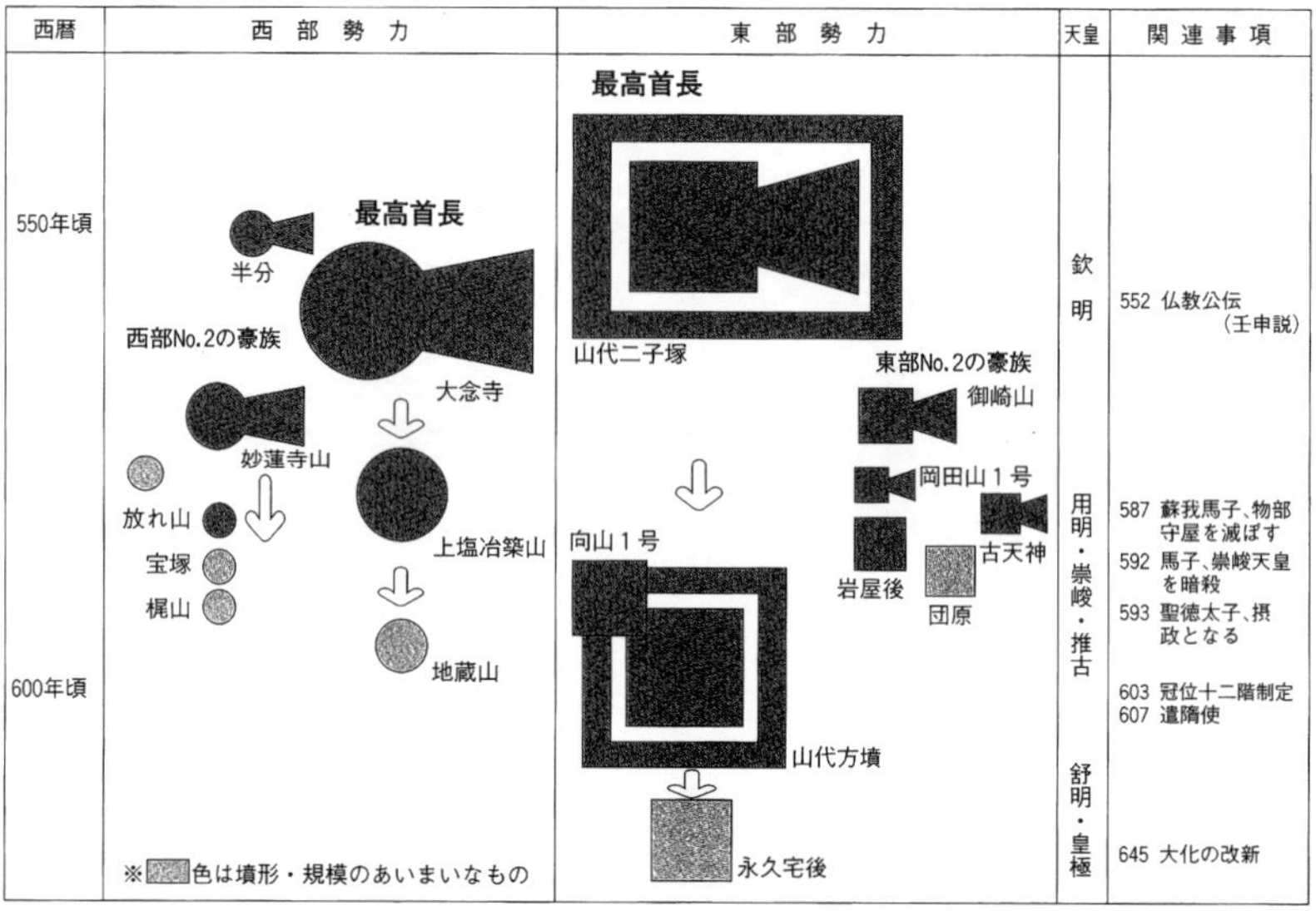

図54　古墳時代後期以後の出雲東西の最有力古墳の編年

出雲で前方後方墳が顕在化してくるのは五世紀後葉以後の古墳時代後期に入ってからのことになる（図54）。他地域では後期になると、前方後方墳はもちろん、方墳もほとんど姿を消し、古墳は前方後円墳と円墳という円形原理の墳形のみに収斂されていくだけに、これは非常に大きな特色ということができる。

ただ、前方後方墳が築かれたのは出雲でも東部地域に限られ、そこでは後期後葉前半（六世紀中葉）に出雲最大の古墳である松江市山代二子塚古墳（墳長約九四メートル）が前方後方墳として築かれた。地域最大の古墳が後期に築かれるということ自体も非常に珍しいことではあるが、それが前方後方墳であるというのは、さらに特殊な現象といえる。しかも興味深いことに、出雲の西部地域では二子塚古墳に対抗するかのように、ほぼ同じ時期に、ほぼ同じ大きさの出雲市大念寺古墳（約九一メートル）が前方後円墳として突然築かれたのである。そして、以後しばらくは、東部では前方後方墳から方墳へと、方形原理の墳形が基本となって、他にはない秩序の古墳群を形成したし、西部では前方後円墳から円墳へと、円形原理の墳形が基本となって、これは他地域と同様ということになるが、古墳群を形成した。そして、こうした古墳の秩序のもとに、出雲の後期古墳文化は、出雲として共通の要素をもちつつも、東西で顕著な地域差をみせつつ展開したのである。

なお、首長墳より下の有力家長クラスの古墳では、横穴式石室をもつ小型円墳群からなる群集墳の代わりに、横穴が発達するのも出雲の特徴である。

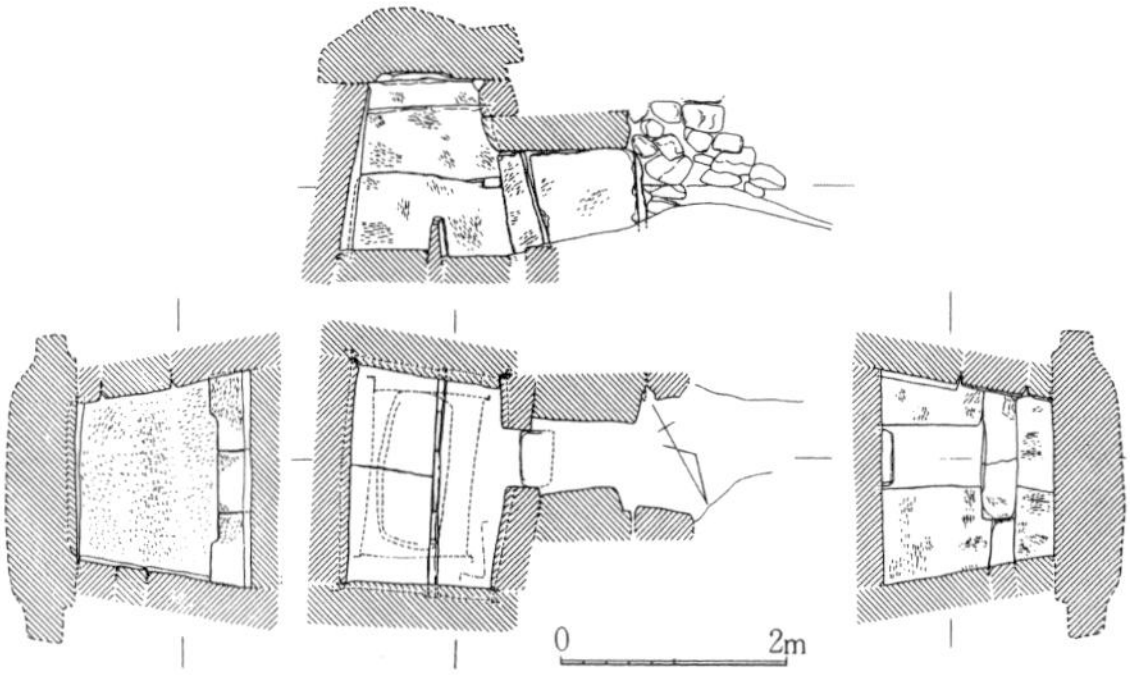

図55　出雲東部の石棺式石室（古天神古墳）

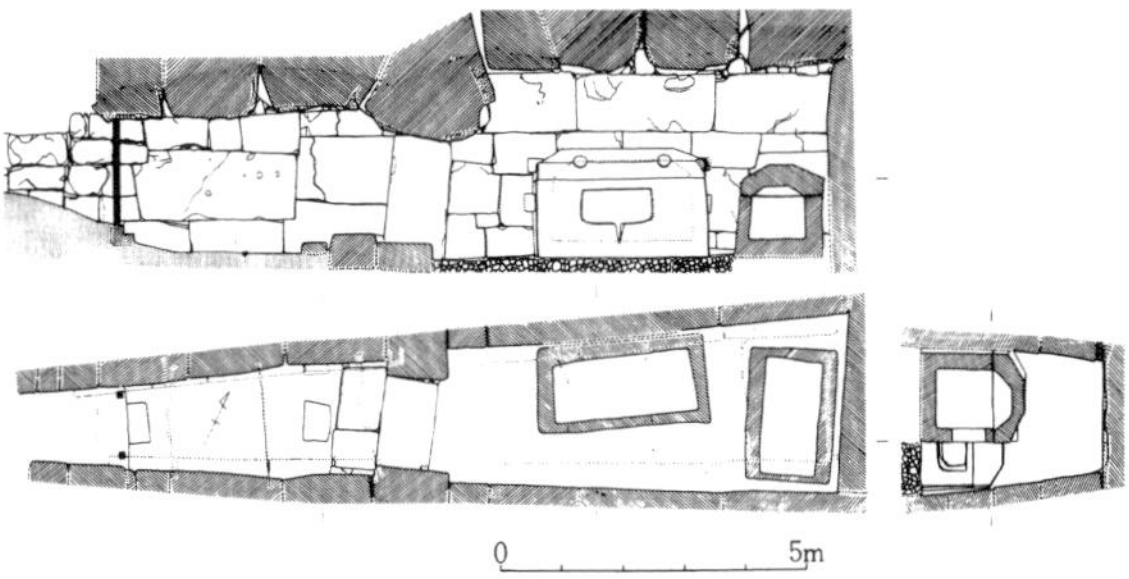

図56　出雲西部の横穴式石室（大念寺古墳）

二　出雲の後期古墳の地域色

では、どのような特色ある古墳文化が生みだされたのか。東西の地域を比較しつつ、具体的にみていこう。

(1)　埋葬施設

まず埋葬施設では、横穴式石室の一種である石棺式石室が東部で発達した（図55）。この石室は出雲の古墳文化を代表するものの一つだが、加工した凝灰岩の一枚石を組みあわせて玄室や羨道を構築し、時には天井石の外側を家形石棺の蓋状に仕上げたものであることから、この名前がついた。明確な祖型は不明だが、九州中部の有明海沿岸の石室や石棺の一部に系譜を求める意見が有力である。ただ、家形に加工された天井石の形態は、なぜか畿内的な家形石棺の蓋石の形状に類似している。

一方、西部の石室（図56）は、いくつもの塊石を積みあげた通有の横穴式石室で、全体は畿内的なものだが、玄門の柱石が内部に突出しているほか、複室のものがあるなど、九州の石室の影響も認められる。

(2)　棺

つぎに棺だが〔和田一九八三〕、東部の石棺式石室では、遺体を密封する棺はなく、九州的な遺体を安置するための屍床《ししょう》という、縁のついた床状の施設を設えているのが基本である。また、ここでは、家形石棺は横穴用の棺として発達したが、いずれも組合式で石棺の長側面に横口をもつ中部九州系のものであった（図57右）。

私は、屍床や平入り横口組合式家形石棺などのような遺体を密封しない棺を「開かれた棺」、畿内の家形石棺のように遺体を密封する棺を「閉ざされた棺」と呼んでいるが、両者は九州と畿内の棺の性格の差、ひいては九州と畿内の横穴式石室の空間認識の本質的な差と理解している。(補註2)

一方、西部の首長墳では、比較的畿内的な刳抜式家形石棺が用いられた（図57左）。しかし、それらにも長側面に横口がつけられているのが、出雲らしい特徴である。ただ、この横口には閉塞石があり、別作りの太い丸太状の石材を斜めに立てかけて、閉塞石が外れるのを防ぐようにしている。横穴式石室を造る時に、蓋をした大きな石棺を前もって内部に安置しておき、後から遺体を入れようとした場合の工夫ともいえるもので、これは「閉ざされた棺」の仲間と考えておきたい。

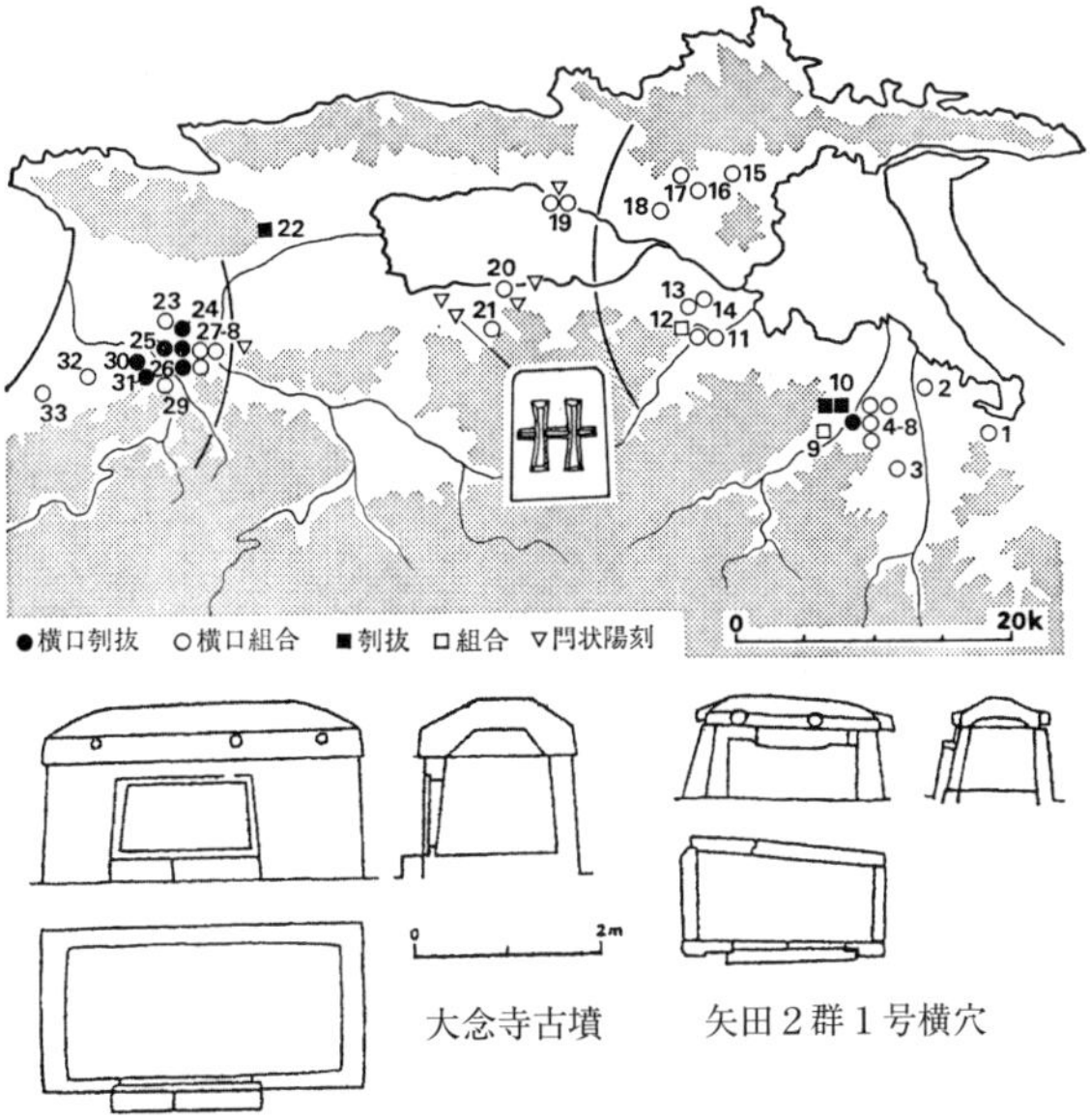

図57　出雲系家形石棺の分布

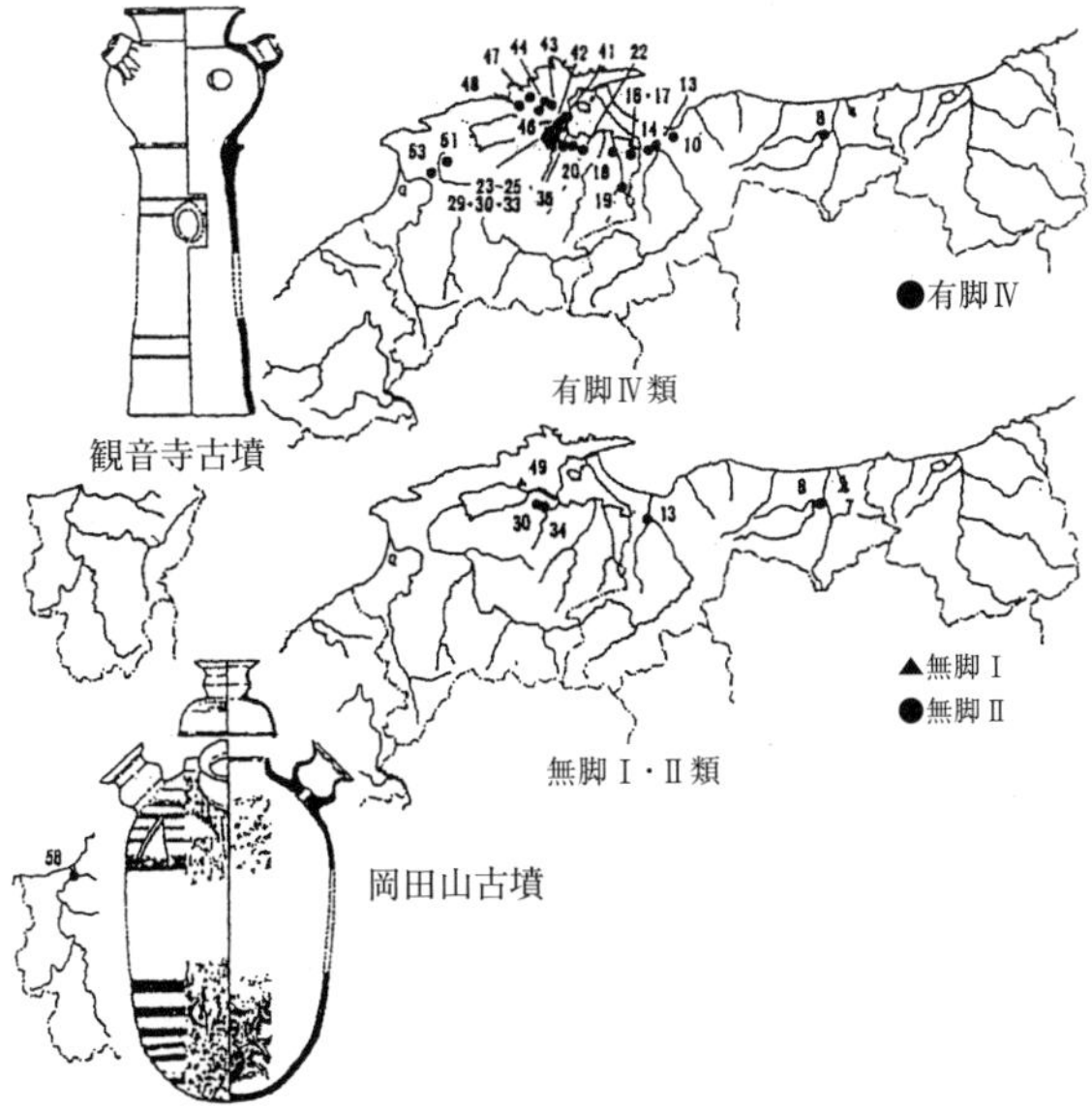

図58　出雲型装飾壺の分布

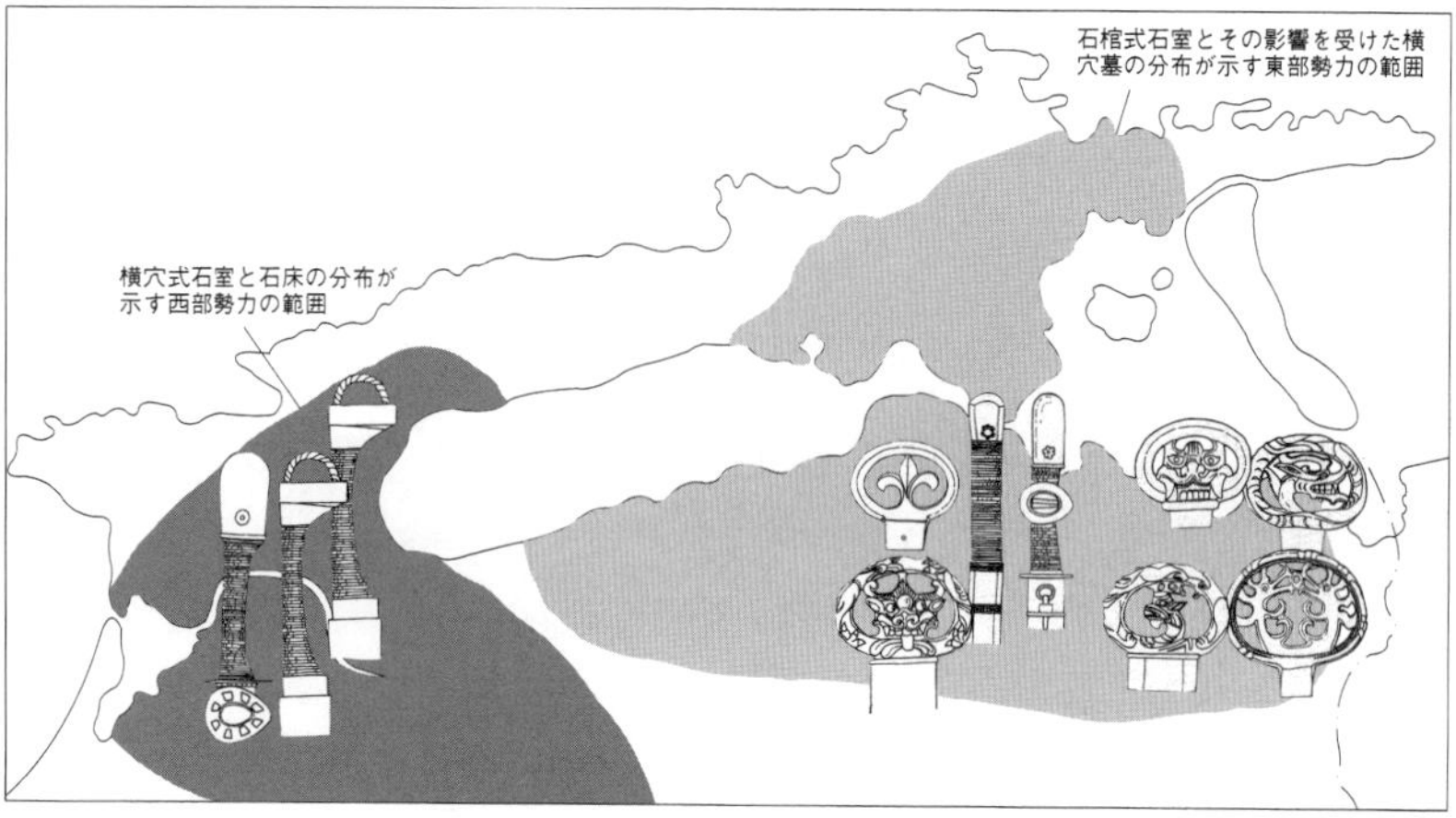

図59　上塩冶築山古墳頃までの装飾大刀

(3)　出雲型装飾壺

以上でもわかるとおり、畿内と比較した場合の地域色は東部の方がより強いが、東部で作られた須恵器にもそれがうかがわれる。「出雲型装飾壺」と呼ばれる子持壺（図58）〔柳浦一九九三〕で、脚のあるものでは脚と壺とが一体的に作られ、その場合には壺には底がない。また、脚のないものでは壺の胴部が長胴化して丸底で終わるのが特徴である。「額田部臣」と刻まれた象嵌銘で一躍有名になった松江市岡田山一号墳（前方後方墳、約二四メートル）では、後者の壺が円筒埴輪とともに墳丘上に立てられていた。

(4)　装飾大刀

また、最近明らかにされたことだが、副葬品にも差があるようである。出雲市上塩冶築山古墳築造ごろまでとの条件つきだが、東部では三葉文や竜鳳文や獅噛文の環頭大刀が多いのに対し、西部では環頭大刀はなく、捩った半円形の金具が柄頭につく大刀（捩り環頭大刀）が見られる（図59）〔島根・朝日編一九九七〕。有名な奈良県藤ノ木古墳の豪華な装飾大刀類が捩り金具のつく大刀を中心としていて、環頭大刀をまったく含まないことを思うと、たいへん興味深い。

三　出雲と九州と畿内

このように見てくると、出雲の古墳文化、特に後期古墳文化には独特のものがあるとはいっても、それはまったく出雲独自のものというよりも、九州的な要素と畿内的な要素を、出雲の東西でその濃淡を違えつつ、それぞれに折衷・改変・融合したところに出雲の独自性があり、結果として石棺式石室のような、きわめて出雲的なものをも生みだしたということができる。

東部の方がより九州中部の影響を強く受けたかたちで出雲的なものを生みだしているのに対し、西部の方はより畿内の影響を強く受けているのである。

では、このような地域の古墳文化の様相には、どのような政治的動向が反映しているのであろうか。その場合、もっとも地域の政治的立場を端的に示しているのは、個々の古墳の形態と規模、および、それらの古墳の同時期の組合せからなる古墳群の秩序なのである。

出雲東部の場合は、五世紀後葉の、古墳時代の中期から後期にかけてのヤマト王権の動揺期に、地域の自立性が急激に増加し、前方後方墳を復活させたが、この動きは東部地域の統合へと進み、六世紀中葉には出雲最大の山代二子塚古墳を生みだした。そして、その勢力下では、当時のヤマト王権の一般的な古墳の秩序とは異なる、方形原理の秩序をもつ古墳群を築いたのである。出雲東部の勢力は、王権下にありながらも、他地域よりは大幅に自立性をもっていた、言いかえれば、王権がそれを認めるような勢力であったと考えられる。

この出雲東部の勢力の後ろ盾となったのが、東部の古墳の諸要素に強い影響を与えた九州中部勢力であった。九州中部勢力は、先に述べたヤマト王権の動揺期に急速に勢力を拡大し、それは出雲にも及んでいたのである。そして、王権が立ちなおり急速に中央集権的な政治体制を整えはじめた段階では、一般的には地域色は徐々に弱まっていくのだが、後期後葉の段階（筑紫君磐井の乱以後）になっても、有明海沿岸の一部の勢力は、その後も強い自立性を保持しつづけ、独自に出雲等と連携を図っていたものと考えられる。

それに対し、突然とも言える出雲西部の円形原理の古墳群の出現には、王権に容易には従わない東部勢力への牽制をもくろむ、ヤマト王権の強い後押しがあったものと推測される。それが古墳文化の畿内色の強さとなってあらわれているものと理解したい。

おわりに

以上、出雲の古墳文化、特に後期古墳文化の地域色には、動揺期から立ちなおり全国的規模で中央集権的な政治統合をめざしたヤマト王権（畿内勢力）と、王権に従いその地位を拡大しようとした出雲西部勢力、それに反発し九州中部勢力と結んで独自性を維持しつづけようとした出雲東部勢力、および反ヤマト的立場で勢力の拡大をねらいつづけた九州中部勢力、それら諸勢力の政治的葛藤の様子が見事に映しだされているものと考えられる。

（補註1）　本章は〔和田一九九七〕をもとに話した内容を書きあらためたものである。

（補註2）「閉ざされた棺」と「開かれた棺」、および、それぞれをもつ横穴式石室の内部空間の意味の差、すなわち他界観の差については〔和田二〇一四〕参照。

付論一　向日市五塚原古墳の測量調査より

はじめに

五塚原古墳は京都府向日市寺戸町大平に所在する前方後円墳である。一九二三年〔大正一二〕、梅原末治により「前後ノ長径約五十間〔約九〇メートル〕、後円部ノ径三十間〔約五四メートル〕内外、高サ六、七間〔約一一〜一三メートル〕アリ、後円ノ大サノ著シキ式ニ属スルヲ認ムベク、此ノ部ニ大形ノ葺石ノ迹特ニ顕著ナリ〔カッコ内著者〕」〔梅原一九二三b〕と紹介され、一九六八年〔昭和四三〕には京都府教育委員会による測量調査と〔堤・高橋一九六八〕と、堅田直による電探調査の報告〔堅田一九六八〕が公にされた。しかしながら、埋葬施設がいまだ不明であるばかりではなく、墳丘に関しても調査が短期間であったがために、墳丘と周辺地形の現状を必ずしも正確に捉えているとは言いがたい。

京都大学文学部考古学研究室では、一九六七年〔昭和四二〕年より「畿内における前期古墳成立基盤の研究」をテーマに、向日丘陵上の妙見山古墳、寺戸大塚古墳、元稲荷古墳の発掘調査を遂行し〔京都大学文学部一九七二〕、一九七六・七七年〔昭和五一・五二〕には、小畑川をはさんで西方に対峙する長岡丘陵上のカラネガ岳古墳群の発掘調査を実施してきた（1）〔都出・岡内一九七八、岡内・和田一九七九〕。今回、「王陵の比較研究」のテーマのもと、大型古墳の測量調査を行うにあたり、同じく向日丘陵上に立地し、完存する唯一の前方後円墳である五塚原古墳を対象に選んだ理由の一端は以上の経緯にある。そして、また、特定地域の古墳群の集中的な調査こそが、明らかにしうる成果のはかりしれないことに期待するからでもある。

調査は一九七七年一二月八日から二六日にかけて行った。墳丘の主軸と、これより一〇箇所において左右直角に振りこんだラインとを基準とする方法をとった。縮尺は二〇〇分の一。コンターは五〇センチ間隔とし、前後の墳頂部付近やその他の要所においては二五センチコンターを加えた。[2] レベル基準は後円部頂におかれた二等三角点六九・七四四メートルを用いた。

現地調査は、当時、京都大学文学部考古学研究室の学生であった小笠原義治・栄一郎・近沢豊明・西野素生・萩原政彦・花谷浩・原充・藤原高志・土橋（旧姓山口）理子、および和田が行ったが、小野山節・都出比呂志・岡内三真等、研究会の方々から適切な指示を受けた（実施にあたっては、区長の斉藤勇次氏をはじめ寺戸町の方々の快諾を得るとともに、向日市教育委員会の山中章氏より少なからぬご援助を受けた。関係の方々に深く感謝する）。

一　周辺の環境

京都盆地は地質時代第三紀の終末に瀬戸内海東辺一帯にみられた基盤褶曲と、それに付随した断層運動の結果、陥没によって生じた構造盆地である。かつては旧大阪湾の海水が浸入していたが、その後の河川の堆積作用と緩慢な土地の隆起とによって、今日のような沖積平野を形成するにいたった〔藤岡一九七〇、松下一九七二〕。旧巨椋池はこの沖積世湖沼の残存とも、遊水池的な湛水ともいわれているが〔谷岡一九六四〕、昭和初期に至るまで、盆地の中央に広大な水面をなし、東方より流入する宇治川と、西方に流れ出る淀川とともに、京都盆地を大きく南北に二分していた。

そして、南山城の地は北流して旧巨椋池にそそぐ木津川によって、北山城の地は南下する桂川・鴨川の両河川によってそれぞれ二つと三つの地域に分かたれていた。このような地形的条件は京都盆地の歴史的展開と深く結びつき、古墳文化の消長においても、地域それぞれにきわだった特色をみせることになった。

ところで、五塚原古墳の立地する向日丘陵はこの地域区分では、北山城三地域の西の端を占める桂川右岸のほぼ中央に位置し、秩父古生層よりなる西山山塊から南南東の方向に細長く発達した大阪層群と、これをとりまく低位段丘礫層から構成されている[3]（図60）。全長約六キロ、幅約二キロ、標高は六〇から八〇メートル。北端の基部においてようやく一〇〇メートルを超える程度である。尾根をなす大阪層群上には南より元稲荷古墳（前方後方墳）〔梅原一九二〇c、西谷一九六五、京都大学文学部一九七一〕、北山古墳〔梅原一九二二・五五a、京都大学文学部一九七一〕、寺戸大塚古墳（以上前方後円墳）〔梅原一九二三a・五五b、京都大学文学部一九七一〕、少しはなれて一本松古墳（前方後円墳）〔梅原一九二〇b〕、百々池古墳（円墳）〔梅原一九二〇〕と前期の著名な古墳が占拠し、典型的な中期の前方後円墳である恵解山古墳〔梅原一九二五、堤・高橋一九六八〕、今里車塚古墳〔高橋ほか一九八〇〕、天皇ノ杜古墳（前期後葉）〔岩井一九〇八、堤・高橋一九六八〕等がいずれも低位段丘の先端部に立地するのと好対照をなしている（図60）。

この地域は京都盆地のなかで、もっとも早く水稲耕作が定着し開発の進んだところであるが、集落の立地はまず弥生時代前期の中段階において沖積地の自然堤防上に始まり（雲の宮遺跡）〔佐原一九六七〕、中期初頭には低位段丘縁辺の湧水地帯に及んでいる（森本遺跡等）〔浪貝一九七〇〕。そして、この二つがその後も長く京都盆地の農耕集落立地の中心となるのであるが、先に述べた前期古墳と中期古墳の立地の差は、土地利用や集落との位置関係の上からも、根本的な理念の差として改めて認識することができる。

このような古墳の立地のありようは、同じような地質構造をもつ京都盆地の各地域においても観察することができ

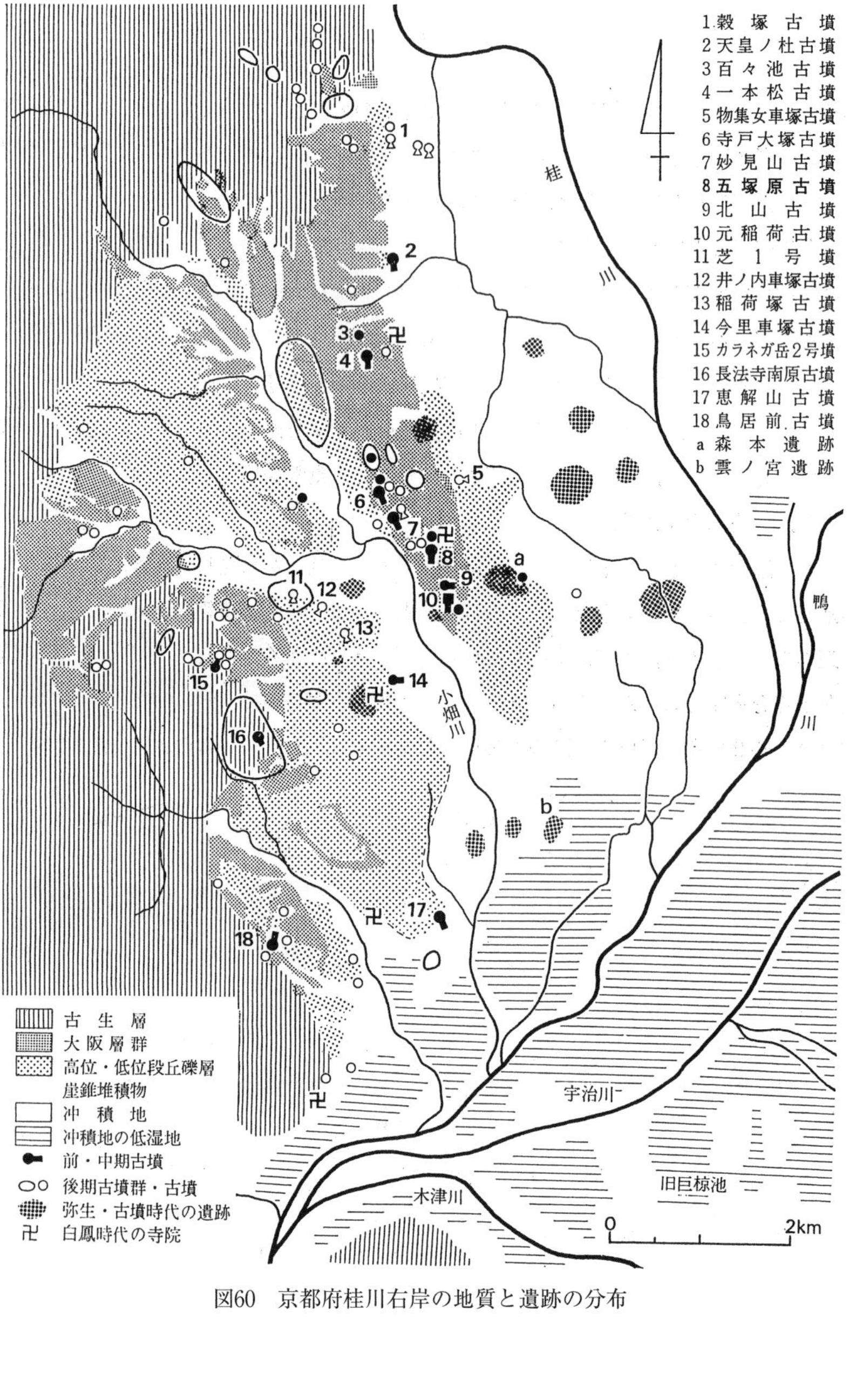

図60　京都府桂川右岸の地質と遺跡の分布

るが、後期古墳の場合には必ずしも一律ではない。この桂川右岸においては井ノ内稲荷塚古墳〔岩井一九〇八、堤・高橋一九六八〕、井ノ内車塚古墳〔堤・高橋一九六八〕、芝一号墳〔同〕、物集女車塚古墳〔梅原一九三一、堤・高橋一九六八〕、穀塚古墳〔梅原一九二〇a〕等の後期と推定できる前方後円墳が、いずれも中期古墳と同様に低位段丘の縁辺部か、やや奥まった所に立地しているのに対し、木津川右岸の久津川古墳群においては後期（それも前半が多い）の前方後円墳の多くが低位段丘上から丘陵尾根上へと場所を移している。(4) 後期古墳にみられるこのような立地の差は、前期古墳と中期古墳のそれとは性格の異なるものとして受けとめることができる。いうなれば、前期から中期にかけての差が全国的レベルで進行した古墳そのものの変質に根ざしているのに比べ、後期古墳の立地の差はそれぞれの古墳群の性格の差、言いかえれば、同一時期に存在した豪族層それぞれの歴史的、政治的性格の差をより強く反映しているものということができる。

二　測量結果

(1)　選　地

北山城の西端、桂川右岸の地は京都盆地の扇の要の一半をなす軍事、交通の要衝である。北に老ノ坂峠を越えれば亀岡、福知山を経て山陰に通じ、西に淀川を下れば大阪湾に望み、南に木津川を遡れば大和に、そして東に向かえば近江、東国へと至る。いずれも途中までは水陸両用の交通手段である。

この地域のほぼ中央に突き出した向日丘陵はなだらかな低い丘陵である。しかし、京都盆地のほとんどどこからでも、これを眺めることができる。かつて宇遅野（宇治市のあたり）より桂川流域一帯を望んで詠まれた山城の著名な国

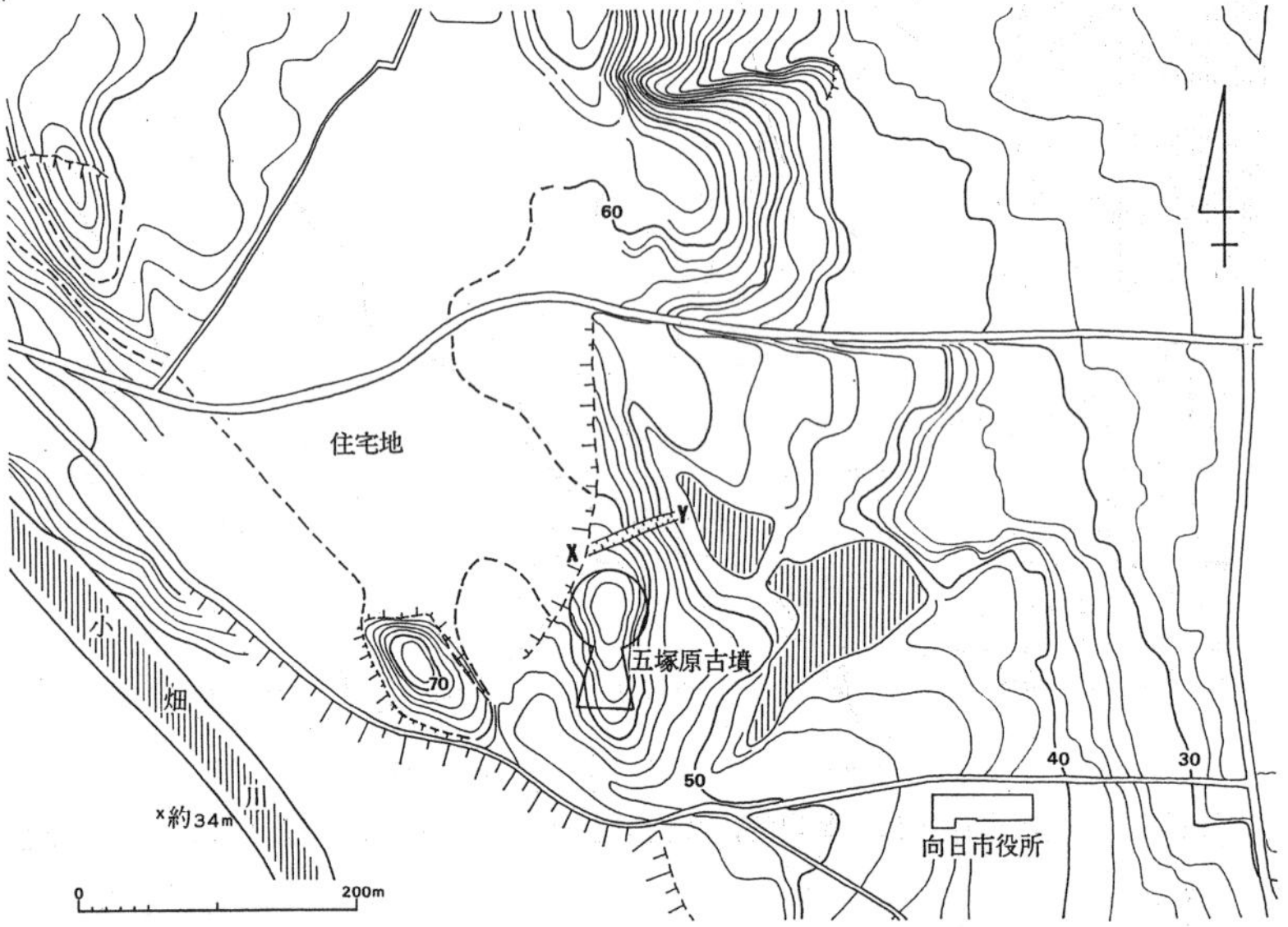

図61　京都府五塚原古墳周辺の地形

ぼめ歌〔上田一九七〇〕、「千葉の葛野を見れば百千足る家庭も見ゆ国の秀も見ゆ」（『紀』応神紀）〔倉野・武田一九五八、坂本ほか一九六五〕がある。この歌の風景の中央に美しい姿を横たえていたのも、この向日丘陵にほかならない。したがって、丘陵からの展望もすばらしく、京都盆地を一望におさめ、南は遠く笠置・春日・生駒の山々に及ぶ。

しかし、遠望すると一見平坦にみえる向日丘陵も、いったん中に立ちいれば、いくつもの小丘陵が点在し、古墳の選地にあたっては細かな配慮のあったことが予想される。五塚原古墳周辺の地形をみると、破壊が進行しているとはいえ、少なくとも数ヵ所以上の大型古墳築造可能な地点を掲げることができる（図61）。なかでも古墳のすぐ西側にあって、五塚原古墳の頂部よりも約二メートル余り高い小丘陵の存在は重要で、向日丘陵西側からの古墳の遠望を妨げる結果となっている。このことは、西に険しく東になだらかな丘陵地形とあいまって、古墳築造の母体となった集団が丘陵の東側に存在していたことを暗示しているかのようである。

(2)　地　形

古墳は南にのびる小丘陵の端部を利用して築かれている（図62）。したがって、前方部では空間的余裕が少なく、前方部幅はほぼ尾根幅と一致する。しかし、後円部の周辺には平坦面が形成され、東側と北側で幅約一五メートルを測るとともに、西側にも広がっていたことが予想される。前方部の南側も同様で、わずかに幅約五メートルほどではあるが、やはり明瞭な平坦面をなす。しかも注目すべきは、小丘陵上に築かれた全長一〇〇メートル近い前方後円墳であるにもかかわらず、その形態は端正で、発掘による確証はないが予想される墳丘裾線近くを六一メートルコンターが一周し、前後の平坦面がほとんど一メートルの差ももたないことである。このことは墳丘下部における地山の削りだしも含めて、古墳築造に先だつ整地作業、あるいは墳丘築造中の土取り作業がいかに入念に計算されたものであったかを物語っている。

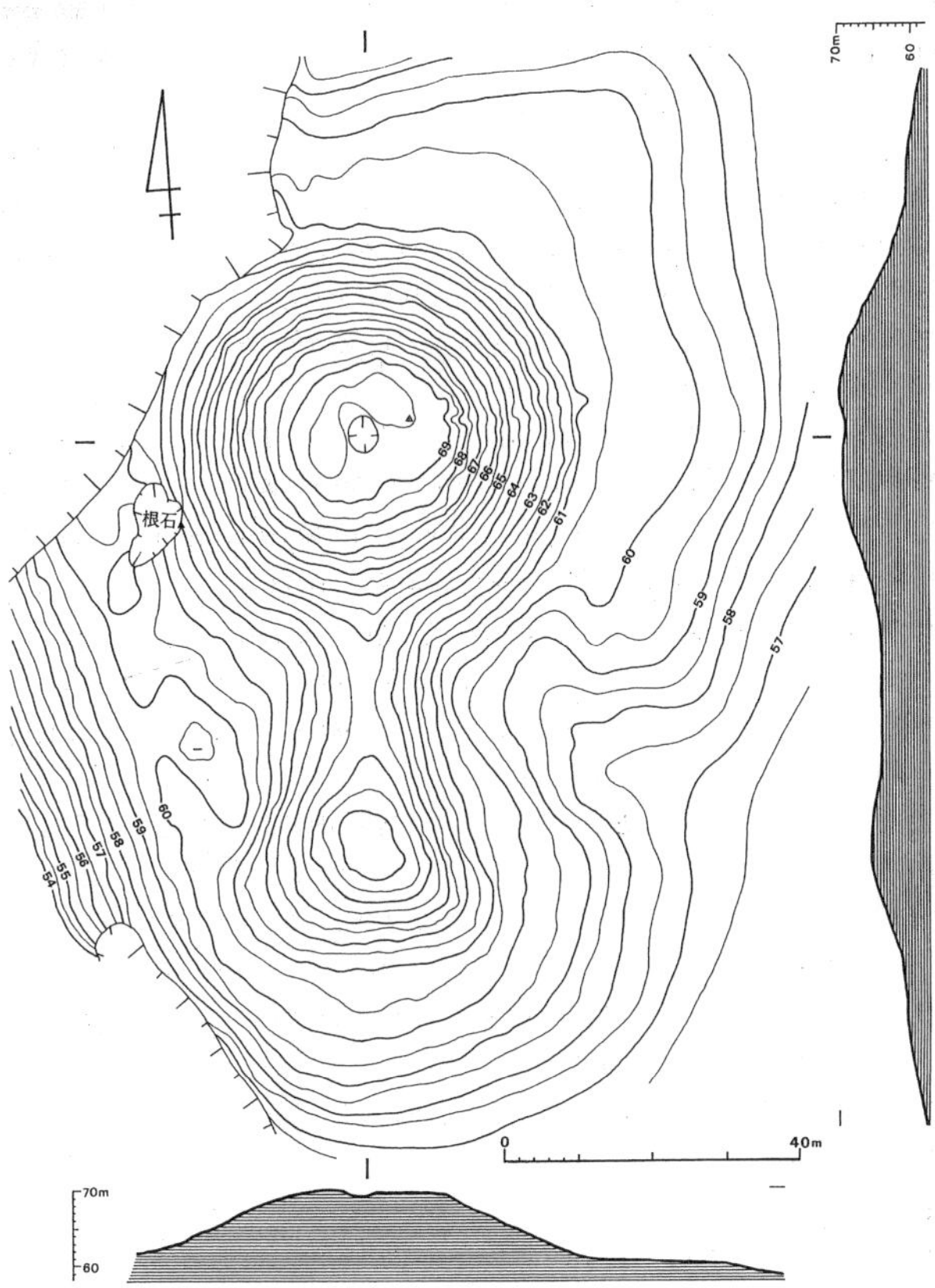

図62　京都府五塚原古墳墳丘測量図

なお、この点に関連するものとしては、後円部北側の平坦面の端にあって、丘陵を切断している「掘切り状の遺構」を指摘することができる（図61のX—Y）。現在その西半分はすでに消滅しているが、幅一〇メートル、深さ三～四メートルを測る。古墳の主軸方向とは必ずしも直交しないが、墓域を画する溝として古墳築造時に形成された可能性も十分考えられる。

同じく丘陵上に築かれた前期の前方後円墳といえども、その墳丘築造法は必ずしも同一ではない。墳丘と丘陵との境の明瞭なものもあれば、そうでないものもある。墳丘周縁部に手を加え、明確な平坦面を形成するという点では、京都盆地の中でもまず、この向日丘陵上の古墳群を掲げることができるが、それも古墳群中最古の前期前葉に編年される元稲荷古墳において著しい[5]。このことは前方後円墳、あるいは前方後方墳出現期における墳丘規模や墳丘プランの問題を論じる下地となり、前期古墳の性格論におよぶ重要な視角を与えてくれるだろう。

(3)　墳形と規模

五塚原古墳は整った形態を示す前方後円墳で、ほぼ南を向いている。現在は墳丘の北西側が宅地造成のために削りとられて、一〇メートルをこす崖になっているが、墳丘そのものは雑木林として残り、保存状態もきわめてよい。ただ、段築成のあとは不明瞭で、葺石の分布より後円部三段築成を推定しうる程度である。

墳丘規模は先に指摘したごとく、同一コンターが墳丘の裾近くを一周することから、六一メートルあるいは六一・五メートルコンターでもって推測するのが適切であるが、ここでは墳丘斜面のコンターの間隔が一律で大きく乱れないこと、あるいは後述の葺石のあり方によく合致することなどから六一・五メートルコンターを基準に推定復元した。その結果は、全長約九四メートル、後円部径約五四メートル、後円部高約八・五メートル、前方部幅約三六メートル、前方部高約四メートル、くびれ部幅約一八メートルである。後円部最高点の高さは六九・八七六メートルで、前方部との比高は約四・五メートルと大きい。

ところで、この古墳の後円部南西側には東西約六メートル、南北約一〇メートル、深さ約二メートルの土取り跡が存在する。われわれはここで直接墳丘の一部を観察することができるのであるが、そこで知りえたことは、①幅約五メートルにわたって拳大から人頭大におよぶ大きさの河原石が削りだされた地山直上に層をなしていること、②測量結果とあわせて、これが後円部最下段の葺石であること、③人頭大の河原石には原位置にとどまっている根石と推定できるものがあること、④葺石の間には埴輪片がまったく見あたらないことなどである。

なかでも墳丘規模を考える上では、わずかに一例ではあるが原位置と推定しうる根石の存在は重要で、先に推定した後円部径五四メートルはほぼこれに一致する。今、図上で後円部に径五四メートルの円を描けば、その西端は崖のすぐ内側を一周するのであるが、宅地造成によって削りとられた崖面に葺石がまったく露出していないこともこの推定値の妥当性を示している。

ただ、埴輪については、かつて二段の埴輪列があるとする電探調査の報告がなされ〔堅田一九六八〕、北西部の崖面で円筒埴輪片が採集されたとも伝えられているが〔梅原一九二〇c〕、今回の調査期間中およびその後の踏査においてはまったく採集できなかった。

さて、以上のごとく、この古墳の輪郭をつかむと、五塚原古墳の墳丘は後円部に対して前方部の低くて細い「典型的な前期古墳の特徴」を示していることがわかる。ちなみに全長を一として、これに対する各部の比率を示せば、後円部径は〇・五八、前方部幅は〇・三八となり、くびれ部幅は後円部最下段円周の八分の一から九分の一となる。(7)ただ、前方部の墳頂に若干の盛りあがりをみるが、それは前方部に埋葬の行われたことを示すらしい。

なお、前方部西側には深さ一メートル足らずの窪地が存在し、この付近の地形を複雑にしている。これが古墳築造当初からのものか、いまは判断しがたい。

(4) 埋葬施設

内部の埋葬施設に関しては不明であるが、一九六八年の堅田直による電探調査では、後円部のやや東よりに東西一五メートル、南北一一メートルの墓坑があり、前方部でも東西五メートル、南北七メートルの墓坑の存在が予測できるという〔堅田一九六八〕。現在、後円部平坦面のほぼ中央に、径約五メートルの盗掘坑が存在し、堆積した落葉の中に拳大の河原石が散在している。

三　墳形と規模の比較

五塚原古墳は向日丘陵上の小さな尾根の先端に築かれている。そのことは墳丘の形態や規模を決定するうえで、ある程度の制約になったであろう。しかし整った形態を示す墳丘の後円部周辺や前方部前面に一メートルとレベルの違わない平坦面が存在し、同一コンターが一〇〇メートル近い墳丘の裾線近くを一周する。このような事実は、地形の制約をのりこえ、墳丘の諸要素を決定し、それを構築しようとするひとつの明確な意志が貫徹されていることを暗示しているように思える。

そこで、この節では墳丘の規模と形態を中心に、向日丘陵上の他の前方後円墳、前方後方墳との比較を試みる。しかし、北山古墳は東面する前方後円墳〔梅原一九二〇c〕という以上に何も分からず、一本松古墳も全長約一〇〇メートル〔京都府一九七二〕という以外は不明である。妙見山古墳も同様で、一九五五年（昭和三〇）、梅原末治によって「墳の規模は主軸の長さが約三百八十尺（約一一四メートル、以下カッコ内和田）、後円の径約百九十尺（約五七メートル）、高さ二十六尺（約七・八メートル）、前方丘端の幅百八十尺（約五四メートル）、同部の高さ十七尺（約五・一メートル）を測る」〔梅原一九五五ａ〕と紹介され、略測図が載せられただけで消滅してしまった。したがって、ここで比較しうるものは前方後方墳の元稲荷古墳と、前方後円墳の寺戸大塚古墳の二基のみである。さいわいこの二基に関しては部分的ではあるが墳丘部の発掘調査がなされており、比較の有効度も高い。

　そこでまず、報告者にしたがい各古墳の規模を表に示すとつぎのごとくである(8)（表15）。ただ、この表を見るには若干の注意が必要で、それをつぎに述べておこう。

表15　向日丘陵３古墳の規模

＊部分的ではあれ発掘調査されているもの．単位m．

	全長	後円(方)部		前方部		くびれ部幅
		径	高	幅	高	
五塚原古墳	**94**	**54**	8.5	36	4	18
元稲荷古墳	**94**	***52**	*7	***46**	*3	*22
寺戸大塚古墳	**98**	***54**	*9.8	**45**	3	不明

　元稲荷古墳は後方部の墳丘調査はごく一部に限られ、おもに発掘された前方部においても左右両側の各コーナーが正確におさえられているわけではない。しかも、「西側と南側の第二段斜面葺石の根石が砂岩やチャートの石材を使い三〇～四〇糎大の大きいものであるため、確実な裾の線を捉え得たが、他の部分では全体として小礫を使用しているため葺石下端は不明瞭であった」〔京都大学文学部一九七一〕し、前方部は正確に左右相称でもない。そのため若干の数値の変動はやむをえない。また、全長に関しては実測図で再検討した結果、八四メートルということはありえず、九四メートル前後が正しいことが判明したのでこれを用いた(9)。

　寺戸大塚古墳はくびれ部から前方部にかけての部分が、竹藪の土取りと土入れでかなりの変形を受けている。そのため墳丘全長や前方部幅にはより大きな幅をもたせなければならない。しかも、よく調査された後円部（約四分の一を調査）においても、最下段の葺石（根石）は正しく円弧を描かず〔京都大学文学部一九七一〕、後円部径の推定でも若干の誤差を生じる。

さて、以上の点を配慮しつつ表15を見ると、少なからず不安定要素があるにもかかわらず、なによりも三古墳の全長、および後円部径、あるいは後方部幅がきわめて近似した数値を示すことに気づく。そこで、五塚原古墳の墳形を先の推定値に従い模式化して、他の二古墳の実測図に重ねあわせてみると図63のごとくである。(10) ただ、前方後円墳の規模を前方後方墳になおす場合は、後円部を囲いこむように、言いかえれば後円部三方向では円と接するように、前方部側ではくびれ部を通るように直線を引いた。そのため、後方部は主軸方向の幅がそれに直交する幅よりも若干(約二メートル)短くなる。

この結果、五塚原古墳の模式図は寺戸大塚古墳の後円部最下段葺石の根石の円弧に沿い、前方部端と推定しうるコンター(寺戸大塚古墳七五メートル)ともほぼ一致する。元稲荷古墳でも後方部が実にうまくおさまり、くびれの根石列の角が五塚原古墳後円部推定円弧の上にのるとともに、前方部端の葺石下端が模式図のそれとほぼ一致することが判明した。すなわち、ここで取りあげた三古墳は、少なくとも全長と後円部径、あるいは後方部幅とにおいて、きわめて類似した規模を有することが明らかとなったのである。

ただ、前方部幅とくびれ部幅に関しては、若干の差が認められるし、形態的にも元稲荷古墳の前方部は五塚原古墳のそれよりもバチ形に広がり、寺戸大塚古墳の前方部は柄鏡形のそれに似て、側面のコンターがほぼ並行して走る点に特徴をみる。

前方後円墳の平面プランは主軸に対して左右相称、しかも後円部は正円で、前方部は直線的であることを条件に、あるいはそのように実測図を概念化して論じられることが多い。その場合、前方後円墳の平面プランは全長と後円部径、前方部幅、くびれ部幅の四要素によって完全に決定することができる。そして、そのなかでも墳丘規模にもっと

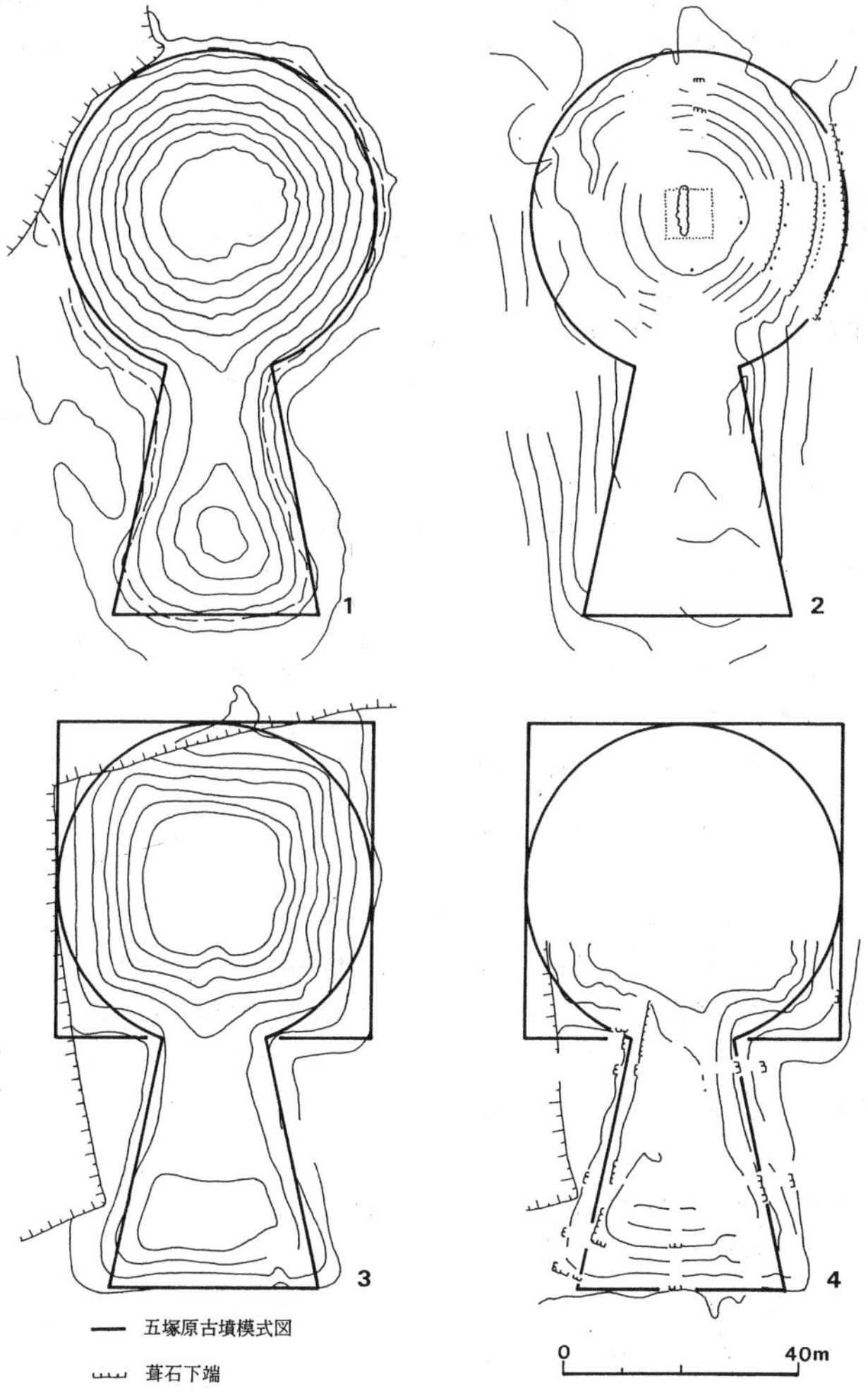

図63　墳丘の比較（1　五塚原古墳，2　寺戸大塚古墳，3・4　元稲荷古墳）

も大きな影響を与えるものは全長と後円部径にほかならず、しかもこの二要素は前方後円墳の時期的な形態の変化に左右されることがもっとも少ない要素である。とすれば、前方部幅やくびれ部幅に多少の差はあるとはいえ、全長と後円部径、あるいは後方部幅がほぼ一致する先の三古墳は、前方後円墳、前方後方墳の差をこえて、少なくとも同一規模の古墳を築造しようとした可能性のきわめて高いものと受けとめることができる。そこで、このような古墳相互の関係を「同規模墳」と呼んで、「同形墳」や「相似墳」に近いかたちで前方後円墳、前方後方墳分析の重要な指標としたいと考える。(11)

ところで今日、前方後円墳の型式論や築造企画論をめぐる研究はきわめて盛んで、古墳時代前期に限っても上田宏範や椚国男らの努力によって、前方後円墳にいくつかの類型が存在し、それらがすぐれて計画的に築造されていることが明らかになりつつある〔上田一九七九、椚一九七五〕。(12) しかし、ここで述べたような前期古墳相互の直接的な関係についてはあまり多く知られていないのが現状であろう。

ただ、大阪府高槻市弁天山古墳群においては、「A1〔岡本山古墳〕、B1〔弁天山古墳〕、C1〔大蔵司古墳〕の三基の古墳を比較すると、概略B1号墳の後円径はA1号墳の後円径に近似している。また、C1号墳の大きさはA1号墳の大きさの約半分に作られている」として、「こうした規模の上での類同は偶然生じたものではなく、相互に関連しているようにもみえる。〔中略〕後出の古墳の規模は既存の古墳のそれと相対的な関係を有していたのではなかろうか」〔原口・西谷一九六七〕との指摘がなされている。

また、佐紀盾列古墳群における佐紀陵山古墳と佐紀石塚山古墳の関係も、前方部西側のくずれや前方部端の理解の仕方によってはきわめて類似した形態を示すものとなる。(13) しかも、この二古墳に共通する後円部径は、同古墳群中の主要な大型前方後円墳である宝来山古墳、ヒシアゲ古墳、コナベ古墳、ウワナベ古墳とほとんど変わらぬ規模で五世紀後半まで伝えられていく〔末永一九七五〕。

陵山古墳や石塚山古墳は周濠をもち（レベル差あり）、墳丘最上段が前方後円形をとる[14]など多分に中期的要素をもつ点で、今回の例とは同列に評価しえないものかもしれないが、少なくとも弁天山古墳群で示された見通しは向日丘陵三古墳の関係を評価する手だてとして十分注目すべきところである。

それでは、向日丘陵三古墳の墳丘と密接な関係をもつ古墳を、この古墳群の外に求めることができるであろうか。この問いに答えるため、まず全長に対する後円部径と前方部幅の割合を指数化し、他の主要な前方後円墳、前方後方墳との比較を試みた。その結果、両者とも密接な数値を示すものとして奈良県桜井市箸墓古墳が浮かびあがってきた。末永雅雄の『古墳の航空大観』〔末永一九七五〕によれば、全長二七五メートル、後円部径一五〇メートル、前方部幅一二五メートルで、いずれも向日丘陵三古墳のほぼ三倍にあたる数値である。

そこで、両者の平面プランを一対三に縮小し、重ねあわせたのが図64である。五塚原古墳の模式図では全長と後円部径がうまく一致するが、前方部幅が狭すぎる。しかし、これに元稲荷古墳の葺石列をあてはめるとこの方はずっとよく一致することが分かる。箸墓古墳の前方部といえば、中ほどでくびれて前方に大きく開く「バチ形」として知られているが〔近藤一九六八〕、元稲荷古墳のそれはバチ形を直線化したとき実によく一致するということができるだろう。すなわち、向日丘陵三古墳は箸墓古墳の三分の一の「同規模墳」、言いかえれば、「三分の一規模墳」であり、前方後円墳の箸墓古墳から五塚原古墳・寺戸大塚古墳までの系列がたどれるのである。

これまで箸墓古墳は、何らかの類型に分類されていたとはいえ、主としてバチ形の前方部をもつ古墳、あるいは定型化する前の古墳としてしか他に類例を求めることができないものであったが、ここにおいてより具体的で直接的な関係をもつ古墳が明らかになったのである。そして、このことにより、①原初的で地域[15]性をも示すバチ形の前方部がいかに通有の形態に変化していくかが畿内でより具体的に把握できるようになり、②その過程がたんなる形態の変化だけではなく、「同規模墳」の関係と呼んだごとく、前方部の形態に若干の差はあるとしても全長と後円部径、あるいは後方部幅が同規模、あるいは三分の一規模というように規格性と相互関連性とをともなって進行したこと、③その中にあって前方後円墳と前方後方墳との間には、後に分布差として顕在化してくるような大きな差異はいまだみいだしがたいことなどを指

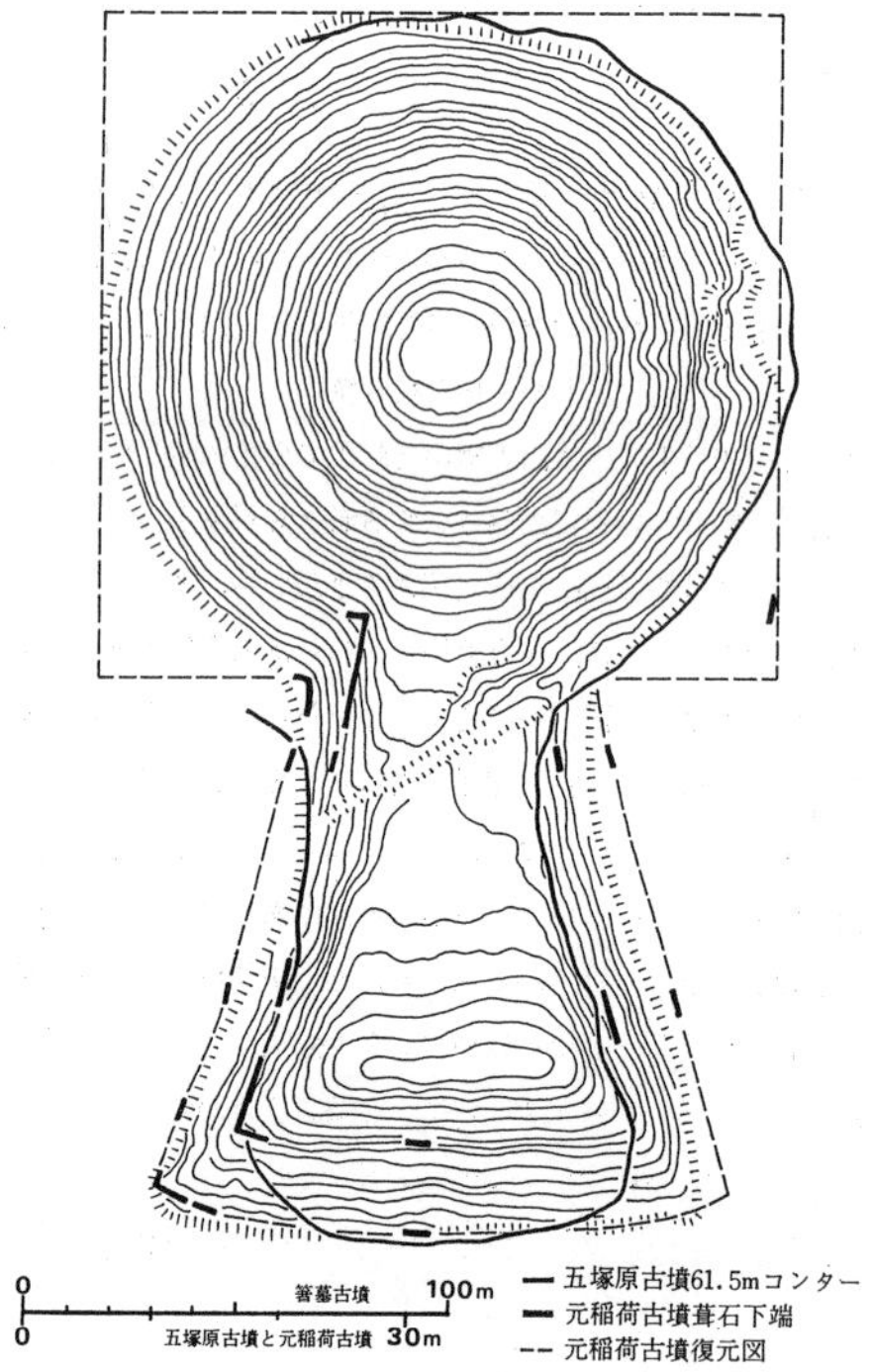

図64　奈良県箸墓古墳との比較

摘することができるようになった。畿内にいまだ数遺跡での出土しかない特殊円筒埴輪が、箸墓古墳と元稲荷古墳にみられることも〔中村・笠野一九七六、京都大学文学部一九七二〕、この間の事情を反映しているものといえよう。

おわりに

前方後方墳の発生をめぐって、われわれはすでに多くの先学の成果を有している。ここで明らかにしえた事実がそれらといかに係わっていくかは、きわめて興味深いところである。

この小論では五塚原古墳の測量を出発点に、弥生時代の墓制に対する前方後円墳、あるいは前方後方墳の「隔絶性」の実態を墳丘築造の規格性という面から若干の追求を試みたが、それはこの「隔絶性」の中に、王権がそれまでの葬送儀礼を改編統合し、制度化することによって威儀を正し、権威づけを行おうとする動きを想像するからにほかならない。

墳丘の規格性の問題はその一部にすぎないが、すでに前方後円墳出現のごく初期の段階において、特定の地域では前方後円、あるいは前方後方という形態のみならず、少なくともその規模までもがこの企画の中に含まれていたことを明らかにしえたと思う。

初期の段階における古墳葬送儀礼の斉一化が、どれだけの内容と地域的広がりでもって進行していたか。それは畿内だけを取りあげてみても必ずしも一律ではない。

同笵鏡の分布密度のもっとも高い淀川水系〔小林一九七六〕にあって、「摂津型」と呼ばれる竪穴式石槨とは異なる一群の石槨と[16]、それと深くかかわりあう粘土槨を主たる埋葬施設とする桂川右岸の前期古墳群は、これら前方後円墳出現期の諸問題を解明していく上で格好のフィールドを形成している。しかし、ここでは向日丘陵三古墳と箸墓古墳との間に認められる興味深い関係を指摘するにとどめ、それらの検討については他日を期したい[補註1]。

註

(1) 二号墳の調査は一九七九年度も引き続き行なわれている。

(2) 図62はすべて五〇㌢コンターである。

(3) 図61は〔松下一九七一〕収録の図版に手を加えたものだが、原図は〔西山一九六七〕による。

(4) 京都盆地最大の後期古墳群である嵯峨野古墳群は、大型の前方後円墳から小型円墳にいたるまでのピラミッド的構成がそれぞれの立地とうまく対応していることで著名である。小型円墳群が主として山麓から山腹にかけて分布するのに対し、前方後円墳や大型円墳は低位段丘の平坦部を中心に分布し、その意味では桂川右岸の後期前方後円墳や大型円墳の立地と似る。ただ、桂川右岸の後期古墳は破壊が激しいこともあって、現状ではあまりまとまった古墳群として捉えきれない〔梅原一九二〇d、文化財一九六八、京都大学考古学一九七一〕。

(5) 元稲荷古墳の発掘では墳丘外の南と東の平坦部にトレンチが入れられ、「前方部築成の際、盛土用に削りとったあと」との結論を出している〔京都大学文学部一九七一〕。

(6) 五塚原古墳の葺石は砂岩五四・三%、チャート四一・六%、緑色岩〇・八%、脈石英二・三%であり、古墳の西側のすぐ下を流れていた小畑川の河床から運んだものと推定されている〔高橋ほか一九八〇〕。

(7) 町田章はくびれ部幅の決定において、後円部下段円周に対するくびれ部幅の割合に注目し、八分の一を示すものとして箸墓古墳、西殿塚古墳、景行陵古墳、神功陵古墳、垂仁陵古墳、弁天山C一号墳などをあげている〔坪井・町田編一九七七〕。

(8) 元稲荷古墳と寺戸大塚古墳の各部の規模は墳丘測量によるものと、発掘調査により修正されたものとがまじっている。ただ、元稲荷古墳の全長は注9の理由により、九四《メートル》と変えている。出典は〔西谷一九六五、京都大学文学部一九七一〕による。

(9) 〔西谷一九六五〕収録の墳丘図およびその原図の青焼により検討した。挿入されたスケールの誤りもありうるので各部の検討も行ったがスケールの誤りはない。なお、梅原末治の略測では約九〇《メートル》となっている〔梅原一九二三b〕。したがって、茂木雅博が『前方後方墳』〔茂木一九七四〕において、後方部長と前方部長の比が五対三になるものの一部を「元稲荷型」とされたことは適切でなかったことになる。その比はほぼ五対四に近い。

(10) 図63は〔西谷一九六五〕、4は〔京都大学文学部一九七一〕に掲載された墳丘図にそれぞれ五塚原古墳の模式図をあてはめている。

(11) 同一のモデルプランから作られたと考えられる同規模同形態の古墳の関係を「同形墳」、モデルプランの二倍、三倍、あるいは二分の一、三分の一などの関係を「相似墳」と呼んだ。このほかにもモデルプランの二段目以上と同規模同形態であるとか、後円部径や前方部幅が等しいのに前方部長が異なるなどさまざまな関係が指摘されている〔上田一九七九〕。

なお、前方部の幅員決定に関連するものとしては、町田が「上田、椚両氏は、ともに前方部の幅員決定について苦慮しているが、中段で平面形の基本をきめ、その外周に下段の幅を一定間隔でとるならば、操作は簡単である」と述べていることが注目される

〔坪井・町田編一九七七〕。時期による最下段の性格の変化をも考慮すれば興味深い結果が得られるかもしれない。しかし、本文で述べるごとく、古墳の規模に意味をみいだすならば、少なくとも設計図の段階では墳丘のもっとも外側、すなわち最下段外縁の線がもっとも重要で基本となろう。

(12) 上田では「A型式」、椚では「日葉酢媛陵型（佐紀陵山型）」に含まれる諸型式が主として前期古墳にあたる。

(13) 〔上田一九七九〕では、この二古墳はともにA型式ではあるが、佐紀陵山古墳は六対一・五対二、佐紀石塚山古墳は六対一対二とされ、〔椚一九七五〕ではともにⅡ型式の八対四（二・五）対四とされている。

(14) 前期古墳では多くの場合、前方部上面の平坦部がそのままテラスとして後円部をまわり、最上段は後円部のみとなるが、中期古墳の最上段は後円部と前方部とがつながり、前方部上面からテラスが後円部をまわることはほとんどない。

(15) 〔近藤一九六八〕で示された備前車塚古墳・吉島古墳・養久山一号墳の分布、あるいは香川県における「一般的に讃岐の古式前方後円墳は前方部がバチ状に開く墳形を伝えている」〔渡辺一九七七〕との指摘などから、この墳形が兵庫県南西部から岡山・香川両県にかけて多く採用されたものであることは否定できないであろう。

(16) 「摂津型」は〔北野一九六七〕による。墓坑底に直接粘土床を設けることから「粘土棺床直接式」とも呼ばれている。北野によれば、桂川右岸に多い竪穴式石槨は「周溝式」とされる一群で、墓坑の周壁によって排水溝がめぐる構造を特色とする。なお、妙見山古墳前方部の粘土槨にもこの構造はもちつたえられている。

（補註1） その後の立命館大学文学部、向日市埋蔵文化財センター、京都市埋蔵文化財研究所の発掘により、五塚原古墳は約九一メートル、元稲荷古墳は約九四メートル、寺戸大塚古墳は約九八メートルという結果が報告されている。なお、五塚原古墳の前方部に埋葬はなかった。

付論二　弥生墳丘墓の再検討

はじめに

近年のめざましい発掘調査の結果、弥生時代における墳墓の発見例は厖大な数に昇り、それに関する研究も多くの成果を生みだしてきている。しかし、後続する古墳時代のそれと比較するうえでも、また中国・朝鮮半島の関連資料と比較するうえでも、その全体を今少し整理し、検討しなおす必要があるかと思われる。

ここでは、弥生墳丘墓を中心に取りあげ、①それらの分類概念を再整理し、基本型式を明らかにしたうえで、それぞれの時期的・地域的・階層的な変容と、相互の複合関係を明確にすること、②それら全体の展開過程を段階的に把握すること、および、③古墳時代における弥生墳丘墓的な要素（実態としては弥生墳丘墓とほとんど変わっていない場合もある）の残存と消滅の過程を概観すること、などを目的として若干の検討を加えたい。

一　研究略史

かつては、奈良時代以降のものを除くと、原則的に「墳丘をもつ墓」はすなわち古墳で、それは古墳時代の初めに中国文化の影響などを受けて突然出現したと考えられていた。しかし、一九六〇年代以降の活発な発掘調査の結果、方形周溝墓、方形台状墓をはじめ、弥生時代に属す数多くの「墳丘をもつ墓」が発見され、(1)「弥生時代の墳丘をもつ墓」と古墳とを区分する課題が、弥生時代と古墳時代とを区分する問題と不可分のかたちで提起され、それと同時に、多様な様相をみせる「弥生時代の墳丘をもつ墓」をどう分類・整理するかが議論となった。

一九七七年、近藤義郎は「弥生時代の墳丘をもつ墓」を分類するにあたって、それぞれの「厳密な区分はときとして困難である」としつつも、「周溝墓がおもに溝によって、台状墓がおもに周囲の削りだしによって墓域を画そうとしているのに対し、おもに盛土によって墓域を画し形成しようとしているらしい一群のものをみとめ、それを前二者から区別することがさしあたって有効である」との考えから、後者を「墳丘墓」とする「暫定的」な三分類案を提示した〔近藤一九七七a〕。そして、墳丘墓において特に認められる特定人物＝首長の卓越化・特定身分化＝神霊化への歩みこそが古墳の成立を導く社会的・思想的基盤となったとし、墳丘墓にみられる祖先崇拝としての首長霊祭祀は前方後円墳へと連結していくが、前方後円墳成立の主体的条件は、畿内中枢の部族連合を盟主とする西日本諸部族の政治的・祭祀的結集＝同族連合の成立そのものであり、それを契機として前方後円墳にみられるような統一的な首長霊祭祀形式が創出されたと理解した〔近藤一九七七b〕。

この「弥生時代の墳丘をもつ墓」の分類案に対し、一九七九年、都出比呂志は、方形周溝墓と方形台状墓を質的に区別することは困難で、盛土の程度という指標のみでは方形周溝墓、方形台状墓、墳丘墓の三者も区別しがたく、三者を、「墳丘をもつ墓」という意味で一括し墳丘墓と総称することを提案し〔都出一九七九〕、(2)学界でも一定の支持を得つつある。(3)

しかし、墳丘墓の概念は、それが提起された時点から古墳との関係が重視され、かなりの規模と内容をもつ特定集団、あるいは特定個人の墓といった意味合いが強く、依然その面を強調する意見や、(4)墳丘墓と総称することはいいとしても、それによって方形周溝墓や方形台状墓といった用語の意味が薄れることや、それが使われなくなることに対する批判が出され、(5)個々の研究者が用いる用語の概念にはいまだ少なからず混乱がみられる。(6)たとえば、一九八七年に出版された金関恕・佐原眞編『弥生文化の研究』第六巻〔金関・佐原編一九八七〕では、「弥生時代の墳丘をもつ墓」は「方形周溝墓」、「方形台状墓」、「墳丘墓」、「四隅突出墓」とに区分されており、それぞれの記述にも差異が認められる。(7)

墳丘墓という用語を用いるうえでの混乱の原因の一つは、「弥生時代の墳丘をもつ墓」の形態や築造法などによる分類と、被葬者の政治階層的な性格の分類が入りまじっていることにある。また、墳丘墓という用語で総称した場合の危惧は、方形周溝墓や方形台状墓といった用語の積極的な意味合いが薄れてしまうのではないかという点にある。前者の場合は、それぞれ別個に分類基準を設ければ解決することだが、後者の場合は、方形周溝墓や方形台状墓といった概念を積極的に活かす方法と意味とを再検討し、それらが「弥生時代の墳丘をもつ墓」の地域性〈集団差〉や系譜関係〈交流関係〉、あるいはその社会的背景の解明にいかに有効であるかを新たに提示しなおす必要がある。

二　弥生墳丘墓の再分類

そこで、まずは「弥生時代の墳丘をもつ墓」の再検討を行い、方形周溝墓や方形台状墓といった分類概念の有効性について検討を加えたい。なお、ここでは「墳丘をもつ墓」全体を「墳丘墓」と総称し、弥生時代のそれを「弥生墳丘墓」として取りあつかう。(8)

さて、これまで弥生墳丘墓を分類する基準としては、立地、墳丘規模、墳形、突出部の有無、貼石の有無、墳丘の築造法、墓坑の構築法、埋葬施設の棺・槨の種類、埋葬施設の数と規模、副葬品、供献土器などが用いられてきた。しかし、先に指摘したごとく、これらの諸要素には、墳丘墓の系譜や地域性により多く由来する要素と、墳丘墓の階層性により多く由来する要素とが混在している。ただし、両者を明確に区別することが困難な場合も少なくないし、区別したからといって必ずしも有効でない場合もある。ここでは、そういった点にも配慮しつつ両者を分別し、分類を試みる。

① 墳形

その場合、弥生墳丘墓の系譜や地域性ともっとも深く関わる要素の一つとして、まず墳形を取りあげ、墳形が方形原理か円形原理かでもってこれを二分する。(9) 時期を問わなければ、方形原理のものには方形、四隅突出型方形、双方中方形、前方後方形のものがあり、円形原理のものには円形、双方中円形、前方後円形のものがある。

② 墳丘の築造法

つぎに墳丘の築造法では、周溝の有無でもつて、周溝のあるものを周溝墓、ないものを台状墓とする。方形周溝墓には、溝が四辺にあるものの外に、一〜三辺にしかないものがあるが、それらも通常通り方形周溝墓とする。(10) 周溝墓は原則として平地部に造られるため、地山面あるいは旧地表面より上の墳丘は盛土となる。他方、台状墓は原則として丘陵部に築かれ、まれに盛土が多い例があったとしても、墳丘は地山の削り出しが卓越する。

③ 立地

立地に関しては、周溝墓は集落に近接した平地（環濠集落では環濠の外側）に営まれる場合が多く、台状墓は集落を見下ろす丘陵上に営まれる場合がほとんどである。周溝墓と台状墓にみられる顕著な分布差から判断すれば、この差はたんなる地形的な差異のみでは解釈しきれないものであり、死生観などと結びついた習俗上の差とも考えられる。

④　周溝墓と台状墓の複合・使いわけ

では、丘陵上に営まれた周溝墓（言いかえれば、周溝をもつ台状墓）はどのように理解できるだろう。詳細はつぎの節に譲るが、ここではおもに北陸地方の現象から〔古川一九九三など〕、(a)方形周溝墓と方形台状墓（あるいは四隅突出墓など方形台状墓の系譜を引く墳丘墓）は同一の墓地に営まれる例があること、(b)この現象は平地の墓地でも丘陵上の墓地でも認められること、(c)平地の方形周溝墓の墓地に四隅突出墓が造られる場合は貼石がなくなり周溝をもつようになること、(d)丘陵上に方形周溝墓が造られる場合は同一墓地の方形台状墓にも周溝をもつものがあらわれることなどから、方形周溝墓と方形台状墓の要素は複合する場合があったことがわかる。そのことから、丘陵上に営まれた周溝墓も立地の上で台状墓の影響を受けたと理解できる。

また、両者が同一の墓地に営まれる場合は、相対的に、より大型＝方形台状墓（あるいは四隅突出墓）、より小型＝方形周溝墓となっており、方形周溝墓と方形台状墓は明確に区別して理解され、使いわけられていたのである。

⑤　墓坑の構築技法

墓制と関連するもう一つの注目点は、初葬時における墓坑の構築技法の差異である〔和田一九八九b〕。

古墳では、墓坑の構築技法としては、墓坑のないもの（無墓坑）と、墓坑のあるものとがある。墓坑のあるものには墓坑を築くもの（構築墓坑）と掘りこむもの（掘込墓坑）とがあり、さらに、墓坑を掘りこむものには、盛土終了後に掘りこむもの（掘込墓坑a類）と、盛土の途中で掘りこむもの（掘込墓坑b類）、盛土前に地山に直接掘りこむもの（掘込墓坑c類）とがある。墳丘築造との作業手順上の前後関係では、掘込墓坑a類では墳丘先行型、掘込墓坑b類・構築墓坑・無墓坑ではおもに同時進行型、掘込墓坑c類では墳丘後行型となる〔和田一九八九b〕[11]。ただ、場合によっては掘込墓坑ｂ類や無墓坑は墳丘後行型にもなるし、墳丘のほとんどが地山の削り出しで造られ盛土がきわめて少ない場合は、掘込墓坑ｂ・ｃも墳丘先行型とほとんど変わらない手順のものとなることも注意を要する。

ところで、古墳にみられるこのような墓坑構築法上の多様性は、古墳築造の時期、地域、階層と深く係わっているのだが、その多様性の由来はおもに弥生墳丘墓の墓坑の多様性に求めることができる。

そこで、今、この視点から弥生墳丘墓を観察すると、墳丘の削平、流出等により埋葬施設そのものが残存していない場合が多く、全体を通じて明確な判断を下すことは難しい。しかし、多量の土砂に埋没した大阪府河内潟周辺の方形周溝墓群では、たとえば方形周溝墓が明確な墳丘をもつことを証明した東大阪市瓜生堂二号墓第四号木棺（初葬・中期中葉）〔今村ほか一九八二〕のように、盛土された墳丘の上部から木棺直葬用の比較的深い墓坑を掘りこむ掘込墓坑ａ類であることがわかる（図65）。したがって、初期のものは不詳としても、方形周溝墓は基本的に掘込墓坑ａ類が基本であったと理解したい。

これに対し、台状墓の場合はより判定が難しいが、墳丘の築造に地山の掘削が卓越することから判断して、木棺直葬用の墓坑は掘込墓坑ｃ類、ないしは整地程度の盛土を行った後に墓坑を掘りこむ掘込墓坑ｂ類が基本であったと推測する（図73）。

さらに、台状墓では、弥生後期以後の木槨や石槨を埋葬施設に用いるようになった段階での墓坑の構築法はかなり明らかになってきている〔有馬二〇〇三〕。宇垣匡雅は「弥生墳丘墓（ここでいう台状墓—和田）の場合は小墳丘であるためわかりにくいことが多いが、第一次埋葬の墓坑は、地山面ないし若干の盛土を行なった面から掘り込まれており、墳丘築成のかなり初期、ないしは墳丘の築造開始に先立って墓壙の掘削がなされている」〔宇垣一九八七〕と指摘し、墓坑が地山面から掘削されたもの（掘込墓坑ｃ類）として岡山県総社市鋳物師谷一号墓石槨と兵庫県たつの市養久山一号墳石槨を、最下層の盛土から掘られたものとして香川県さぬき市奥一〇号墓石槨をあげている（掘込墓坑ｂ類、ないしは「最下層の盛土」を整地層とすれば掘込墓坑ｃ類）。また、岡山市矢藤治山墳丘墓石槨などは墓坑を掘らず、石槨や木槨を築きつつ盛土するもの（無墓坑）であり、香川県丸亀市石塚山二号墓第一主体石槨や兵庫県たつの市綾部山三九号墓石槨などは、墳丘とともに築かれた石垣状の施設のなかに竪穴式石槨を造るもので、一種の構築墓坑（外側の石垣状の施設が墓坑となる。石積構築墓坑とする）ということができるだろう。(12) このように、弥生終末期頃の石槨をもつ台状墓の墓坑構築技法には掘込墓坑ｂ・ｃ類、無墓坑、および構築墓坑が顕著な点が注目される。

一方、木槨や石槨で掘込墓坑ａ類をもつものはきわめて少なく、弥生後期初頭とされる広島県庄原市佐田谷一号墓第二主体木槨がそれにあたる（妹尾一九八七）。しかし、この四隅突出墓の場合は三方に周溝がめぐるもので、すでに方形周溝墓の要素と複合した結果の掘込墓坑ａ類である可能性が高い。また、奈良県桜井市ホケノ山墳丘墓（前方後円形周溝墓）の「石囲い木槨」（奈良県編二〇〇一）も、石塚山二号墳丘墓などの石積構築墓坑と類似していながら「石囲い」そのものが墓坑のなかに築かれている点が大きく異なる。掘込墓坑ａ類系統の墓坑をもつ両者が周溝墓、あるいはその影響を受けたと考えられるものである点は注目されるが、周溝墓系統のすべてが掘込墓坑ａ類とは限らず、滋賀県東近江市神郷亀塚墳丘墓（前方後方形周溝墓）の一号木槨は無墓坑である。

現状では、周溝墓（およびその系統のもの）は掘込墓坑ａ類、台状墓は掘込墓坑ｂ・ｃ類、構築墓坑、無墓坑が大勢を占めるとは言えても単純に割りきることはできないが、周溝墓と台状墓とは、このような葬制上見過ごしにはできない重要な差異を内包しつつ展開したのである。

古墳時代に入ると、掘込墓坑ａ類が前期古墳に典型的な墓坑の構築技法になるのに対し、掘込墓坑ｃ類や無墓坑のものは在地的・伝統的なものとして比較的階層の低い古墳に残存することになる。地域（弥生時代に周溝墓の及ばなかっ

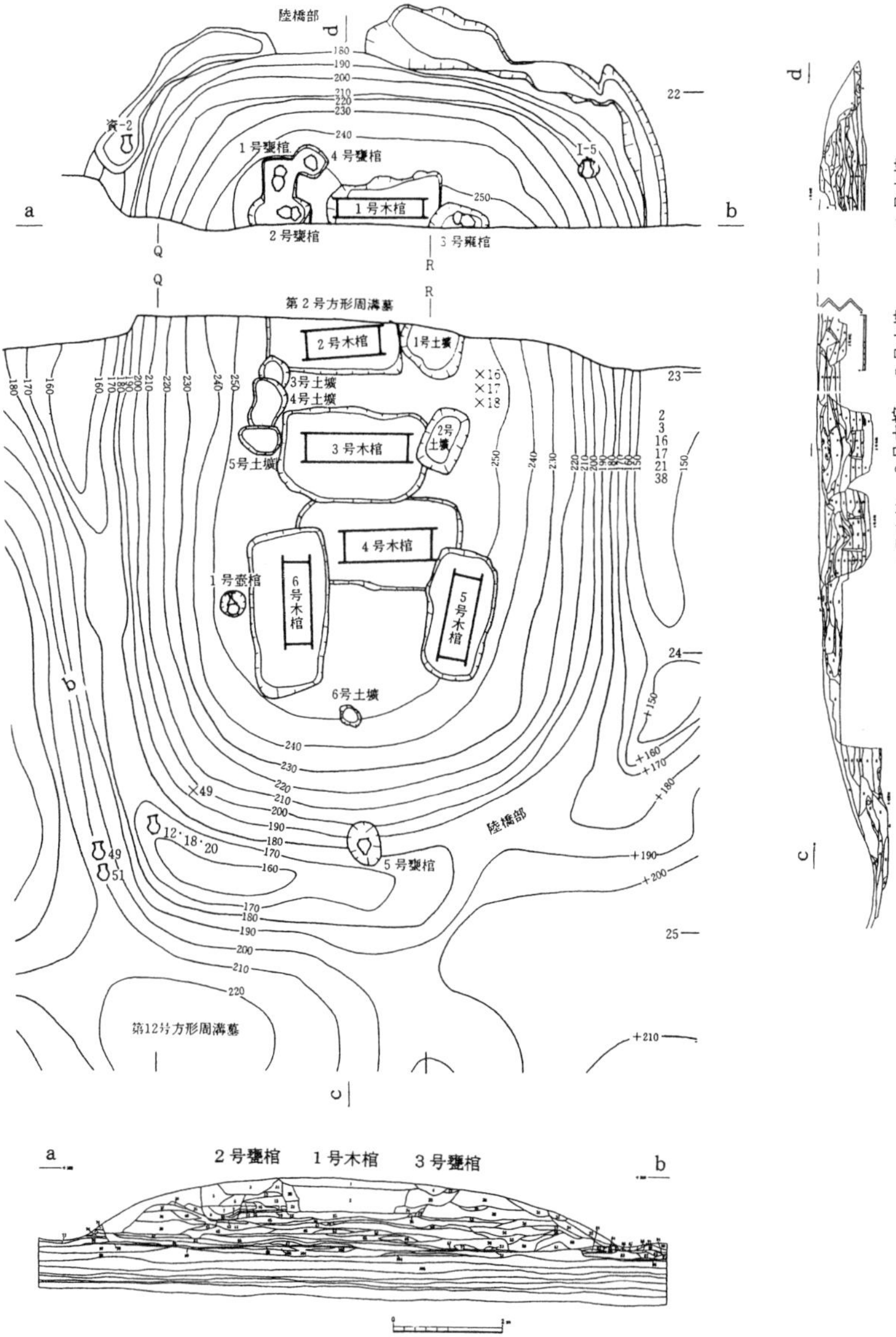

図65　大阪府瓜生堂2号方形周溝墓（初葬は4号木棺，中期中葉，約15×10×1.2m）

た地域など）によっては、弥生墳丘墓と古墳の差が墓坑の構築技法の差となって表れる場合もある。前期古墳の墓坑が周溝墓に顕著な掘込墓坑ａ類であることは、古墳の諸要素の系譜、特に墳丘の築造をも含む古墳の儀礼全体の手順の由来を考えるうえできわめて重要であろう。

三　弥生墳丘墓の基本型式とその変容・複合

では、つぎに、基本型式とその変容型式や複合型式の概要をまとめよう。

(1)　基本型式

①　方形周溝墓

方形周溝墓は発見例がもっとも多く、畿内を中心とした地域ではもっとも普遍的な弥生墳丘墓である。おもに集落近くの平地に築かれ（図67）、四周に溝を掘り（一部の場合もある）、盛土をし、その上から墓坑を穿って木棺を納める掘込墓坑ａ類が基本と考えられる。埋葬施設には棺を用いず土坑だけのものもある。

前期前葉に九州北部（福岡・東小田峯遺跡など）や畿内（兵庫・東武庫遺跡など、図66）に、前期中葉には四国北岸（香川・龍川五条遺跡）などに出現する。その後、九州北部での展開はみられないが、本州では畿内を中心に各地に拡散し、前期後葉には滋賀（塚町遺跡など）、前期末には東海西部（愛知・山中遺跡、三重・松ノ木遺跡など）や兵庫北部（舟隠遺跡）などに広がり、中期には東海東部、関東、北陸、そして後期には北部九州に至る（図71）〔石神二〇〇二など〕。なお、九州の弥生墳丘墓は初期から特定集団（後に特定個人）のもので、他地域とは様相を異にするため、今回は触れない。

墳丘規模は、前期～中期前葉では、相対的な差はあるものの、一辺五～一〇《メートル》余りである。しかし、中期中葉～後葉には一辺一五《メートル》を超すものが出現し、時には二〇～三〇《メートル》台に達する。埋葬者の数は、前期～中期前葉では単数埋葬が基本だが、中期中葉～後葉には複数埋葬が中心となり（図70）〔大庭一九九九〕、大型墓では多数の埋葬を数える例も出現する（たとえば大阪・加美Y1号墓、二六×一五×三《メートル》、木棺二三基、図68）。そして、中期後葉～後期前葉には大型墓は共同墓地から離れ、独立した墓地を形成しはじめる。

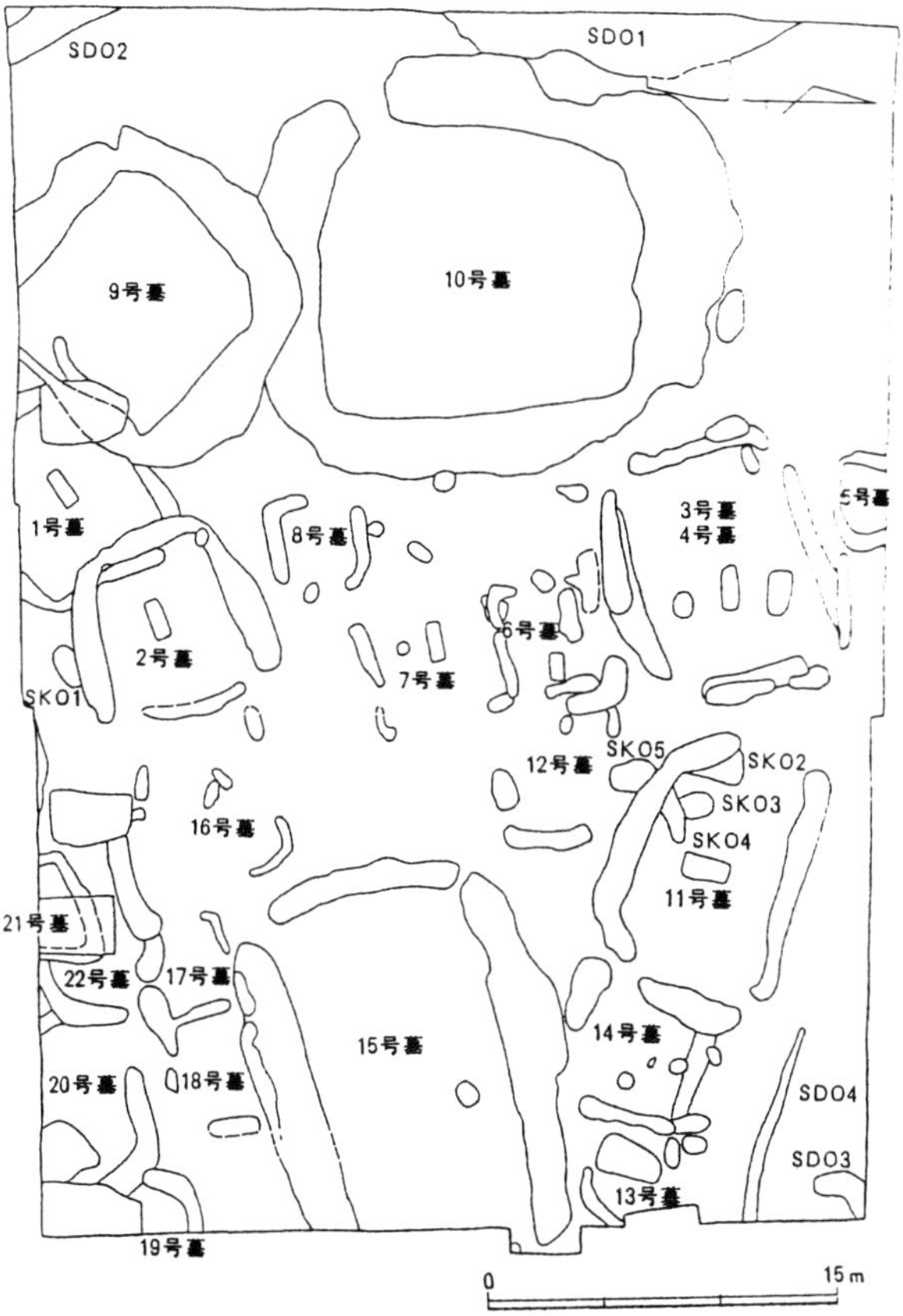

図66　兵庫県東武庫遺跡（前期）

これらの傾向は他の墳丘墓形式においてもほぼ同様と思われる。ここでは同規模の墳丘墓には同程度の階層的位置を想定しておきたい。

なお、今回の議論では二〇《メートル》以上のものを大型（＝首長墓）とするが、大型を論じるにあたっては一五《メートル》以上のものをも考慮した。それらも首長を含む有力者の墳丘墓である可能性があるからである。他の形式においても同様である。

② 円形周溝墓

方形周溝墓と比べて発見例は多くない（岸本二〇〇一では愛媛～滋賀間で約一六〇基を集成）。墳丘の造り方、埋葬施設、棺などは方形周溝墓と類似する。

すでに縄文時代晩期に熊本と島根に若干の類例があるが、それらの地域では継続しない。継続するのは弥生前期中葉に瀬戸内中部に出現したもの（香川・龍川五条遺跡、岡山・百間川沢田遺跡）で、龍川五条遺跡では方形周溝墓と共存している。そして、中期には兵庫の瀬戸内海から大阪湾北岸、後期には愛媛～大阪、そして終末期（庄内式土器期）にはより広範囲に広がる（図72）。中期中・後葉には一五メートルを超すものが、後期には二〇メートルを超すものが出現する。単数埋葬を基本とするが、大型墓に複数埋葬があるかどうかは不明である（岸本二〇〇一など）。

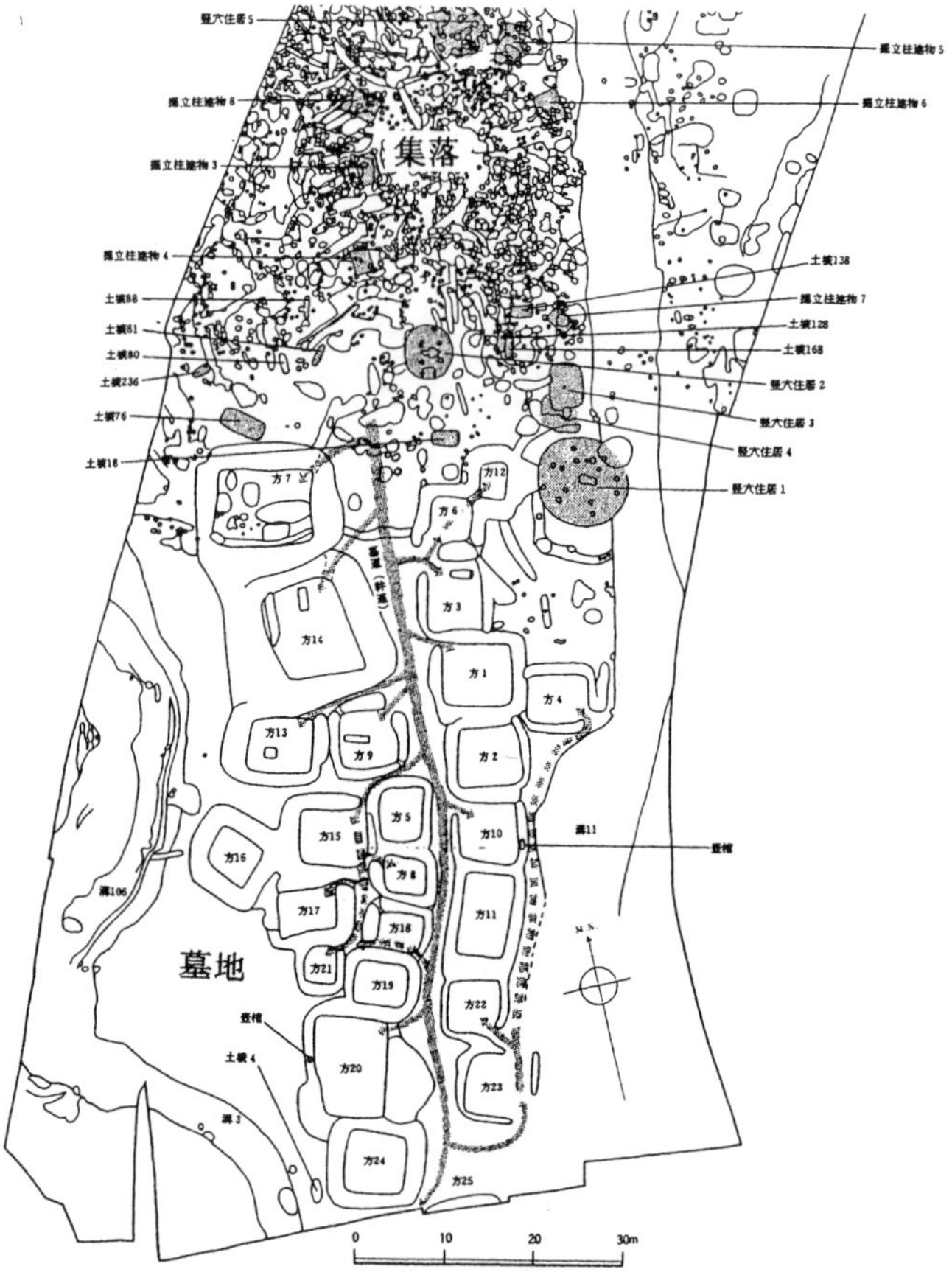

図67　福井県吉河遺跡（中期前半）

③　方形台状墓

発見例は多いが、方形周溝墓とは相対的な地域差を示し、中国地方や日本海沿岸に多い。おもに丘陵上に築かれるため、墳丘は地山の削りだしが卓越する。埋葬施設（木棺直葬や土坑など）も地山に直接掘りこまれるか、若干の盛土の後に掘りこまれる掘込墓坑b・c類が多く、後に木槨や石槨を用いるようになると構築墓坑や無墓坑も出現する。

墳丘の構築技法は、方形台状墓と総称されるもののなかでも差異があり、ここではその主要なものを、丘陵上の平坦地に地山の削り出しと若干の盛土で造られたもの（a類）、細い丘陵の尾根を稜線に直交する溝で区切ったもの（b類）、丘陵先端の急斜面を階段状に加工したもの（c類、丘陵側にのみ溝がある場合がある）とに細分しておきたい（図73）。a類の方形台状墓には地山の削りだしにともなう溝状の窪みをともなうものがあるが、方形周溝墓の溝に比べて不整形で型式化が進んでいないのが特徴である。

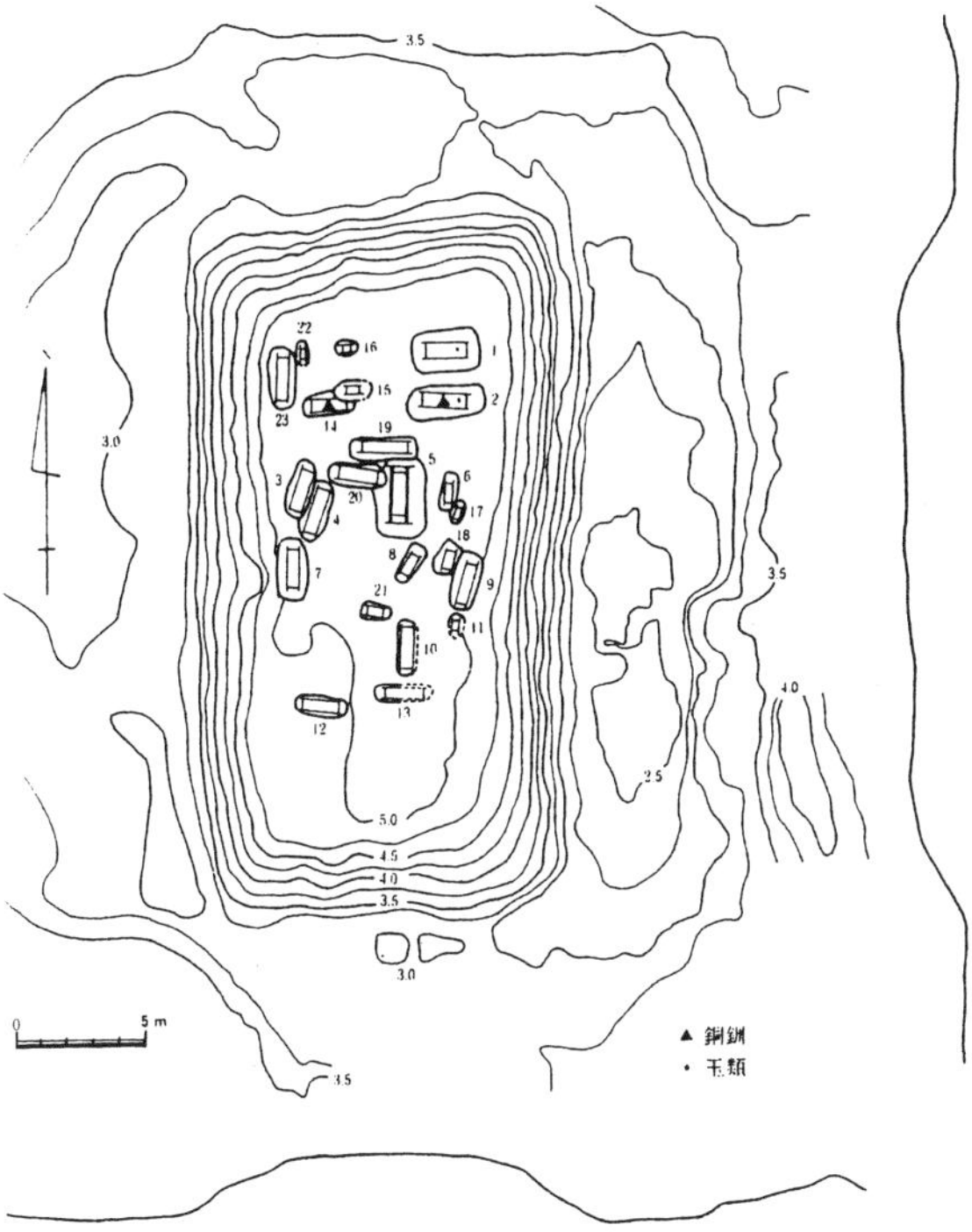

図68　大阪府加美 Y1方形周溝墓（中期後葉，約22×11×3m）

前期末〜中期初頭の例が京都北部（七尾一・二号墓）に、中期中葉の例が北陸（福井・太田山一・二号墓）や伊勢湾岸（三

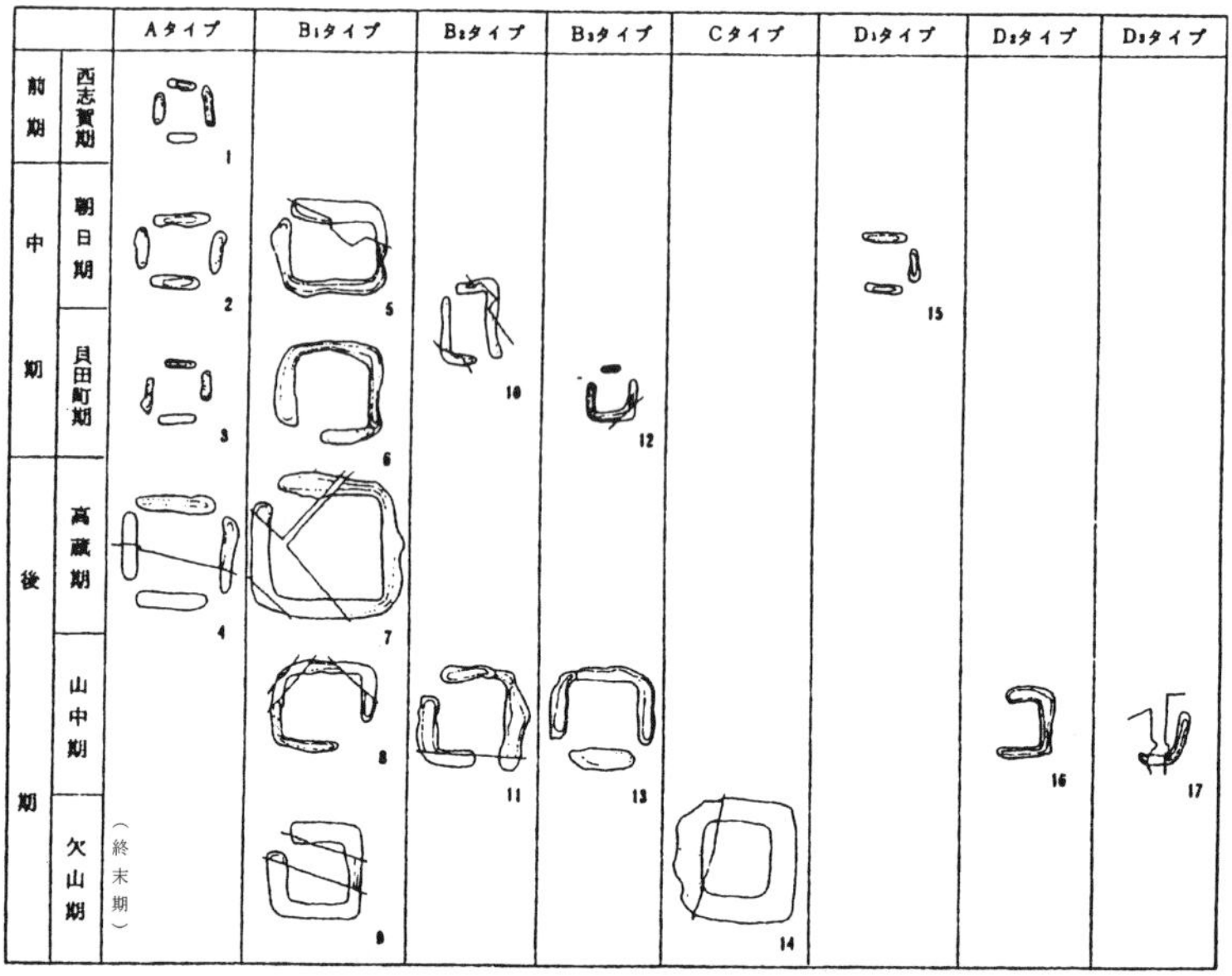

図69　愛知県朝日遺跡の方形周溝墓形態分類

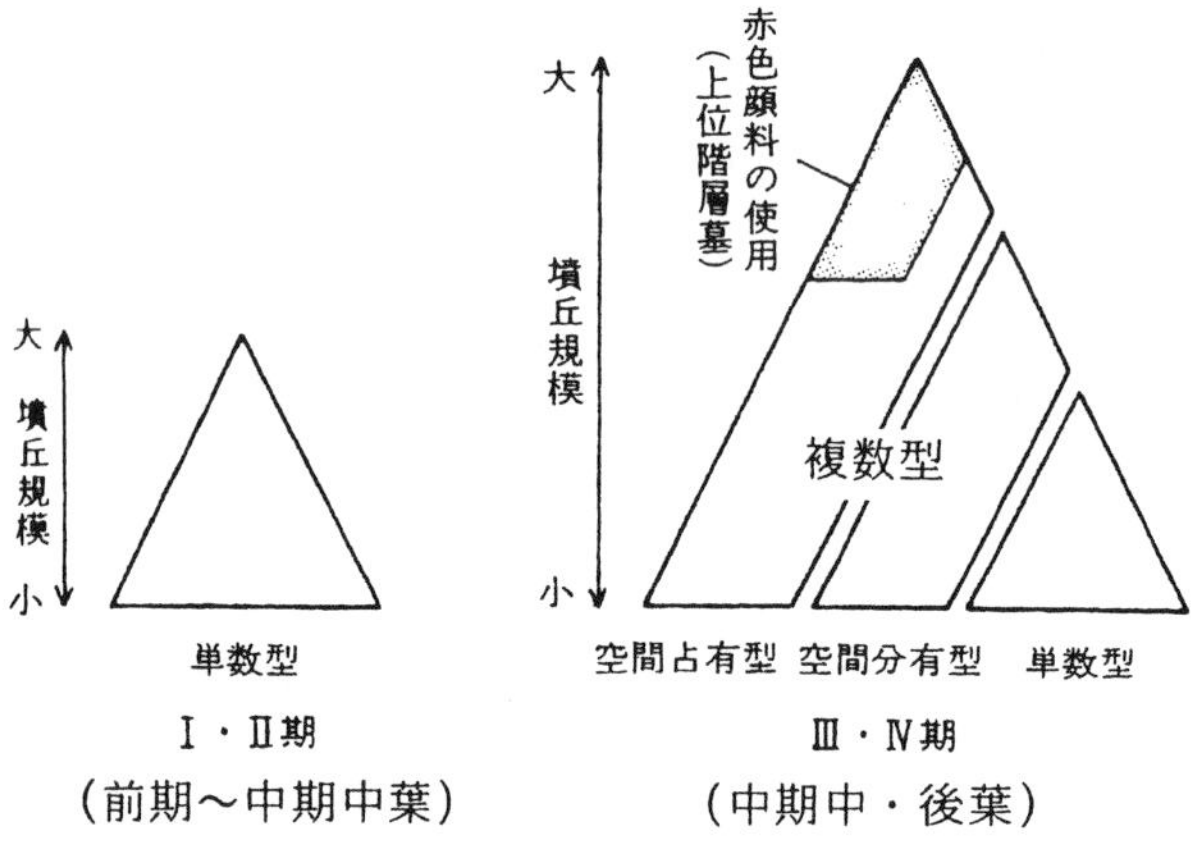

図70　弥生時代方形周溝墓の階層構造

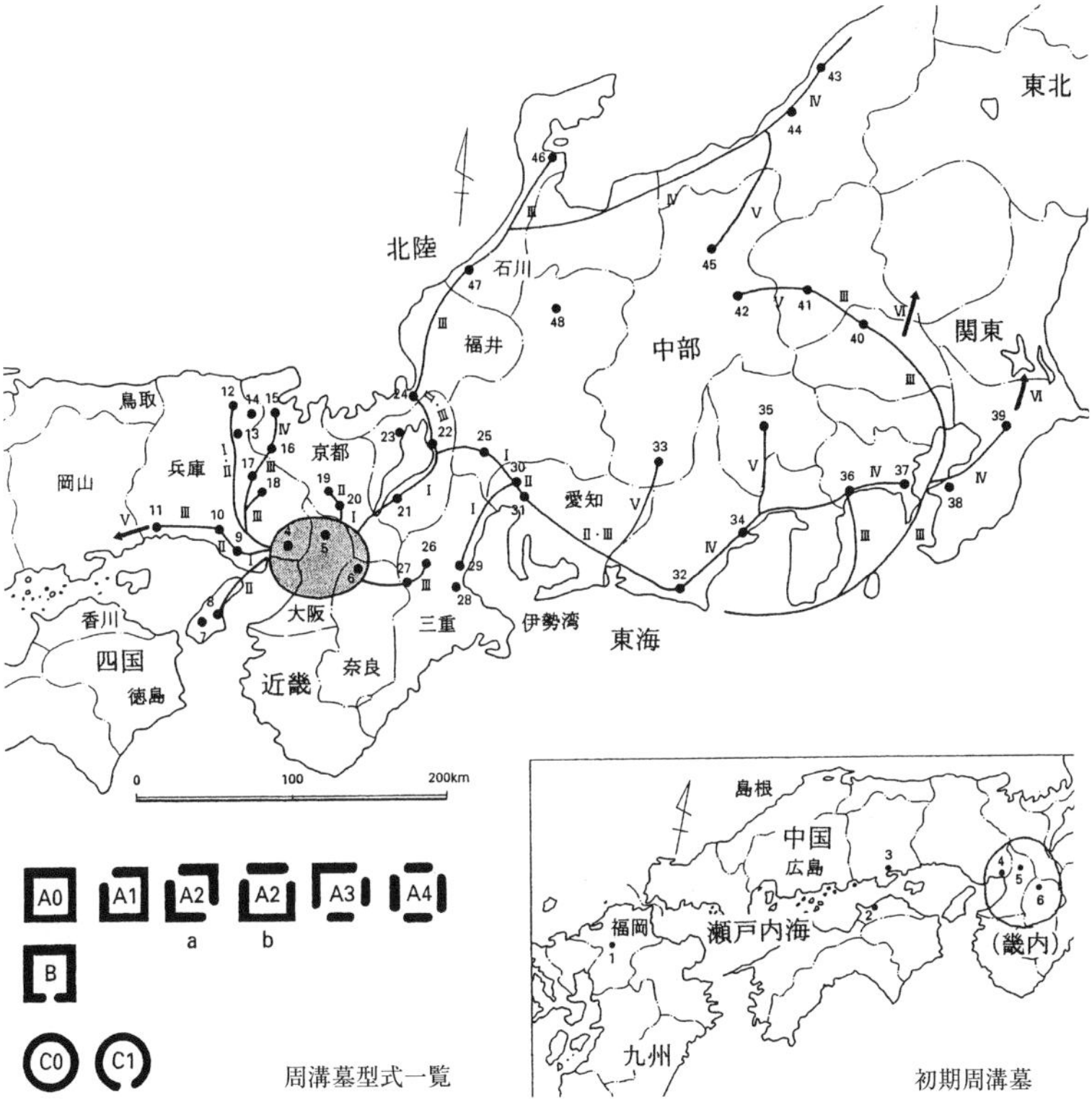

1. 東小田峯遺跡
2. 龍川五条遺跡
3. 百間川沢田遺跡
4. 東武庫遺跡
5. 東奈良遺跡
6. 佐紀遺跡
7. 野水遺跡
8. 武山遺跡
9. 玉津田中遺跡
10. 土井の内遺跡
11. 東有年・沖田遺跡
12. 駄坂・舟隠遺跡
13. 米里遺跡
14. 奥藤遺跡
15. 日吉ケ丘遺跡
16. 志高遺跡
17. 七日市遺跡
18. 藤岡山遺跡
19. 余部遺跡
20. 雲宮遺跡
21. 服部遺跡
22. 塚町遺跡
23. 北仰西海道遺跡
24. 吉河遺跡
25. 荒尾南遺跡
26. 北切遺跡
27. 下川原遺跡
28. 下之庄東方遺跡
29. 松ノ木遺跡
30. 山中遺跡
31. 朝日遺跡
32. 山下遺跡
33. 桓川遺跡
34. 能島遺跡
35. 金の尾遺跡
36. 中里遺跡
37. 大塚遺跡
38. 常代遺跡
39. 大崎台遺跡
40. 小敷田遺跡
41. 杣瀬遺跡
42. 北西の久保遺跡
43. 野手遺跡
44. 下谷地遺跡
45. 篠ノ井遺跡群
46. 細口源田山遺跡
47. 八日市地方遺跡
48. ツルネ遺跡

図71　方形周溝墓の伝播

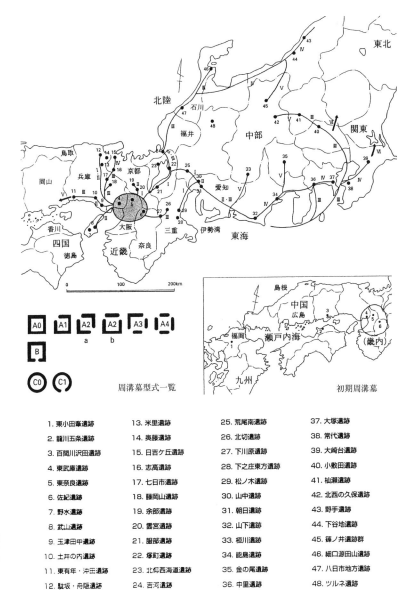

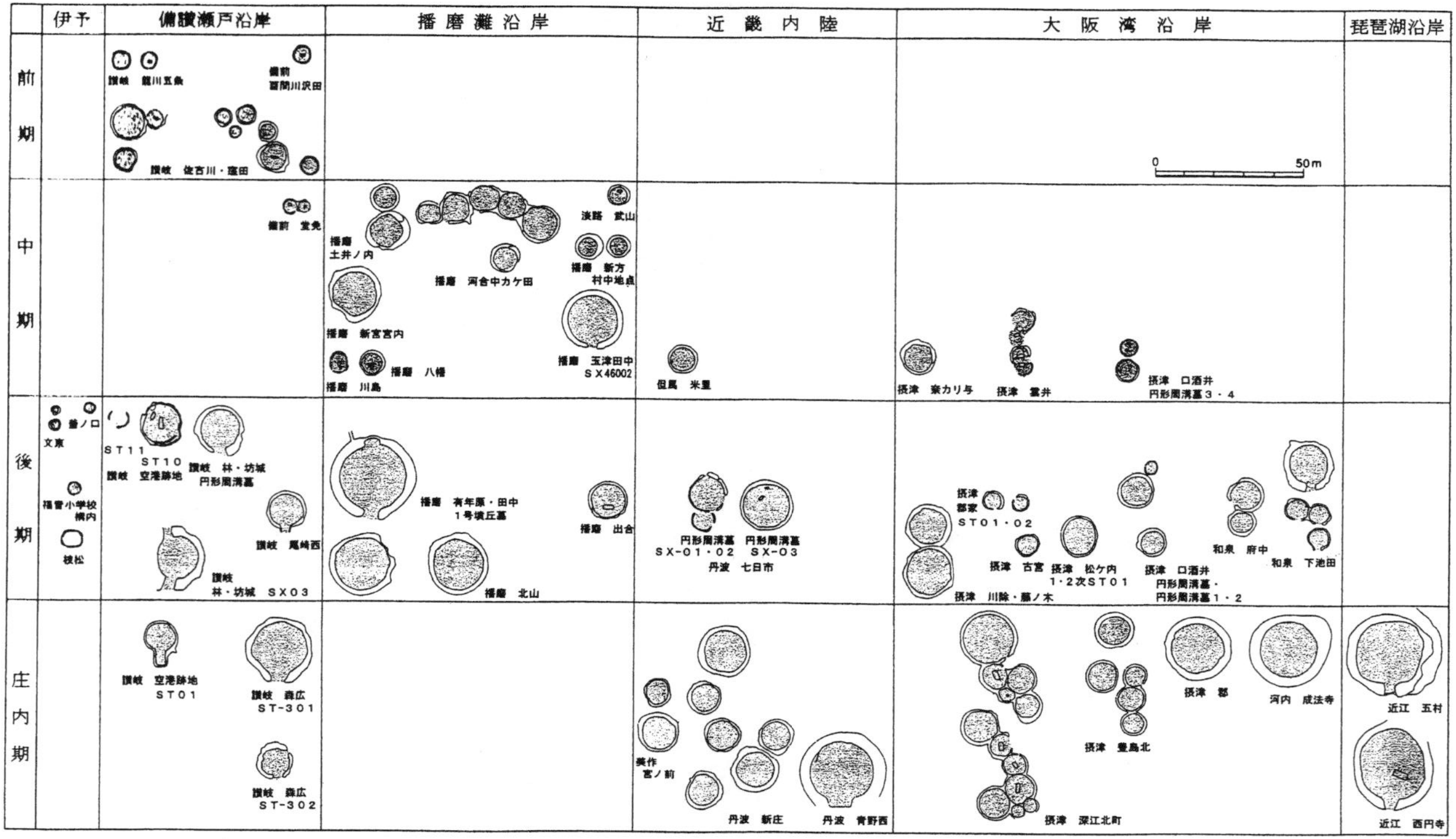

図72　瀬戸内海・大阪湾沿岸およびその周辺地域の円形周溝墓

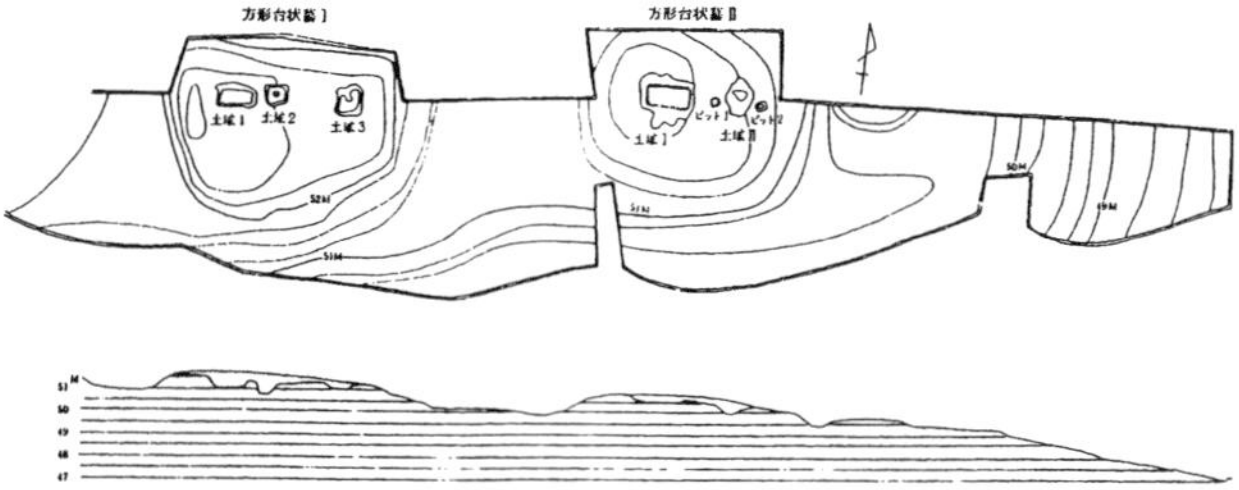

七尾遺跡（a 類，前期末～中期末）

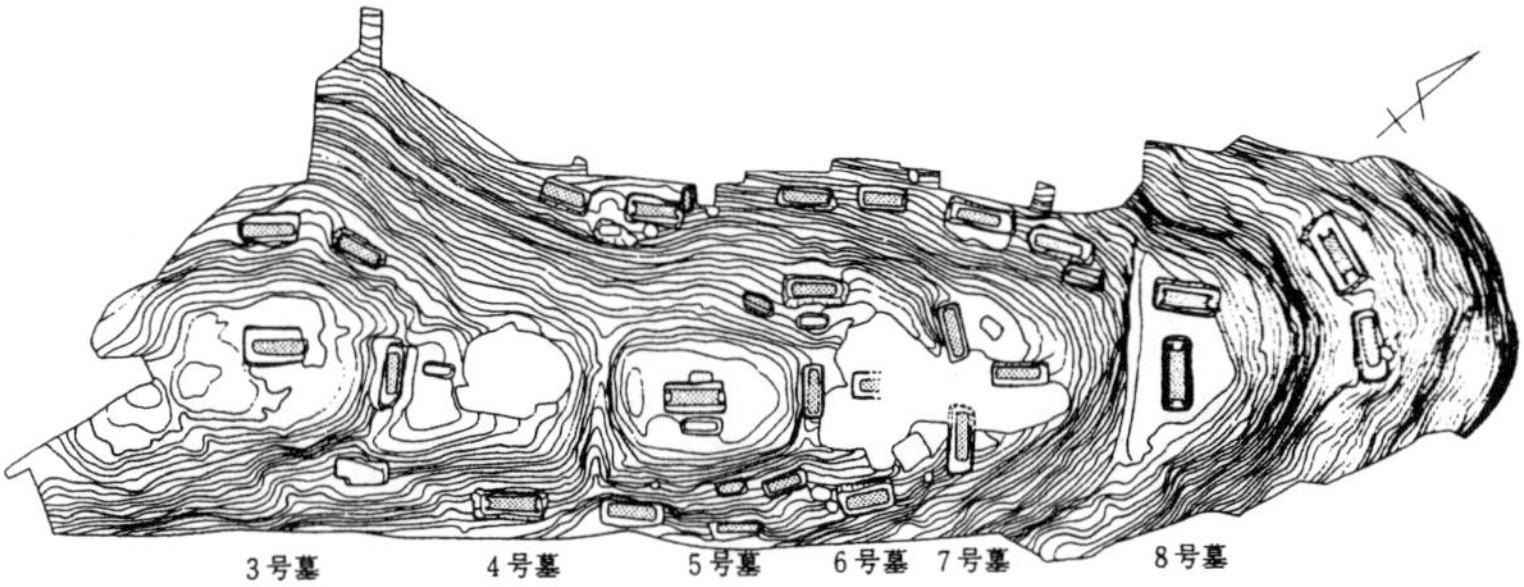

大山墳墓群（b 類，後期）

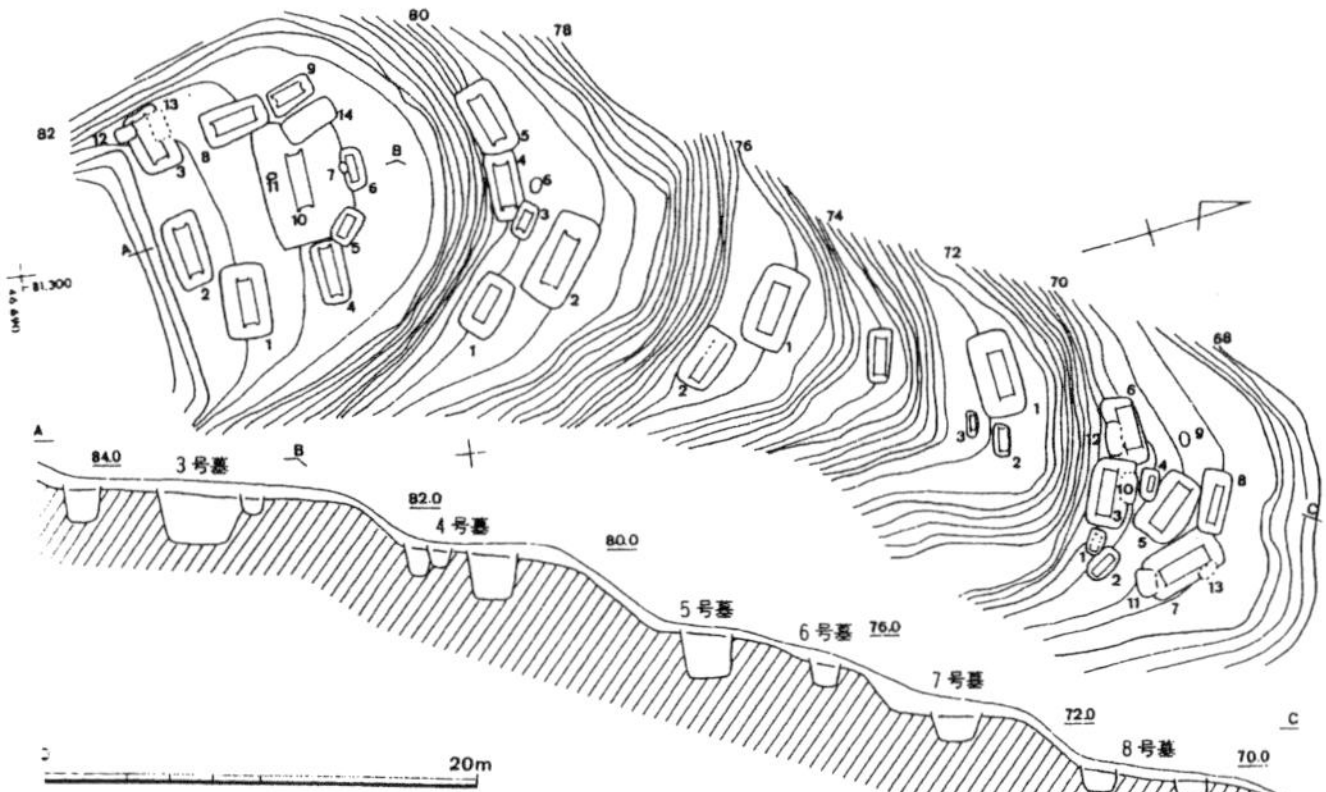

三坂神社墳墓群（c 類，後期）

図73　京都府北部の方形台状墓の３種類

重・倉谷遺跡）にあり、後代に継続する。しかし、列島での出現地や分布の拡張状況などは十分明らかではなく、台状墓が卓越する地域として知られる中国地方では、現状では中期後葉になってようやく確認できる程度である。

墳丘の大型化や埋葬数の変化は、多少の差はあるものの、方形周溝墓の動向と重なるところが多い。ただ、方形周溝墓では十分明らかになっていない、後期から終末期にかけて多数埋葬から中心主体が明確になり、それが中心となって埋葬数が限定されていく過程が明瞭に読みとれる例が少なくない〔肥後一九九九、古川一九九三、野島・野々口一九九九～二〇〇二など参照〕。

④ 円形台状墓

円形台状墓の数は少ない。現状では弥生後期後半の岡山南部や終末期の香川・徳島などに認められる程度で、後者の四国北岸では台状墓の影響で丘陵上には円形周溝墓も築かれる。ただ、弥生墳丘墓最大の岡山県倉敷市楯築墳丘墓（図79、約八〇メートル）〔近藤編一九九二〕の墳丘が円丘に二つの突出部をもつ台状墓であることや、前方後円墳との関係から注目される型式である〔宇垣一九九八・北條一九九八など〕。

(2) 周溝墓と台状墓の変容と複合

基本形式はしばらくすると地域的な変容や基本形式各要素の複合といった現象を示すようになる。

① 台状墓の地域的変容

a. 方形貼石台状墓

中国地方の内陸部から日本海沿岸で、中期後葉以後に認められる方形台状墓は墳丘の斜面に貼石をもつのが特徴である〔島根・波来浜遺跡、広島・四拾貫小原遺跡など、図74〕。それらが七尾一・二号墓や太田山一・二号墓の系譜を直接引

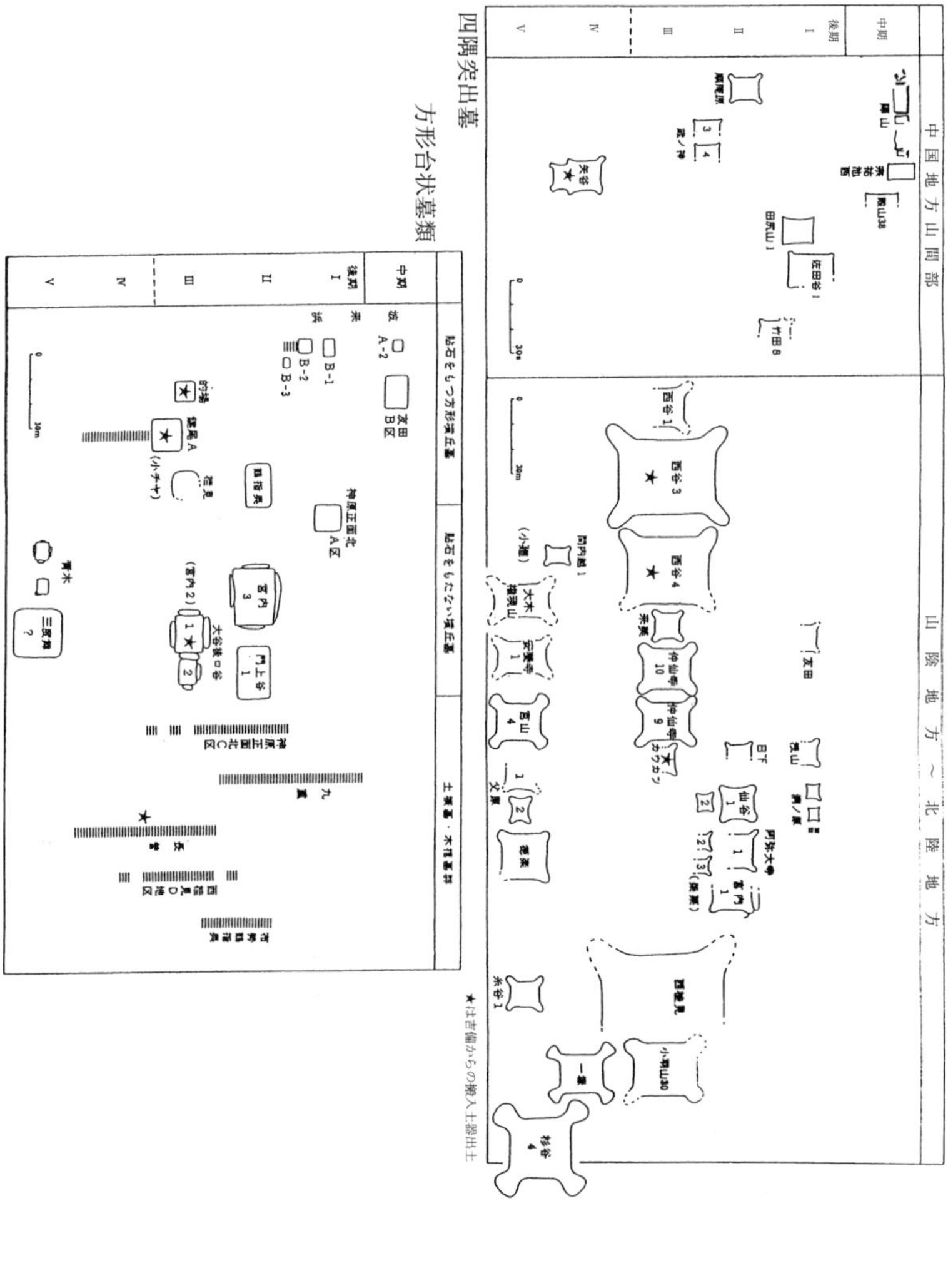

図74　四隅突出墓と方形台状墓類の編年

くものなのか、それとも新たに貼石をもつ台状墓が伝わってきたものなのかは直ちには決めがたい。しかし、ここでは同地域のより以前の墳墓に石材を多用する配石墓などがあることを配慮して、台状墓の地域的変容と理解しておきたい(補註1)。ただし、それらの大半は急速に四隅突出型方形台状墓へと姿を変える。

b.　四隅突出型方形台状墓

四隅突出型方形台状墓とは方形貼石台状墓の四隅が外側へ突出するものである。突出部は最初は小さなものであったが、墳丘規模の拡大とともに徐々に大きくなる。中期後葉に中国地方の内陸部で出現し（広島・殿山三八号墓など）、後期には日本海沿岸の島根東部・鳥取西部に進出、後期後半〜終末期には北陸まで広がる（図74・77）。ただ、後述のごとく、北陸地方の四隅突出墓は丘陵上に築かれても貼石がなく、平地部では周溝をもつようになる（図75）〔渡辺一九九七、古川一九九三など〕。なお、ここでは四隅突出型墳丘墓の総称として「四隅突出墓」の名称を用いている。

②　周溝墓と台状墓の複合

a.　尾根上の周溝墓

近畿北部では前期末頃には方形台状墓も方形周溝墓も出現するが、方形周溝墓は丘陵上に築かれている（兵庫・舟隠遺跡など）。このような現象は北陸では珍しくないことで、先述のごとく、立地のうえで方形台状墓が方形周溝墓に影響を与えたものと思われる。

b.　方形貼石周溝墓

京都府北部から一部兵庫県北部の地域では、弥生中期後葉から後期初頭にかけて方形貼石周溝墓（京都・日吉ヶ丘墳丘墓、兵庫・粟鹿遺跡など）が出現する。これは方形周溝墓と方形貼石台状墓が複合した結果と考えられる。小型墓から一辺二〇〜三〇メートル台を測る大型墓までがあり、丹後を中心に発達するが、後期には急速に衰退する〔野島一九九一、肥後一九九九、加藤二〇〇一など〕。

c. 四隅突出型方形周溝墓

また、方形台状墓に起源のある四隅突出墓は、後期後半から終末期に北陸にまで広がると、丘陵上にあっても貼石をもたないし〔福井・小羽山墳丘墓群など〕、平地では方形周溝墓と墓域を共有し周溝をもつようになる〔貼石なし。福井・高柳遺跡、石川・一塚遺跡など、図75〕。台状墓と周溝墓の複合の典型といえるだろう〔古川一九九三など〕。なお、周溝をもつ四隅突出墓は中国地方内陸部でも認められる。先述した後期初頭の広島県佐田谷一号墓や終末期の矢谷墳丘墓がそれ〔ともに貼石をもつ〕で、後者には同一墓地に方形周溝墓が伴っている。方形周溝墓の西方への拡大は東方へのそれ

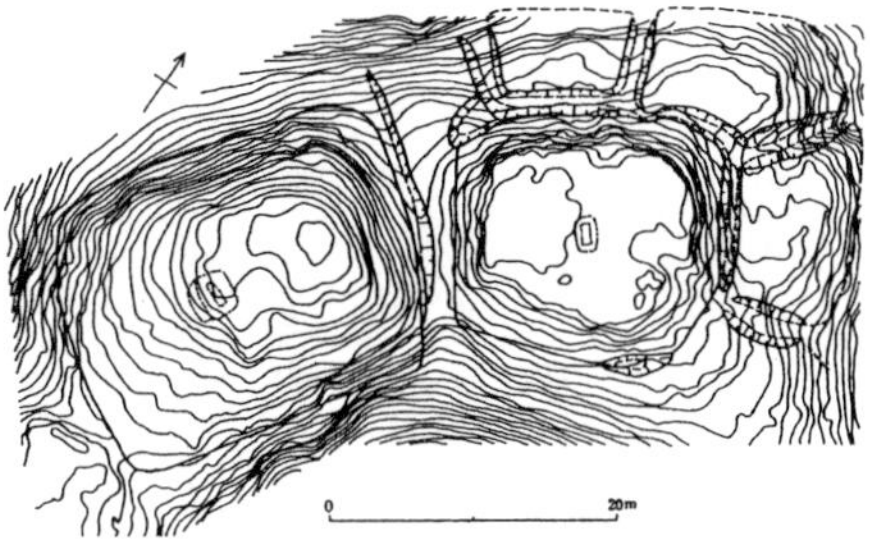

福井県太田山墳丘墓群（中期中葉）

石川県一塚墳墓群（後期後半～古墳初頭）

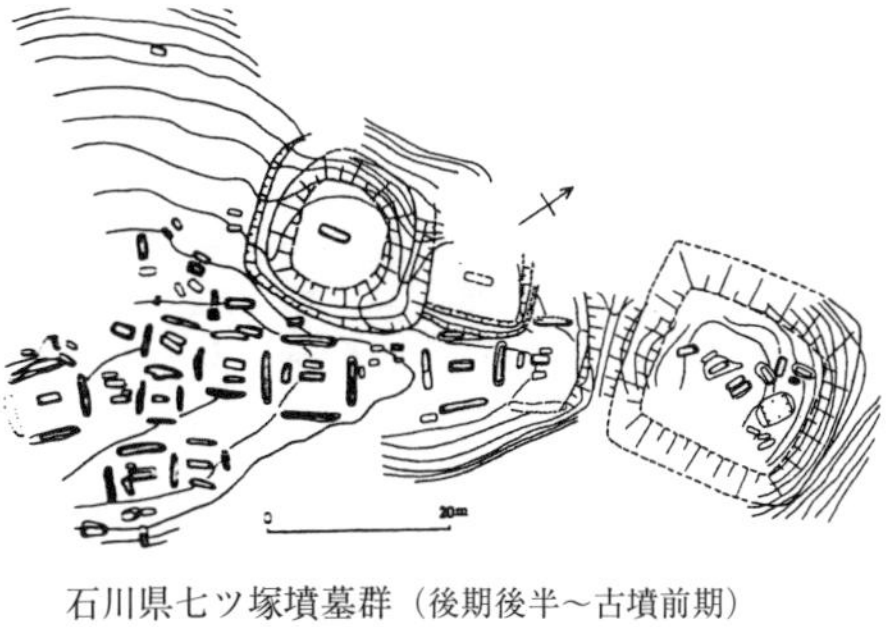

石川県七ツ塚墳墓群（後期後半～古墳前期）

図75　北陸における方形周溝墓と方形台状墓の複合

と比べて遅々たるものであるが、少なくとも後期には点的に分布を広げていた可能性が高い。

③　周溝墓と台状墓の使いわけ

以上は、方形周溝墓と方形台状墓の接触によって発生した地域色であるが、両者が接触して起こったもう一つの現象は両者の使いわけである。すでに、中期中葉の福井・太田山遺跡では大型墓は方形台状墓（一号墓約一九×一七メートル、二号墓約一三×一七メートル）、小型墓は方形周溝墓（三～四基、一辺九メートル前後）と造りわけられている（図75）。また、弥生後期後半から終末期にかけての福井県清水町小羽山墳丘墓群では四隅突出墓、方形台状墓、方形周溝墓が造りわけられており、大型墓には四隅突出墓、方形台状墓、小型墓には四隅突出墓、方形台状墓、方形周溝墓がある〔古川一九九三〕。ここでは大型墓が台状墓系とは言えても、四隅突出墓は大型墓ばかりとは言えない。現状では北陸に多いが、中国地方内陸部でも終末期に大型の変形四隅突出墓（周溝をもつ）と小型の方形周溝墓で墓地が構成される例がある（広島・矢谷墳丘墓群）。

④　階層的・時期的変容

a.　突出部の出現と発達

以上はおもに弥生中期後葉～後期初頭頃までの話が中心であったが、大型墓が出現し、特定集団や特定個人（首長）とそれ以外のものとの間の階層分化が顕著に進行しだすと、弥生墳丘墓にもつぎの展開が認められるようになる。その顕著なものは突出部の出現と発達である。方形周溝墓の場合、中期末～後期初頭になると陸橋が一辺の中央につく例があらわれ、後期後半には明確な突出部となる（図76）〔田中新一九八四、赤塚一九九六など〕。

このような現象は方形周溝墓のみではなく、方形台状墓、円形周溝墓（図80）〔森岡一九九五、岸本二〇〇一など〕、円形台状墓にも認められ、基本的には大型墓に特有の属性となる。弥生墳丘墓の上へと至る通路が祭祀の場として発達し、

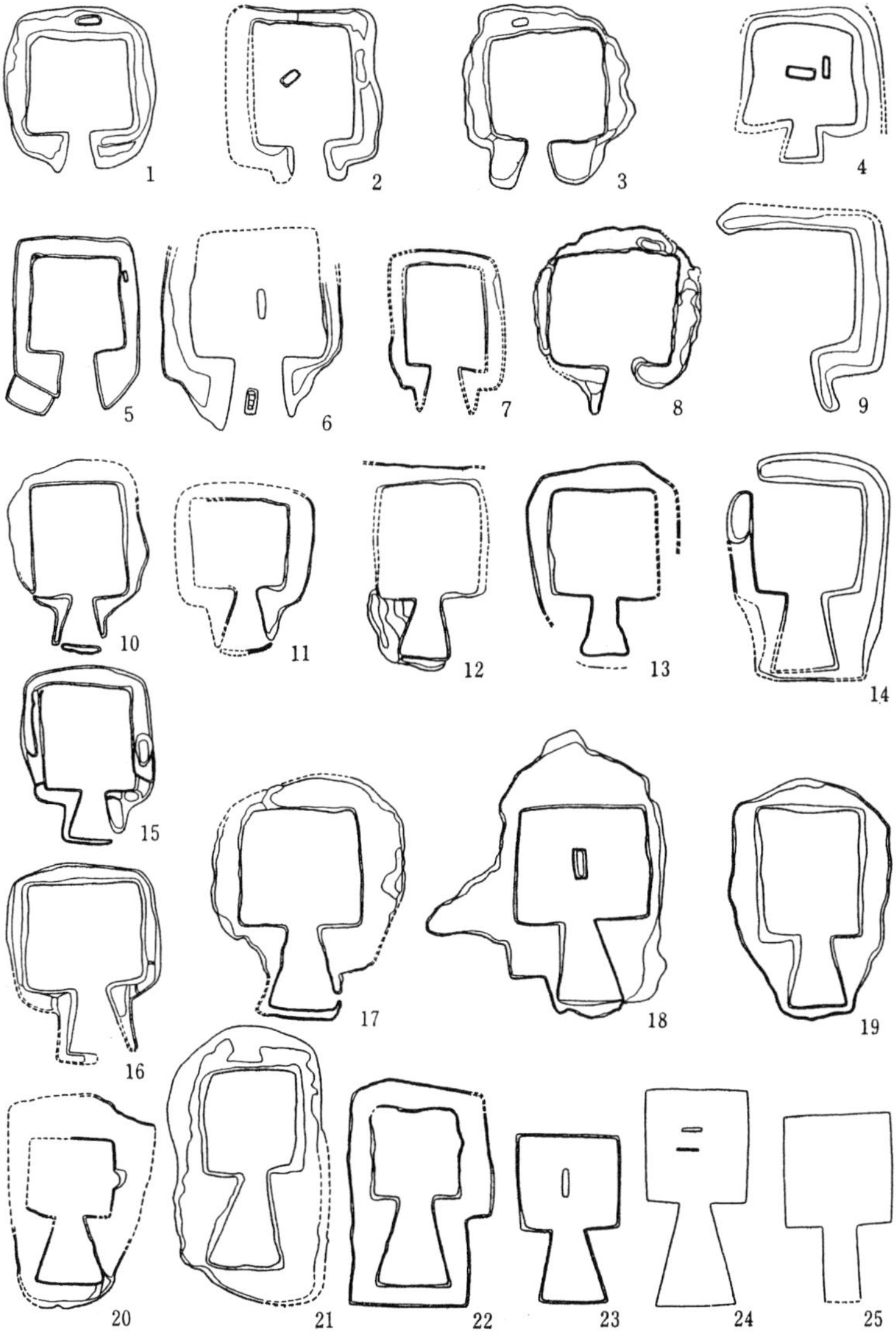

図76　方形周溝墓から前方後方形周溝墓へ（縮尺不同，10～40m 余り）

後の前方後円墳や前方後方墳の前方部となるものと考えられている（都出一九七九）。おもに瀬戸内海中部沿岸から伊勢湾沿岸にかけての地域がこの動向の中心となった。

b. 首長の成長と首長専用の墳形

そして、終末期にかけて前方後円形の周溝墓・台状墓、前方後方形の周溝墓・台状墓となり、首長墓専用の墳形となっていく。

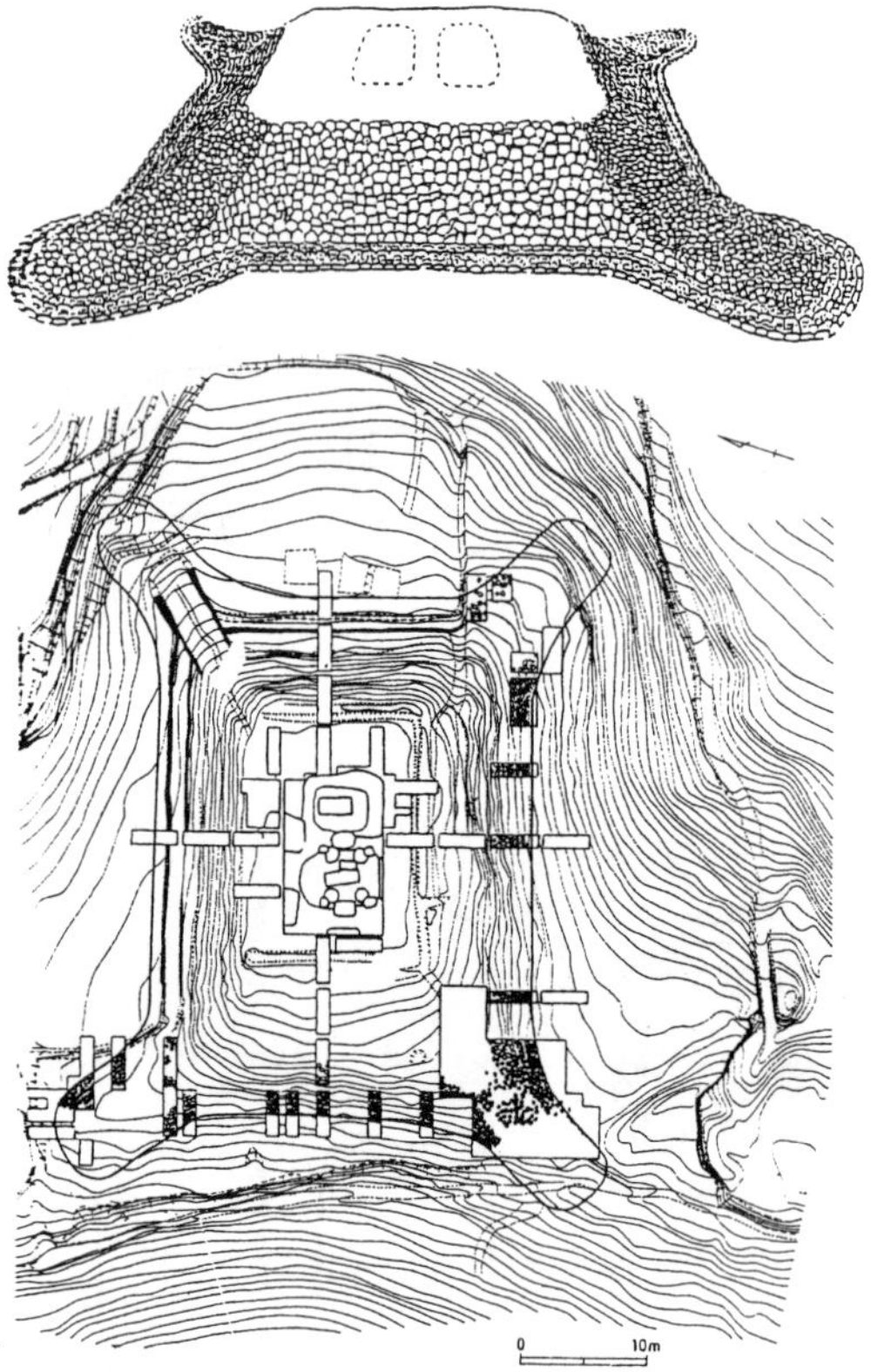

図77　島根県西谷３号四隅突出墓
（後期後葉，約40×30×4.5m）

この頃、日本海沿岸では四隅突出形がそれに相当する墳形として採用されており（図77）、方形や円形の墳丘墓が首長墓として築かれる地域も少なくない（京都・赤坂今井方形台状墓など、図78）。

この間の現象は、共同体首長の成長に伴う首長墓の発達と理解することができるが、それは首長墓の大型化、首長専用の墳形化、墓地の独立化、多数埋葬から個人墓への変化などから判断できる。そして、後期以降、特に後期後半以後は、中部瀬戸内海を中心に首長墓専用の埋葬施設として木槨や石槨が新たに登場する。

以上、弥生中期後葉～終末期までの弥生墳丘墓の変化は大きな地方色が顕在化する方向で進行した。それは地方ごとに弥生墳丘墓形式を共有する首長層の連合（地方首長連合）が形成されていった結果と評価できる。そして、この段階の終わりには前方後円形の墳丘墓が庄内式土器とともに広範囲に分布を広げだす。奈良盆地南東部の纒向墳丘墓群（前方後円形周溝墓）を中心とした動向からこの時期を古墳時代とする説〔寺澤二〇〇〇〕があるが、私は古墳時代をヤマト王権の時代と捉え、この段階はその萌芽期として、その直前に位置づけたい（第二部第五章）。

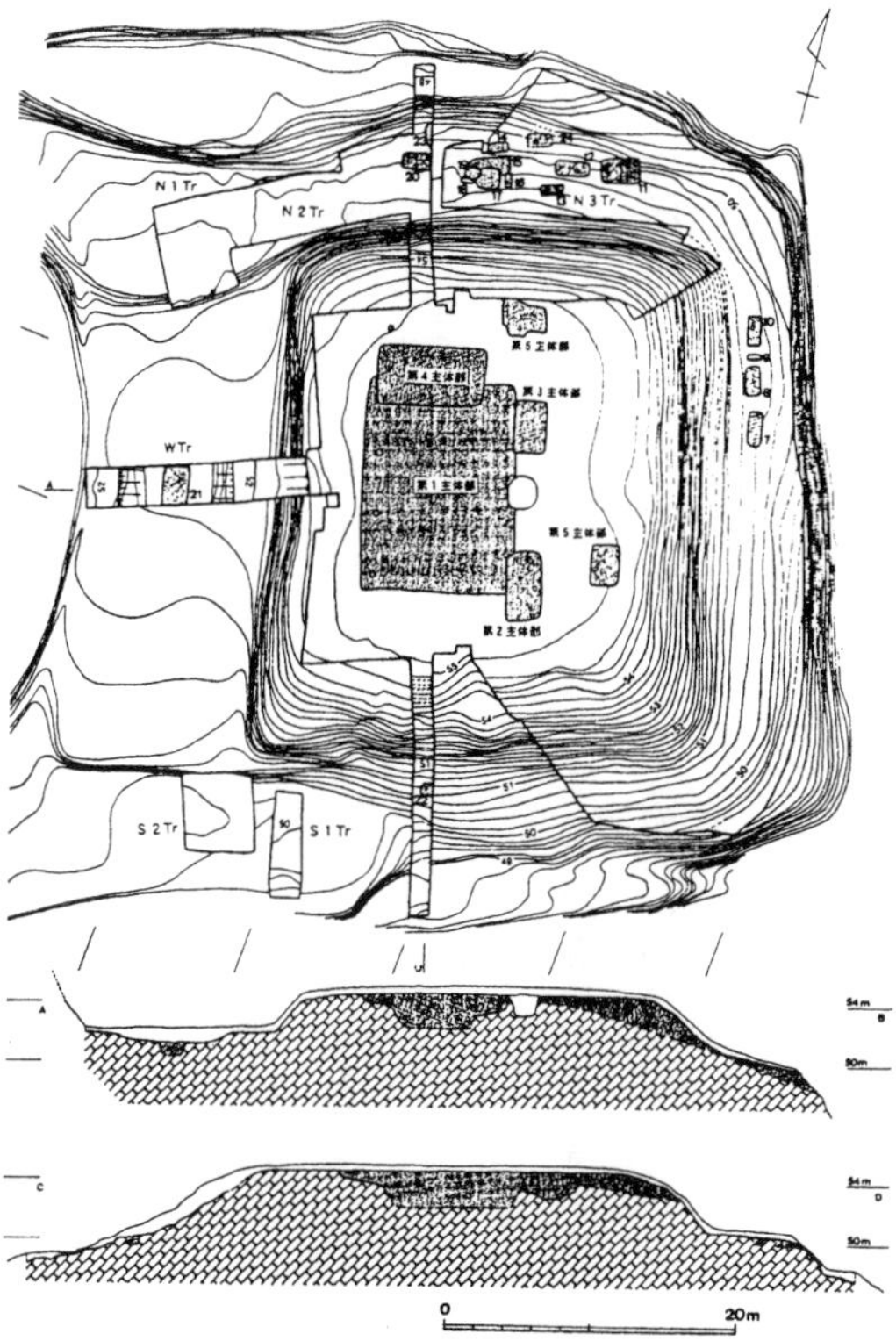

図78　京都府赤坂今井墳丘墓（後期末，約39×36×4m）

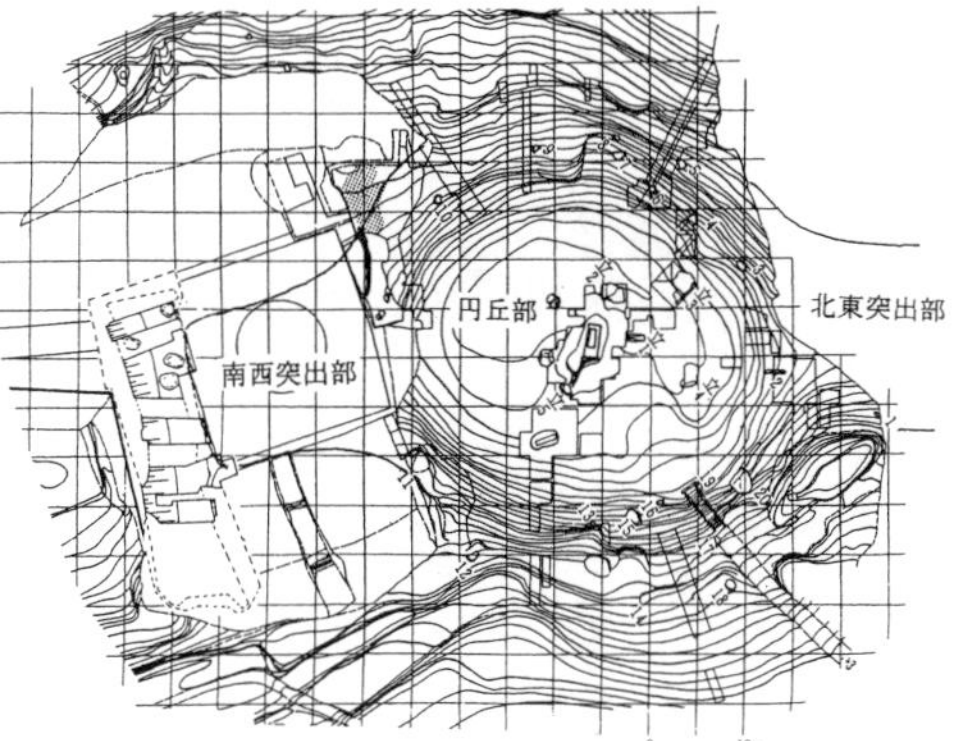

図79　岡山県楯築墳丘墓（後期中～後葉，約80×5m）

四　弥生墳丘墓の展開

以上に述べた弥生墳丘墓の全体的な展開は、方形周溝墓を中心に首長墓の成長過程を指標として段階区分すると、三段階に分かれる。ここでは、これに他形式のものをも加え、つぎのように整理したい（表16）。

(1)　第一段階

弥生前期から中期中葉である。墓地は方形周溝墓や木棺墓、土坑墓、土器棺墓等で形成され、その中で多数を占める方形周溝墓にはすでに規模の上で一定の差はあるものの、ごく一部の地域をのぞいて、いまだ突出した大型墓が出現していない段階である。

方形周溝墓は弥生前期には九州北部、四国北部、畿内・近江・東海西部、近畿北部等に出現するが、そのなかで後にも築造が続き分布を四周に拡大するのは畿内～東海西部を中心とした地域のみで、中期中葉までに西は播磨から東は関東南・西部、北陸西部等にまで広がる〔石神二〇〇二など〕。しかし、その先には方形周溝墓を容易に受けいれない地方が存在し、分布が停滞したり、及ばなかったりする。そこで、この方形周溝墓の分布状況に注目して地域分けを行うと、(a)方形周溝墓のみを受けいれる地域、(b)方形周溝墓と方形台状墓を受けいれ両者が混在・複合する地域、(c)方形周溝墓と円形周溝墓を受けいれ両者が混在する地域、(d)方形周溝墓を受けいれない地域に区分できる。

ａ地域は畿内・近江・東海西部、関東南部・西部などで、ｂ地域は、すでに前期末～中期初頭に方形台状墓が出現する近畿北部や、中期中葉には方形台状墓が認められる北陸西部などであり、ｃ地域は中期前葉以後、方形周溝墓と

表16　弥生墳丘墓の変遷

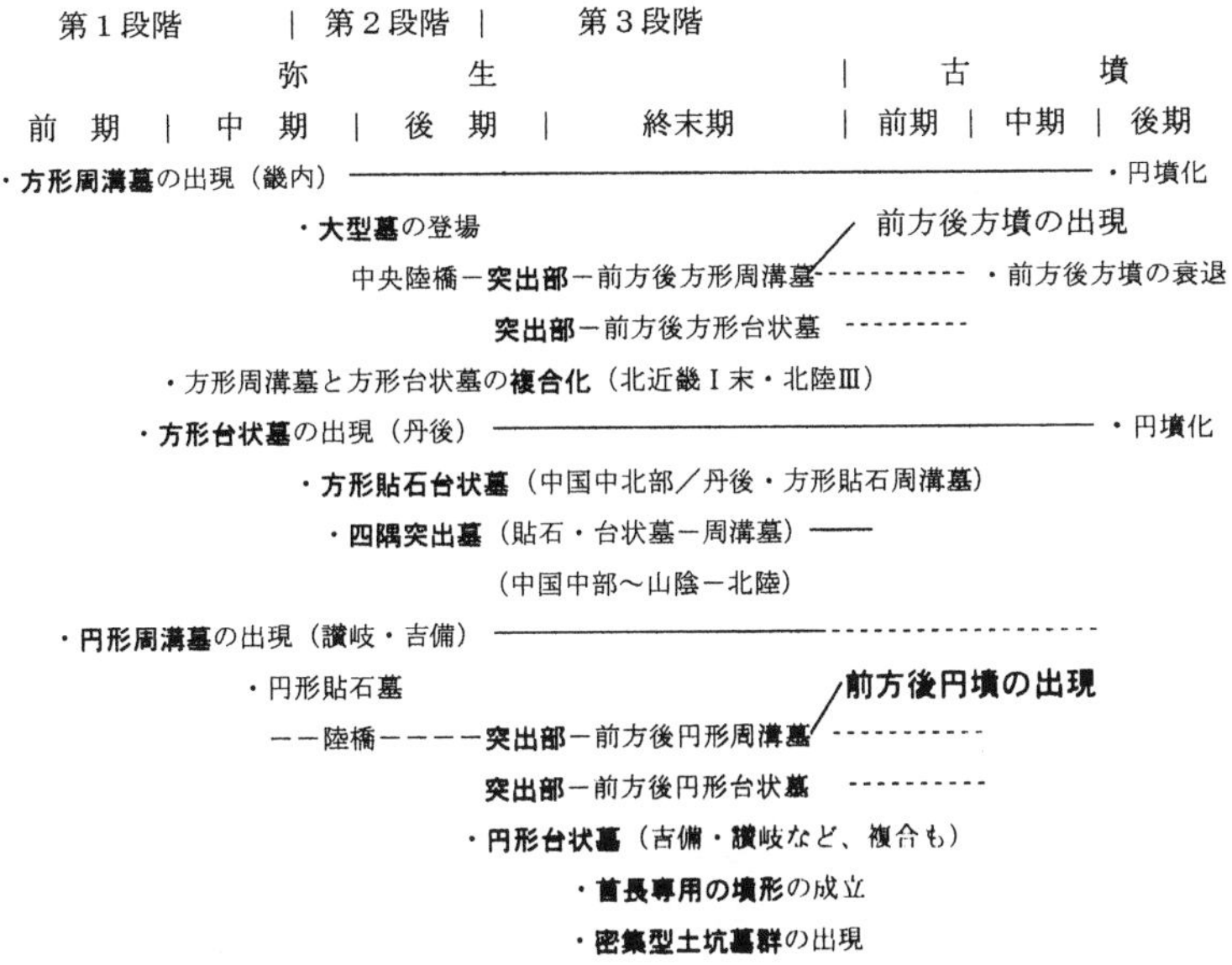

ともに円形周溝墓が築かれる播磨などである。四国北部の讃岐周辺も前期後半から中期前半にかけては方形周溝墓と円形周溝墓が混在するが、現状では中期後半、特に後期以降は円形周溝墓が増加するようで、地域としては別にすべきだろう。d地域は、現状では中期中葉以前にほとんど墳丘墓の発見例がない吉備（前期に若干の円形周溝墓あり）・因幡以西と関東北部・北陸東部以北である。この段階で各地域内をさらに細分することも可能である。

弥生墳丘墓の地域性が顕在化してくるのはつぎの第二段階以降のことであるが、その輪郭がすでにこの段階で姿をみせている点は重要で、地域性の由来を考えるうえで無視できない。第一段階における墳丘墓基本三形式の系譜は朝鮮半島に求められる可能性が高いが、その差の意味は、ほぼ同時期に存在する九州北西部の支石墓（早期〜中期中葉）、九州北部の大型甕棺墓（前期末〜後期）、山陰中部の配石墓（石積墓・前期）、縄文晩期後半（弥生早期）には近江に達している木棺墓、あるいは東日本の再葬墓（縄文晩期末〜弥生中期中葉）等とともに、問われなければならない。

(2) 第二段階

弥生中期後葉から後期前半である。方形周溝墓に格差が広がり、小型墓が増加する一方で、首長、あるいはその一族のものと目される大型墓があらわれる。中期中葉から後葉にかけては一辺一五メートル以上の比較的大型の方形周溝墓が増え、複数埋葬が大半を占めるようになる。多数埋葬のなかから中心埋葬が明確化する動き〔大庭一九九九〕や、大型墓に独立的な墓地がみられるようになるのもこの頃からで、つぎの段階に加速化する。

この段階には各地で弥生墳丘墓が出そろい、地域色が顕在化しだす。山陰から中国地方山間部（備後北部）にかけての地域では貼石方形台状墓（本章補註1参照）、続いて四隅突出型方形台状墓が、近畿北部（丹後）では貼石方形周溝墓が出現する。吉備でも少なくとも後期には方形台状墓（あるいは丘陵上の方形周溝墓）が、讃岐・伊予では円形周溝墓が認められ、一部は丘陵上に築かれる。この段階で円形周溝墓が分布するのは、おもに伊予・讃岐・播磨・摂津西部で〔岸本二〇〇二〕、その他はいずれも方形原理の墳丘墓である点は注目される。また、それらの多くは第三段階において発達するが、分布を拡大せずに終わる山陰の貼石方形台状墓や、後期に突然姿を消す近畿北部の貼石方形周溝墓のような例（後には各種の方形台状墓が発達）もあることを忘れずにおきたい。

(3) 第三段階

後期後半から終末期である。方形周溝墓のほとんどが小型化する一方で、最下層の墓制として密集型土坑墓群〔福永一九八九a〕が出現するとともに、他方では首長墓が急速に発展する。

方形周溝墓の場合、中期末～後期初頭になると一辺の中央に陸橋がつく例があらわれ、後期末から終末期初頭には明確な突出部となり、この段階を通じて前方後方形周溝墓に成長する。このような現象は、方形周溝墓のみではなく、方形台状墓、円形周溝墓、円形台状墓にも共通したもので、四隅突出型方形台状墓・周溝墓も含め、首長（あるいは首長を含む共同体上位層―地域により差あり）に専用の墳形の成立と評価できる。同様な性格をもつ棺・槨の出現も主体はこの時期である。

多くの地域ではこの時期に各共同体で営まれていた弥生墳丘墓形式を基本に、時には大型化によって、時には大型化とともに突出部を発達させることで、首長墓の墳形を創りだしていった考えられる。いうまでもないが方形周溝墓地帯では前方後方形周溝墓、方形台状墓地帯では前方後方形台状墓、円形周溝墓地帯では前方後円形周溝墓、四隅突出型墳丘墓地帯では同形の台状墓や周溝墓、それに丹後や北陸の方形台状墓などである。ただ、なかには吉備の楯築墳丘墓のように方形台状墓地域に突然円形原理の双方中円形台状墓が築かれるような場合もあった（この地域では楯築以降も方形台状墓が主体で、円形台状墓系のものは少ない）。そして、それらがそれぞれに一定の地域を占めつつ分布し、時には分布を拡大したり、時には他の地域と特別な関係を深めつつ、相互にせめぎあっている状況が第三段階の前半といえるだろう。

農耕社会の発展による社会の複雑化とともに、政治・経済・宗教といった社会的諸機能の権限が首長に集中し、首長権が大幅に拡大していくなかで、第二段階では、まず首長墓は一般の共同体成員墓との規模による差別化によって大型化しはじめるが、第三段階に入り、首長層が地域ごとに結束を強め首長連合を形成しはじめると、連合ごとに首長墓形式の共有化がはかられ、他の連合との形による差別化が進行するとともに、同一連合内では首長間の序列化が徐々に始まり、それがまた規模の拡大を促したものと理解される。そして、それに応じて共同体の変質と階層化も急速に進行した。

比較的実態が判明している四隅突出型方形台状墓の状況を参考にすると、この段階の首長連合は、それぞれに核となる墳丘墓をもつ地域連合（連合の基本・旧国の四分の一〜二分の一程度の広がり。複数の共同体を包摂する）が、多少の格差を持ちつつも、並列的に複数個まとまって広域の地方連合を形成するのが基本であったと考えられる。

そして、終末期後半には、この中から、前方後円形墳丘墓が台頭し、たとえ点在的であるにしても、分布を九州から東北南部にまで広げる一方、東国では尾張を中心とした前方後方形墳丘墓が分布を拡大する。九州でも後期には方形周溝墓が、終末期には円形周溝墓、前方後円・前方後方形墳丘墓（周溝墓中心）が出現する。前方後方形墳丘墓に関しては、それが一つの地方連合を示すものかどうかは検討を要するが、地域連合の並列的結合が基本であったと考えられる。一方、前方後円形墳丘墓では、墳長一〇〇メートル前後を測る大和の纒向前方後円形周溝墓群が出現し、各地のものと一定の階層的序列を形成しつつあることから〔寺澤二〇〇〇〕、古墳の秩序につながる地城連合の階層的結合が始まった段階（萌芽期）と理解したい。この時、前方後円形周溝墓が広がった地域では、同じ墓域に小型の方形周溝墓がともなう例も少なくない。古墳の秩序に認められる円形優位はこの段階に始まるが、その体制はいまだ他の地方連合と拮抗し、全体を包摂するまでには至っていない。

なお、本来は方形周溝墓地帯であった畿内で、どのような経緯を経て円形原理の墳丘墓が優位な地位を占めるに至ったかについてはいまだ十分明らかでない。円形周溝墓が畿内の摂津西部に波及してくるのは中期後葉、河内で後期前葉〜中葉、大和で後期末〜終末期初頭で〔岸本二〇〇一、松本一九九七〕、終末期初頭には畿内でも突出部をもつ例も出現するが、現状ではいずれの地でも少数派である。しかし、纒向墳丘墓群は型式的には前方後円形周溝墓で、たとえ飛躍があるにしても、箸墓古墳はその延長上で理解すべきものである。現在もっとも問われるべきは纒向墳丘墓群

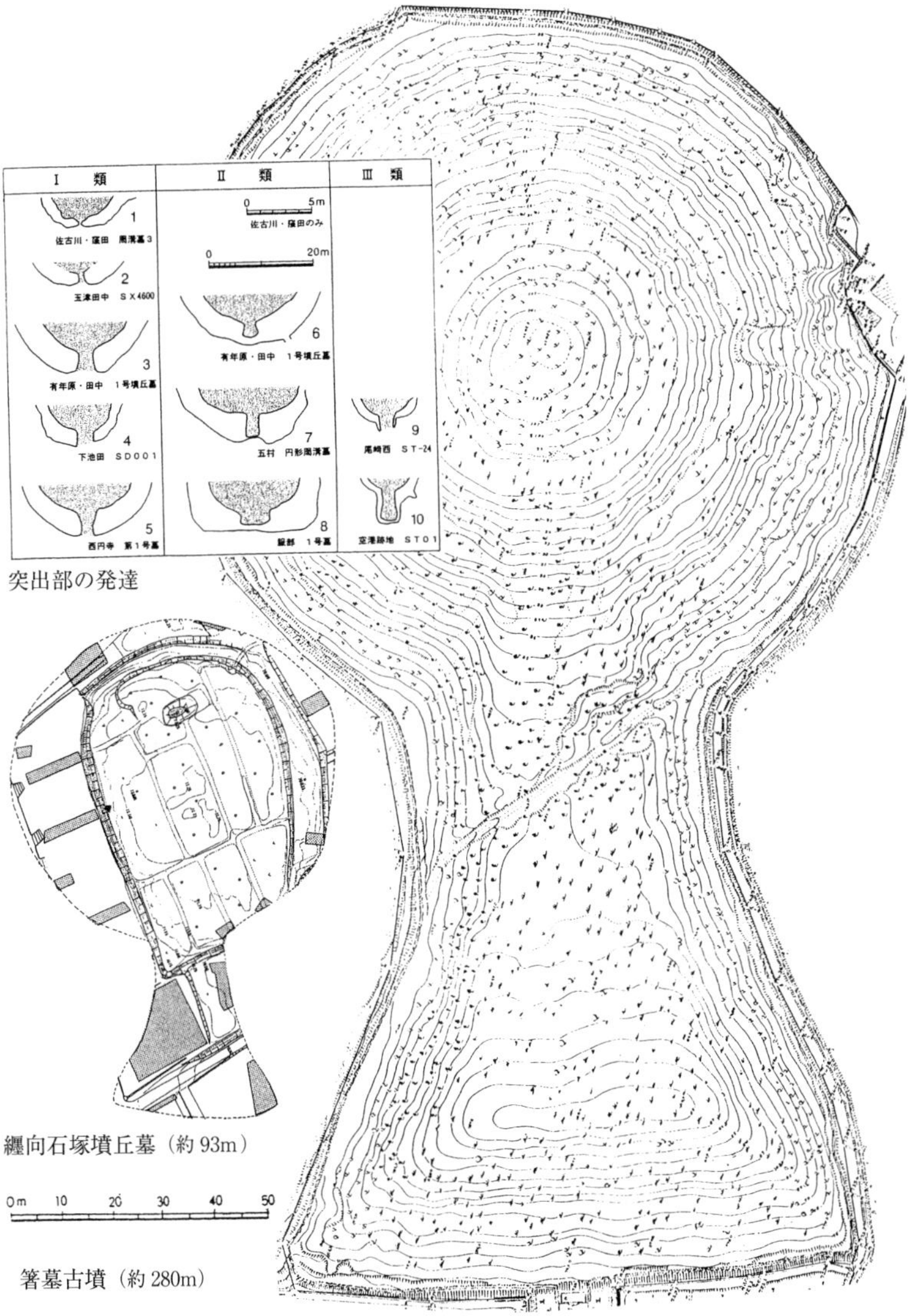

図80　円形周溝墓の突出部の発達と奈良県纒向石塚墳丘墓と箸墓古墳

成立の経緯であろう。(補註2) 円形原理優位の背景には、後漢の皇帝陵が円墳化し、中・後期には中・小型墓でも円墳が普及することも配慮すべきかもしれない〔黄二〇〇〇・鐘方二〇〇四〕。

五　古墳の出現・展開と弥生的墓制の終焉

墳丘墓の展開過程のなかで箸墓古墳の出現は大きな画期であった（この段階以降を古墳時代とする）〔近藤一九八三〕。大王墳とみなされる巨大な前方後円墳を核として、墳形と規模とでもって階層的に秩序づけられた古墳秩序の本格的な形成はこの段階に始まる。その大きな特色は、墳形が単一のものではなく前方後円墳、前方後方墳、円墳、方墳の四形式を基本とすることと、それにもかかわらず墳形と規模の上で一定の秩序が認められ、円形原理が優位であることの二点である。それは、円形原理の弥生墳丘墓で表現された地方連合が中心となって方形原理のそれを包摂するかたちで一定の秩序ある体制を形成したこと、およびこの体制を支えた主力基盤が瀬戸内中部から畿内にかけての地域であることを示唆している。そこで、ここでは前者の視点からいくつかの地方連合のその後を概観してみよう。

(1)　古墳時代前期

まず、四隅突出型墳丘墓に関していえば、古墳時代に入るとほぼ同時に消滅することからして、その地方連合は急速に解体したものと思われる（その後この地域の一部では方墳が顕著になる）。しかし、旧国の四分の一～二分の一程度の広がりをもつ政治的まとまりの基本形はその後も存続し、古墳時代後期においても認められることから、地域連合は解体されずに存続したものと判断する。一方、前方後方形墳丘墓が示す地方連合はヤマト王権のなかで一定の位置を獲得したことで、その体制はその後もしばらく存続した可能性が高い（古墳時代の第一段階）。ただ、それらの地域に段築、葺石、時には埴輪を備えた定型的な古墳が造られるようになる前期中葉から後葉にかけての段階（第二段階）には、この地方連合は分断・解体され、地域連合に分割されていったものと思われる。

円形原理の墳丘墓が築かれていた地域でも、すべてがこの新しい体制の中心を占めたわけではなさそうである。古墳時代の第一段階で地域色のある前方後円墳を築造した四国北東部の地方連合は、第二段階においてもその中心をなす二つの地域連合で割竹形石棺という固有の棺を創出する。しかし、それは中期には続かず衰退する。

弥生終末期の各地方連合の解体・地域連合への分割は、地域によって時間差をともないつつも、前期を通じて進行したのである。しかし、地方連合の解体は、逆に、地域連合とそれを構成する首長たちの政治的覚醒と自立化を促し、それが第二段階における古墳急増の大きな要因になったものと解釈したい。

したがって、現在は古墳時代の墳丘墓をすべて古墳と呼んではいるが、古墳時代前期、特にその前半には、首長墳だけを取りあげてみても、大王墳を規範とした定型的な古墳と、その影響を受けた地域色のある古墳と、弥生墳丘墓ほぼそのままの古墳が存在し、そのあり方は弥生墳丘墓段階でのありよう、およびその後のヤマト王権との関係の仕方によって決まったものと推察される〔北條二〇〇〇〕[13]。また、有力な共同体成員のものと推定される方形周溝墓や方形台状墓、あるいは円形周溝墓などは、多少の変化があったとはいえ、ほぼ弥生終末期の延長上で存続したのである。

(2) 古墳時代中期

古墳時代中期（第三段階）になると、前方後方墳は基本的に消滅する。この前期と中期を画す変革において、王権は前段階に数多く出現した首長層を序列化し編成しなおし支配を強化したと推定しているが、そのなかで弥生的な地方連合はほぼ完全に消滅する。ただ、方墳だけは中小首長墳、あるいは巨大前方後円墳の陪冢の墳丘形式として残り、この段階では地域首長の支配下にあって王権の直接的支配には入っていない共同体成員層の方形周溝墓、方形台状墓、円形周溝墓なども依然として造りつづけられた。

(3) 古墳時代後期

首長墳としての方墳が消滅し、方形周溝墓・台状墓が円墳化し古式群集墳として成立してくるのは古墳時代後期（第四段階）のことである。この段階で弥生的墓制はほぼ完全に終焉し、方形原理の墳丘墓は、出雲などごく一部の地域を除けば、見られなくなる。円形優位の方向は古墳時代を通じて進行したのである。そして、古墳時代後期中葉以降は、王権の支配方式が異なったかと推察される関東などを除き、首長墳たる前方後円墳も段階的に円墳化する。大王墳だけが前方後円墳で、他は円墳という方向性が追求されたと推測されるが、それが実現しないままに時代は新しい段階へと展開する。そして、そこには以前のものとはまったく性格の異なる中国風の方墳が新たに登場してくるのである。

おわりに——弥生墳丘墓の系譜——

最後に弥生墳丘墓の系譜について若干でも触れておきたい。

近年の韓国における発掘調査の進展の結果、朝鮮半島の西海岸を中心に十数ヶ所の遺跡において方形・円形周溝墓群が発見され、具体的な遺跡の比較を通して系譜問題を検討することが可能となってきた。

一つは韓国南部の慶尚南道南江遺跡玉房地区で発見された無文土器時代前期後半〔紀元前八～七世紀頃〕の方形貼石周溝墓一基と円形周溝墓二基で、いずれも埋葬施設には箱式石棺を用いている〔河二〇〇〇〕。他は半島南西部の一〇ヶ所を超す遺跡から発見された方形・円形周溝墓群である〔崔二〇〇三〕。出現時期に関しては忠清南道保寧市寛倉里遺跡例などを根拠に無文土器時代中期〔松菊里文化段階〕後半と考える説〔李一九九七〕〔紀元前三世紀頃〕と、寛倉里遺跡における周溝墓と中期無文土器の共伴を疑問視し、現状では「黒陶長頸壺」が出土した霊光郡元興里群洞遺跡例から紀元前一世紀頃までしか遡らないとする説〔崔二〇〇三〕とがある。埋葬施設としては土坑〔多くは木棺が入る〕が主たるもので、台状部や周溝内には甕棺も安置されている〔一部に箱式石棺か〕。

時期的には、前者に対し、列島の縄文晩期二遺跡の円形周溝墓〔熊本・古閑北遺跡・晩期前葉―埋葬施設不明、島根・門遺跡―土坑墓〕が問題となるが、現状では明確な答をだせない。一方、後者とは、弥生前期前葉とされる福岡県東小田峯遺跡〔土坑・多数埋葬〕や兵庫県東武庫遺跡〔単数埋葬基本・木棺・土坑・土器棺〕などが比較の対象となる。特に後続の方形周溝墓との関係では東武庫遺跡例の系統が問題となるが、この遺跡では後期後葉の方形周溝墓より松菊里式系土器の壺が出土していることが注目される。類似の土器は前期後葉から中期前葉にかけての北部九州から瀬戸内沿岸を中心に出土しており〔図81〕〔山田編一九九五〕、この地域では少数ながら松菊里型竪穴住居の発見も報告されている。

畿内における方形周溝墓の成立に関しては、朝鮮半島西海岸から複数集団を介して近畿に移入されたとする見解〔渡辺一九九九〕がある一方、半島ないしは大陸からの「方形に区画する」という思想の影響下に畿内で成立したとの意見〔藤井二〇〇二〕もある。現状では明確な判断は下しがたいが、朝鮮半島西・南海岸との密接な関係は否定できない。

一方、台状墓に関してはいまだ十分な比較資料はない。また、朝鮮半島との交流で墓制に影響がでるのは弥生早・

No.	遺跡名	所在地	共伴土器の時期	参考文献	備考
1	有田七田前遺跡	福岡県福岡市	夜臼式	(15)	小型
2	隈西小田遺跡	福岡県筑紫野市	(中期初頭)	(16)	大型
3	津古土取遺跡	福岡県小郡市	板付Ⅱ	(17)	大型
4	北久米遺跡	愛媛県松山市	弥生前期?	(18)	小型
5	矢ノ塚遺跡	香川県善通寺市	弥生中期?	(19)	小型
6	一の谷遺跡	香川県善通寺市	(弥生前期)	(20)	小型
7	南方釜田遺跡	岡山県岡山市	–	(21)	小型
8	津島遺跡	岡山県岡山市	弥生前期前半	(22)	大型
9	百間川沢田遺跡	岡山県岡山市	沢田式	(23)	
10	本山遺跡	兵庫県神戸市	第Ⅱ様式	(24)	大型
11	東武庫遺跡	兵庫県尼崎市	第3段階	(25)	大型
12	平等坊岩室遺跡	奈良県天理市	第Ⅱ様式以前	(26)	大型
13	北浦遺跡	岐阜県可児市	(縄文晩期)	(27)	大型

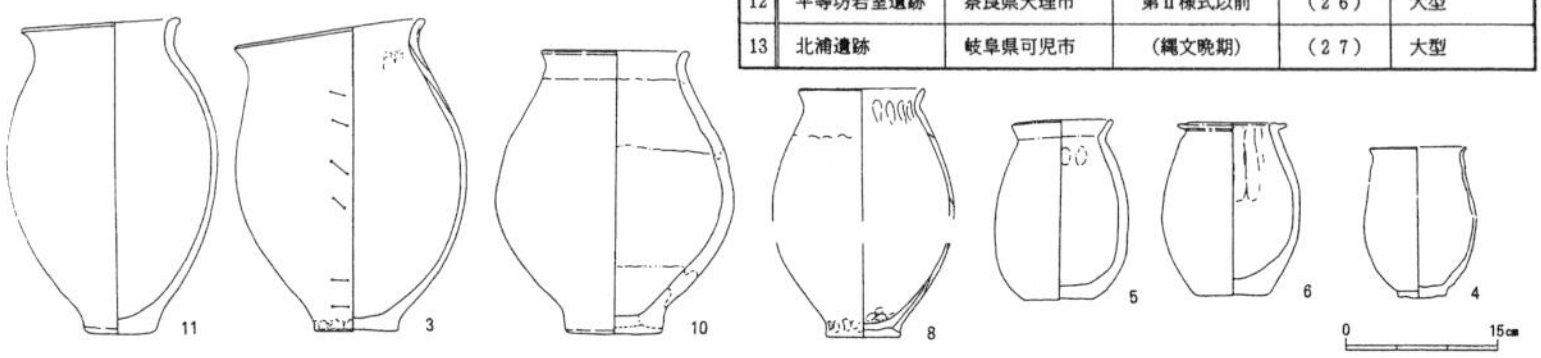

図81　松菊里式系土器の分布

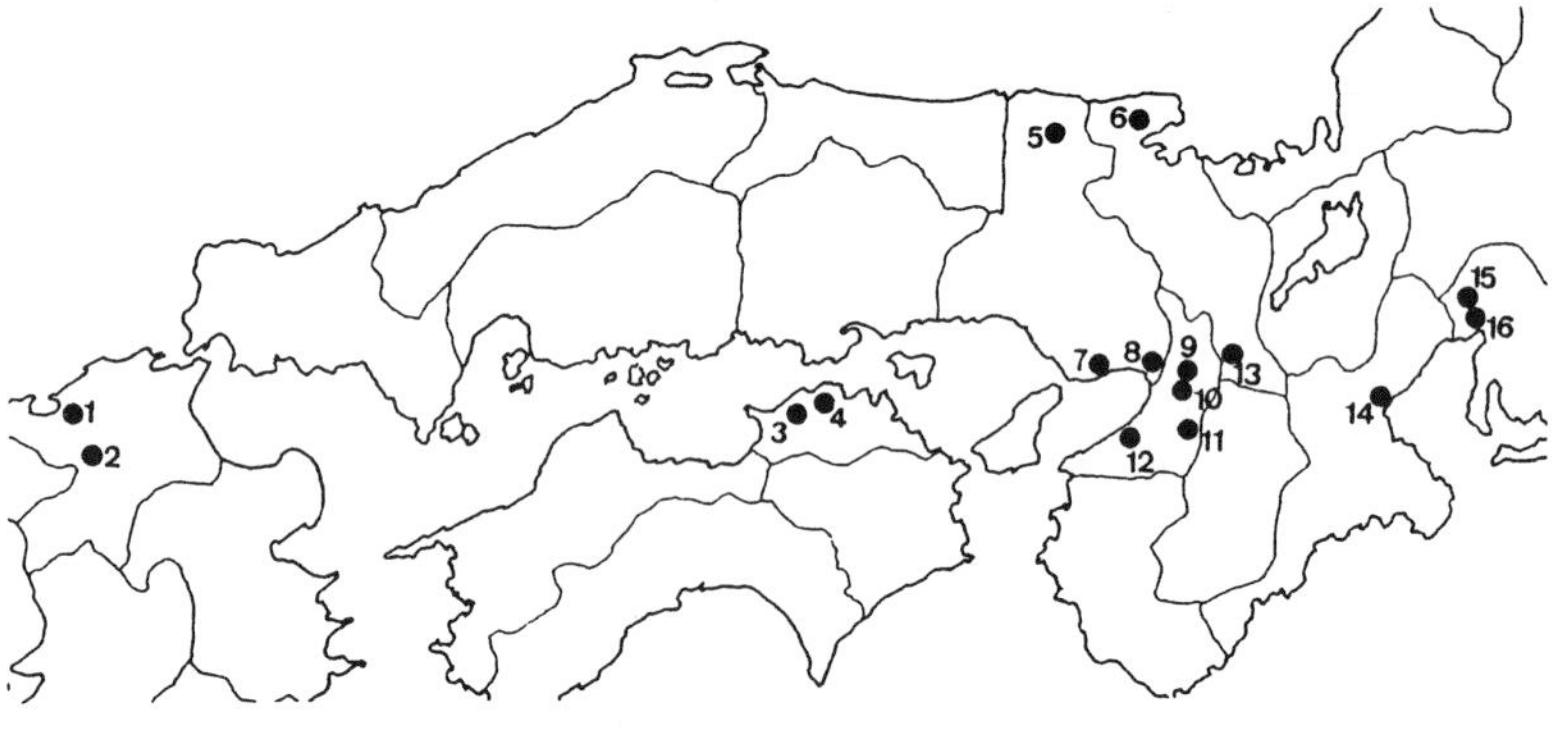

1. 板付田端遺跡　2. 東小田峯遺跡　3. 龍川五条遺跡　4. 佐古川・窪田遺跡
5. 駄坂・舟隠遺跡　6. 七尾遺跡　7. 雲井遺跡　8. 東武庫遺跡
9. 東奈良遺跡　10. 古川遺跡　11. 田井中遺跡　12. 池上・曽根遺跡
13. 稲葉遺跡　14. 松ノ木遺跡　15. 山中遺跡　16. 朝日遺跡

図82　弥生時代前期の主要方形周溝墓（一部に台状墓含む）

前期のみに限らない。弥生後期以降に木槨、石槨が伝わってくる以外にも、半島との交流で地域の墓制に変化がみられる地域も十分考えられる。それらについては今後の検討を期したい。

なお、小稿は「前方後円墳の起源」『日本人および日本文化の起源に関する学際的研究研究成果報告書』Ⅱ（平成九年度―平成十二年度科学研究費補助金特定領域研究(a)(1)・領域代表者・尾本惠一）二〇〇二、「日本列島の周溝墓」『東アジアの周溝墓』湖南考古学会創立一〇周年記念国際学術大会撒発表要旨、二〇〇二、および「古墳の出現と展開」『季刊考古学』第八〇号、二〇〇二の内容を修正・補充し、まとめ直したものである。

註

（1） 方形周溝墓では大場磐雄による「方形周溝特殊遺構」の発見〔大場一九六四〕、台状墓では門脇俊彦による順庵原一号四隅突出墓の発見〔門脇一九七一〕がその初期のものである。

（2） 都出は、後に、古墳などをも含めて墳丘墓とし、それを低塚系と高塚系とに二分し、それぞれを細分する案を提示している〔都出一九八六b〕。

（3） 〔白石一九八一、春成一九八五〕など。なお、近藤も一九八六年には、「何がしかの封土をもつことを指標に墳丘墓、それも海外のものや古墳などと区別して、おしなべて弥生墳丘墓とよぶこととする」とし、「総称して弥生墳丘墓としたが、なお方形周溝墓・台状墓の称が普及している現状から、方形周溝墓型弥生墳丘墓、四隅突出型弥生墳丘墓なる用語も、あわせて暫定的に使用している」との注を付している〔近藤一九八六〕。

（4） たとえば、〔藤田一九八七〕では、弥生時代の墓を特別な区画施設をもたない墓とそれをもつ墓とに区分し、後者に属す方（円）形周溝墓、方形台状墓、四隅突出墓を「区画墓」と総称。「弥生墳丘墓と呼ばれるものは区画墓の中でも傑出した規模と質をもつ墓の意味を、弥生時代の墓制の発展段階の中で考えようとした概念」とする。

（5） たとえば、〔加藤一九八七～九〕では「墳丘墓の一形態として定式化された方形周溝墓や四隅突出型方形墓などの名称は、墓制の地域性やその系譜関係、あるいは社会背景の差異を分析するうえで、いまだ有効な用語と考える立場に立つ」としているが、私の立場もここにある。

（6）この間の研究史は〔一瀬一九九一〕に詳しい。なお、一瀬は「弥生時代の墳丘をもつ墓」を「周溝掘削方法の目的的差異から」、墳丘裾の意識が少ない「弥生区画墓」とそれが明瞭な「弥生墳丘墓」（拡大的意味）とに区分し、前者を「丘墓」「石列区画墓」「方形台状墓」「方形周溝墓」、後者を「墳丘墓（楯築型）」（限定的意味）「周溝墓（纒向型）」「四隅突出墓」等に細分している。弥生墳丘墓を「区画墓」と総称する意見〔藤田一九八七など〕もあるが、墳丘の有無や多少など、判断基準が煩雑になりすぎるため、ここでは、いずれも多少とも墳丘があるものとして「弥生墳丘墓」と総称する。

（7）担当は田代克己「方形周溝墓」、藤田憲司「方形台状墓」、喜谷美宣「墳丘墓」、山内紀嗣「四隅突出墓」である。

（8）「墳丘墓」は「墳丘をもつ墓」全体をさす場合と、「弥生時代の墳丘をもつ墓」をさす場合とがあるが、ここでは〔都出一九八六b〕に従い、前者の立場をとる。

（9）弥生墳丘墓から古墳を、方形原理と円形原理で捉える方法は〔石野一九九五〕など、広く行われるようになってきた。基本的には有効な方法だが、地域色や系譜を検討するうえでは円・方それぞれの細分と整理も必要となっている。

（10）方形周溝墓群のなかにあって、周溝がない例（大阪府東大阪市瓜生堂六・七号方形周溝墓など）や、環濠状遺構に伴う土手状の高まりの上に立地して土手を区切る溝しかもたない例（大阪府東大阪市山賀一～三号墓）などもあるが、例外的である。

（11）〔和田一九八九b〕で同時進行型としていたもののうち、吉井秀夫に指摘を受け〔吉井二〇〇二〕、一部を墳丘後行型とした。

（12）石塚山二号墓第一主体石槨の構築技法の復元は〔國木編一九九三〕による。なお岡山市雲山鳥打一号墓第一主体石槨は掘込墓坑c類であり、岡山県倉敷市黒宮大塚墳丘墓石槨は無墓坑、徳島県鳴門市萩原一号墓石槨は構築墓坑の可能性がある。

（13）新たに成立した古墳の様式と弥生時代以来の在地的で伝統的な様式を引く古墳が併存する事実は畿内型（的）古墳と在地型（的）古墳との呼称でこれまでにも指摘されてきたが、〔北條二〇〇〇〕はそれらを再整理し、今日的課題に即して新たに問題提起した。

（補註1）出雲西部では、近年、出雲市中野美保二号墓が発掘され、方形貼石台状墓が弥生時代中期中葉まで遡ることが判明した〔仁木編二〇〇七〕。

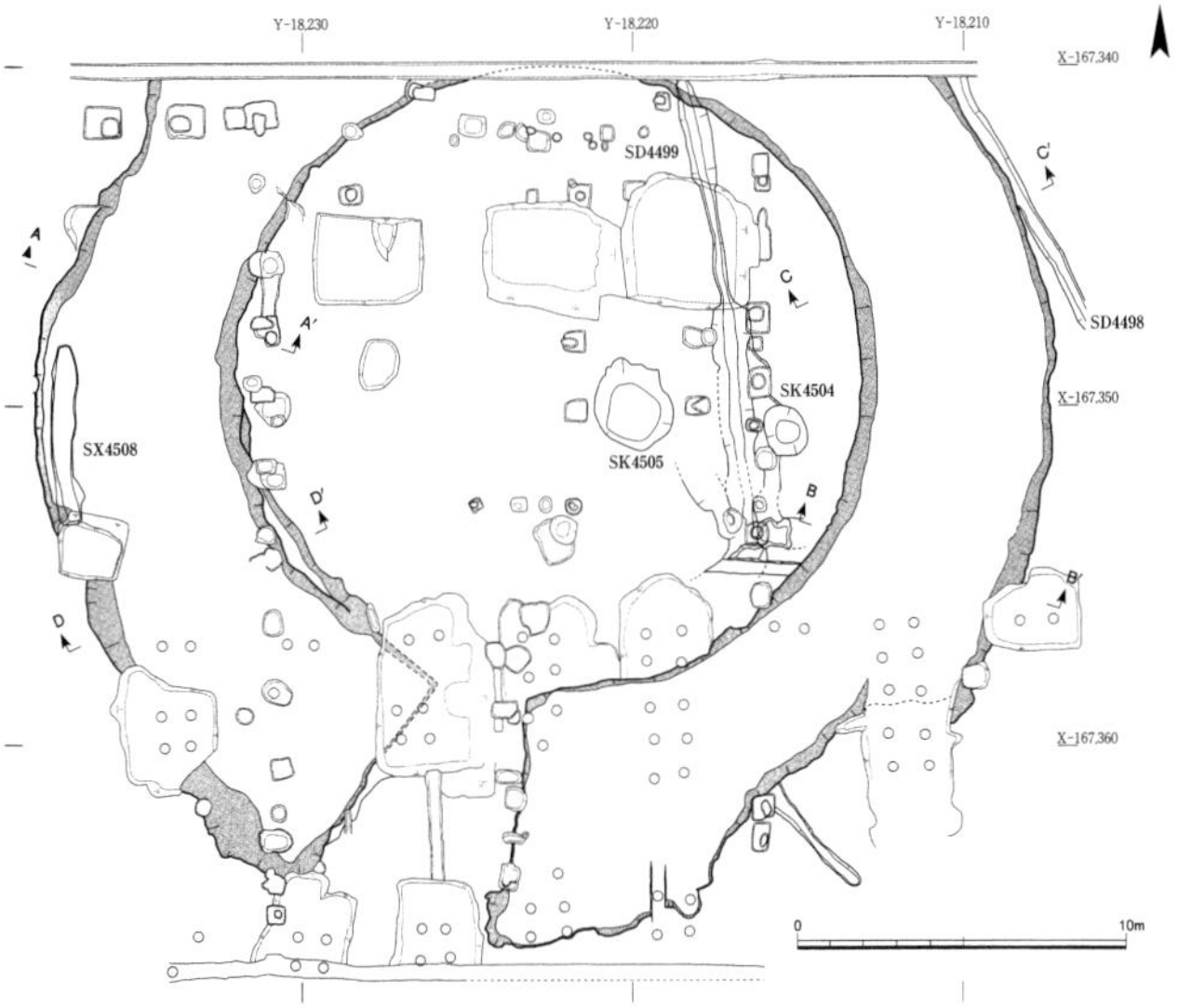

図83　奈良県瀬田遺跡の円形周溝墓

（補註2）　奈良盆地では、二〇一六年に橿原市瀬田遺跡が発掘され、型式的に、これまでの突出部が短い円形周溝墓と纒向石塚前方後円形周溝墓の間に位置づけられる。弥生時代後期末の、突出部の長い（円丘との比・三：一）円形周溝墓が発見され、「少なくとも弥生時代後期末以降、前方後円墳発生への道筋が大和盆地の中で追えるようになった」と評価されている（図83）〔山本二〇一七〕。なお、同一の墓域で少なくとも二基の方形周溝墓が検出されている。

終章　古墳時代の政治・経済・宗教

本書は、古墳時代に、現在の鹿児島県から岩手県南部にかけての水稲農耕社会で数多く築かれた古墳を対象に、考古学的な方法で分析することによって、長い古代国家形成過程における王権と集団関係を中心とした当時の政治社会の特質とその変質過程を解明しようと試みたものである。

一　首長連合体制の展開

そこで、まず、古墳を時間的（編年的）、地域的、階層的に整理することから作業を始め、古墳を築造する動きの画期を明らかにし、画期ごとにおける各階層の墓制の変化や、それぞれの画期の間（段階）における古墳の組合せ（秩序）や、その変化の状況を検討することなどから、画期の歴史的意義を考察した。

時間軸としては、副葬品を中心とした検討から導かれた一一期（小様式）を基準とした。つぎに、古墳が、いつ（時期）、どこ（墓域）で、どのような形と大きさ（墳形と規模）でもって築かれたかを整理し、古墳群（墓域）の消長、同時期における古墳の組合せの変容、墳丘規模の変化などといった古墳の築造状況の変化や、墳丘の基本四形式（前方後円墳、前方後方墳、円墳、方墳）の消長などから、古墳時代の時期区分を、五つの段階・六つの画期（出現と消滅を加える）を経た、前期・中期・後期の三時期として捉えた。

第一段階は一・二期（前期前半、三世紀中葉～後葉）、第二段階は三・四期（前期後半、四世紀前葉～中葉）、第三段階は五～八期（中期、四世紀後葉～五世紀中葉）、第四段階は九・一〇期（後期前・中葉、五世紀後葉～六世紀前半）、第五段階は一一期（後期後葉、六世紀後葉、ないしは六世紀後葉～七紀世紀初頭）である。副葬品の変化も重要であるが、政治社会の変化を捉えるには、古墳の築造状況などがより敏感にそれを反映しているものと判断し、副葬品の変化は政治社会の変化の背景を考えるなかで考慮した。

さて、ここでは古墳時代前・中期を首長連合体制の時代として捉えた。この体制は、弥生時代後期後半～終末期（弥生墳丘墓の第三段階）の準備段階としての萌芽期を経て、古墳時代前期に日本列島的な規模として本格化し、前期前半の生成期、前期後半の発展期と成長し、中期に至ってその到達点とも言える成熟期を迎えたと評価した。

この間、各地の首長たちは一定の地域を基盤に共同体（単位共同体ないしは複合共同体）を支配しつつ、大王を頂点とした畿内首長連合を中心に、重層的な政治的結合体を形成していた。ここでは、この政治的結合体をヤマト王権と呼び、その体制を首長連合体制と評価する。言いかえれば、当時の王権の体制はあくまで首長層を政治的に編成・序列化したもので、王権と政治的に直接結びついていたのは首長層のみであり、共同体構成員それぞれとではなかった。墓制からみる限り、首長と共同体構成員との関係は、それとは別で、基本的には弥生時代以来の在地的で伝統的な関係を保持しつづけていたものと思われる。

すなわち、古墳時代前・中期の政治社会は、王権と首長の関係と、首長と共同体（ないしは共同体構成員）の関係の、二重構造になっていたものと推察されるのである。この二重構造が解消され、王権が共同体構成員を直接的に支配しはじめるようになるのは、群集墳が出現してくる古墳時代後期以後のことである。

さらに言えば、古墳時代前・中期にあって、一基の古墳（ないしは一つの単一系列型の古墳群）によってあらわされる共同体と、それを代表する一人の有力者（これを首長と呼ぶ）という単位共同体が、当時の社会にあってはもっとも基本で普遍的な単位で、それが広範囲に強固に形成されていたからこそ、全体をまとめる王権の政治的枠組みが首長連合という政治体制をとったものと推察される。

この「首長と共同体」という単位は、弥生時代中期後葉～後期前半頃（弥生墳丘墓の第二段階）において、周溝墓群や台状墓群の中にひときわ大きい首長墓かと目される大型墓が出現してくる段階から明確化する。現在、この単位共同体の実態は十分明らかではないが、血縁関係を中心に結びついた円錐クラン的な集団であったと考えている。後の「記紀」等の文献に出てくる氏《うじ》の初現的なもので、後には急速に成長・肥大化し複雑化したもの（擬制も含め一族内も重層的に結びついた複合共同体）をも生みだしつつ、政治集団化していったものと思われる。その意味では、首長を「一族の長」と呼ぶことも可能であるが、最初は指導者的性格もおびていた首長も支配者的性格を強め、共同体構成員を徐々に私民化していったものと推測される。

この体制下では、首長たちは各地に散在する拠点地域に居住し、生産を行い、墓地（古墳群）を営んでいたのであり、都市のように集住することはなかった。そして、従属している王権へのさまざまな分野での奉仕は、各首長がこの単位共同体の構成員を率いて行ったものと考えられる。「王権への奉仕の首長（単位共同体）間分業」とでも言えるもので、そのことが税制、官僚制、軍制、生産体制などの制度化・集中化を遅らせ、いずれをも未発達に終わらせる理由の一つになったものと思われる。

したがって、この首長連合体制は、すぐれて首長の序列化、階層化の進んだものではあったとは言え、首長制のきわめて発達した段階と位置づけるのが妥当ではないかと思われる。

ただ、この体制は、同時期の巨大な国家としての中国王朝の周辺部にあって、中国との関係や、競いあうかのように急速に政治的まとまりを形成しつつあった近隣の朝鮮半島諸勢力との関係性のなかで、一定の存在感を示し、中国王朝からは「倭国」と呼ばれるような政治勢力であったことには違いない。そこでここでは、この政治体を「首長連合的国家」と称して、中国王朝周辺の二次国家の一つとして位置づけたい。首長制的体質が色濃い国家という意味である。

そこでは、本来的なかたちの、経済的発達に支えられた社会の自立的な発展を踏まえての国づくりというよりは、対外関係を見据えた、王権主導の国づくりが展開したものと推測される。「初期国家」とするには、本書第二部第六章で見たような初期国家の定義を修正・再定義する必要があるように思われる。

二　首長連合体制下の生産と流通

この体制下において、人・もの・情報の流れのなかで中心的位置を占めたのは、本書二三二頁図44に示したような、王権中枢と首長間の交流であった。首長の従属に伴い王権からさまざまなものが認可・下賜（地域支配の承認、政治的身分の授与、古墳の儀礼の承認、威信財の下賜、必要物資の分配など）され、それに対し首長は、共同体構成員を率いて、さまざまな奉仕（物品の生産・貢納、職掌の分担、古墳造りを含む傜役的労働、軍務など）を行ったのである。言いかえれば、当時の生産と流通を中心とした経済活動においても、この体制が主体を占めたのである。

古墳時代中期中葉以降に中国・朝鮮半島諸国からもたらされた新しい人・もの・情報も、考古学的に検証できる物品についてみれば、一時的には列島各地に届いたが、急速に畿内に集中・独占された。そして、畿内にあっては、有力な首長たちがそれらを分かちあい、それぞれ固有の物品を生産・貢納することによって、王権に奉仕し貢献していたと推測される。先の『古墳時代の生産と流通』〔和田二〇一五〕では、「首長層の在地支配の温存とそれを背景とした奉仕のかたちがこのような王権に統括された首長間分業の体制を生みだしたもので、首長連合体制に特有の生産体制だということができる」と評価した。

また、「このような首長間分業の体制は、行政、祭祀・儀礼、軍事などの面でも同様で、重要な役割はほとんどが畿内連合を構成する有力首長層の間で分かちもたれ、各機能が畿内一円に分散的に存在していたものと思われる。そして、そこでは地方はおもに素材（や食料）や労働力を提供する役割に終始した可能性がある」とも指摘した。

しかし、このような下賜と貢納を中心とした経済状況のなかにあって、それが集約されたかたちで行われる古墳の儀礼が全国各地で頻繁に実施されたことは、流通を加速し、経済活動を活発化させ、社会を活性化したことに間違いはない（後期にはより盛んになる）。遠方からの重量物の頻繁な運搬も道や港などといった物流・交通インフラの整備も促したと考えられる。古墳の祭祀は思想面のみならず、経済面からもこの体制を支えていたのである。

ただ、古墳の儀礼と関連するものを除けば、古墳時代前・中期の首長間、あるいは異なる共同体構成員間の人・もの・情報の流通は、現状では、その証拠がいくつかは認められてはいるものの、決して顕著なものではなかったと推測される。

三　首長連合体制と古墳の儀礼

さて、この体制をイデオロギー面から支えたのが「古墳の儀礼」であった。

血縁原理に基礎を置く単位共同体を基盤とする社会にあって、社会的宗教的観念としては祖先崇拝や祖先信仰といった思想が卓越したものと推測されるが、古墳の儀礼は、この思想のもとに実施された亡き首長の魂の冥福を祈る葬送儀礼にほかならなかった。そのなかで、古墳は亡き首長の遺体を密封した墓であるとともに、墳丘の表面に葺石や埴輪を配して他界を表現することによって、擬えものの他界として、この儀礼に不可欠な舞台装置の一部としても機能したものと考えられる。各種の埴輪は他界を表現する、あるいは他界に必要不可欠なアイテムだったのである。

王権は、弥生時代に西日本の各地で生まれた、「祖先崇拝のもとに首長の葬送儀礼を盛大に行い大きな墓を造る」という思想を継承し、各地の葬送儀礼を統合・止揚しつつ、前方後円墳の築造を中心とした「古墳の儀礼」を創出し、王権による政治的統合とともに全国共通の「首長の葬送儀礼様式」として普及させた。そして、若干の階層差や地域差があるとは言うものの、基本的には全国で共有された古墳様式とその思想を背景に、王権下における被葬者の政治的身分に応じて、墳丘の形と規模を初めとする古墳の儀礼の顕著な格差づけを行った。そして、そのことによって、首長連合体制の政治的秩序は目に見えるものとして表現されたのであり、古墳の儀礼はこの体制の維持・強化・拡大に不可欠なものとして機能したのである。

また、その格差づけの対象が、ほかならぬ首長の魂の赴く他界（あるいは他界と見なされた世界）であったがために、この格差づけは他界にも及び、首長霊、祖霊、祖神もまたこの格差づけられた秩序のなかに組みこまれていったものと推測される。

古墳の儀礼は現世と来世（他界）の両世界を秩序づける装置として機能していたとも言える。

そして、先にも指摘したとおり、古墳造りをはじめとするこの儀礼が、広い範囲と関係をもちながら、全国で、頻繁に実施されたことにより、当時の経済的な生産と流通をも牽引する力となったのである。

血縁関係を基本とする首長と共同体という単位共同体が普遍的に広がる古墳時代前・中期の社会にあっては、それに適合した政治社会体制と、王権と首長を中心とした下賜と貢納中心の経済活動、および祖先信仰とそれに基づく古墳の儀礼の実修は、それぞれ不可分に結びついていたのである。

古墳の儀礼は、宗教、および政治社会統合の基軸となるとともに、社会の経済的活性化をもたらしたのである。

四　集権的国家体制の始まり——民衆の公民化——

ところで、この首長連合体制は中期から後期にかけて大きく変質する。

古墳時代を一つのまとまりとして捉える見方もあるが、私は、弥生時代以来の政治社会は、古墳時代の中期から後期への変容過程で、その進む方向性（ベクトル）を大きく変えたものと考えている。なぜなら、この画期以降、王権は、単位共同体に基礎を置く首長連合体制から、首長の在地支配が弱体化し、王権の直接的な支配を受けるようになった、言いかえれば王権の公民化しだした共同体有力構成員（家長を中心とした有力古代家族）に基礎を置く、より中央集権的な国家体制へと新たな第一歩を踏みだしたものと評価するからである。

墳墓の形も、前・中期には円形原理のものと方形原理のものが混在していたが、後期には、基本的に、弥生時代以来の首長制的性格の強い方形原理の墳形は消滅し、円形原理のもののみとなった。首長墳としての前方後方墳は前期で、方墳は中期で姿を消し、共同体有力構成員の墓としての方形周溝墓や方形台状墓も中期でもってほぼ消滅し、後期には前方後円墳と円墳という円形原理のみの墳形が基本となるのである。

一見単純な現象だが、この現象のなかに、前・中期の社会の二重構造（王権と首長、および首長と共同体構成員の関係）が大きく変質し、二重構造が解消されたことが端的に示されているものと考えている。

さて、この時の画期は二つの段階を経て実現した。

一つは後期前葉（五世紀後葉）の、中期から後期への過渡期のことで、各地に盤踞していた大首長とそれに連なる数多くの中小首長層の在地支配が弱体化し、時には解体されたと考えられることである。言いかえれば、王権の直接的な支配が、これまでは首長が支配してきた共同体の有力構成員にまで及んだ結果、単位共同体が大きく変質し、有力な共同体構成員が王権の公民的性格を強める一方で、首長層は弱体化し、王権の官人的性格を強めだしたと推測されるのである。中期の大型古墳群を初めとするほとんどの古墳群が衰退・消滅した一方で、新しい墓域に中小の前方後円墳が営まれ、他方では円墳化した小型古墳群からなる古式群集墳が初めて築かれるようになる現象などが、この解釈を妥当なものとしている。

しかし、このような現象の一方で、間もなく大王一族の墓域である大阪府古市・百舌鳥古墳群も衰退・消滅した。そして、その後しばらくは大王墳が一二〇メートル余りの規模であったことを考慮すれば、中期的な支配体制の変革には大首長層を中心とする旧来の政治勢力の大きな抵抗があり、大王をはじめとする王権中枢そのものも、しばらくは衰退し弱体化したものと推測される。大王を中心とした中央集権的な国家づくりへの動きが一時的に挫折したものと思われる。

その間にあって、勢力を増強し広範囲に政治的影響を及ぼすようになったのは九州勢力であった。考古学的には、「開かれた棺」という独特の石室空間観念をもつ横穴式石室の、西日本の広い範囲への波及を中心とした現象が、この間の事情を暗示しているものと思われる。同時期に朝鮮半島南部へと広がった九州系の横穴式石室や前方後円墳も、この動きとの関係で理解すべきもので、それは九州勢力と半島南部諸地域勢力との関係性のなかで議論されるべきものと考える。半島の政治勢力に対する列島の政治勢力としては常にヤマト王権が引きあいに出されるが、ヤマト王権は時期によっては弱体で、対朝鮮関係では、一時的にではあれ、九州勢力がそれに代わりうるような政治力をもった時期があったのである。

第二は、王権の勢いが復活し、中央集権的な動きが本格化しはじめる後期中葉後半頃である。大王の隔絶した力を示すかのごとく大王墳は再び巨大な前方後円墳として単独で築かれるようになり（大阪府今城塚古墳以後）、他方では首長墳としての前方後円墳は段階的に円墳化しはじめた。また、横穴式石室が急速に普及し定型化（畿内を中心とした地域では畿内型横穴式石室）するとともに、それを埋葬施設とする小型円墳群である新式群集墳が出現し急速に発達しはじめたのである。

後期後葉の第五段階では、この傾向が本格化し、墳形では大王墳は前方後円墳・他は円墳へという流れが進む一方で（実現せずに古墳時代は終了する）、新式群集墳が全国各地で「爆発的」に造られ、大王墳から山間・島嶼の小型円墳（有力家長家族墓）までもが共通の埋葬施設である横穴式石室に統一された（前・中期までは多様な埋葬施設の階層的使いわけ）。古墳は円形原理の単一化した墳形と横穴式石室という共通した埋葬施設による規模による格差づけ・序列化の方向へと向かったのである。そこに、王権による統一的で集権的な支配の進捗状況をみることができる。言いかえれば、首長の官人化と、有力な共同体構成員の公民化への動きが急速に進行していたのである。

なお、横穴式石室には追葬を基本とする家族墓的性格が認められるが、その被葬者に夫婦を基本とする古代的大家族の家長家族を想定することができるならば、新式群集墳の普及には王権主導の家族制度の改革もが伴っていたかもしれない。

中国北朝の北魏から朝鮮半島諸国を経て日本の古墳時代社会にいたるまでの間、塼室墓や横穴式石室をもつ群集墳的性格のものは、国家形成過程の類似した段階において発達したように思える。

五　新体制下での生産・流通と古墳の儀礼

古墳時代後期、それも後期後葉の生産と流通は、この官人的性格を強めた首長と、公民的性格を強めたとはいえ、いまだ首長のもとにあった共同体構成員の存在を背景に行われた。その体制は部民制的体制と呼ぶことも可能かと思われる

そこでは、畿内で独占されていた人・もの・情報が各地に伝わり、その結果として「王権の基礎をなす重要物資の生産と貢納は、（中期的な）畿内有力首長による独占的な分業の枠を超えて、全国的な広域的分業・貢納体制に再編されていった」（和田二〇一五）ものと考えられ、その過程でさまざまな分野の専業化が進行したものと思われる。

この時期の死生観・他界観に関しては、横穴式石室の導入が大きな変化をもたらしたとの見解もあるが、「閉ざされた棺」を用いる横穴式石室を用いる畿内やその周辺地域では、横穴式石室は「槨」的性格を強くもったもので、他界観は基本的には変わらなかったものと考えている。「開かれた棺」が用いられた九州でも、「室」内で死者が、あるいは死者の魂が生きているという観念の発達は未熟で、墳丘の表面にはいまだ埴輪や石人・石馬が立て並べられ、装飾古墳の内容も本来描くべきものを十分描ききれなかったように思われる。

六　古墳の秩序から法制的秩序へ

古墳時代は前方後円墳の消滅をもって終焉した。

この画期には、仏教文化をはじめとする新しい中国・朝鮮の人・もの・情報が伝来し、政治、経済、文化の全体が急速に変化していった。

政治社会面では、前方後円墳とそれを頂点とした古墳の秩序が消滅し、これまで長期にわたって続いてきた血縁関係に基礎を置いた政治社会体制が、後期の変質期を経て、飛鳥時代にはその終焉を迎えたのである。そして、それに代わって、古墳時代後期を通じて発展してきた制度的な政治社会秩序が、飛鳥時代には、法制的な裏づけを伴いつつ急速に展開していった。

生産の場で、部民制的制約を超え、新しい技術をも吸収しつつ、各種の技術を融合・駆使する合理的で複合的な生産体制（複合的工房群）が発展しだすのも、飛鳥時代、特にその後半のことである。

また、思想的には、古墳時代の体制を支えた祖先信仰に基づく古墳の儀礼に代わって、新しく伝来した仏教の鎮護国家思想が新しい国家体制を支えることとなった。また、それにともない、前方後円墳の消滅によってその表面に他界を表現した神仙思想に基礎を置く「古墳的他界観」も姿を消し、新しく建立された寺院では、仏像が置かれた金堂の内部に仏教的他界観に基づく浄土世界が描かれるようになった。他界観の大きな変化が前方後円墳の築造を終わらせたとも言うことができるだろう。

ただ、当時の有力者の間でも他界観を変えることは容易ではなかったようで、飛鳥時代末期の奈良県キトラ古墳や高松塚古墳の石槨内面には、神仙思想に源流をもつ後漢以来の北朝・隋唐系の壁画が描かれた。仏教的他界観が階層を超えて全国的に広がるようになるには、火葬の普及と古墳の消滅を待たなければならなかったのである。

参考文献

赤塚次郎　一九九六「前方後方墳の定着」『考古学研究』第四三巻第二号、考古学研究会

東　　潮　一九九〇「東アジア世界との交流」白石太一郎編『古墳時代の工芸』（『古代史復元』第七巻）講談社

穴沢咊光　一九九五「世界史のなかの日本古墳文化」古代オリエント博物館編『文明学原論―江上波夫先生米寿記念論集―』山川出版社

天野末喜　一九九〇「大阪」石野博信ほか編『古墳時代の研究』第一〇巻（地域の古墳Ⅰ・西日本）、雄山閣

天野末喜　一九九三「大王墳の移動は何を物語るか」白石太一郎・吉村武彦編『新視点　日本の歴史』第二巻（古代編Ⅰ）、新人物往来社

天野末喜ほか　一九八六『古市古墳群―藤井寺の遺跡ガイドブック1―』藤井寺市教育委員会

天野末喜ほか　一九九三『新版　古市古墳群―藤井寺の遺跡ガイドブック2―』藤井寺市教育委員会

有馬　伸　二〇〇三「三世紀以前の木槨・石槨」和田晴吾編『古代日韓交流の考古学的研究―葬制の比較研究―』（科学研究費補助金研究成果報告書）

李　弘鐘　一九九七「寛倉里式の設定」『東アジアの環濠集落』奈良県立橿原考古学研究所

石井清司・有井広幸編　一九八九『上人ヶ平遺跡』（『京都府遺跡調査概報』第三五冊）京都府埋蔵文化財調査研究センター

石井清司・有井広幸編　一九九七「瓦谷古墳群」『京都府遺跡調査報告書』第二三冊、京都府埋蔵文化財調査研究センター

石神　怡　二〇〇二「方形周溝墓の東進・西進」『青いガラスの燦き』（『大阪府立弥生文化博物館図録』二四）

石野博信　一九九五「二、三世紀の前方後円墳」『東アジアの古代文化』第八二号

石野博信編　一九九五『全国古墳編年集成』雄山閣出版

石野博信ほか　一九八五「（古墳の編年を総括する）」『季刊考古学』第一〇号、雄山閣

石野博信ほか編　一九九〇『古墳時代の研究』第一〇・一一巻（地域の古墳Ⅰ・Ⅱ）、雄山閣

出雲考古学研究会　一九八七『石棺式石室の研究』（『古代出雲を考える』六）

一瀬和夫　一九八八　「古市古墳群における大型古墳埴輪集成」『大水川改修にともなう発掘調査概要』Ⅴ、大阪府教育委員会
一瀬和夫　一九九一　「弥生時代の墓制・墳丘墓」山岸良二編『原始・古代日本の墓制』同成社
井上満郎ほか　一九八七　「律令国家の成立」『山城町史』本文編
猪熊兼勝編　一九九二　『見瀬丸山古墳と天皇陵』（『季刊考古学』別冊二）、雄山閣
今井　堯　一九七八　「古墳の様相とその変遷」『日本考古学を学ぶ』第一巻、有斐閣
今村道雄ほか　一九八一　『瓜生堂遺跡　Ⅲ』、瓜生堂遺跡調査会
岩井蕘堂　一九〇八　「山城葛野乙訓両郡の古墳二三」『考古界』第七篇第二号
岩松　保　二〇〇四　「女谷・荒坂横穴群」（『京都府遺跡調査報告書』第三四冊）京都府埋蔵文化財調査研究センター
上田宏範　一九七九　『前方後円墳』（第二版）、学生社
上田正昭　一九七〇　「県のなりたち」林屋辰三郎編『京都の歴史』一、学芸書林
宇垣匡雅　一九八七　「竪穴式石室の研究（上）」『考古学研究』第三四巻第一号、考古学研究会
宇垣匡雅　一九九八　「吉備を中心とした弥生時代円丘墓」『東アジア墳丘墓研究会発表資料』
宇佐市教育委員会　一九九三　『平成五年度宇佐市発掘調査指導委員会』（資料）
梅原末治　一九二〇a　「松尾村穀塚」『京都府史蹟勝地調査会報告』第二冊
梅原末治　一九二〇b　「川岡村岡ノ古墳」『京都府史蹟勝地調査会報告』第二冊
梅原末治　一九二〇c　「向日町向神社附近ノ古墳」『京都府史蹟勝地調査会報告』第二冊
梅原末治　一九二〇d　『山城国久津川車塚古墳研究』
梅原末治　一九二二　「大枝村妙見山古墳ノ調査」『京都府史蹟勝地調査会報告』第三冊
梅原末治　一九二三a　「乙訓郡寺戸ノ大塚古墳」『京都府史蹟勝地調査会報告』第四冊
梅原末治　一九二三b　「寺戸五塚原附近の古墳」『京都府史蹟勝地調査会報告』第五冊
梅原末治　一九二五　「恵解山古墳」『京都府史蹟勝地調査会報告』第六冊
梅原末治　一九三一　「寺戸の車塚古墳」『京都府史蹟名勝天然紀念物調査報告』第一二冊
梅原末治　一九三四　『大阪府史蹟名勝天然紀念物調査報告』第五輯

梅原末治　一九三五『近畿地方古墳墓の調査一』（『日本古文化研究所報告』第一）
梅原末治　一九五五ａ「向日町妙見山古墳」『京都府文化財調査報告』第二一冊
梅原末治　一九五五ｂ「乙訓郡寺戸大塚古墳」『京都府文化財調査報告』第二一冊
梅原末治　一九六四「椿井大塚山古墳」『京都府文化財調査報告』第二三冊
江藤和幸　二〇一〇『川部遺跡南西地区墳墓群』（『市内遺跡発掘調査報告書』第五集）大分県宇佐市教育委員会
太田宏明　二〇一六『横穴式石室と古墳時代社会―遺構分析の方法と実践―』雄山閣
大谷　晃　二〇一一「山陰」広瀬和雄・和田晴吾編『講座日本の考古学』古墳時代（上）、青木書店
大野　究ほか　二〇〇一『柳田布尾山古墳』氷見市教育委員会
大塚紀宜編　二〇一三『元岡・桑原遺跡群』二二（『福岡市埋蔵文化財調査報告書』第一二一〇集）
大塚初重　一九六六「古墳の変遷」近藤義郎・藤沢長治編『日本の考古学』第四巻（古墳時代　上）、河出書房
大坪州一郎　二〇一一「京都府精華町鞍岡山三号墳の調査」『考古学研究』第五八巻第一号、考古学研究会
大庭磐雄　一九六四「東京都八王子発見の方形周溝特殊遺構」『日本考古学協会昭和三六年度大会発表要旨』
大庭重信　一九九九「方形周溝墓制からみた畿内弥生時代中期の階層構造」『国家形成期の考古学』
大林組プロジェクトチーム　一九八五「現代技術と古代技術の比較による「仁徳天皇陵の建設」」『季刊大林』第二〇号
岡内三眞・和田晴吾　一九七九「カラネガ岳二号古墳」『日本考古学年報』三〇、日本考古学協会
岡山県史編纂委員会編　一九八六『岡山県史』第一八巻（考古資料）
奥　和之編　二〇〇五『総持寺遺跡』（『大阪府埋蔵文化財調査報告』二〇〇四―一）
奥田　昇　二〇〇九『平成二一年度特別展　木棺と木簡』香芝市二上山博物館
奥田　尚　一九九四「畿内を中心とした家形石棺の石材」『橿原考古学研究所論集』第一二、吉川弘文館
尾崎喜左雄　一九六六『横穴式石室の研究』吉川弘文館
小野山節　一九五九「馬具と乗馬の風習」『世界考古学大系』第三巻、平凡社
小野山節　一九七〇「五世紀における古墳の規制」『考古学研究』第一六巻第三号、考古学研究会
柏田有香ほか　二〇一六「山代地域」古代学研究会編『集落動態からみた弥生時代から古墳時代への社会変動』六一書房

堅田　直　一九六八「京都府五つか原古墳の電たん調査」『みつがらす』第一号
勝部　昭ほか　二〇〇三『宮山古墳群の研究』（『島根県古代文化センター調査研究報告書』一六）島根県古代文化センター・島根県埋蔵文化財調査センター
加藤晴彦　二〇〇一「日吉ヶ丘遺跡発掘調査の概要」『丹後最古の王墓「日吉ヶ丘墳墓」出現の謎に迫る』（資料集）、加悦町・加悦町教育委員会
加藤光臣　一九八七～九「芸備地方における弥生墳墓の動態（上・中・下）」『芸備地方史研究』第一六二～一六四、一六九・一七〇号
加藤安信編　一九八二『朝日遺跡　Ⅰ』、愛知県教育委員会
門脇俊彦　一九七一「順庵原一号墳について」『島根県文化財調査報告』第七集
金関恕・佐原眞編　一九八七『弥生文化の研究』第六巻、雄山閣
鐘方正樹　二〇〇四「日中における王陵の墳形変化とその関連性」『博望』第五号、東北アジア古文化研究所
鎌田元一　一九八四「『部』についての基礎的考察」岸俊男教授退官記念会編『日本政治経済史研究　上巻』塙書房
加悦町・加悦町教育委員会　一九九三『蛭子山古墳の時代』
河上邦彦　一九七九「大和の大型横穴式石室の系譜」『橿原考古学研究所論集』第四、吉川弘文館
河上邦彦　一九八四『市尾墓山古墳』（『高取町文化財調査報告』第五冊）
河上邦彦　一九八八「大和の大型横穴式石室の概観と二、三の問題」『橿原考古学研究所論集』第九、吉川弘文館
河上邦彦　一九九〇「近畿としての地域色」帝塚山大学考古学研究所古墳部会編『横穴式石室を考える』帝塚山考古学研究所
河上邦彦ほか編　一九七六『葛城・石光山古墳群』（『奈良県史跡名勝天然記念物調査報告』第三一冊）奈良県教育委員会
河上邦彦ほか編　一九九七『島の山古墳調査概報』学生社
川西宏幸　一九七八「円筒埴輪総論」『考古学雑誌』第六四巻第二号
川西宏幸　一九八七「国家の形成」『山城町史』本文編、山城町役場
岸本一宏　二〇〇一「弥生時代の低地円丘墓について」『兵庫県埋蔵文化財研究紀要』創刊号
岸本一宏編　二〇一〇『史跡　茶すり山古墳』（『兵庫県文化財調査報告』第三八三号）

北野耕平　一九六七　「摂津会下山二本松古墳における内部構造の考察」『兵庫史学』六五号
木下保明　一九八一　『旭山古墳群発掘調査報告書』（『京都市埋蔵文化財研究所調査報告』第五冊）京都市埋蔵文化財研究所
京都大学考古学研究会　一九七一　『嵯峨野の古墳時代』
京都大学文学部考古学研究室向日丘陵古墳群調査団　一九七一　「京都向日丘陵の前期古墳群の調査」『史林』第五四巻第六号
京都府教育委員会　一九七二　『京都府遺跡地図』京都府教育委員会
京都府埋蔵文化財研究会編　二〇〇〇　『京都の首長墳』（『第八回京都府埋蔵文化財研究集会発表資料集』）
京都府埋蔵文化財調査研究センター　二〇〇一　『赤坂今井墳丘墓―第三次発掘調査概要報告―』（『京都府峰山町文化財調査報告』第二一集）
國木健司編　一九九三　『石塚山古墳群』綾歌町教育委員会
椚　国男　一九七五　『古墳の設計』築地書館
倉野憲司・武田祐吉校注　一九五八　『古事記　祝詞』（『日本古典文学大系』一）岩波書店
黒板勝美・国史大系編修会　一九七五　『国史大系　延喜式』中篇、吉川弘文館
黄　暁芬　二〇〇〇　『中国古代葬制の伝統と変革』勉誠出版
後藤守一・相川龍雄　一九三六　「多野郡平井村白石稲荷山古墳」『群馬県史蹟名勝天然記念物調査報告』第三輯
小林謙一　一九九〇　「歩兵と騎兵」白石太一郎編『古墳時代の工芸』（『古代史復元』第七巻）講談社
小林行雄　一九五一　「家形石棺（上・下）」『古代学研究』第四・五号（小林一九七六所収）
小林行雄　一九五五　「古墳の発生の歴史的意義」『史林』第三八巻第一号（小林一九六一所収）
小林行雄　一九六一　『古墳時代の研究』青木書店
小林行雄　一九七六　『古墳文化論考』平凡社
小林行雄　一九八一　「鏡・大刀・玉のなぞ」『古墳の謎を探る』帝塚山大学考古学研究室
小林行雄・近藤義郎　一九五九　「古墳の変遷」『世界考古学大系』第三巻、平凡社
近藤広編　一九九三　『栗東町埋蔵文化財調査一九九一年度年報』Ⅱ、栗東町文化体育振興事業団
近藤義行ほか　一九八六　「久津川車塚古墳・丸塚古墳発掘調査概報」『城陽市埋蔵文化財調査報告書』第一五集

近藤義行ほか　一九八七「久津川遺跡群発掘調査概報」『城陽市埋蔵文化財調査報告書』第一七集
近藤義郎　一九五二『佐良山古墳群の研究』一
近藤義郎　一九五九「共同体と単位集団」『考古学研究』第六巻第一号、考古学研究会
近藤義郎　一九六六「古墳とはなにか」近藤義郎・藤沢長治編『日本の考古学』第四巻（古墳時代　上）、河出書房
近藤義郎　一九六八「前方後円墳の成立と変遷」『考古学研究』第一五巻第一号、考古学研究会
近藤義郎　一九七七ａ「古墳以前の墳丘墓—楯築遺跡をめぐって—」『岡山大学法文学部学術紀要』第三七号（史学篇）
近藤義郎　一九七七ｂ「前方後円墳の成立」『考古論集—松崎寿和先生六十三歳記念論文集』
近藤義郎　一九八三『前方後円墳の時代』岩波書店
近藤義郎　一九八六「前方後円墳の誕生」『岩波講座　日本考古学』第六巻（変化と画期）、岩波書店
近藤義郎編　一九八六『椿井大塚山古墳』（『京都府山城町埋蔵文化財調査報告』第三集）
近藤義郎編　一九九一～九四『前方後円墳集成』（全五巻）、山川出版社
近藤義郎編　一九九二『楯築弥生墳丘墓の研究』楯築刊行会
近藤義郎・藤沢長治編　一九六六『日本の考古学』第四巻（古墳時代　上）、河出書房
埼玉県教育委員会編　一九八〇『埼玉稲荷山古墳』
斎藤　弘　一九八四「鈴杏葉の分類と編年について」『日本古代文化研究』創刊号、古墳文化研究会
斎藤優・青木豊和　一九七六『太田山古墳群と糞置荘』福井県郷土史懇談会
坂本太郎ほか校注　一九六五『日本書紀　下』（『日本古典文学大系』六八）岩波書店
坂本太郎・平野邦雄監修　一九九〇『日本古代氏族人名辞典』吉川弘文館
佐原　眞　一九六七「山城における弥生式文化の成立」『史林』第五〇号第五号
狭山池調査事務所編　一九九八『狭山池　埋蔵文化財編』
島根県教育委員会・朝日新聞社編　一九九七『古代出雲文化展』
島根県古代文化センター他　二〇〇三『宮山古墳群の研究』
下垣仁志　二〇一〇『三角縁神獣鏡研究事典』吉川弘文館

白石太一郎　一九六六「畿内の後期大型群集墳に関する一試考―河内高安千塚及び平尾山千塚を中心として―」『古代学研究』第四二・四三合併号、古代学研究会
白石太一郎　一九六九「畿内における大型古墳群の消長」『考古学研究』第一六巻第一号、考古学研究会
白石太一郎　一九七三「大型古墳と群集墳―群集墳の形成と同族系譜の成立―」『橿原考古学研究所紀要　考古学論攷』第二冊
白石太一郎　一九八一「墓と墓地」『三世紀の考古学』中巻、学生社
白石太一郎　一九八二「畿内における古墳の終末」『国立歴史民俗博物館研究報告』第一集
白石太一郎　一九八四「日本古墳文化論」『日本史講座』一（原始・古代一）、東京大学出版会
白石太一郎　一九八五a「年代決定論（二）弥生時代以降の年代決定」『岩波講座　日本考古学』第一巻（研究の方法）、岩波書店
白石太一郎　一九八五b『古墳の知識Ⅰ　墳丘と内部構造』（『考古学シリーズ』一九）東京美術
白石太一郎　一九八九「巨大古墳の造営」同編『古代を考える　古墳』吉川弘文館
白石太一郎　二〇〇六「須恵器の暦年代」『年代のものさし』（『大阪府立近つ飛鳥博物館図録』四〇）
白石太一郎ほか　一九七六『葛城・石光山古墳群』（『奈良県史跡名勝天然記念物調査報告』第三一冊）
白石太一郎ほか　一九八四「群馬県冨士山古墳所在の長持型石棺」『国立歴史民俗博物館研究報告』第三集
申　敬澈　一九九三「加耶成立前後の諸問題―最近の発掘調査成果から―」『加耶と古代東アジア』新人物往来社
進藤　武　二〇〇一『史跡大岩山古墳群　天王山古墳・円山古墳・甲山古墳調査整備報告書』（『野洲町文化財資料集』二〇〇一―二）野洲町教育委員会
末永雅雄　一九七五『古墳の航空大観』学生社
菅谷文則　二〇一七「古墳出土の鏡から歴史を考える」東松山市教育委員会編『三角縁神獣鏡と三―四世紀の東松山』（『考古学リーダー』二六）六一書房
鈴木裕明　二〇〇〇『威儀の象徴―古墳時代の威儀具―』（『橿原考古学研究所附属博物館特別展図録』第五三冊）
妹尾周三　一九八七『佐田谷墳墓群』（『広島県埋蔵文化財センター調査報告書』第六三集）
関川尚功　一九八八「弥生土器から土師器へ」『季刊考古学』第二四号、雄山閣
関川尚功　一九九二「大和の中・後期古墳」『大和・河内・和泉・摂津の古墳編年発表要旨』大和古中近研究会第二回研究集会

大韓民国文化財管理局（永島暉臣慎訳）　一九七四　『武寧王陵』学生社
平良泰久ほか編　一九八三　『大山墳墓群』（『京都府丹後町文化財調査報告』第一集）
平良泰久　一九八五　「山城」『季刊考古学』第一〇号（特集　古墳の編年を総括する）、雄山閣
平良泰久　一九八六　「南山城」『日本の古代遺跡』二七（京都一）、保育社
高上　拓　二〇一〇　「古墳時代の棺とその歴史的意義　石棺集成資料・四国」『日本考古学協会二〇一〇年度兵庫大会研究発表資料集』同実行委員会
高木恭二　一九九四　「九州の刳抜式石棺について」『古代文化』第四六巻第五号
高木恭二・渡辺一徳　一九九〇　「石棺研究への一提言―阿蘇石の誤認とピンク石石棺の系譜―」『古代文化』第四二巻第一号
高槻市教育委員会　二〇〇四　『発掘された埴輪群と今城塚古墳』
高橋　徹・綿貫俊一編　二〇一一　『川部・高森古墳調査報告書』大分県歴史博物館
高橋美久二ほか　一九八〇　「長岡京跡右京第二六次発掘調査概要」『（京都府）埋蔵文化財発掘調査概報』（第二分冊）
立花　聡　一九九〇　『玉丘古墳』（『加西市埋蔵文化財報告』第四集）
立花聡編　一九九三　『玉丘遺跡群　Ⅱ』（『加西市埋蔵文化財報告』第一五集）
立花聡・十河良和　一九九一　『玉丘遺跡群　Ⅰ』（『加西市埋蔵文化財報告』第一〇集）
辰巳和弘　一九七二　「平群氏に関する基礎的考察（上・下）」『古代学研究』第六四・六五号
田中勝弘　一九九〇　「滋賀」石野博信ほか編『古墳時代の研究』第一〇巻（地域の古墳Ⅰ・西日本）、雄山閣
田中清美　一九八六　「近畿弥生社会の墳墓」『早良王墓とその時代』福岡市歴史資料館
田中清美編　二〇一五　『加美遺跡発掘調査報告』Ⅴ、大阪文化財研究所
田中智子　二〇〇五　「総持寺古墳群をめぐる埴輪生産と供給」『総持寺遺跡』（『大阪府埋蔵文化財調査報告』二〇〇四―二）
田中新史　一九八四　「出現期古墳の理解と展望―東国神門五号墳の調査と関連して―」『古代』第七七号、早稲田大学考古学会
田中　琢　一九七〇　「『まつり』から『まつりごと』へ」『古代の日本　五』角川書店
田中琢編　一九九〇　『年輪に歴史を読む―日本における古年輪学の成立―』（『奈良国立文化財研究所学報』第四八冊）
田中光浩・林和広　一九八二　『七尾遺跡発掘調査報告書』（『京都府峰山町文化財調査報告』第八集）

田中良之　一九九五　『古墳時代親族構造の研究―人骨が語る古代社会―』柏書房
田辺郷土史会　一九五九　『田辺町郷土史』古代篇
田辺昭三　一九六六　『陶邑古窯址群Ⅰ』平安学園考古学クラブ
田辺昭三　一九八一　『須恵器大成』角川書店
田邊朋宏　二〇一〇　「古墳時代の棺とその歴史的意義　石棺集成資料・北陸」『日本考古学協会二〇一〇年度兵庫大会研究発表資料集』同実行委員会
谷岡武雄　一九六四　『平野の開発』古今書院
谷本進ほか　一九八七　『箕谷古墳群』（『兵庫県八鹿町文化財調査報告書』第六集）
崔　完奎　二〇〇三　「韓国西海岸一帯の周溝墓と墳丘墓」和田晴吾編『古代日韓交流の考古学的研究―葬制の比較研究―』（科学研究費補助金研究成果報告書）
千賀　久・吉村幾温編　一九八八　『寺口忍海古墳群』（『新庄町文化財調査報告』第一冊）新庄町教育委員会
朝鮮学会編　二〇〇二　『前方後円墳と古代日朝関係』同成社
堤圭三郎・高橋美久二　一九六八　「向日丘陵地遺跡分布調査概要」（『京都府）埋蔵文化財発掘調査概報』
都出比呂志　一九七〇　「農業共同体と首長権」『古代国家』（歴史学研究会・日本史研究会編『講座日本史』第一巻）、東京大学出版会
都出比呂志　一九七九　「前方後円墳出現期の社会」『考古学研究』第二六巻第三号、考古学研究会
都出比呂志　一九八三a　「五世紀における古墳の様相」『向日市史』上巻
都出比呂志　一九八三b　「弥生土器における地域色の性格」『信濃』第三五巻第四号、信濃史学会（都出一九八九bに補筆所収）
都出比呂志　一九八四　「農耕社会の形成」『講座日本歴史』第一巻、東京大学出版会
都出比呂志　一九八六a　「国家形成期における階層化とムラ」『日本民俗社会の形成と発展』山川出版社
都出比呂志　一九八六b　「墳墓」『岩波講座　日本考古学』第四巻（集落と祭祀）、岩波書店
都出比呂志　一九八八　「古墳時代首長系譜の継続と断絶」『待兼山論叢』第二二号史学編
都出比呂志　一九八九a　「古墳が造られた時代」同編『古墳時代の王と民衆』（『古代史復元』第六巻）講談社
都出比呂志　一九八九b　『日本農耕社会の成立過程』岩波書店

都出比呂志　一九九一「日本古代の国家形成論序説―前方後円墳体制の提唱―」『日本史研究』三四三号
都出比呂志　一九九三「前方後円墳体制と民族形成」『待兼山論叢』第二七号、史学篇
都出比呂志　一九九六「国家形成の諸段階―首長制・初期国家・成熟国家―」『歴史評論』五五一号
都出比呂志　二〇〇五『前方後円墳と社会』塙書房
都出比呂志・岡内三真　一九七八「カラネガ岳一号古墳」『日本考古学年報』二九
坪井清足・町田章編　一九七七『壁画・石造物』（『日本原始美術大系』六）講談社
寺沢　薫　一九八九『纒向石塚古墳範囲確認調査（第四次）概報』桜井市教育委員会
寺沢　薫　二〇〇〇『王権誕生』（『日本の歴史』第〇二巻）講談社
寺前直人・福永伸哉編　二〇〇七『勝福寺古墳の研究』（『大阪大学文学研究科考古学研究報告』第四冊）
同志社大学考古学研究会　一九七三「丹後地域の古式古墳」『同志社考古』第一〇号
東野治之　一九九三「銘文の釈読」『江田船山古墳出土国宝銀象嵌銘鉄刀』東京国立博物館
徳田誠志・福尾正彦　一九九四「畝傍陵墓参考地石室内現況調査報告」『書陵部紀要』第四五号、宮内庁
中司照世編　一九八六『吉河遺跡発掘調査概報』（『福井県教育庁埋蔵文化財調査センター所報』二）
中村一郎・笠野毅　一九七六「大市墓の出土品」『書陵部紀要』第二七号
浪貝　毅編　一九七〇『森本遺跡発掘調査概報』
奈良県立橿原考古学研究所編　一九九〇『斑鳩・藤ノ木古墳第一次調査報告書』斑鳩町・斑鳩町教育委員会
奈良県立橿原考古学研究所編　一九九五『斑鳩・藤ノ木古墳第二・三次調査報告書』斑鳩町・斑鳩町教育委員会
奈良県立橿原考古学研究所編　一九九七『島の山古墳調査概報』学生社
奈良県立橿原考古学研究所編　二〇〇一『ホケノ山古墳調査概報』（『大和の前期古墳』四）学生社
奈良国立文化財研究所　一九五八『飛鳥寺発掘調査報告』（『奈良国立文化財研究所学報』第五冊）
奈良国立文化財研究所　一九六二『平城宮発掘調査報告』Ⅱ（『奈良国立文化財研究所一〇周年記念学報（学報第一五）』）
奈良拓弥　二〇一〇「竪穴式石槨の構造と使用石材からみた地域間関係」『日本考古学』第二九号、日本考古学協会
奈良文化財研究所飛鳥資料館　二〇〇九『三燕文化の考古新発見』

新納　泉　一九八三「装飾付大刀と古墳時代後期の兵制」『考古学研究』第三〇巻第三号、考古学研究会
新納　泉　一九八七「戊辰年銘大刀と装飾大刀の編年」『考古学研究』第三四巻第三号、考古学研究会
新納　泉　一九九五「巨石墳と終末型古墳の編年」『展望考古学』考古学研究会
仁木　聡編　二〇〇七『弥生王墓誕生―出雲に王が誕正したとき―』（島根県立古代出雲歴史博物館企画展）
西川　宏　一九六四「吉備政権の性格」考古学研究会編『日本考古学の諸問題―考古学研究会一〇周年記念論文集―』河出書房新社
西嶋定生　一九六一「古墳と大和政権」『岡山史学』第一〇号
西嶋定生　一九九四『邪馬台国と倭国―古代日本と東アジア―』吉川弘文館
西田道世編　二〇〇七『菊水町史　江田船山古墳編』熊本県和水町
西谷真治　一九六五「向日町元稲荷古墳」『京都府文化財調査報告書』第二三冊
西山団体研究グループ　一九六七「京都盆地西南部、西山山麓の大阪層群―近畿地方の新期新生代層の研究、その七」『地球科学』二一―五
禰宜田佳男　一九九〇「弥生時代に鉄器はどの程度普及していたか」『争点　日本の歴史』第一巻、新人物往来社
野上丈助　一九七〇「摂河泉における古墳群の形成とその特質」『考古学研究』第一六巻第三号、考古学研究会
野上丈助　一九八八「群集墳研究の一分析視角について」『考古学叢考』中、吉川弘文館
野島　永　一九九六「近畿地方の弥生時代の鉄器について」『京都府埋蔵文化財論集』第三集
野島　永　一九九一「京都府北部の貼り石方形墳丘墓について」『京都府埋蔵文化財論集』第二集
野島　永・野々口陽子　一九九九・二〇〇〇・二〇〇二「近畿地方北部における古墳成立期の墳墓（一～三）」『京都府埋蔵文化財情報』第七四・七六・八三号
河　仁秀　二〇〇〇「嶺南地方無文土器時代墓制の様相―洛東江下流域を中心に―」『弥生の墓制（一）―墓制からみた弥生文化の成立―』第四八回埋蔵文化財研究集会
橋口達也ほか　一九九四「五世紀における技術の革新」日本考古学協会編『シンポジウム　東アジアと九州』学生社
花田勝広　一九八八「律令制の確立にみる葬地の変革―河内地域の氏墓の様相を中心に―」『信濃』第四〇巻第四号、信濃史学会
土生田純之　一九九四「大和における大型横穴式石室の構築工程について―「付加羨道」の検討―」『専修人文論集』第五五号

土生田純之　一九九一　『日本横穴式石室の系譜』学生社
浜中邦弘・田中元浩　二〇〇六　「宇治市街遺跡（宇治妙楽五五）の古墳時代流路ＳＤ三〇二について」『第一四回京都府埋蔵文化財研究会発表資料集』
林屋辰三郎　一九五五　『古代国家の解体』東京大学出版会
原口正三・西谷正　一九六七　「弁天山Ｃ一号墳」『弁天山古墳群の調査』（『大阪府文化財調査報告』第一七輯）
原田昌浩　二〇一五　「古墳時代中期の埴輪生産」『考古学研究』第六一巻第四号
春成秀爾　一九八五　「弥生時代畿内の親族構成」『国立歴史民俗博物館研究報告』第五集
春成秀爾ほか　二〇〇九　「古墳出現の炭素一四年代」『日本考古学協会第七五回総会研究発表要旨』
樋口隆康・小泉裕二　一九九九　「箱塚古墳」『城陽市史』第三巻
肥後弘幸　一九九八　「三坂神社墳墓群」『京都府大宮町文化財調査報告書』第一四集
肥後弘幸　一九九九　「丹後の弥生の墓」『丹後の弥生社会を斬る（第四回加悦町文化財シンポジウム）』
菱田哲郎　一九八六　「畿内の初期瓦生産と工人の動向」『史林』第六九巻第三号
菱田哲郎編　一九九〇　『鬼神谷窯跡発掘調査報告』兵庫県竹野町教育委員会
櫃本誠一　一九八五　「播磨」『季刊考古学』第一〇号（特集　古墳の編年を総括する）、雄山閣
広瀬和雄　一九七八　「群集墳論序説」『古代研究』一五
広瀬和雄　一九八三　「古代の開発」『考古学研究』第三〇巻第二号、考古学研究会
広瀬和雄　一九八七・八八　「大王墓の系譜とその特質」『考古学研究』第三四巻第三・四号、考古学研究会
廣瀬　覚　二〇〇六　「五色塚古墳と前期後葉の埴輪生産」丸山潔編『五色塚古墳・小壺古墳発掘調査・復元整備報告書』神戸市教育委員会
廣瀬　覚　二〇一七　「東播磨」『播磨の埴輪』第一七回播磨考古学研究集会の記録、同実行委員会
福尾正彦・徳田誠志　一九九四　「畝傍陵墓参考地石室内現況調査報告」『書陵部紀要』第四五号、宮内庁書陵部
福永伸哉　一九八五　「弥生時代の木棺墓と社会」『考古学研究』第三二巻第一号、考古学研究会
福永伸哉　一九八九ａ　「共同墓地」都出比呂志編『古墳時代の王と民衆』（『古代史復元』第六巻）講談社

福永伸哉　一九八九b　「古墳時代の共同墓地—密集型土坑墓の評価について—」『待兼山論叢』第二三号・史学編
藤井　整　二〇〇一　「方形周溝墓の成立」『京都府埋蔵文化財情報』第八二号、京都府埋蔵文化財調査研究センター
藤岡謙二郎　一九七〇　「序説　自然的環境」林屋辰三郎編『京都の歴史』一
藤田憲司　一九八七　「方形台状墓」『弥生文化の研究』第八巻、雄山閣
藤田憲司　一九七六　「讃岐（香川県）の石棺」『倉敷考古館研究集報』第一二号、倉敷考古館
藤永照隆　二〇〇〇　『西谷墳墓群—平成一〇年度発掘調査報告書』出雲市教育委員会
藤森栄一　一九三九　「信濃諏訪地方古墳の地域的研究」『考古学』第一〇巻第一号（『古墳の地域的研究』永井出版企画、一九七四年に収録）
古川　登　一九九三　「北陸地方西部における弥生時代墓制の変容」『滋賀考古』第九号
古谷　毅　一九八八　「京都府久津川車塚古墳出土の甲冑」『MUSEUM』四四五
文化財保存京都学生会議　一九六八　「京都府久津川車塚古墳群の成立と文化財問題」『考古学研究』第一五巻第二号
北條芳隆　一九八六　「墳丘に表示された前方後円墳の定式とその評価—成立当初の畿内と吉備との対比から—」『考古学研究』第三二巻第四号
北條芳隆　一九九八　「四国の弥生時代円丘墓」『東アジア墳丘墓研究会発表資料』
北條芳隆　二〇〇〇　「前方後円墳と倭王権」『古墳時代像を見なおす—成立過程と社会変革—』青木書店
堀田啓一　一九九二　「『絵図』にみる見瀬丸山古墳」猪熊兼勝編『見瀬丸山古墳と天皇陵』（『季刊考古学』別冊二）、雄山閣
前沢輝政　一九八九　「創出期古墳の墳形と規模の規格性について」『古代』第八八号、早稲田大学考古学会
前園実知雄・白石太一郎　一九九五　『藤ノ木古墳』（『日本の古代遺跡』五）読売新聞社
間壁忠彦・間壁葭子　一九七四　「石棺研究ノート（一）—石棺石材の同定と岡山県の石棺をめぐる問題—」『倉敷考古館研究集報』第九号
間壁忠彦・間壁葭子　一九七四　「石棺研究ノート（二）—岡山県丸山古墳ほか長持形・古式家形石棺の石材同定—」『倉敷考古館研究集報』第一〇号
間壁忠彦・間壁葭子　一九七五　「石棺研究ノート（三）—長持形石棺—」『倉敷考古館研究集報』第一一号

間壁忠彦ほか　一九七六　「石棺研究ノート（四）—石材からみた畿内と近江の家形石棺—」『倉敷考古館研究集報』第一二号
増田一裕　一九九五　「七世紀前半期における陵墓造営の史的動向—陵墓は暦年代の基準なり得るか—」『古代学評論』第四号
増田一裕　一九九一　「見瀬丸山古墳の被葬者—檜隈・身狭地域所在の大王墓級古墳を中心として—（上・下）」『古代学研究』第一二四・一二五号、古代学研究会
松下　進　一九七一　『日本地方地質誌（近畿地方）』改訂版
松本洋明　一九九七　「大和の方形周溝墓」『みずほ』第二一巻、大和弥生文化の会
右島和夫　一九九四　『東国古墳時代の研究』学生社
水野正好　一九七〇　「群集墳と古墳の終焉」坪井清足、岸俊男編『古代の日本　五』（近畿）、角川書店
光谷拓実　一九九三　「年輪年代法による木製品の年代測定」『栗東町埋蔵文化財調査一九九一年度年報』Ⅱ、栗東町文化体育振興事業団
光谷拓実　一九九六　「古墳の年代を年輪から計る」『考古学と実年代』（『埋蔵文化財研究集会第四〇回記念研究集会発表要旨』第一分冊）
光谷拓実　二〇〇〇　「年輪年代法の最新情報—弥生時代～飛鳥時代—」『埋蔵文化財ニュース』九九、奈良国立文化財研究所埋蔵文化財センター
光谷拓実　二〇〇一　「勝山古墳出土木材の年輪年代」『桜井市勝山古墳第四次発掘調査概報』（『奈良県遺跡調査概報二〇〇〇年度』）
光谷拓実　二〇〇七　「年輪年代法と歴史学研究」『国立歴史民俗博物館研究報告』第一三七集
光谷拓実・次山　淳　一九九九　「平城宮下層古墳時代の遺物と年輪年代」『奈良国立文化財研究所年報』一九九九—一
村上久和編　一九九一　『上ノ原横穴墓群』大分県教育委員会
茂木雅博　一九七四　『前方後方墳』（『考古学選書』一一）雄山雄
森岡秀人　一九九五　「定型化以前の前方後円形墓」『季刊考古学』第五二号、雄山閣
森　浩一　一九六五　『古墳の発掘』中公新書
森　浩一　一九七四　『古墳文化小考』三省堂新書
森貞次郎　一九七〇　『岩戸山古墳』中央公論美術出版

森下浩行　一九八七「畿内大型横穴式石室考―後期古墳時代・畿内A類の様相―」森浩一編『同志社大学考古学シリーズⅢ　考古学と地域文化』
森田克行　一九八五「摂津」『季刊考古学』第一〇号（特集　古墳の編年を総括する）、雄山閣
森田克行　二〇〇六『今城塚と三島古墳群』（『日本の遺跡』七）同成社
森藤徳子　二〇一七「古墳群の動態と階層構造―鳥取県千代川流域を中心に―」『調査研究紀要』八、鳥取県埋蔵文化財センター
森屋美佐子・亀井　聡編　二〇〇七『久宝寺遺跡・竜華地区発掘調査報告書』Ⅶ（『大阪府文化財センター調査報告書』第一五六集）
野洲町立歴史民俗資料館　二〇〇一『古代国家の始まり』
柳浦俊一　一九九三「島根・鳥取出土子持壺集成」『島根考古学会誌』一〇
柳沢一男　一九七五「北部九州における初期横穴式石室の展開」『九州考古学の諸問題』東出版寧楽社
柳沢一男　一九九〇「横穴式石室からみた地域間動向　近畿と九州」帝塚山大学考古学研究所古墳部会編『横穴式石室を考える』帝塚山考古学研究所
山崎信二　一九八五『横穴式石室構造の地域別比較研究―中・四国編―』
山田清朝　二〇一五『池田古墳』（『兵庫県文化財調査報告』第四七一号）
山田清朝編　一九九五『東武庫遺跡』（『兵庫県文化財調査報告』第一五〇冊）
山田良三　一九六九「古墳時代」『城陽町史』第一巻
山田良三　一九七三「井手町の先史・古代遺跡」『井手町の自然と遺跡』（『井手町史シリーズ』第一集）
山本三郎　一九八三「丹後の周辺地域―播磨」『歴史公論』第九巻第三号
山本雅和　二〇〇八「古墳時代の須恵器生産組織について」『吾々の考古学』和田晴吾先生還暦記念論集刊行会
山本　亮　二〇一七「纒向石塚古墳との関係」『奈良文化財研究所紀要』二〇一七
要田政晴・細川修平　一九九二「近江」近藤義郎編『前方後円墳集成　近畿編』山川出版社
横山浩一　一九八五「型式論」『岩波講座　日本考古学』第一巻（研究の方法）、岩波書店
吉井秀夫　二〇〇一「百済の墳墓」後藤直・茂木雅博編『東アジアと日本の考古学』Ⅰ、同成社
吉田　晶　一九七六「大化前代の南山城」『古代国家の形成と展開』大阪歴史学会

吉田敦彦　一九九二『日本神話のなりたち』青土社
龍谷大学文学部考古学資料室　一九七二『南山城の前方後円墳』
和田　萃　一九七三「見瀬丸山古墳の被葬者―『継体・欽明朝内乱』に関連して―」横田健一編『日本書紀研究』第七冊、塙書房
和田晴吾　一九七六「畿内の家形石棺」『史林』第五九巻第三号
和田晴吾　一九八三「出雲の家形石棺」『展望アジアの考古学』（『樋口隆康教授退官記念論集』）
和田晴吾　一九八六「金属器の生産と流通」『岩波講座　日本考古学』第三巻（生産と流通）、岩波書店、和田二〇一五に収録
和田晴吾　一九八九a「古墳の築造過程を考える」『古市古墳群をめぐる諸問題』（『藤井寺市の遺跡ガイドブック』四）藤井寺市教育委員会
和田晴吾　一九八九b「葬制の変遷」都出比呂志編『古墳時代の王と民衆』（『古代史復元』第六巻）講談社（和田二〇一四に収録）
和田晴吾　一九八九c「畿内・横口式石槨の諸類型」『立命館史学』一〇号、立命館史学会
和田晴吾　一九九〇「嵯峨野古墳群―考古学から見た洛西―」後藤靖・山尾幸久編『洛西探訪―京都文化の再発見―』淡交社
和田晴吾　一九九二a「見瀬丸山古墳の石棺」猪熊兼勝編『見瀬丸山古墳と天皇陵』（『季刊考古学』別冊二）、雄山閣
和田晴吾　一九九二b「古墳時代前期の政治と宗教」『日本考古学協会一九九二年度大会研究発表要旨』
和田晴吾　一九九二c「地域の概要・山城」近藤義郎編『前方後円墳集成　近畿編』山川出版社
和田晴吾　一九九二d「古代山陽道沿いの古墳の動向」『山陽道（西国街道）』（『歴史の道調査報告書』第二集）、兵庫県教育委員会
和田晴吾　一九九四「畿内の刳抜式石棺―四・五世紀における首長連合体制と石棺―」『古代文化』第四六巻第六号
和田晴吾　一九九五a「近畿の前方後円墳」『前方後円墳の原風景』（シンポジウム　古代史におけるアジアと日本）九州国立博物館誘致推進本部他
和田晴吾　一九九五b「越前・近江からみた継体大王」宇治市教育委員会編『継体王朝の謎―うばわれた王権―』河出書房新社
和田晴吾　一九九六「大王の棺」『仁徳陵古墳築造の時代』（『大阪府立近つ飛鳥博物館図録』八）
和田晴吾　一九九七「後期古墳の地域色」『古代出雲文化展』島根県教育委員会・朝日新聞社
和田晴吾　一九九八「畿内の石棺―長持形石棺と家形石棺―」まつおか古代フェスティバル実行委員会編『継体大王と越の国』福井新聞社

和田晴吾　一九九九「古墳時代編年表・古墳分布図」永原慶二監修『岩波日本史辞典』岩波書店
和田晴吾　二〇〇三a「棺と古墳祭祀（二）―『閉ざされた棺』と『開かれた棺』―」『立命館大学考古学論集』Ⅲ（和田二〇一四に収録）
和田晴吾　二〇〇三b「古墳時代の生業と社会―古墳の秩序と生産・流通システム―」『考古学研究』第五〇巻第三号、考古学研究会（和田二〇一五に収録）
和田晴吾　二〇〇四a「三島古墳群と今城塚古墳」『発掘された埴輪群と今城塚古墳』高槻市教育委員会
和田晴吾　二〇〇四b「今城塚古墳の石棺が語る」『天皇陵（今城塚古墳）を科学する』日本文化財科学会
和田晴吾　二〇〇七「古墳群の分析視角と群集墳」『関東の後期古墳群』（『考古学リーダー』12）六一書房
和田晴吾　二〇一一「古墳時代研究小史」広瀬和雄・和田晴吾編『古墳時代・上』（『講座日本の考古学』第七巻）青木書店
和田晴吾　二〇一四『古墳時代の葬制と他界観』吉川弘文館
和田晴吾　二〇一五『古墳時代の生産と流通』吉川弘文館
渡辺明夫　一九七七『龍王山古墳調査概報』香川県教育委員会
渡辺貞幸　一九九五「『出雲連合』の成立と再編」瀧音能之編『出雲世界と古代の山陰』（『古代王権と交流』七）、名著出版
渡辺貞幸　一九九七「四隅突出型墳丘墓研究の諸問題」『四隅突出型墳丘墓研究とその時代』第二回山陰考古学研究集会
渡邉　誠　二〇一六「讃岐地域」古代学研究会編『集落動態からみた弥生時代から古墳時代への社会変動』六一書房
渡辺昌宏　一九九九「方形周溝墓の源流」『渡来人登場』（『大阪府立弥生文化博物館図録』一八）

初出一覧

第一部　古墳時代の枠組み

第一章　「古墳時代の時期区分をめぐって」『考古学研究』第三四巻第二号、考古学研究会、一九八七年九月

第二章　「古墳時代の年代決定法をめぐって」『日韓における古墳・三国時代の年代観』三、日本国立歴史民俗博物館・韓国釜山大学校博物館、二〇〇九年一二月

第三章　「墳墓からみた集団・地域」立命館大学文学部考古学・文化遺産専攻編『畿内の首長墳』二〇一七年三月

第二部　古墳時代の諸段階と古墳の秩序

第一章　「南山城の古墳—その概要と現状—」『京都地域研究』四、立命館大学人文科学研究所、一九八八年一一月

第二章　「古墳築造の諸段階と政治的階層構成—五世紀代の首長制的体制に触れつつ—」荒木敏夫編『ヤマト王権と交流の諸相』（『古代王権と交流』五）名著出版、一九九四年一二月

第三章　「群集墳と終末期古墳」山中一郎・狩野久編『新版古代の日本』第五巻（近畿一）、角川書店、一九九二年三月

第四章　「見瀬丸山古墳・藤ノ木古墳と六世紀のヤマト政権」義江彰夫ほか編『日本の古代をひらく』（『情況』一九九六年五月別冊）情況出版、一九九六年五月

第五章　「古墳時代は国家段階か」都出比呂志・田中琢編『権力と国家と戦争』（『古代史の論点』第四巻）小学館、一九九八年三月

第六章　「国家形成論研究の視点」考古学研究会例会委員会編『国家形成過程の諸変革』二〇〇〇年一一月
第七章　「古墳文化論」歴史学研究会・日本史研究会編『東アジアにおける国家の形成』（『日本史講座』第一巻）東京大学出版会、二〇〇四年五月

第三部　王権と地方勢力

第一章　「三大古墳と日本海沿岸の古墳」『日本海三大古墳がなぜ丹後につくられたのか—その謎に迫る—』（『第三回加悦町文化財シンポジウム』）加悦町教育委員会、一九九七年三月
第二章　「今城塚古墳と九州勢力」高槻市教育委員会編『継体天皇の時代』吉川弘文館、二〇〇八年七月
第三章　「古墳文化の地方色—出雲地方を中心に—」『つどい』第二二四号、豊中歴史同好会、二〇〇六年一一月
付論一　『向日市五塚原古墳の測量調査より』小野山節編『王陵の比較研究』（『科学研究費補助金（総合A）研究成果報告書』）京都大学文学部考古学研究室、一九八一年三月
付論二　「弥生墳丘墓の再検討」『古代日韓交流の考古学的研究—葬制の比較研究—』（『科学研究費補助金基盤研究（B）（1）研究成果報告書』研究代表・和田晴吾）二〇〇三年三月
終章　新稿

挿図・表出典

図1　和田一九八七
図2　和田一九九九
図3　埼玉県編一九八〇
図4　西田編二〇〇七
図5　西田編二〇〇七
図6　西田編二〇〇七
図7　西田編二〇〇七
図8　森田二〇〇六
図9　白石二〇〇六、田辺一九八一
図10　和田二〇〇九
図11　山本二〇〇八より作成
図12　菱田編一九九〇
図13　奈良二〇一〇
図14　藤田一九七六より作成
図15　田中二〇〇五。一部修正
図16　奥編二〇〇五。一部修正
図17　大谷二〇一一
図18　和田一九八八
図19　和田一九八八
図20　和田一九九四
図21　和田一九九四を修正
図22　和田一九九四
図23　石井・有井編一九九七より作成
図24　和田一九九二（石井・有井編一九八九より作成）
図25　和田一九九二（河上ほか編一九七六より作成）
図26　和田一九九二（千賀・吉村編一九八八より作成）
図27　和田一九九二（木下一九八一より作成）
図28　森重二〇一七に加筆
図29　和田一九九六（福尾・徳田一九九四より作成）
図30　和田一九九六（奈良県編一九九〇・九五より作成）
図31　和田一九九六を修正
図32　和田一九九九
図33　和田一九九八
図34　和田一九九八
図35　和田一九九六
図36　和田一九九八
図37　和田一九九八（河上ほか編一九九七より作成）
図38　小林一九九〇（早川和子原図）
図39　和田一九九八
図40　申一九九三

図41　和田二〇〇七
図42　和田二〇〇七
図43　和田二〇〇四
図44　和田二〇〇四を修正
図45　和田二〇〇四
図46　高槻市二〇〇四より作成
図47　和田一九九七
図48　和田一九九七
図49　渡辺一九九五
図50　和田一九九九
図51　高槻市二〇〇四を修正
図52　進藤編二〇〇一、梅原一九三四
図53　高槻市二〇〇四
図54　島根県・朝日編一九九七
図55　出雲一九八七
図56　出雲一九八七
図57　和田一九八三
図58　柳浦一九九三より作成
図59　島根県・朝日編一九九七
図60　和田一九八一
図61　和田一九八一
図62　和田一九八一
図63　和田一九八一
図64　和田一九八一
図65　今村ほか一九八一
図66　山田編一九九五
図67　中司編一九八六
図68　田中一九八六
図69　加藤編一九八二
図70　大庭一九九九
図71　石神二〇〇二。一部加工
図72　岸本二〇〇一
図73　田中・林一九八二、平良ほか編一九八三、肥後一九九八
図74　渡辺一九九七
図75　古川一九九三
図76　田中一九八四
図77　藤永二〇〇〇
図78　京都府埋蔵二〇〇一
図79　近藤編一九九二
図80　岸本二〇〇一、寺沢一九八九、末永一九七五
図81　山田編一九九五
図82　藤井二〇〇一
図83　山本二〇一七
表1　和田二〇〇九より作成
表2　田辺一九六六

表3　奈良二〇一〇
表4　和田一九九四（一部追加）
表5　和田一九九二（一部修正）
表6　和田一九九二
表7　和田一九九二
表8　和田一九九六
表9　和田一九九六
表10　和田一九九八
表11　都出一九九六
表12　都出一九九六
表13　和田二〇〇八
表14　勝部ほか二〇〇三
表15　和田一九八一
表16　和田二〇〇三

あとがき

本書の出発点となったのは「古墳時代の時期区分をめぐって」という『考古学研究』第三四巻第二号（一九八七年九月）に報告した拙論である。これは一九八七年四月一九日に岡山大学で開催された考古学研究会第三三回総会での発表内容をまとめたものであるが、研究会の代表委員で、発表を薦めてくださった近藤義郎先生からは「お化けが現れた」と強い不満の言葉をいただいた。先生が「古墳の変遷」（『世界考古学大系』第三巻、小林行雄先生と共著、一九五九年、平凡社）などにおいて、戦前からの古墳時代三時期区分案（前・中・後期）に対し、横穴式石室の普及や群集墳の出現などをもって前後二時期に区分する案を提起され、それが学界に定着しつつあった頃で、私が発表した、中期を復活させた古墳時代の三時期区分案は許せなかったのであろう。私はまた、三時期区分だが、古墳時代を大きく分けるとしたら前・中期と後期の二つに分けるとも言ったので、他の研究者からは、「わかりにくい」との批判もあった。その後、中期は大きな論争もなく定着していっているかにみえる。

この点に関しては、私の考えは今も変わっていない。弥生時代後期後半から終末期にかけて萌芽した畿内を中心とした首長連合体制が、古墳時代に具体的な姿を現し、生成（前期前半）・発展（前期後半）・成熟（中期）していく様子を捉えるには、「中期」という時期概念があった方がきわめて有効だと思われる。また、後期は、これまでの首長連合体制が否定され、王権の体制が大きく変質し、首長層の官人化が進み、王権が民衆層までをも直接支配（公民化）する、より中央集権的な国家体制に向かって進みはじめた段階として捉えられる。前・中期と後期とでは、社会の進む方向性・ベクトルが大きく異なったと考えるのである。

ただ、三〇歳代も終わり近くの段階で、この発表をやらせていただけたことは、私の研究生活上、非常に大きな出来事であったと、先生には深く感謝している。

以後は、古墳の築造状況の時期的変遷を追い、同時期の古墳の組合せを検討し、その変化の意味を追求した。最初に検討の対象とした地域は、学生時代に古墳の保存問題で通いつづけたところで、資料も比較的整っていた南山城地域である（第二部第一章、原題「南山城の古墳―その概要と現状―」一九八八年）。続いて、大王墳の墓域との比較、畿内主要地域や周辺地域との比較、そして他の地域へと拡大した。全体の様子をより早く把握するために、北部九州や東北との比較を重視したことを覚えている。この作業では、近藤義郎編『前方後円墳集成』全五巻（山川出版社、一九九一～四年）の出版計画に参加させていただけたことが大いに役立った。

原理的な言葉だが、保存運動で学んだ「大小すべての古墳（遺跡）に歴史的価値がある」、「地域から全体が見える」ことなどをできるだけ実践したいと思った。

本書が成るにあたっては、小林行雄先生、近藤義郎先生、都出比呂志先生はじめ、逐一お名前を掲げることはないが、恩師、先輩、友人はじめ、論著で知りえた方々、遺跡の調査・研究に携わってこられた方々、および富山大学や立命館大学で行動を伴にした秋山進午先生をはじめとする教員、大学院生・学生の方々から直接、間接を問わず、多大な恩恵を受けた。学生時代から今日まで、多くの方々に育てていただいたという思いが強い。故人となった両親はじめ家族の支援も大きかった。皆さまに心より深く感謝申しあげます。

なお、編集では、文章の校正、挿図の修正などで京都大学文学研究科の下垣仁志准教授、大阪府教育委員会の原田昌浩氏からは多くのご支援を受けた。厚くお礼申しあげます。また、小著の出版をお引きうけいただいた吉川弘文館、ならびに根気強くつきあっていただき励ましていただいた同社の石津輝真氏にも心より深謝申しあげます。皆さま、どうもありがとうございました。

二〇一八年八月

和田晴吾

和田晴吾著

古墳時代の葬制と他界観

三八〇〇円　A5判・三〇二頁

古墳はなぜ造られたのか。これまで政治・社会背景を中心に議論された古墳の築造を、精神的・宗教的行為として再検討する。古墳の築造そのものを葬送儀礼の一環と捉え、その儀礼における人びとの行為を具体的に復元し、加えて古墳の秩序が他界の秩序でもあった観念を解明する。中国、朝鮮半島の事例とも比較しつつ、東アジア世界のなかで捉え直す。

古墳時代の生産と流通

三八〇〇円　A5判・三二八頁

弥生時代から古墳時代にかけての生産・流通システムの実態はいかなるものであったのか。漁具・石造物・金属器などの遺物を軸に、その素材や使用方法などを製作者・使用者の視点から検討する。また、大陸・朝鮮半島からの技術の伝播と日本における展開を追究。生業のあり方を総合的に論じ、生産・流通システムと政治権力との関わりを捉え直す。

著者略歴

一九四八年　奈良県生まれ
一九七七年　京都大学大学院文学研究科博士課程中退
京都大学文学部助手、富山大学人文学部助教授、立命館大学文学部教授を経て、
現在　兵庫県立考古博物館館長、立命館大学文学部名誉教授・博士（文学）

〔主要編著書〕

『古墳時代の葬制と他界観』（吉川弘文館、二〇一四年）
『古墳時代の生産と流通』（吉川弘文館、二〇一五年）
『講座・日本考古学』第七・八巻（共編著、青木書店、二〇一一・一二年）

古墳時代の王権と集団関係

二〇一八年（平成三十）十一月一日　第一刷発行

著者　和《わ》田《だ》晴《せい》吾《ご》

発行者　吉川道郎

発行所　株式会社 吉川弘文館
郵便番号一一三―〇〇三三
東京都文京区本郷七丁目二番八号
電話〇三―三八一三―九一五一〈代〉
振替口座〇〇一〇〇―五―二四四番
http://www.yoshikawa-k.co.jp/

印刷＝藤原印刷株式会社
製本＝株式会社ブックアート
装幀＝黒瀬章夫

ISBN978-4-642-09350-7

索　引

Ⅰ 事　項

あ　行

か　行

さ　行

た　行

な　行

は　行

ま　行

や　行

ら　行

わ　行

Ⅱ　遺跡名　＊図表中の遺跡名は除く

あ　行

か　行

さ　行

た　　行

な　　行

は　行

ま　行

や　行

ら　行